Petra Ney-Hellmuth

Der Fall Anneliese Michel

Petra Ney-Hellmuth

Der Fall Anneliese Michel. Kirche, Justiz, Presse

Königshausen & Neumann

Bibliografische Information der Deutschen Nationalbibliothek

Die Deutsche Nationalbibliothek verzeichnet diese Publikation in der Deutschen Nationalbibliografie; detaillierte bibliografische Daten sind im Internet über http://dnb.d-nb.de abrufbar.

D 20 (Zugl.: Würzburg, Univ., Diss. 2012)

Gedruckt auf säurefreiem, alterungsbeständigem Papier
Umschlag: skh-softics / coverart
Umschlagabbildung: Ablage #26499186 #101005-008© FM2 (fotolia.com)

Printed in Germany
ISBN 978-3-8260-5230-9
www.koenigshausen-neumann.de
www.libri.de
www.buchhandel.de
www.buchkatalog.de

Inhaltsverzeichnis

Vorwort

Im Zusammenhang mit meinen Recherchen für den Katalog zur Ausstellung „Hirtenamt und Gesellschaft: Josef Stangl, Bischof von Würzburg 1957–1979“ im Jahr 2007 wurde ich erstmalig mit dem Thema „Anneliese Michel“ konfrontiert. Die Anfertigung einer Forschungsarbeit wäre zu diesem Zeitpunkt allerdings bereits an der Unzugänglichkeit der notwendigen Materialien gescheitert. Mein Dank gilt daher allen Beteiligten in den genannten Archiven, die sich für die Freigabe der hier ausgewerteten Dokumente eingesetzt haben, besonders Frau Dr. Ingrid Heeg-Engelhart (Staatsarchiv Würzburg) für ihr persönliches Engagement. Durch ihre Fürsprache erhielt ich Einblick in die Bestände der Ermittlungsakten der Kriminalpolizeiinspektion Aschaffenburg 1 sowie Akten der Staatsanwaltschaft des Landgerichts Aschaffenburg. Dieser Zugewinn an Informationen führte zu entscheidenden Erweiterungen des zeitlichen und inhaltlichen Rahmens des ursprünglichen Vorhabens einer rein pressegeschichtlichen Betrachtung des Exorzismus von Klingenberg. Dem Diözesanarchiv Würzburg, namentlich dessen Direktor, Prof. Dr. Johannes Merz, danke ich für die Bereitstellung bisher ungesichteter Bestände, die eine Untersuchung des „Falls Anneliese Michel“ gerade im Hinblick auf dessen Resonanz in der öffentlichen Meinung, besonders in der Würzburger Diözese, erst möglich gemacht haben. Ebenso möchte ich Herrn Generalvikar Dr. Karl Hillenbrand für sein Vertrauen danken, da ohne seine Zustimmung zu einer Sperrfristverkürzung mein Promotionsvorhaben in der vorliegenden Form nicht zu verwirklichen gewesen wäre.

Sehr herzlich danken möchte ich meinem Doktorvater, Prof. Dr. Wolfgang Altgeld, der mein Dissertationsprojekt mit konstruktiven Anregungen und Ratschlägen beständig begleitet hat. Den Hilfskräften und Mitarbeitern am Lehrstuhl für Neueste Geschichte der Universität Würzburg danke ich für Ihre Unterstützung bei Recherchearbeiten, vor allem Herrn Gerrit Dworok für die Erstellung des Registers.

Danken möchte ich schließlich, aber nicht zuletzt meinen Freunden und meiner Familie für Ihre tatkräftige Unterstützung, vor allem meinem Mann, Alessandro Hellmuth, und genauso meiner Mutter, Christl Ney, ohne deren Verständnis und unermüdliche Korrekturarbeiten ich niemals so weit gekommen wäre.

Würzburg, im Juli 2013 *Petra Ney-Hellmuth*

Einleitung

Anlässlich der erstmaligen Ausschreibung eines Preises zur Würdigung der katholischen Jugendarbeit in der Diözese Würzburg berichtete die Main-Post am 28. August 2010 über die „Premiere des Bischof-Stangl-Preises". Die Benennung nach dem ehemaligen Würzburger Bischof wurde begründet mit dessen Engagement hinsichtlich der Belange von Kindern und Jugendlichen, besonders auch im Verlauf der Würzburger Synode (1971–1975), also während des Umsetzungsprozesses der Reformen des Zweiten Vatikanischen Konzils: Man wolle ihm nachträglich für seinen Einsatz in der kirchlichen Jugendarbeit danken und ihm „ein Andenken setzen"[1], wurde die Stiftungsleitung zitiert. Eine Woche später, am 4. September 2010, veröffentlichte die Main-Post einen Leserbrief, dessen Absender zu dieser Ankündigung empört Stellung nahm:

> „Da hätte man ja gleich einen ‚Bischof-Mixa-Preis für besonders fürsorgliche Kinderbetreuung' ausschreiben können. Aber mal ganz im Ernst: Glaubt man wirklich, dass die Unterfranken ein so kurzes Gedächtnis haben? Bischof Josef Stangl hat immerhin den Exorzismus angeordnet, durch den 1976 die Studentin Anneliese Michel auf grausame Weise ums Leben kam."[2]

Auch wenn der Verfasser des Briefes „die tragische Figur" Stangl und dessen Lebensleistung „nicht auf dieses eine Versagen reduzieren" wollte, erhob er doch den Vorwurf an die Würzburger Diözesanleitung, „dieses düstere Kapitel" noch nicht aufgearbeitet zu haben, wofür die Namensgebung des „Bischof-Stangl-Preises" nur ein Beispiel sei.

Die Tatsache, dass der „Fall Anneliese Michel" nach nunmehr 37 Jahren in der Bevölkerung noch eine solche Präsenz besitzt und noch immer Anlass für derartige Unmutsäußerungen gibt, hat mehrere Ursachen. Der Tod der epilepsiekranken 23-jährigen Studentin war der Schlusspunkt einer Entwicklung, in der eine notwendige ärztliche Betreuung zugunsten eines „spirituellen" Lösungsweges unterblieben war. Die insgesamt 67 Exorzismen, durchgeführt zwischen September 1975 und Juni 1976, abgehalten in einem kleinen, exklusiven Kreis von Anhängern eines konservativ-traditionalistischen Katholizismus, mussten den psychischen Zustand der zunehmend isolierten jungen Frau auf Dauer verschlimmern.

---

1 Main-Post, 28.8.2010. Der mit 250€ dotierte Preis wurde im Frühjahr 2011 vergeben und von der Stiftung „Jugend ist Zukunft" (BDKJ) finanziert.

2 S. den Leserbrief, abgedruckt in der Rubrik „Leserforum" der Ausgabe der Main-Post vom 4.9.2010.

Der Schuldspruch, der vom Landgericht Aschaffenburg gefällt wurde, lautete: fahrlässige Tötung, denn Anneliese Michel wog zum Zeitpunkt ihres Todes nach Phasen von Nahrungsverweigerung und zwanghafter gesteigerter körperlicher Aktivität noch 31 Kilogramm. Dem im Frühjahr 1978 eröffneten Prozess ging eine Pressekampagne voraus, welche das anstehende Urteil schon im Vorhinein zu einer Grundsatzentscheidung über die Freiheit der Ausübung religiöser Traditionen hoch zu stilisieren versuchte. Der Umstand, dass es sich bei einem Exorzismus im eigentlichen Sinn um ein Gebet handelt, geriet hierbei mehr und mehr in den Hintergrund. Die Positionen von Kirchen- und Katholizismusgegnern, Reformen begrüßenden, aufgeschlossenen liberalen Katholiken, Protestanten oder Konfessionslosen und Anhängern eines Weltbildes, in dem der personalisierte Teufel auch heute noch seinen festen Platz hat, prallten in der großen Teils öffentlich geführten Diskussion um die Schuldfrage am Tod der Anneliese Michel aufeinander.

Der hier folgenden Darstellung der Klingenberger Ereignisse liegt die Auswertung aller bisher nicht zugänglichen Akten des Staatsarchivs Würzburg, d.h. dort aufbewahrter Ermittlungsakten der Kriminalpolizeiinspektion Aschaffenburg 1 sowie von Akten der Staatsanwaltschaft des Landgerichts Aschaffenburg, und des Diözesanarchivs Würzburg zu Grunde. Um ein möglichst vollständiges Bild der Überlieferung des „Falles Anneliese Michel" zu erhalten, wurden zudem die Pfarrarchive der Gemeinden St. Agatha zu Aschaffenburg[3], St. Pankratius in Klingenberg[4], St. Pius in Rück-Schippach[5] und St. Michael in Ettleben (Werneck)[6]

[3] Pfarrer Alt besetzte zu Beginn seiner Involvierung im „Fall Anneliese Michel" die dortige Kaplansstelle. Nach Auskunft des jetzigen Pfarrers werden im Pfarrarchiv keine diesen Zeitraum betreffenden Akten und Dokumente aufbewahrt. Obwohl seit 1979 in der Gemeinde und zuvor Jugendseelsorger in Großheubach (Raum Miltenberg), konnte sich der Pfarrer in einem Gespräch am 22.11.2011 nicht an Äußerungen von Gemeindemitgliedern zu den Ereignissen in Klingenberg, zur Rolle Kaplan Alts und zum Prozess in Aschaffenburg erinnern.

[4] Nach Auskunft des dortigen Pfarramtes vom 28.10.2011 lagern keine Dokumente vor Ort. Entsprechende Akten oder Notizen seien, falls überhaupt jemals vorhanden, in der Vergangenheit längst an das Diözesanarchiv Würzburg abgegeben worden.

[5] Von dem in der Gemeinde Rück-Schippach, in der Pater Renz während der Durchführung des Exorzismus auch als Seelsorger tätig war, gelegenen Salvatorianerkloster sind bis heute umfangreiche Bestände an das Diözesanarchiv Würzburg abgegeben worden. Nach einem intensiven Gespräch mit dem gegenwärtig verantwortlichen Pater am 15.12.2011 eröffnete sich die Möglichkeit, in dort verbliebene Archivalien Einsicht zu nehmen. So konnte ein bis dahin unvollständig überlieferter Brief aus der Korrespondenz zwischen Renz und Bischof Stangl weiteren Aufschluss über die katholische Ausrichtung des exorzierenden Paters geben.

berücksichtigt. Es ist anzunehmen, dass die Geistlichen Alt und Renz ihre Korrespondenz bzw. Schriftstücke, die sich ganz allgemein oder im Speziellen auf den Exorzismus von Klingenberg bezogen, grundsätzlich nur privat aufbewahrten, möglicherweise auch, um dem vermeintlich zwingenden Verschwiegenheitsgebot des Würzburger Bischofs nicht zuwiderzuhandeln.

Die unmittelbaren öffentlichen Stellungnahmen von Kirchenvertretern zum Klingenberger Exorzismus – inner- wie außerhalb der Würzburger Diözese – erfolgten in erster Linie als Reaktion auf die persönliche Erklärung Bischof Stangls vom 12. August 1976[7]. Die Bewertungen der Formulierungen Stangls, mit denen er Art und Weise bzw. die Rolle des Teufelsglaubens in der zeitgenössischen katholischen Kirche zu umreißen versuchte, und die neu entfachte Debatte um die Realexistenz des Bösen im katholischen Weltbild können als symptomatisch für die nachkonziliare Phase der 1970er Jahre angesehen werden, in der die Reformen des Zweiten Vatikanums erst zum Teil verwirklicht waren und eine breitere Akzeptanz unter den Gläubigen auch durch die Arbeit der Würzburger Synode (1971–1975) erreicht werden sollte. Es bleibt hier in Anbetracht unterschiedlicher Stellungnahmen kirchlicher Institutionen sowie der vielen unmittelbaren Reaktionen aus der Bevölkerung zum „Fall Anneliese Michel" zu klären, ob und, falls ja, inwieweit Bischof Stangl nach seinem ersten Vorstoß in seinem weiteren Handeln beeinflusst wurde.

Um die in der Bevölkerung vorherrschende allgemeine „Stimmungslage" zu erfassen, wird ein ebenfalls im Diözesanarchiv lagernder Bestand an bislang ungesichteten Dokumenten ausgewertet, welcher u.a. ein Konvolut von 159 aus der Bevölkerung direkt an Bischof Stangl gerichteter Briefe enthält. Diese Zusendungen, verschickt im Zeitraum zwischen 1976 und 1979, beinhalten Meinungsäußerungen, in denen der Würzburger Bischof und die katholische Kirche aufgrund ihres Umgangs mit dem „Fall Anneliese Michel" beurteilt wurden – be- und oft eben verurteilt nicht nur im Hinblick auf persönliche Schuld oder Unschuld der Beteiligten, sondern auch im Hinblick auf die sowieso schon heftige allgemeine Diskussion über Zeitgemäßheit und fehlende Modernisierungstendenzen innerhalb der Institution Kirche. Die Vehemenz, mit der die Verfasser der entsprechenden Einsendungen ihre Meinung vertraten, lässt Rückschlüsse auf die damalige Brisanz der Thematik zu, die über eine ja zu erwartende

---

6 Es handelt sich hier um die Pfarrstelle Alts, die er während der Mitwirkung an den exorzistischen Sitzungen innehatte. Der Auskunft des befragten Geistlichen am 30.11.2011 zufolge, der das Pfarrarchiv bereits über einen langen Zeitraum betreut, befanden sich dort zu keiner Zeit Dokumente, die in irgendeiner Form auf den „Fall Anneliese Michel" Bezug nahmen.

7 Sonderbeilage zum Würzburger Diözesanblatt Nr. 16 vom 12.8.1976.

Bestürzung hinsichtlich der Umstände des Todes der Anneliese Michel unmittelbar nach Bekanntwerdung des Falls weit hinausging. In den Beständen des Staatsarchivs findet sich eine nahezu ebenso umfangreiche Materialsammlung von 138 Briefen, die in der Intention an die Aschaffenburger Staatsanwaltschaft versandt worden sind, Ablehnung oder Zustimmung in Bezug auf das Ermittlungsverfahren und das Urteil zum Ausdruck zu bringen. Es handelt sich somit gewissermaßen um ein Pendant zum im Diözesanarchiv lagernden Bestand von Zusendungen an den Würzburger Bischof.

Durch die Analyse eines im Auftrag der Diözese zusammengestellten Pressespiegels war es möglich, die Bandbreite der Berichterstattung weltlicher wie auch religiöser, regionaler und überregionaler Tages- und Wochenzeitungen im Zeitraum zwischen 1976 und 1978 auszuwerten, besonders im Hinblick auf prägnante Schlagzeilen, aber auch Kommentare und Leserbriefe. Ergänzend zu den Beständen der Zuschriften an Bischof Stangl und die Aschaffenburger Staatsanwaltschaft repräsentieren gerade die vom jeweiligen Presseorgan bewusst ausgewählt und abgedruckten Leserbriefe einen Querschnitt der öffentlichen Meinung, die in enger zeitlicher Nähe zum Klingenberger Exorzismusfall vorherrschte. Darüber hinaus ist anzunehmen, dass Wortwahl und Tenor der Beiträge bei Zeitungen konservativer und liberaler Ausrichtung differierten, wobei vor allem Katholiken aus dem Umfeld der Beteiligten am „Fall Anneliese Michel“ regionale Presseorgane als Forum nutzen konnten. Zusammen mit der Auswertung der unmittelbar erfolgten Zusendungen an Stangl, des kirchlichen Protagonisten im „Fall Anneliese Michel“, und an die weltliche Instanz in Form des Landgerichtes Aschaffenburg ergibt sich so ein breites Spektrum von „Volkes Stimme“, mittels dessen sich die Nachhaltigkeit der Präsenz des inzwischen Jahrzehnte zurückliegenden „medialen“ Ereignisses im Nachfeld der Teufelsaustreibung von Klingenberg zum Teil erklären lässt.

Zur Umreißung des ideologischen Hintergrundes sowie der theologischen Ausrichtung der Exorzisten und ihrer Unterstützer ist es notwendig, die grundlegenden Veränderungen im Gefolge des Zweiten Vatikanischen Konzils (1962–1965) darzulegen, von denen besonders die Auswirkungen der Liturgiereform „Sakrosanctum Concilium“[8] auf den Ablauf des Gottesdienstes in konservativ-katholischen Kreisen auf Unverständnis und Ablehnung stießen. Organisationen wie die durch den vormaligen französischen Erzbischof Marcel Lefebvre gegründete Pius-Bruderschaft propagierten vehement eine Rückkehr zur „vorkonziliaren

[8] Abdruck des Originaltextes in dt. Fassung bei Rahner, Karl/Vorgrimler, Herbert (Hg.): Kleines Konzilskompendium. Sämtliche Texte des Zweiten Vatikanums, Freiburg i.Br. u.a. [29]2002, S. 51–90.

Kirche". Als Teilnehmer am Zweiten Vatikanum lehnte Lefebvre alle reformistischen Ansätze als „Ergebnis des Liberalismus und des Protestantismus"[9] grundsätzlich ab, die angedrohte Exkommunikation durch Papst Johannes Paul II. hinderte ihn nicht daran, ohne Genehmigung gleich gesinnte Bischöfe zu weihen. Für den „Fall Anneliese Michel" ist besonders von Belang, dass der exorzierende Pater Renz wohl nicht nur Sympathien für die Lehren Lefebvres hegte, sondern 1977 an einem in Ecône – dem Standort des „Urseminars" der Priesterbruderschaft Pius X. – durchgeführten Exorzismus teilgenommen haben soll. Vor einer Überblicksdarstellung der Entstehung der Pius-Bruderschaft, einer inhaltlichen Verortung des Lefebvreismus im katholischen Traditionalismus und dessen Verbreitung in katholisch-konservativen Kreisen erfolgt daher eine Analyse der verschriftlichten und veröffentlichten „Botschaften der Anneliese Michel"[10] im Hinblick auf eine mögliche Instrumentalisierung für derartige traditionalistische Zwecke. Darüber hinaus ist zu prüfen, inwiefern eine Verbindung zwischen Aktivitäten der Pius-Bruderschaft und der Vermarktung von Kopien der Tonbandmitschnitte, aufgenommen im Verlauf der an Anneliese Michel durchgeführten Exorzismen, nachgewiesen werden kann.

Zeitlich parallel wurde die katholische Kirche in den ausgehenden 1960er und beginnenden 1970er Jahren mit demokratischen Tendenzen zumal innerhalb von Verbänden junger Geistlicher und Gläubiger konfrontiert. Bestärkt durch 1968er-Bewegung und APO waren diese Verbände bestrebt, die „alten" hierarchischen Strukturen der Institution Kirche aufzubrechen. Reibungspunkte wie die päpstliche Enzyklika „Humanae Vitae" (vom 25. Juli 1968) und der „Protestkatholikentag" in Essen (1968) eignen sich besonders, um das Problem der Vereinbarkeit einer nachkonziliaren kirchlichen Reformbereitschaft mit der Aufbruchsstimmung der 68er-Generation und ihren Forderungen nach Mündigkeit und Mitbestimmung auch in Glaubensangelegenheiten zu verdeutlichen. Die katholische Kirche befand sich mit und nach dem Zweiten Vatikanischen Konzil an einem Wendepunkt. Eine neue Orientierung, Positionierung und Öffnung der Kirche[11] für die Gläubigen einer modernen Gesell-

---

9 Zitiert nach Congar, Yves: Der Fall Lefebvre. Schisma in der Kirche? Freiburg i.Br. 1977, S. 99.

10 S. v.a. Bullinger, Kaspar: Das Leben und Sterben der Anneliese Michel und die Aussagen der Dämonen, Altötting [2]1983.

11 Zur nachkonziliaren Positionierung bzw. Neuorientierung der katholischen Kirche und Möglichkeiten der gesellschaftlichen Repräsentation vgl. Maier, Hans: Kirche und Gesellschaft, München 1972. Zur soziologischen Vorgeschichte dieser Entwicklungen s. auch Gabriel, Karl: „Katholizismus und katholisches Milieu in den fünfziger Jahren der Bundesrepublik: Restauration, Modernisierung und beginnende Auflösung", in: Kaufmann, Franz-Xaver/Zingerle, Arnold (Hg.): Vatikanum

schaft schienen mit Person und Wirken Papst Johannes' XIII. und seines Nachfolgers Paul VI., der das Konzil zum Abschluss gebracht hat, eingeleitet worden zu sein. Die Wahl Papst Johannes Pauls II. (1978) und Papst Benedikts XVI. (2005), der einst als Erzbischof der Erzdiözese München und Freising ein öffentliches Bekenntnis zum katholischen „Teufelsglauben" abgegeben hatte, allerdings bedeutete für Vertreter eines liberalen Katholizismus einen Rückschritt[12]. Diese Befürchtung schien sich u.a. auch aufgrund der Bemühungen Papst Benedikts XVI., die abgespaltene Pius-Bruderschaft wieder in den Schoß der Kirche zurückzuführen, zu bewahrheiten.

Wegen der bestehenden Schutzfristen für die bereits erwähnten Archivalien war es nicht möglich, die zahlreichen im Verlauf der Presseberichterstattung zur Teufelsaustreibung von Klingenberg auftretenden widersprüchlichen Angaben zu prüfen. Darüber hinausgehende Informationen waren nur über Publikationen wie die der Anthropologin Felicitas Goodman[13], des Theologen Uwe Wolff[14] oder des pensionierten Bahnbeamten Kaspar Bullinger[15] erfahrbar, da diesen durch persönliche Kontakte zu direkt Beteiligten am „Fall Anneliese Michel" ansonsten unzugängliche Materialien zur Verfügung gestellt worden waren. Eine notwendige Betrachtung der Motive und Ansätze vor allem der Publikationen Goodmans und Wolffs, ein Abgleich von Daten und Fakten sowie gegebenenfalls die Berichtigung der dort genannten Quellen und Belege sind jedoch unabdingbar – und nunmehr auch möglich.

Neben diesen bis heute einschlägigen Literaturen fand der „Fall Anneliese Michel" zudem Niederschlag in theologischen Publikationen unterschiedlicher Ausrichtung, die als Beiträge im Hinblick auf die Diskussion über die Realexistenz des Bösen zu werten sind. Von erstrangigem Interesse hierbei sind die Positionen der ehemaligen Tübinger Ordinarien, Professor Dr. Joseph Ratzinger und Professor Dr. Herbert Haag, wobei die Betrachtungen des Letzteren zum „Abschied vom Teufel"[16] durch den Exorzismus von Klingenberg in den Fokus einer breiteren

---

II und Modernisierung. Historische, theologische und soziologische Perspektiven, Paderborn 1996, S. 67–83.

12 Vgl. hierzu die Ausführungen bei Lill, Rudolf: Die Macht der Päpste, Kevelaer ^{2}2011, S. 243ff.

13 Goodman, Felicitas D.: Anneliese Michel und ihre Dämonen. Der Fall Klingenberg in wissenschaftlicher Sicht, Stein am Rhein ^{5}2006 (zuerst 1987).

14 Wolff, Uwe: Der Teufel ist in mir. Der Fall Anneliese Michel, die letzte Teufelsaustreibung in Deutschland, München ^{3}2006 (zuerst 1999) .

15 Bullinger, Leben und Sterben der Anneliese Michel, Altötting ^{2}1983.

16 Haag, Herbert: Abschied vom Teufel (= Theologische Meditationen, Bd. 23, hg. von Hans Küng), Einsiedeln ^{6}1978 (zuerst 1969) sowie ders.: Vor dem Bösen ratlos? München u.a. 1978.

Öffentlichkeit gerieten. Um sich zuvor einen Überblick über die „exorzistische Basisliteratur" zu verschaffen, eignen sich die Werke der römischen Exorzisten Corrado Balducci[17] und Don Gabriele Amorth[18] sowie die Niederschriften der Erfahrungsberichte des am „Fall Anneliese Michel" beteiligten Jesuiten Adolf Rodewyk[19]. Schilderungen der Durchführung von Teufelsaustreibungen wie im „Fall Magda" (1941), bei den „Illfurter Knaben" (1869) oder der Heilung der vermeintlich besessenen Gottliebin Dittus durch den protestantischen württembergischen Pfarrer Johann Christoph Blumhardt (1842) wiederum deuten auf das Vorhandensein einer gewissen Exorzismustradition hin.

Der Exorzismus in Klingenberg war zudem Gegenstand psychiatrischer und psychologischer Studien, die nach wissenschaftlichen Erklärungen für die „Besessenheitspsychose" der Anneliese Michel und einer Verbindung mit der Epilepsiediagnose (u.a. des psychiatrischen Gutachters im Aschaffenburger Prozess) suchten. Besonders hervorzuheben sind in diesem Zusammenhang die Arbeiten des Parapsychologen Professor Johannes Mischo und des jesuitischen Neurologen, Psychiaters und Psychoanalytikers Ulrich Niemann, die sich vor allem um eine zukünftige interdisziplinäre Zusammenarbeit zwischen Ärzten und Seelsorgern bemühten, um eine Wiederholung der Klingenberger Ereignisse zu vermeiden.

Schließlich wird es notwendig sein, populärwissenschaftliche und – soweit möglich – graue Literaturen sowie Art und Weise des Vertriebs von Traktaten in den Blick zu nehmen, die versucht haben und versuchen, Krankheit und Tod der Anneliese Michel ebenso wie die Inhalte ihrer „dämonischen Aussagen" zur Belehrung und Erbauung eines konservativ-traditionalistischen katholischen Publikums zu instrumentalisieren.

---

17 S. v.a. Balducci, Corrado: Priester, Magier, Psychopathen. Grenze zwischen Wahn und Teufel, Aschaffenburg 1976.

18 S. u.a. Amorth, Gabriele: Ein Exorzist erzählt, Abensberg ^{2}1994 sowie ders.: Neue Berichte eines Exorzisten, Stein am Rhein 1998.

19 S. besonders Rodewyk, Adolf: Die dämonische Besessenheit in der Sicht des Rituale Romanum, Aschaffenburg 1963 sowie ders.: Dämonische Besessenheit heute. Tatsachen und Deutungen, Aschaffenburg ^{4}1988.

1 Darstellung der Klingenberger Ereignisse

1.1 Der „Fall Anneliese Michel“

Die Ereignisse um den Exorzismus von Klingenberg im Jahr 1976 fanden Niederschlag in zahlreichen Publikationen unterschiedlicher Prägung[20], wobei zwei Veröffentlichungen maßgeblich in einer breiten Öffentlichkeit beachtet wurden: Felicitas Goodmans „Anneliese Michel und ihre Dämonen“[21] und Uwe Wolffs „Der Teufel ist in mir“[22]. Während der amerikanischen Anthropologin Goodman seitens der Anwältin eines der im Prozess angeklagten Geistlichen Materialien zur Verfügung gestellt wurden[23], sie zudem im Briefwechsel mit beiden beteiligten Geistlichen stand und Zugriff auf Kopien der Tonbandmitschnitte der exorzistischen Sitzungen hatte, konnte Wolff auf zusätzliche Informationen von Angehörigen der Familie Michel zurückgreifen; ebenso wie Goodman bezog er Tonbandmitschnitte in seine Untersuchung mit ein.[24] Die beiden Darstellungen eröffneten bis heute die einzige Möglichkeit, Daten und Aussagen zu verifizieren, die in der zeitgenössischen Presseberichterstattung nicht selten voneinander abwichen.

Dreißig Jahre nach den Ereignissen eröffnete die Einsichtnahme in bisher nicht gesichtete Quellen und das Zurückgreifen auf Materialien und Dokumente in den maßgeblichen Archiven eine neue Schilderung und Bewertung des „Falls Anneliese Michel“, die von den bisherigen Betrachtungen, vor allem aber den Deutungen Goodmans und Wolffs deutlich abweichen.

Die Grundlage für die folgende Darstellung der Ereignisse, die am 1. Juli 1976 zum Tod der Anneliese Michel führten, und des Prozesses, der im Frühjahr 1978 am Landgericht Aschaffenburg eröffnet wurde, bilden im Wesentlichen die Akten der Kriminalpolizeiinspektion Aschaffen-

---

20 S. Kap. 5.

21 Goodman, Felicitas D.: Anneliese Michel und ihre Dämonen. Der Fall Klingenberg in wissenschaftlicher Sicht, Stein am Rhein [5]2006.

22 Wolff, Uwe: Der Teufel ist in mir. Der Fall Anneliese Michel, die letzte Teufelsaustreibung in Deutschland, München [3]2006 (erstmals erschienen unter dem Titel: Das bricht dem Bischof das Kreuz. Die letzte Teufelsaustreibung in Deutschland, Reinbek 1999).

23 Es handelt sich u.a. um Berichte, Briefe, Zeugenaussagen und Gerichtsakten. S. die Einleitung bei Goodman, Anneliese Michel und ihre Dämonen, S. 22.

24 Zu Motivation, Darlegungsweise und Ergebnis der Publikationen von Goodman und Wolff s. Kap. 5.3.

burg 1 und der Staatsanwaltschaft Aschaffenburg[25] sowie entsprechende Aktenbestände des Diözesanarchivs Würzburg.

1.1.1 Das Mädchen Anneliese Michel – familiäres Umfeld und religiöse Prägung

Anna Elisabeth Michel, genannt Anneliese, wurde am 21. September 1952 in Leiblfing (Niederbayern) als Kind von Anna und Josef Michel, einem Sägewerksbesitzer und Zimmermann aus Klingenberg am Untermain, geboren. Ihr Elternhaus zeichnete sich durch eine tiefe Religiosität aus, die Anneliese und ihre jüngeren Schwestern von Kindheit an prägen sollte. Josef Michel selbst stammte aus einem sehr religiösen Umfeld, wobei sein Glaubens- und Weltbild unter anderem durch die Prophezeiungen von Fátima[26] oder des bayerischen „Mediums" Alois Irlmaier[27],

---

25 Beide Bestände lagern im Staatsarchiv Würzburg.

26 Im von der katholischen Kirche anerkannten portugiesischen Marienerscheinungsort Fátima soll die Muttergottes am 13.7.1917 drei Hirtenkindern drei „Geheimnisse" übermittelt haben, von denen zunächst zwei veröffentlicht, das dritte Geheimnis versiegelt dem Vatikan übergeben, aber erst am 26. Juni 2000 auf Veranlassung von Papst Johannes Paul II. verkündet wurde, der seit 1981 den Inhalt der dritten Prophezeiung gekannt haben soll. Die ersten beiden Botschaften beinhalten die Darstellung einer Höllenvision, eines drohenden Krieges, die Bekehrung Russlands sowie die Schilderung der Gnadenwirkkraft der Verehrung der Jungfrau Maria. Der erst 1943 niedergeschriebene dritte Teil beschreibt einen weiß gekleideten Bischof, mutmaßlich den Papst, der von Soldaten niedergeschossen wird. Bis heute ist die Interpretation weit verbreitet, dass sich diese Vision auf das von Ali Agca 1981 verübte Papstattentat bezogen haben soll. Vgl. hierzu u.a. Borelli, Machado/Antonio, Augusto (Hg.): Die Erscheinungen und die Botschaft von Fátima. Prophezeiungen der Tragödie oder der Hoffnung? Frankfurt a.M. 1995 oder die Veröffentlichung des Sekretariates der Deutschen Bischofskonferenz: Die Botschaft von Fátima. 13. Mai 2000, Bonn 2000.

27 Alois Irlmaier (1894–1959), seines Zeichens „hellsichtiger" Brunnenbauer und Wünschelrutengänger aus Freilassing, kündigte in seinen Prophezeiungen den Ausbruch eines dritten Weltkrieges an. Die apokalyptischen Visionen Irlmaiers, die ihm angeblich in der unmittelbaren Nachkriegszeit zuteil wurden, machten ihn über regionale Grenzen hinaus bekannt, als der STERN in seiner Ausgabe vom 20.5.1950 in einem Artikel: „Bayerischer Hellseher sieht schwarz. Prophet Irlmaier verursacht Kriegspsychose", über ihn berichtete und ihm Panikmacherei, Profilierungs- und Gewinnsucht vorwarf. Vgl. hierzu Böckl, Manfred: Prophet der Finsternis. Leben und Visionen des Alois Irlmaier, München 1999; Bekh, Wolfgang Johannes: Alois Irlmaier. Der Brunnenbauer von Freilassing. Sein Leben und seine Voraussagen, München 2005; Berndt, Stephan: Alois Irlmaier, ein Mann sagt, was er sieht, Weilersbach 2009.

durch die Verehrung der Seherin Barbara Weigand[28] aus der nahe gelegenen Gemeinde Schippach, der stigmatisierten Therese von Konnersreuth und des Heiligen Konrad von Parzham[29] beeinflusst wurde[30]. Die Familie Michel unternahm in unterschiedlichen Konstellationen mehrfach Wallfahrten nach San Damiano, einem von der katholischen Hierarchie nicht anerkannten Marienerscheinungsort in Norditalien, der besonders häufig von Anhängern konservativ-traditionalistischer katholischer Gruppierungen frequentiert wird, welche viele der Reformen des Zweiten Vatikanums[31] bis heute ablehnen. Das Vorbild der Heiligen, Endzeitvisionen, Wallfahrten, das Erscheinen der Jungfrau Maria – der Glaube war ein zentraler Bestandteil der Erziehung und kindlichen Prägung der jungen Anneliese, selbst alltägliche Ereignisse wurden stets in diesen Bezugsrahmen eingeordnet, weshalb auch die Ursache für die spätere Erkrankung der Tochter hier gesucht wurde, nachdem die Ärzte ihr scheinbar nicht hatten helfen können.

Mitschülerinnen beschrieben Anneliese rückblickend als freundlich und umgänglich, gleichzeitig aber auch ernst und introvertiert. Besonders in Erinnerung geblieben war ihnen ihre anhaltende Frömmigkeit und die regelmäßigen Kirchgänge sowie vermehrte Gespräche über religiöse Themen, mittels welcher sie offenbar „Überzeugungsarbeit“ leisten wollte.[32] In der Pubertät hatte Anneliese mit den gleichen Konflikten zu kämpfen

---

28 Die Offenbarungen der Barbara Weigand (1845–1943) liegen dem „Eucharistischen Liebesbund des göttlichen Herzen Jesu“ zugrunde, der sich als eine Art „Gebetsarmee“ gegen den Unglauben versteht; ebenso in diesem Zusammenhang zu nennen ist die „Leibgarde Jesu Christi, Tabernakel-Ehrenwache“, ein Bestandteil des Liebesbundes. Von den Mitgliedern des Bundes wird der tägliche Empfang der heiligen Kommunion, das Beten des Rosenkranzes, die Teilnahme an Wallfahrten angestrebt, das angeblich drohende göttliche Strafgericht mahnt zugleich zur Buße. Zum Inhalt der Offenbarungen der Barbara Weigand s. Weigand, Barbara: Privatoffenbarungen der Barbara Weigand, Bd. 1: Gesichte und Ansprachen der Schippacher Jungfrau und Seherin Barbara Weigand, Elsenfeld-Schippach ^{2}2003; Schaub, Franz: Die Bärbel aus dem Spessart. Die „Seherin von Schippach“ – Barbara Weigand, ihr Leben und Werk, Nürnberg 1988; Bastian, Wolfgang E. u.a. (Hg.): Barbara Weigand im Urteil von Bischöfen und Priestern, Friedrichsdorf 2003.

29 Konrad von Parzham (bürgerlich: Johann Birndorfer) (1818–1894), seit 1841 Laienbruder, war 41 Jahre lang der Pförtner des Kapuzinerklosters in Altötting und mit der Betreuung der Wallfahrer betraut. Papst Pius XI. sprach ihn 1930 selig und schließlich 1934 heilig. Verehrt wird der heilige Konrad vor allem für seine Geduld und völlige Hingabe an seine Aufgabe.

30 Zum hier angeführten religiösen Hintergrund Josef Michels s. ausführlich Wolff, Der Teufel ist in mir, S. 46–71.

31 S. Kap. 4.2.

32 S. Staatsarchiv Würzburg, Akten Kriminalpolizeiinspektion Aschaffenburg 1, C, Zeugen, Bl. 13–15 (2.8.1976) bzw. 16–18 (27.7.1976).

wie ihre Altersgenossinnen in den 1960er Jahren, Ärzten gegenüber erläuterte sie später, dass sie sich schwer gegen den Willen ihrer Mutter durchsetzen konnte. Sie fühlte sich nach eigenen Aussagen[33] besonders durch die strengen Moralvorstellungen eingeschränkt, denn die Mutter verbot der damals 16-Jährigen beispielsweise den Umgang mit dem ersten Freund, das Tanzen gehen, Besuche bei Freundinnen. Ohnehin unsicher und nicht besonders selbstbewusst, hegte Anneliese Zweifel über ihre Befähigung zum Studium, nachdem sie das Abitur nur unter großen Anstrengungen und Anspannungen bestanden hatte, fühlte sich aber von ihrer Familie dazu gedrängt. Die jüngeren Schwestern beschrieben das Familienleben bis zu Annelieses Erkrankung als harmonisch, es sei erst durch die „Besessenheit" gestört worden. Die Schwestern selbst bezeichneten sich als ebenfalls sehr religiös, eine von ihnen war von September 1973 bis Mai 1974 als Missionshelferin in Fátima tätig.[34]

Schon immer von eher schwacher Konstitution und häufig krank, erlitt Anneliese Mitte September des Jahres 1968 einen ersten von sich im Laufe der Zeit regelmäßig wiederholenden nächtlichen Krampfanfällen. Sie begab sich deshalb später in ärztliche Behandlung und wurde bei einem Aschaffenburger Neurologen vorstellig[35], nachdem sie in der Nacht vom 24. auf den 25. August 1969 erneut einen solchen Anfall erlitten hatte. Bei einer Untersuchung am 25. August 1969 wurde zunächst kein krankhafter Befund festgestellt, wohingegen der Neurologe aufgrund eines am 27. August 1969 abgeleiteten EEGs die Diagnose „cerebrales Anfallsleiden"[36] stellte. Weitere epilepsieartige Anfälle ereigneten sich während Annelieses mehrmonatigen Aufenthaltes im Jahr 1970 im Lungensanatorium Mittelberg (Allgäu), wo sie sich von einer tuberkulösen Lungenentzündung erholte. Nach Aussagen des Aschaffenburger Arztes, der Anneliese ab Herbst 1972 mit dem Antiepileptikum Zentropil behandelte, war sie bis zum 3. September 1973 psychisch völlig unauffällig, wie er es in seinem ärztlichen Gutachten vom 16. Juli 1976 schilderte:

---

33 Diese Aussagen der Anneliese Michel sind den Explorationsprotokollen des Instituts für Psychotherapie und medizinische Psychologie der Universität Würzburg vom 27.11.1973, 11.12.1973, 29.1.1974 und 7.5.1974 entnommen. S. hierzu Staatsarchiv Würzburg, Akten Staatsanwaltschaft Aschaffenburg 593 I, Hauptakten, Band III.

34 Staatsarchiv Würzburg, Akten Kriminalpolizeiinspektion Aschaffenburg 1, A, Sachverhalt, Bl. 42–58.

35 Es handelte sich hier um den ersten von insgesamt neun Untersuchungsterminen.

36 Ein in Folge eines weiteren Krampfanfalls erstelltes EEG vom 4.6.1973 bestätigte die Diagnose, woraufhin eine Behandlung mit einem Antiepileptikum weitergeführt wurde (s. Fn. 34).

„An diesem Tage berichtete sie über Entschlusslosigkeit, Interesselosigkeit und gab ferner an, sie ‚sehe öfter Fratzen ..., der Teufel ist in mir, alles ist leer in mir'[37]. Es bestand der Verdacht auf eine beginnende paranoide Psychose. Seit diesem Tage habe ich Frl. M. nicht mehr gesehen."[38]

Die von der Mutter Anna Michel später geäußerten Angaben, der Arzt habe ihr daraufhin geraten, „wegen der festgestellten Symptome einen Jesuiten bzw. kirchliche Stellen hinzuzuziehen, weil es sich vermutlich um einen Fall dämonischer Besessenheit handele"[39], wies dieser vehement zurück. In seiner Zeugenaussage vom 9. Februar 1977 fügte er hinzu:

„Der [im Umfeld der Familie Michel verwandte] Terminus ‚dämonische Besessenheit' gehört auch nicht zur medizinischen Terminologie; er wurde von mir nie gebraucht. Es sei also nochmals betont, daß ich Frl. Michel weder zu [sic!] einem Jesuitenpater oder den entsprechenden kirchlichen Stellen verwiesen habe, noch den Ausdruck ‚dämonische Besessenheit' gebrauchte."[40]

Bei Goodman ist zu lesen, dass Anneliese im Frühjahr 1973 darüber geklagt haben soll, dass sie in ihrem Zimmer ein beständiges Klopfen im Schrank, unter dem Fußboden und über der Zimmerdecke vernehme. Die Fratzen würden zeitweilig gar nicht verschwinden, sie verfolgen, zudem sprächen Stimmen zu ihr von der Hölle.[41] 1973 war für Anneliese ein sehr anstrengendes und psychisch belastendes Jahr, denn sie legte ihr Abitur am Aschaffenburger Dalberg-Gymnasium ab, um danach an der Pädagogischen Hochschule in Würzburg für das Grundschullehramt zu studieren. Sie stand zu diesem Zeitpunkt, wie sie es später gegenüber Anderen erwähnte, unter hohem psychischem Druck und litt unter Versagensängsten, unter anderem auch dadurch beeinflusst, dass sie aufgrund ihrer vielen krankheitsbedingten Fehlzeiten und des Kuraufenthaltes nicht regelmäßig am Unterricht teilnehmen hatte können. Die Eltern wiederum waren sehr stolz, dass ihre älteste Tochter zum Studium zugelassen wurde, auch wenn Anneliese selbst Bedenken äußerte, gleich im Herbst

---

37 S. Goodman, Anneliese Michel und ihre Dämonen, S. 44f. Goodman gibt an, Anneliese habe erstmals in Mittelberg, während des Betens des Rosenkranzes, Fratzen gesehen. Zu diesem Zeitpunkt habe sie jedoch nicht Vertrauen genug gehabt, dieses den dortigen Ärzten zu enthüllen.

38 S. Staatsarchiv Würzburg, Akten Kriminalpolizeiinspektion Aschaffenburg 1, B, Gutachten, Bl. 13–14.

39 Ebd.

40 Staatsarchiv Würzburg, Akten Kriminalpolizeiinspektion Aschaffenburg 1, C, Zeugen, Bl. 69–73.

41 S. Goodman, Anneliese Michel und ihre Dämonen, S. 52.

1973 zum Studium nach Würzburg überzusiedeln. Zuvor unternahm sie gemeinsam mit ihrem Vater eine Pilgerfahrt in den bereits erwähnten italienischen Marienerscheinungsort San Damiano, wobei die Wallfahrt von einer der Familie Michel gut bekannten Person aus dem Klingenberg benachbarten Ebersbach organisiert worden war.

1.1.2 Hinwendung an religiös-konservative Gruppierungen: Wallfahrten und Exorzismusexperten contra medizinische Lösungsansätze

Im 20 Kilometer von Piacenza entfernt gelegenen norditalienischen Wallfahrtsort San Damiano soll die Jungfrau Maria seit 1961 regelmäßig der Bauersfrau Rosa Quattrini, genannt „Mamma Rosa", erschienen sein, welche die ihr übermittelten „Botschaften unserer lieben Frau von den Rosen" an die Pilger weitergab. Neben einem dort verehrten Birnbaum, auf dem sich die Jungfrau Maria niedergelassen haben soll, existiert ein Brunnen, dessen angeblich wundertätiges Wasser viele Pilger bis heute zu einer Wallfahrt veranlasst.[42] Angaben der genannten Reiseorganisatorin zufolge nahmen Angehörige der Familie Michel zwei- bis dreimal jährlich an den Fahrten nach San Damiano teil. In ihrer Aussage, getätigt im Verlauf der polizeilichen Ermittlungen nach Anneliese Michels Tod am 12. Juli 1976, berichtete sie weiterhin, dass ihr bei einer dieser Fahrten auffiel,

> „dass die Anneliese einen weiten Bogen um ein aufgestelltes Heilandsbild machte. Außerdem konnte sie an einer Madonna nicht vorbeigehen und weigerte sich, aus einer Heiligen Quelle zu trinken. [...] An einem Tag hat mir die Anneliese ohne ersichtlichen Grund ein Medaillon vom Hals gerissen. Sie sagte dabei ‚ich kann das nicht sehen'. Sie hatte zu dieser Zeit überhaupt eine große

---

[42] Zur Person Mamma Rosas, zu Art und Weise der Erscheinungen und Inhalten der Botschaften vgl. Castella, André: Maria erscheint in San Damiano, Hauteville 1985 oder ders.: San Damiano. Botschaft Unserer Lieben Frau von den Rosen, Hauteville 1992. Castella gibt an, San Damiano und Mamma Rosa mehrfach aufgesucht zu haben und von der Jungfrau Maria während einer „privaten Erscheinung" den Auftrag erhalten zu haben, ihre Botschaft zu vertreiben. Für ihn wie auch andere Autoren, die ihre Werke vorwiegend in der Schweiz publizieren (S. Kap. 5.3), steht der Wallfahrtsort in einer Reihe neben Lourdes, La Salette und Fátima; San Damiano allerdings ist bis heute von der katholischen Kirche nicht als Marienerscheinungsort anerkannt. Vgl. weiterhin Gabriel, Jean: San Damiano: Ruf an die Welt, Bulle 1969 und di Maria, S.: Die Muttergottes in San Damiano, Hauteville/Bulle ^{8}1972.

> Abneigung gegen alle Religionsverehrung dienenden Gegenstände."[43]

In einem späteren Gespräch mit dem am Exorzismus beteiligten Pfarrer Ernst Alt erwähnte die Wallfahrtsleiterin einen starken Brand- und Fäkaliengeruch, der von Anneliese ausgegangen sei.[44]

Da sie sich seit dieser Wallfahrt für Anneliese Michels „Beschwerden" immer mehr interessierte, kam sie im Laufe der Zeit zu der Überzeugung, dass es sich hier um kein medizinisches, sondern um ein spirituelles Problem handeln müsse. Nach Rücksprache mit den Eltern Michel wurde im Sommer 1973 der Pfarrer der Aschaffenburger Muttergottespfarrei ins Vertrauen gezogen, der allerdings nichts feststellen konnte, was die Diagnose einer Besessenheit rechtfertigt hätte. Die junge Frau, über deren Vorgeschichte er zunächst durch Annelieses Eltern aufgeklärt worden war, erschien ihm bei einem ersten Zusammentreffen lediglich etwas zurückhaltend und ängstlich.[45] Während eines Gesprächs mit Anneliese und ihren Eltern war auch der damalige Kaplan der Pfarrei anwesend, wobei diesem die Familie Michel nach eigener Aussage trotz seiner Tätigkeit als Pfarrverweser in Klingenberg im Jahr 1973 nicht bekannt war.[46] Der Kaplan gab während seiner Befragung im August 1976 an, dass ihm der Inhalt des Gesprächs fast gänzlich entfallen sei, bis auf die Tatsache, dass Symptome einer potentiellen Besessenheit thematisiert worden wären. Entscheidend für den weiteren Verlauf der Ereignisse ist allerdings die Freundschaft des Kaplans mit Ernst Alt, 1973 Kaplan in der Aschaffenburger Pfarrei St. Agatha, einem der beiden geistlichen Protagonisten im „Fall Klingenberg". Die beiden Aschaffenburger Kapläne trafen sich mit Anneliese Michel drei- bis viermal im Pfarrhaus der Muttergottespfarrei, währenddessen diese erneut von den „teufelsartigen Fratzen" berichtete, von dem von ihr dabei wahrgenommenen bestialischen Gestank und der Abneigung gegen religiöse Gegenstände. Im Anschluss an die Gespräche wurde seitens der Geistlichen die Empfehlung ausgesprochen, einen

---

43 S. Staatsarchiv Würzburg, Akten Kriminalpolizeiinspektion Aschaffenburg 1, C, Zeugen, Bl. 24–27.

44 S. Goodman, Anneliese Michel und ihre Dämonen, S. 57.

45 Staatsarchiv Würzburg, Akten Kriminalpolizeiinspektion Aschaffenburg 1, C, Zeugen, Bl. 19–21 (13.10.1976).

46 Angesichts der relativ kleinen Einwohnerzahl Klingenbergs und der daher wohl überschaubaren Größe der Gemeinde erscheint es sehr unwahrscheinlich, dass sich die ausgesprochen religiösen Mitglieder der Familie Michel, die nach eigenem Bekunden mehrfach wöchentlich an der Messe teilnahmen, und der spätere Aschaffenburger Kaplan während seiner Zeit in Klingenberg nicht kennen gelernt hatten.

weiteren Facharzt aufzusuchen, um möglichen medizinischen Ursachen der Beschwerden auf den Grund zu gehen.[47]

Eingedenk der bisherigen Behandlungen durch ärztliche Spezialisten und der Einnahme von Medikamenten, die nicht in gewünschtem Maße anschlugen, setzte sich die Wallfahrtsleiterin im Herbst 1973 mit dem Jesuitenpater Adolf Rodewyk, einem in katholischen Kreisen ausgewiesenen „Exorzismusexperten", in Verbindung. Pater Rodewyk, zu dieser Zeit wohnhaft in Frankfurt am Main, hatte sich aufgrund zahlreicher Publikationen zu den Themen Besessenheit und Exorzismus, die inhaltlich vor allem auf seine eigene Tätigkeit als Exorzist im „Fall Magda"[48] Bezug nehmen, den Ruf eines Sachverständigen erworben.[49] Aufgrund von mündlichen und schriftlichen Schilderungen meinte Rodewyk, Indizien für eine Besessenheit erkennen zu können, er selbst fühlte sich wegen der größeren räumlichen Entfernung und seines fortgeschrittenen Alters (geb. 1894) allerdings nicht dazu in der Lage, den Fall anzunehmen.[50]

Die Familie Michel „konsultierte" im Spätherbst 1973 einen weiteren, bereits pensionierten Aschaffenburger Geistlichen, wiederum durch Vermittlung der Wallfahrtsleiterin, der dieser aufgrund seiner häufigen Teilnahme an den Fahrten nach San Damiano bekannt war und sich zwischen Herbst 1973 und Sommer 1975 zehnmal mit Anneliese traf, ohne jedoch deren vermeintliche Abneigung gegen geweihte Gegenstände bestätigen zu können. Er gab an, dass sie erkennbar aus einem tiefreligiösen Elternhaus zu stammen schien und die „Fratzen" erwähnte, es sei in seiner Gegenwart allerdings kein Brand- oder Fäkaliengeruch aufgetreten. Wie auch seine Aschaffenburger Kollegen riet er dem Ehepaar Michel dazu, mit ihrer Tochter einen Facharzt aufzusuchen.[51]

---

47 S. die Aussage des Kaplans im Staatsarchiv Würzburg, Akten Kriminalpolizeiinspektion Aschaffenburg 1, C, Zeugen, Bl. 91–98 (23.8.1976).

48 Im Dezember 1941 wurde Pater Rodewyk mit dem Exorzismus an der Krankenschwester „Magda" beauftragt. Der Jesuit war zu diesem Zeitpunkt Vertreter des Standortpfarrers im Lazarett Trier und dort auf die angebliche Besessenheit von „Magda" aufmerksam geworden. Zum „Fall Magda" s. Kap. 5.1.2.

49 Besonders zu erwähnen sind hier folgende Schriften Rodewyks, da sie inzwischen zur „Standardliteratur der Exorzismusforschung" gehören: Die dämonische Besessenheit in der Sicht des Rituale Romanum, Aschaffenburg 1963; Dämonische Besessenheit heute. Tatsachen und Deutungen, Aschaffenburg [4]1988; Der Teufel ernst genommen, Stein am Rhein, 2002 (erste überarbeitete Auflage) (s. auch Kap. 5.1.1).

50 Vgl. Staatsarchiv Würzburg, Akten Kriminalpolizeiinspektion Aschaffenburg 1, C, Zeugen, Bl. 79–90 (11.8.1976).

51 S. Staatsarchiv Würzburg, Akten Kriminalpolizeiinspektion Aschaffenburg 1, C, Zeugen, Bl. 34–38 (24.8.1976).

In einer seiner Aussagen[52] erklärte Ernst Alt, der im Januar 1974 eine Pfarrstelle in Ettleben (Werneck) angetreten hatte, dass er Anneliese Michel seit dem Herbst 1973 zunächst regelmäßig alle zwei Wochen, dann aufgrund der größer gewordenen räumlichen Entfernung alle paar Monate bis etwa November 1974 getroffen hätte. Schon bei der Lektüre von Briefen[53], in denen die Auffälligkeiten in Annelieses Verhalten durch die Mutter geschildert wurden, sei bei ihm ein Unwohlsein aufgetreten, während einer darauf folgenden Abendmesse habe er einen Schlag in den Rücken bekommen und einen strengen Geruch wahrgenommen.[54] Pfarrer Alt bezeugte weiterhin Anneliese Michels Abwehrverhalten gegenüber kirchlichen Handlungen, Gebeten, Besprengungen mit Weihwasser etc., wobei eine Besserung nach gemeinsamem Gebet und gesprochenem Segen eingetreten sein soll. Während einer weiteren Vernehmung erläuterte Alt seine Einschätzung bezüglich des Geisteszustandes von Anneliese Michel nach dem ersten Zusammentreffen:

> „Ich ging von dem Tag an von der Annahme aus, dass es [eine Besessenheit] möglich sei, dass aber diese Möglichkeit zu 100% bewiesen werden müsse, auch wenn unter Umständen lange Zeit darüber verstreichen würde! [...] Meist hatten wir nur kurze Gespräche miteinander, die ich, wo ich konnte, vermied, um den Fall im engeren Kreis zu belassen und um das Mädchen von einer eventuellen hysterischen Umgebung zu schützen.“[55]

Die Familie Michel war im Herbst 1973 mit dem Gesundheits- bzw. Geisteszustand Annelieses überfordert und suchte nach den – ihrer Meinung nach – vergeblichen Bemühungen der von ihnen aufgesuchten Mediziner Zuflucht in einer religiösen Deutung der Symptome. Die Diagnose einer Epilepsieerkrankung durch den Aschaffenburger Neurologen, welche später von anderen Ärzten bestätigt wurde, ist weder von Anneliese noch von ihrem direkten Umfeld jemals akzeptiert worden. Der Glaube an eine

---

52 S. Staatsarchiv Würzburg, Akten Kriminalpolizeiinspektion Aschaffenburg 1, D, Beschuldigte, Bl. 15–19 (7.7.1976).

53 Diese Briefe waren Pfarrer Alt durch den pensionierten Aschaffenburger Pfarrer ausgehändigt worden.

54 Goodman erwähnt in diesem Zusammenhang Alts Interesse an Verbindungen zwischen religiösem Erleben und parapsychologischen Phänomenen. Sie gesteht ihm die Fähigkeit der Telepathie und der Vorahnung zu, weshalb es ihm möglich gewesen sei, die Bedrängnis der Anneliese Michel „an eigenem Leib“ zu spüren, einen Fäkalien- und Brandgeruch trotz räumlicher Distanz wahrzunehmen etc. Goodman bezieht sich hierbei wohl auf ihr gegenüber gemachte mündliche und/oder schriftliche Äußerungen Alts, ohne darüber nähere Angaben zu machen. Vgl. hierzu Goodman, Anneliese Michel und ihre Dämonen, S. 71ff.

55 S. Staatsarchiv Würzburg, Akten Kriminalpolizeiinspektion Aschaffenburg 1, D, Beschuldigte, Bl. 10–14 (9.9.1976).

Ursache, die im spirituellen Bereich zu finden sei, lag aufgrund der religiösen Prägung der Familie nahe und erfuhr auf der Wallfahrt nach San Damiano eine Verstärkung. Und wenn die konsultierten Geistlichen die von Rodewyk vermuteten Symptome zunächst nicht bestätigten, stand dennoch der Terminus „Besessenheit", das potentielle Vorhandensein eines dämonischen Einflusses im Raum, war bei der Betroffenen, ihrer Familie und den Geistlichen als Möglichkeit präsent, besonders bei Alt, welcher in der Folgezeit den Kontakt mit Anneliese aufrecht erhielt und ihre Entwicklung in dieser Perspektive beobachtete.

Zum 1. November 1973 übersiedelte Anneliese Michel nach Würzburg, wo sie ein Zimmer im Ferdinandeum, einem kirchlichen „Wohnheim für Lehrerstudenten", bezog. Auf eine Kommilitonin und Mitbewohnerin, welche Anneliese bereits aus der Schulzeit bekannt war, wirkte sie anfangs sehr zurückhaltend und verschlossen, erst mit der Freundschaft zu ihrem späteren Verlobten hätte sich ihr Verhalten im positiven Sinn verändert.[56] Diesen Stimmungswandel bemerkten weitere Studienkolleginnen, die Anneliese seit der Bekanntschaft mir ihrem Freund als „auffallend lustig" und gesellig wahrnahmen, als junge verliebte Frau, die gern ausging und „regelrecht aufblühte"[57]. Sie schien nach einer Eingewöhnungsphase ein normales studentisches Leben zu führen, die „Beschwerden" kamen allerdings kurz darauf wieder. Ihrem Freund, ebenfalls Lehramtsstudent, vertraute sie mit der Zeit zunächst die auftretenden körperlichen Beschwerden wie Anfälle von körperlicher Steifheit und Verkrampfung sowie psychische Beeinträchtigungen wie Niedergeschlagenheit und Antriebslosigkeit an. Anneliese suchte erneut medizinische Hilfe, wohl auch durch ihren Freund bestärkt, und wurde am 28. November 1973 erstmals in der Universitäts-Nerven- und Poliklinik vorstellig. Die untersuchende Ärztin gab in ihrem Gutachten[58] nach Annelieses Tod an, dass diese vom Institut für medizinische Psychologie und Psychotherapie der Universität Würzburg mit der Diagnose einer neurotischen Depression mit Entwicklungscharakter und Verdacht auf nächtliche epileptische Anfälle an sie überwiesen worden war. Aufgrund der medizinischen Vorgeschichte, Anneliese Michels Angaben über seit 1972 fast täg-

---

[56] Vgl. Staatsarchiv Würzburg, Akten Kriminalpolizeiinspektion Aschaffenburg 1, C, Zeugen, Bl. 62–64 (27.7.1976).

[57] S. Staatsarchiv Würzburg, Akten Kriminalpolizeiinspektion Aschaffenburg 1, C, Zeugen, Bl. 16–18 (27.7.1976) und Bl. 13–15 (2.8.1976). Diese Kommilitoninnen waren ebenfalls mit Anneliese Michel zur Schule gegangen, kannten sie also seit einem längeren Zeitraum.

[58] Staatsarchiv Würzburg, Akten Kriminalpolizeiinspektion Aschaffenburg 1, B, Gutachten, Bl. 15–18 (16.7.1976).

lich auftretende Anfallszustände, so genannte Absencen[59], und eines EEG-Befundes, erfuhr die Epilepsie-Diagnose des Aschaffenburger Nervenarztes eine Bestätigung. Weiterhin gibt das Gutachten Auskunft über Anneliese Michels psychischen Zustand:

> „Die Patientin [wirkte] still, schwunglos, aber nicht suicidal. Sie klagte über Interesselosigkeit und Apathie. Hinsichtlich des Berufes sei sie unentschlossen, sie litt unter der durch die Studienzeit bewirkten Trennung durch [sic!] die Familie.“[60]

Nach der Umstellung auf ein anderes antiepilepetisches Medikament namens Tegretal berichtete Anneliese bei einer folgenden Untersuchung am 17. Dezember 1973 von einer Besserung in Bezug auf die Anfälle, was ein neues EEG im Frühjahr 1974 bestätigte:

> „Unverändert fand sich der Hinweis auf eine herdförmige Hirnschädigung im linken Schläfenbereich, sehr wahrscheinlich die Ausgangsstelle der hirnorganischen Anfälle. In der Folgezeit blieb das Befinden der Patientin befriedigend. Meistens berichtete sie von Anfallsfreiheit, aber wir hatten doch den Verdacht, dass hin und wieder kleine Anfälle, Absencen oder psychomotorische Anfälle[61] auftraten, von denen die Patientin in ihrer Leistungsfähigkeit aber nicht beeinträchtigt war.“[62]

Die „Fratzen“ und Stimmen finden in dem Gutachten, das zeitlich mit einer Untersuchung im Juni 1975 endet, keine Erwähnung, was den Schluss zulässt, dass sie Anneliese Michel in der Schilderung ihrer Beschwerden bewusst ausgeklammert hatte. Ihrem Freund, der über die Verschlechterung ihres Zustandes ab dem Frühjahr 1974 aussagte, dass er

---

59 Unter Absencen sind plötzlich beginnende und endende „Abwesenheiten“ zu verstehen, die mit fehlender Ansprechbarkeit und Erinnerungslücken einhergehen. Sie sind bei Kindern und Jugendlichen die mit Abstand häufigste Form epileptischer Anfälle. S. hierzu Bleuler, Manfred: Lehrbuch der Psychiatrie, New York [14]1979, S. 372ff.

60 S. Staatsarchiv Würzburg, Akten Kriminalpolizeiinspektion Aschaffenburg 1, B, Gutachten, Bl. 15–18 (16.7.1976).

61 Diese Anfallsart entspricht der häufigsten Epilepsieart im Erwachsenenalter, wobei die Anfälle mit einer Minuten andauernden Art „Vorgefühl“ eingeleitet werden, gefolgt von einer mit Kopfschmerzen begleiteten Müdigkeitsphase. Während dieses Zustandes, der bis zu 20 Minuten anhalten kann, kommt es zu Koordinationsstörungen, welche die ganze Spannbreite des Gehirns umfassen, in ihrer Erscheinungsform jedoch individuell ausfallen können (z.B. gestischer, verbaler oder emotionaler Art). Dies alles geschieht bei eingeschränktem Bewusstsein der Betroffenen. Vgl. hierzu das entsprechende Kapitel bei Bleuler, Lehrbuch der Psychiatrie.

62 S. Staatsarchiv Würzburg, Akten Kriminalpolizeiinspektion Aschaffenburg 1, B, Gutachten, Bl. 15–18 (16.7.1976).

diesen als etwas Übernatürliches, also nicht Krankhaftes ansah, teilte sie diese „Bedrängungen" zur Jahreswende 1973/74 mit.[63]

Tatsache ist, dass ihr Freund bemüht war, Anneliese zu unterstützen, was im weiteren Verlauf dazu beitrug, dass er selbst an den exorzistischen Sitzungen teilnahm und mit seinem Versuch, die vermeintlich „besessene" Anneliese zu schützen, half, diese von ihrem nicht-familiären Umfeld abzuschirmen bzw. zu isolieren. Anneliese selbst unterschied offensichtlich, wem sie sich anvertraute: Sie erwähnte die Fratzen ihrer Ärztin gegenüber nicht, Aussagen der exorzierenden Geistlichen zu Folge waren diese wiederum nie von der Familie Michel über eine definitive Epilepsie-Diagnose informiert worden.[64] Anneliese ließ sich einerseits Antiepileptika verschreiben, auch wenn von der Neurologin der Verdacht geäußert wurde, dass sie diese 1974/75 nicht regelmäßig einnahm[65], andererseits hielt sie diese nicht für das geeignete Mittel gegen die „übernatürlichen" und sie verstörenden Visionen, Gerüche und Geräusche, deren Ursache sie nicht mit der diagnostizierten Erkrankung in Einklang bringen konnte. Normalität ließ sich in einem solchen Spannungsfeld schwer herstellen, die bei einer Epilepsie nicht selten auftretende psychische Instabilität und depressiven Phasen nahmen zu.

Annelieses Gesundheitszustand verschlechterte sich im Verlauf des Jahres 1974, während dieser Zeit nahm sie ihre Termine bei der Würzburger Neurologin weiter wahr und besuchte Pfarrer Alt regelmäßig in Ettleben, der darüber in seiner Aussage vom 9. September 1976 berichtete:

> „Sie machte mir öfters den Vorwurf, dass ich ihr nicht glaubte und alles psychologisch erklären wollte. Das war auch immer mein Bestreben. [...] Auf meinen ausdrücklichen Wunsch ist sie bei der Nervenfachärztin in Behandlung geblieben, und sie hat weiterhin die Medikamente genommen, von denen sie wiederholt sagte, daß sie nichts nützen."[66]

Im Nachhinein lässt sich dies schwer überprüfen, über die Regelmäßigkeit der Medikamenteneinnahme beispielsweise konnte Alt keine gesicherten

---

63 Vgl. Staatsarchiv Würzburg, Akten Kriminalpolizeiinspektion Aschaffenburg 1, C, Zeugen, Bl. 39–44 (2.7.1976).

64 Es sei nur wiederholt von einem Epilepsie-Verdacht die Rede gewesen, der nach Wissen der besagten Geistlichen nie eine Bestätigung erfahren hätte.

65 Eine solche Vermutung begründete die Ärztin mit der Tatsache, dass die Medikamente oft für einen längeren Zeitraum ausreichten, als es die Menge eigentlich zugelassen hätte. Ein solches Verhalten wurde als nicht untypisch für junge Patienten eingestuft, die bei Anfallsfreiheit die Notwendigkeit einer dennoch regelmäßigen Medikation nicht anerkennen. S. hierzu Staatsarchiv Würzburg, Akten Kriminalpolizeiinspektion Aschaffenburg 1, B, Gutachten, Bl. 15–18 (16.7.1976).

66 S. Staatsarchiv Würzburg, Akten Kriminalpolizeiinspektion Aschaffenburg 1, D, Beschuldigte, Bl. 10–14 (9.9.1976).

Informationen haben. Die Tatsache, dass sich Anneliese Michel weiter neurologisch behandeln ließ, ist wohl auch auf die auftretenden, durch die Medikamente zu Jahresbeginn hervorgerufenen Zeiten von Anfallsfreiheit zurückzuführen; Anneliese ging zu diesem Zeitpunkt also noch von einem möglichen positiven Einfluss einer medizinischen Behandlung auf ihren Gesundheitszustand aus.

In den Sommerferien, während denen Anneliese ein Schulpraktikum ableistete, fuhr sie mehrmals nach San Damiano, unter anderem auch in Begleitung ihres Freundes, und suchte Pfarrer Alt in Ettleben auf. Goodman führt aus, dass Alt regelmäßig mit dem befreundeten Aschaffenburger Kaplan und den anderen dort ansässigen, über Annelieses Zustand „eingeweihten“ Geistlichen Gespräche führte, inwieweit die Symptome einer Geisteskrankheit wie Schizophrenie, Hysterie oder eben doch einer „Besessenheit“ zugeordnet werden könnten – schließlich hatte sich auch Rodewyk dahingehend geäußert.[67]

Pfarrer Alt, nach eigenem Bekunden vertraut im Umgang mit „Hysterikern“ aufgrund einer vormaligen Tätigkeit als Krankenhausseelsorger und mit jungen Menschen als Stadtjugendseelsorger in Bonn, stellte im September 1974 die Diagnose „Umsessenheit“[68] und forderte Anneliese Michel dazu auf, sich einen „Seelenführer“ zu wählen, „um nach dessen Maßgabe ein striktes, geordnetes religiöses Leben zu führen“[69], wobei Annelieses Wahl nach einer Bedenkzeit auf Alt selbst fiel. Am 30. September 1974 wandte dieser sich schriftlich an den Würzburger Bischof Josef Stangl, wobei er den „Fall Anneliese Michel“ als außerordentlichen Fall der Seelsorge bezeichnete. Aus dem Brief geht hervor, dass Alt dem Bischof bereits mündliche Andeutungen bei einem früheren Zusammentreffen gemacht hatte. Nach einer Schilderung der Umstände seiner Kenntnis von Anneliese, ihrer Beschwerden, ihrer medizinischen Vorgeschichte (auch hier war lediglich von einem unbestätigten Epilepsie-Verdacht die Rede) und der „übersinnlichen“ Erfahrungen, die Alt selbst im Verlauf von für Anneliese gesprochenen Gebeten widerfahren waren (Übelkeit, Brand- und Fäkaliengeruch etc.), zog der Geistliche den Schluss, dass es sich um eine Teilbesessenheit handele, die sich aufgrund der großen Sensibilität Annelieses in eine Umsessenheit gewandelt habe.

---

67 S. Goodman, Anneliese Michel und ihre Dämonen, S. 87f.

68 Vgl. zur Unterscheidung von Besessenheit („possessio“/„obsessio“) und Umsessenheit („circumsessio“) Rodewyk, Adolf: Die dämonische Besessenheit in der Sicht des Rituale Romanum, Aschaffenburg 1963, S. 209ff. bzw. den Artikel: „Besessenheit“ von Peter Dinzelbacher im LThK, Bd. 2, Freiburg u.a. 1994.

69 S. Staatsarchiv Würzburg, Akten Kriminalpolizeiinspektion Aschaffenburg 1, D, Beschuldigte, Bl. 10–14 (9.9.1976).

Daran anschließend führte Alt in seinem Brief an den Bischof über seine Intention aus:

> „Im Interesse der Sache ist mir nun daran gelegen, schnell zu handeln, damit wir nicht in den Strudel einer gefährlichen Publizität gelangen. Die Personen, die bisher damit zu tun hatten, sind absolut vertrauenswürdig. Leider aber beschert uns die Satanswelle im Fernsehen und Kinos Machwerke, die vielleicht den einen oder anderen zur Indiskretion im Falle A.M. verleiten könnten. Auch besteht die Gefahr, daß Personen, die sich damit befaßt haben bzw. davon wissen, mehr in einer religiösen Sensation als im Gottesdienst verharren.“[70]

Der erbetenen Erlaubnis zur Durchführung eines Exorzismus wurde seitens des Bischofs zu diesem Zeitpunkt nicht entsprochen, Pfarrer Alt wurde nach eigener Aussage dazu aufgefordert, den „Fall“ zu beobachten und „religiös zu führen“.[71]

Bischof Stangl erläuterte hierzu in einem Brief an die Aschaffenburger Staatsanwaltschaft im November 1976:

> „Der Bericht lag für mich im Rahmen der Vielzahl von schriftlichen Bitten, die an mich in seelsorgerlichen Angelegenheiten herangetragen werden. [...] Irgendeine ernstliche Befürchtung hinsichtlich des gesundheitlichen Zustandes von Michel war für mich nicht erkennbar.“[72]

Er bestätigte zudem, Alt keine Erlaubnis hinsichtlich des Sprechens eines Exorzismus gegeben zu haben. Die Persönlichkeit und Erfahrungswerte Alts erschienen ihm zudem Gewähr genug für die Einhaltung einer Trennung von Seelsorge und ärztlicher Betreuung sowie der notwendigen Diskretion.[73]

Mit der Einbeziehung des Würzburger Diözesanbischofs erreichte die ursprünglich familiäre, lokal beschränkte Angelegenheit eine neue Dimension. Auch wenn Bischof Stangl vorerst nur weitere Beobachtung anregte, wurde zumindest für die bis jetzt beteiligten Geistlichen die Möglichkeit einer Besessenheit – denn eine Teilbesessenheit bzw. Umsessenheit war ja von Pfarrer Alt festgestellt worden – wahrscheinlicher. Mit der Anspielung auf Mitwisser, deren Interesse sich lediglich auf eine mögliche „religiöse Sensation“ richteten, ist zweifelsfrei die bereits erwähnte

---

70 S. Staatsarchiv Würzburg, Akten Staatsanwaltschaft Aschaffenburg 593 I, Hauptakten, Bd. III, Briefe, Alt an Stangl (30.9.1974).

71 Vgl. Staatsarchiv Würzburg, Akten Kriminalpolizeiinspektion Aschaffenburg 1, D, Beschuldigte, Bl. 15–19 (7.7.1976).

72 S. Staatsarchiv Würzburg, Akten Staatsanwaltschaft Aschaffenburg 593 I, Hauptakten, Bd. III, Briefe, Stangl an die Staatsanwaltschaft (5.11.1976).

73 Ebd.

Wallfahrtsleiterin und deren näheres Umfeld der San Damiano-Anhänger gemeint, von denen sich Alt im Laufe der Zeit noch entschiedener distanzierte. Auch wird die Befürchtung einer zukünftigen Indiskretion Eingeweihter am ehesten auf diese Personengruppe zu beziehen sein. Die öffentliche Reaktion auf das Bekanntwerden einer potentiell Besessenen schätzte Alt massiv ein, weitaus nachhaltiger sollte das öffentliche Interesse am Tod von Anneliese Michel und dem später folgenden Prozess sein. Die sogenannte „Satanswelle“ in den zeitgenössischen Medien und deren Reaktionen auf den „Fall Anneliese Michel“ werden an anderer Stelle dargelegt.[74]

Die Anforderungen des Studiums bereiteten Anneliese Michel zunehmend Probleme, was sie selbst ihrer Ärztin bei einer Untersuchung im Frühsommer 1975 gegenüber erwähnte:

> „Bei der vorletzten Untersuchung im Juni 1975 bezeichnete Fräulein M. ihr Befinden als gut, fiel aber durch Ängstlichkeit auf. Meiner Erinnerung nach habe ich damals in einem langen Gespräch ihre Sorgen und Befürchtungen im Hinblick auf den bevorstehenden Abschluß des Studiums mit Prüfungen usw. zu beruhigen versucht.“[75]

Der Leiter von Annelieses Wohnheim, ein Oberstudiendirektor, bei welchem sie auch Kurse in Theologie belegte und der ihre Abschlussarbeit zum Thema: „Die Angst und ihre Bewältigung als religionspädagogische Aufgabe“ betreute, erinnerte sich später an ein Gespräch, das er mit Anneliese im Juli oder August 1975 über die Möglichkeit eines Abbruchs des Studiums geführt hatte:

> „Ich hatte den Eindruck, daß das Mädchen unter irgendwelchen, mir nicht bekannten, psychischen Belastungen stand und den kommenden Aufgaben der Abschlußprüfung sich nicht gewachsen fühlte. Andererseits hatte ich das Gefühl, daß die Aufgabe ihres Studiums unmittelbar vor seinem Abschluß bei der ängstlichen jungen Dame die von mir vermuteten Minderwertigkeitskomplexe nur noch verschlimmern würde.“[76]

Einer Niederschrift eines Gesprächs des Wohnheimdirektors mit dem Generalvikar und einem Justitiar der Diözese ist zu entnehmen, dass er von den Fahrten Anneliese Michels nach San Damiano Kenntnis hatte,

---

[74] Zur Berichterstattung in regionalen und überregionalen, weltlichen und kirchlichen Presseorganen s. Kap. 3.

[75] S. Staatsarchiv Würzburg, Akten Kriminalpolizeiinspektion Aschaffenburg 1, B, Gutachten, Bl. 15–18 (16.7.1976).

[76] S. Staatsarchiv Würzburg, Akten Kriminalpolizeiinspektion Aschaffenburg 1, C, Zeugen, Bl. 99–102 (22.7.1976).

und dass Anneliese und zwei ihrer Kommilitoninnen „kannenweise" das angeblich heilkräftige Wasser aus San Damiano bezogen. Über die beiden Freundinnen, die Annelieses strenge religiöse Ansichten teilten, ist in der Gedächtnisniederschrift festgehalten worden:

> „Alle drei waren wohl zum Schaden der AM sehr bigot [sic!]. Die Gottesdienste des Heimes waren ihnen zu modern.[77] Deshalb mieden sie diese und besuchten die Gottesdienste der benachbarten Pfarrkirche ‚Unsere Liebe Frau'."[78]

Diese Kommilitoninnen gaben bei Befragungen nach Anneliese Michels Tod an, dass sie mit ihr in einer Art „Betgemeinschaft" verbunden gewesen waren. Sie beobachteten Mitte des Jahres 1975 an Anneliese Phasen zunehmender Niedergeschlagenheit und Mattigkeit, sie klagte über Schlaflosigkeit und Beschwerden beim Gehen. Die Freundinnen bezeugten weiterhin Annelieses Abneigung gegen religiöse Gegenstände (Zerreißen eines Rosenkranzes, Zerschlagen einer Flasche geweihten Wassers u.ä.), ihre zeitweise Unfähigkeit zu beten oder das Unvermögen, eine Kirche zu betreten.[79] Eine andere Mitstudentin, die ebenfalls zu Annelieses „Betgemeinschaft" gehörte, war von deren Freund ins Vertrauen gezogen worden und wusste von ihrer angeblichen Besessenheit, da Anneliese in ihrem Beisein einen Krampfanfall erlitten hatte.[80] Pfarrer Alt gegenüber, der auch jetzt regelmäßig Kontakt zu Anneliese hatte, erwähnte sie das erste Mal „sie sei verdammt", was ihn dazu veranlasste, bei einem Zusammentreffen im Ferdinandeum am 1. Juli 1975 den „Exorzismus probativus"[81] zu sprechen, worauf Anneliese seiner Aussage nach eindeutig

---

77 „Modern" hieß in diesem Fall, dass in der Hauskapelle des Ferdinandeums keine Kniebänke mehr vorhanden waren, wie es im Verlauf des Zweiten Vatikanums festgelegt worden war. Eine diesbezügliche Erläuterung seitens des Wohnheimleiters findet sich in einer Aktennotiz des Generalvikars, DAW Exorzismus Klingenberg 001, Handakt des Generalvikars 1976–1982, Aktennotiz 15.10.1976.

78 S. DAW Exorzismus Klingenberg 001, Handakt des Generalvikars 1976–1982, Gedächtnisniederschrift 5.10.1976.

79 Vgl. Staatsarchiv Würzburg, Akten Kriminalpolizeiinspektion Aschaffenburg 1, C, Zeugen, Bl. 60–61 (13.7.1976).

80 Vgl. Staatsarchiv Würzburg, Akten Kriminalpolizeiinspektion Aschaffenburg 1, C, Zeugen, Bl. 65–68 (22.7.1976).

81 Das Beten eines Exorzismus probativus soll Priestern und Laien die Möglichkeit eröffnen, auch ohne besondere kirchliche Erlaubnis herauszufinden, ob jemand wie ein Besessener reagiert. Der Exorzismus probativus solle nur in Gedanken gesprochen werden, eine echte Reaktion erfolge nur von tatsächlich Besessenen. Vgl. hierzu Rodewyk, Adolf: Die dämonische Besessenheit in der Sicht des Rituale Romanum, Aschaffenburg 1963, S. 68. Welcher Art diese Reaktionen sein können, schildert Rodewyk in einem Abschnitt über seine eigenen diesbezüglichen Erfah-

reagierte: „Sie sprang sofort auf, geängstigt und in Abwehr und zerriss laut schreiend den Rosenkranz."[82]

Alt informierte Annelieses Eltern und regte ihre Übersiedlung nach Klingenberg an, da der „Zustand" der jungen Frau im Studentenwohnheim immer schwieriger zu verheimlichen war. Mit der gesteigerten Anzahl von Anfällen ging auch ein großer Gewichtsverlust einher, zeitweise war Anneliese nicht in der Lage, das Bett zu verlassen. Die Eltern suchten daraufhin am 17. Juli 1975 Annelieses Neurologin in der Würzburger Universitätsklinik auf, um eine Prognose hinsichtlich ihrer Studierfähigkeit und der Möglichkeit einer späteren Ausübung des Lehrerinnenberufs zu erhalten. Die Neurologin erwähnte diesen Beratungstermin in ihrem Gutachten mit dem Vermerk, dass sie sich über den Inhalt der Unterredung keine expliziten Notizen gemacht habe, dass im Verlauf solcher Gespräche aber üblicherweise rationale Aufklärungen über die Erkrankung erfolgten, was im Fall von Anneliese Michel eine durchaus positive Prognose hinsichtlich der Leistungsfähigkeit in Studium und Beruf bedeutet hätte.[83]

Laut Goodman hatte dieses Beratungsgespräch von Seiten der Eltern Michel noch einen gänzlich anderen Beweggrund, sie wollten wissen, ob der Ursprung von Annelieses Krankheit auf eine „dämonische Besessenheit" zurückgeführt werden könne, was – wiederum eine Interpretation Goodmans – an der Tatsache scheiterte, dass die Ärztin als Nichtkatholikin diesem Ansatz nicht folgen konnte.[84] Die Ärztin äußerte sich hinsichtlich einer solchen möglichen Anspielung in ihrem Gutachten dahingehend, dass sie sich an Äußerungen der Eltern über eine nicht rationale Erklärung erinnert bzw. Aufzeichnungen angefertigt hätte. Abschließend zog sie in ihrem Gutachten folgendes Fazit:

> „Wir halten es zunächst für durchaus möglich, dass es sich am Schluß um eine epileptische Psychose gehandelt hat, bei welcher wahnhafte, oft ganz ekstatisch anmutende, z.B. religiöse Erlebnisse verbunden oft auch mit Suicidalität, Nahrungsverweigerung etc. gar nicht so selten beobachtet werden."[85]

---

rungen im „Fall Magda", in: Dämonische Besessenheit heute, Aschaffenburg [4]1976, S. 18ff.

82 S. Staatsarchiv Würzburg, Akten Kriminalpolizeiinspektion Aschaffenburg 1, D, Beschuldigte, Bl. 10–14 (9.9.1976).

83 Vgl. Staatsarchiv Würzburg, Akten Kriminalpolizeiinspektion Aschaffenburg 1, B, Gutachten, Bl. 15–18 (16.7.1976).

84 S. Goodman, Anneliese Michel und ihre Dämonen, S. 107.

85 S. Staatsarchiv Würzburg, Akten Kriminalpolizeiinspektion Aschaffenburg 1, B, Gutachten, Bl. 15–18 (16.7.1976).

1.1.3 Die Suche nach dem spirituellen Ausweg: Bischöfliche Erlaubnis und Durchführung des Exorzismus

Da Anneliese nicht mehr zum Studium in der Lage war – der Abgabetermin ihrer Abschlussarbeit musste mehrfach verschoben werden – zog sie vorübergehend wieder bei ihren Eltern in Klingenberg ein. Diese waren inzwischen von der Besessenheit ihrer Tochter überzeugt und suchten Unterstützung bei dem mit Pfarrer Alt befreundeten Aschaffenburger Kaplan, der zu dieser Zeit in der Nähe Urlaub machte. Nach einem Anruf der Eltern suchte er Anneliese in Klingenberg auf und wurde Zeuge, wie sie tobte und schrie, einen Rosenkranz zerfetzte, angeblich Brand- und Fäkaliengeruch verströmte etc., woraufhin für ihn die „dämonische Besessenheit" klar ersichtlich war.[86] Nach einem Gespräch mit Pfarrer Alt wandte sich dieser erneut an den Würzburger Bischof, der ihm daraufhin mündlich die Erlaubnis erteilte, den kleinen Exorzismus[87] über Anneliese Michel zu sprechen, was er in Gegenwart des Aschaffenburger Kaplans am 3. August 1975 tat.[88]

Eine Besessenheit stand jetzt für die Familie, das eingeweihte nähere Umfeld und die beiden Geistlichen zweifelsfrei fest. Der über Anneliese gesprochene Exorzismus schien zunächst Wirkung zu zeigen und ließ auf eine Besserung ihres Zustandes hoffen. Im weiteren Verlauf des Augustes, während einer urlaubsbedingten Abwesenheit Pfarrer Alts, verschlechterte sich der Geisteszustand der jungen Frau allerdings rapide. Bei Goodman ist von Schlaflosigkeit, zwanghaftem Bewegungsdrang, Schreien und Toben zu lesen; Anneliese wälzte sich nackt im Kohlenkeller, verweigerte die Nahrungs- und Flüssigkeitsaufnahme einerseits, leckte andererseits ihren eigenen Harn auf und aß Insekten, die sie im Keller fand. Ihre Aggressionen richtete sie auf religiöse Gegenstände: Sie zerschmetterte Kruzifixe, zerstückelte Rosenkränze und riss Heiligenbilder von der

---

86 Vgl. Staatsarchiv Würzburg, Akten Kriminalpolizeiinspektion Aschaffenburg 1, C, Zeugen, Bl. 91–98 (23.8.1976).

87 Sowohl Kleiner als auch Großer Exorzismus sind Sakramentalien, d.h. sinnlich wahrnehmbare Riten, die von der Kirche eingeführt wurden, um vor allem spirituelle Wirkungen hervorzurufen, die aus Gebeten und rituellen Handlungen bestehen. Vgl. hierzu Balducci, Corrado: Priester, Magier, Psychopathen. Grenze zwischen Wahn und Teufel, Aschaffenburg 1976, S.114. Der Ablauf eines „Großen Exorzismus" ist bereits im „Rituale Romanum" des Jahres 1614 festgelegt worden, welcher noch heute in reformierter Form Gültigkeit besitzt und auch den „Kleinen Exorzismus" beinhaltet, den Papst Leo XIII. verfasst hatte. S. Sodi, Manlio (Hg.): Rituale Romanum. Editio princeps 1614, Vatikan 2004.

88 Das genaue Datum findet sich bei Goodman, Anneliese Michel und ihre Dämonen, S. 111.

Wand. Sie musste praktisch Tag und Nacht von ihrer Familie oder ihrem Freund überwacht werden, die sich turnusmäßig abwechselten.[89]

Nach mehreren vergeblichen Versuchen, Alt telefonisch oder telegraphisch im Urlaub zu erreichen, wandten sich Annelieses Eltern an Adolf Rodewyk, davon überzeugt, dass nur ein Exorzist ihrer Tochter helfen könne. Ab diesem Zeitpunkt sahen diese keine Möglichkeit mehr für eine medizinische Lösung des Problems, zumal die befürchtete Einweisung Annelieses in eine nahe gelegene Nervenheilanstalt unbedingt verhindert werden sollte[90], weil sonst eine Ausübung des angestrebten Lehrberufs unmöglich schien – dies zu verhindern stellte bis zu Annelieses Tod bei ihrer Familie ein sehr bestimmendes Ziel dar. Anneliese selbst äußerte sich in „klaren" Momenten ebenso ablehnend gegenüber einer solchen Einweisung, was im Prozess von ihren Eltern häufig als Argument für eine beständige Zurechnungsfähigkeit ihrer Tochter angeführt wurde.

Telefonisch und brieflich durch Josef Michel über die aktuelle Situation informiert, entschloss sich Rodewyk Anfang September 1975, Anneliese in ihrem Elternhaus in Klingenberg aufzusuchen und sich selbst ein Bild zu machen. Bei seiner Ankunft schien die junge Frau, auf dem Küchenboden liegend, in eine Art Trancezustand[91] gefallen zu sein, aus dem sich heraus eine andere Persönlichkeit zu Wort gemeldet haben soll, die sich selbst als „Judas" bezeichnete[92]. Nachdem Anneliese wieder zu sich gekommen sei und beide ein nach Aussagen des Paters „vernünftiges" Gespräch geführt hätten, in dessen Verlauf er ihr versichert habe, sie nicht im Stich zu lassen, stand für den Exorzismusexperten eine dämonische Besessenheit eindeutig fest; beim Verlassen des Hauses wurde er von Anneliese geohrfeigt. Rodewyk stritt später ab, in irgendeiner Form näher über die ärztliche Behandlung Annelieses informiert gewesen zu sein.[93]

---

89 S. Goodman, S. 113 ff. Goodman bezieht sich hier auf die Aufzeichnungen einer Schwester Annelieses mit dem Titel: „Meine Erlebnisse mit meiner Schwester Anneliese", welche sie 1978 eigens und ausschließlich für Goodman verfasst hatte.

90 Alt erläuterte in einer seiner Aussagen, dass sein Vorschlag, im Sommer 1975 Anneliese in die Nervenklinik einweisen zu lassen und parallel dazu in der Klinik den Exorzismus zu beten, von Anneliese und ihrer Familie als inakzeptabel abgelehnt worden sei. Staatsarchiv Würzburg, Akten Kriminalpolizeiinspektion Aschaffenburg 1, D, Beschuldigte, Bl. 1–9 (8.11.1976).

91 Dieser Zustand der Nicht-Ansprechbarkeit und Bewegungsunfähigkeit findet seine Entsprechung im medizinischen Begriff der „Absence", s. Fn. 59.

92 Der Dämon „Judas" war Rodewyk angeblich bereits im Verlauf des Exorzismus an „Magda" begegnet, wie er es in seinem Werk: „Dämonische Besessenheit heute", S. 24ff., darlegt. S. auch Kap. 5.1.2.

93 Vgl. Staatsarchiv Würzburg, Akten Kriminalpolizeiinspektion Aschaffenburg 1, C, Zeugen, Bl. 79–90 (11.8.1976).

Dieser Besuch diente Rodewyk nach seiner Rückkehr als Grundlage für die Erstellung eines Gutachtens, das unter Verwendung des Namens „Anna Lieser" dem Würzburger Bischof Stangl mit der Bitte um Bestellung eines Exorzisten vorgelegt wurde. In diesem Gutachten vom 13. September 1975 wurde „Annas" Kindheit, ihre freundliche Art und ihre ausgeprägte Frömmigkeit geschildert sowie die nach dem Abitur und dem Wechsel an die Pädagogische Hochschule aufgetretene Wesensveränderung beleuchtet. Die aufgesuchten Ärzte hätten sie für organisch gesund erklärt, einer hätte allerdings die Hinzuziehung eines Priesters angeraten, worauf eine Phase regelmäßiger Beobachtung durch mehrere Priester erfolgt sei. Zusammenfassend erläuterte Rodewyk den gegenwärtigen Zustand der „Anna Lieser", der für die Familie auf längere Sicht schwer zu ertragen sei.[94] Die Betroffene selbst habe ihm gegenüber geäußert, dass sie diese Dinge nicht freiwillig, also nur unter Zwang ausgeführt habe, dass ihr Wille wie gelähmt sei und sie deshalb nicht mehr beten könne, dass sie verdammt sei – ohne Aussicht auf Rettung. Daraufhin stellt Rodewyk folgende Hypothese auf:

> „Was berechtigt nun zu der Auffassung, es handele sich hier um einen dämonischen Zwang, ja um dämonische Besessenheit? Darauf weisen zwei Dinge hin: die Reaktion auf den Exorzismus und 2. die Reaktion auf heilige und geweihte Dinge. Mit einem Wort könnte man sagen, es ist Angst und Ablehnung."[95]

Daran anschließend wurden Belege zur Bestätigung dieser Annahmen angeführt, wie die Zerstörung von sakralen Gegenständen und die Reaktionen „Anna Liesers" auf den von Pfarrer Alt gesprochenen „Exorzismus probativus"[96]. Als weiteren Beweis für die Besessenheit benannte Rodewyk die so genannten „Infestationen"[97], die in diesem „Fall" in Form von Fratzen, Brandgeruch, Klopfgeräuschen, aber auch im Unvermögen, Nahrung und Flüssigkeit aufzunehmen, Schlaflosigkeit und „Getriebenwerden", Lähmungen oder starken Schmerzen feststellbar seien. All diese Symptome ließen Rodewyks Erfahrung nach nur einen Schluss zu:

---

94 Die in dem Gutachten aufgeführten Beispiele für die Zwänge, unter denen Anneliese Michel im Sommer 1975 litt, decken sich mit den bei Goodman aufgeführten Schilderungen, die dieser wiederum von Annelieses Schwester dargelegt worden waren (s. Fn. 89).

95 S. Staatsarchiv Würzburg, Akten Kriminalpolizeiinspektion Aschaffenburg 1, B, Gutachten, Bl. 19–23 (13.9.1975).

96 S. Fn. 81.

97 Als „Infestationen" bezeichnet Gabriele Amorth, Exorzist der Diözese Rom, in seinem Buch: Neue Berichte eines Exorzisten, Stein am Rhein 1998, teuflische Angriffe, die sich gegen Orte oder Gegenstände richten. S. Kap. 12: „Infestationen", S. 176–197.

„Das Ergebnis wäre also: A. ist besessen und zwar ist der Hauptteufel ein Judas. Hinter dieser Formulierung steht noch der Gedanke, daß noch andere Teufel, Nebenteufel, da sein könnten. [...] Eines steht wohl fest: Man muß versuchen, dem Mädchen so schnell wie möglich zu helfen. Es muß also ein Priester beauftragt werden, der den Fall übernimmt, das klärt, was noch zu klären ist, und dann den Exorzismus vornimmt, wobei ihm unter Umständen andere Priester zur Seite stehen können.“[98]

Mit dieser eindeutigen Empfehlung schließt das Gutachten, dessen Bedeutung für die Entscheidung des Bischofs, den Exorzismus anzuordnen, nicht unterschätzt werden darf. Der Jesuitenpater Rodewyk galt zu dieser Zeit als *der* Exorzismusexperte, seine Werke zu dem Thema als unangefochten; seine Meinung hatte somit so viel Gewicht, dass sie letztlich den Ausschlag bei Bischof Stangls Entscheidung hinsichtlich der Exorzismusanordnung gegeben hat, wie dieser es selbst in einem Schreiben an die Aschaffenburger Staatsanwaltschaft im November 1976 erläuterte.[99] Das Gutachten Rodewyks war nach dessen eigener Aussage jedoch nur ein Entwurf, den Alt ohne sein Wissen unbearbeitet an Bischof Stangl weitergeleitet hätte. Im Zuge einer späteren Befragung bestätigte der Pater allerdings die Richtigkeit seiner im Gutachten getroffenen Ausführungen.[100]

Bevor Bischof Stangl die Rodewyksche Stellungnahme über „Anna Lieser“ zugeleitet wurde, versammelten sich in Aschaffenburgs „Unsere Liebe Frau“ noch einmal die bereits eingeweihten lokalen Geistlichen mit Alt und Rodewyk, um ihre Beobachtungen und Erfahrungen – sie hatten alle bei verschiedenen Gelegenheiten Anneliese Michel in Klingenberg aufgesucht – zu besprechen und diese mit den Aufzeichnungen des Jesuiten in Einklang zu bringen. Man war sich darüber einig, die Besessenheit eindeutig festgestellt zu haben[101], und war nun auf der Suche nach einem geeigneten Exorzisten, wobei hier neben Integrität und Frömmigkeit rein praktische Erwägungen eine Rolle spielten, wie z.B. eine räumliche Nähe zu Klingenberg, welche eine umfassende Betreuung durch den exorzie-

98 S. Staatsarchiv Würzburg, Akten Kriminalpolizeiinspektion Aschaffenburg 1, B, Gutachten, Bl. 19–23 (13.9.1975).

99 S. Staatsarchiv Würzburg, Akten Staatsanwaltschaft Aschaffenburg 593 I, Hauptakten, Bd. III, Briefe, Stangl an die Staatsanwaltschaft (5.11.1976).

100 Vgl. Staatsarchiv Würzburg, Akten Kriminalpolizeiinspektion Aschaffenburg 1, C, Zeugen, Bl. 79–90 (11.8.1976).

101 S. hierzu entsprechende Bemerkungen in den Niederschriften der Zeugenaussagen der Aschaffenburger Geistlichen, wie z.B. Staatsarchiv Würzburg, Akten Kriminalpolizeiinspektion Aschaffenburg 1, C, Zeugen, Bl. 19–21 (13.10.1976) oder Staatsarchiv Würzburg, Akten Kriminalpolizeiinspektion Aschaffenburg 1, C, Zeugen, Bl. 34–38 (24.8.1976).

renden Priester überhaupt erst ermöglichen würde. Pater Rodewyk sah sich aufgrund seines fortgeschrittenen Alters und der zu großen Entfernung zu seinem Wohnort Frankfurt am Main außerstande, diese Aufgabe zu übernehmen, Alt war mit der Betreuung seiner Gemeinde in Ettleben ausgelastet, die zudem 120 Kilometer von Klingenberg entfernt liegt.[102]

Die Wahl fiel an diesem Abend auf Pater Arnold Renz, den Superior des Salvatorianerordens in der Gemeinde Rück-Schippach, den einer der Aschaffenburger Geistlichen Anfang September 1975 aufsuchte, um ihn zu der Angelegenheit zu befragen.[103] Renz hatte zu dieser Zeit noch keinen Exorzismus durchgeführt, er erfüllte aber die Anforderungen, da er im Ruf eines „ruhigen und vernünftigen Mannes" stand und in relativer Nähe zu Anneliese Elternhaus wohnte und genügend freie Zeit zur Verfügung hatte. Pater Renz erbat sich – ohne vorher Anneliese und ihre Familie kennen zu lernen – eine Bedenkzeit von drei Tagen, nach deren Ablauf er unter der Bedingung zusagte, dass ihm durch den Würzburger Bischof eine schriftliche Aufforderung zuginge.[104]

Am 16. September 1975 übersandte Alt Bischof Stangl einen Brief, dem das Gutachten über „Anna Lieser" beigelegt war und der eine Empfehlung für Pater Renz als Exorzisten in diesem „Besessenheitsfall" enthielt, dessen Eindeutigkeit durch die Rodewyksche Diagnose zweifelsfrei erwiesen sei:

> „Eines ist deutlich: es handelt sich um eine Besessenheit. Deshalb und vor allem der furchtbaren Quälereien wegen, die Anna Lieser zu ertragen hat, muß sofort gehandelt werden. Zweifellos sind wir alle von einem solchen Fall überrascht und teilweise selbst überfordert."[105]

Die Zuspitzung der Ereignisse seit der ersten Kenntnisnahme ein Jahr zuvor in Kombination mit der geschilderten Dringlichkeit zum Handeln und der Stellungnahme eines „Experten" überzeugten den Bischof: „Nach reiflicher Überlegung und guter Information", wie es Stangl in der Anordnung formulierte, erging der Exorzismusauftrag an Pater Renz, „im

---

102 Alt gab diese Beweggründe auch in einem Brief an Bischof Stangl vom 16.9.1975 an. S. Staatsarchiv Würzburg, Akten Staatsanwaltschaft Aschaffenburg 593 I, Hauptakten, Bd. III, Briefe, Alt an Stangl.

103 Bei dieser Gelegenheit wurden Renz nach eigener Aussage sowohl die Stellungnahme Rodewyks als auch zwei von dessen Publikationen vorgelegt. S. Staatsarchiv Würzburg, Akten Kriminalpolizeiinspektion Aschaffenburg 1, D, Beschuldigte, Bl. 29–46 (17.8.1976).

104 S. Staatsarchiv Würzburg, Akten Kriminalpolizeiinspektion Aschaffenburg 1, C, Zeugen, Bl. 91–98 (23.8.1976).

105 S. Staatsarchiv Würzburg, Akten Staatsanwaltschaft Aschaffenburg 593 I, Hauptakten, Bd. III, Briefe, Alt an Stangl (16.9.1975).

Sinne von CIC can. 1151 § 1 zu verfahren"[106]. Der entsprechende Paragraph[107] im Codex Iuris Canonici besagt, dass niemand rechtmäßig Exorzismen über Besessene sprechen kann, wenn er nicht vom Ortsordinarius eine besondere und ausdrückliche Erlaubnis erhalten hat.[108] Bei der Form des hier angedachten und später durchgeführten Großen Exorzismus handelt es sich um ein an Gott gerichtetes, imperatives Gebet, mittels dessen ein vom Bösen bedrängter Mensch durch Jesu Erlösungstat von dieser Bedrängnis befreit werden möge.[109]

Für Bischof Stangl stand fest, dass Anneliese Michel seelsorgerischer Betreuung bedurfte und dass das Beten des Exorzismus ein adäquates Mittel zur Unterstützung des Heilungs- und Gesundungsprozesses darstellte. Eine ernstliche Befürchtung hinsichtlich einer massiven Verschlechterung des gesundheitlichen Zustandes der jungen Frau war für den Bischof nicht erkennbar und er erläuterte später, dass

> „Alt nach Persönlichkeit und Erfahrung Sicherheit dafür [bot], daß er die Trennung von Seelsorgebereich und Arztbereich genau einhalten und die seelsorgerliche Diskretion beachten werde."[110] [...] „Die von mir verfügte seelsorgerische Verpflichtung sollte nur verhindern, daß der Kreis der Mitwisser größer wird als unbedingt notwendig. Die Beteiligung eines Arztes war durchwegs keineswegs ausgeschlossen."[111]

Die Auffassung von der Schweigeverpflichtung als Bestandteil jeder pastoralen Beziehung erklärt, weshalb sich Stangl vor dem Erlass der Exorzismusanordnung nicht mit anderen Geistlichen oder der Diözesanleitung besprochen hatte.

Annelieses Familie hingegen zog aus der „Verschwiegenheitsaufforderung" folgenden Schluss:

> „Über Pfarrer Alt wurde uns gesagt, der Bischof habe angeordnet, daß das ganze exorzistische Verfahren nicht in die Öffentlichkeit

---

[106] Eine Kopie des Textes der bischöflichen Exorzismusanordnung findet sich in den Akten der Kriminalpolizeiinspektion Aschaffenburg 1, A, Sachverhalt, Bl. 41 bzw. ist abgedruckt bei Goodman, Anneliese Michel und ihre Dämonen, S. 121f.

[107] Nach Abschluss der nachkonziliaren Überarbeitung des Kanonischen Rechts und dessen Inkrafttreten am 27.11.1983 ist die Regelung der Exorzismusanordnung unter Kanon 1172 § 1 zu finden.

[108] Codex Iuris Canonici, Benedicti Papae XV. 1918, Liber III, Titulus VIII, can. 1151 § 1.

[109] S. Sodi, Manlio (Hg.): Rituale Romanum. Editio princeps 1614, Vatikan 2004. S. zum Vgl. die Erläuterungen zum „Kleinen Exorzismus" in Fn. 87.

[110] S. Staatsarchiv Würzburg, Akten Staatsanwaltschaft Aschaffenburg 593 I, Hauptakten, Bd. III, Briefe, Stangl an die Staatsanwaltschaft (5.11.1976).

[111] S. Stangl: Staatsarchiv Würzburg, Akten Kriminalpolizeiinspektion Aschaffenburg 1, D, Beschuldigte, Bl. 57–59 (14.2.1977).

gelangen solle. Aus diesem Grunde haben wir keinen Arzt hinzugezogen. Es wäre für uns viel leichter gewesen, Anneliese ärztlich behandeln zu lassen oder in eine Klinik einzuweisen. Wir glauben aber, daß eine ärztliche Behandlung keinen Erfolg gehabt hätte."[112]

Die Michels hatten zu keiner Zeit direkten Kontakt mit dem Bischof, auch wenn sie dies eigenen Aussagen nach immer wieder versucht hätten. Als Bindeglied und „Sprachrohr" dienten Pfarrer Alt und Pater Renz, die in regelmäßigen Abständen brieflichen Kontakt zum Bischof von Würzburg hielten.[113] Der Eingeweihtenkreis war somit zu Beginn der exorzistischen Sitzungen im Herbst 1975 auf die nächsten Familienangehörigen, Annelieses Freund und die befreundete Wallfahrtsleiterin einerseits, auf Bischof Stangl, die Priester Alt, Renz, Rodewyk sowie die bisher involvierten Aschaffenburger Geistlichen beschränkt.

Am 23. September 1975 suchte Pater Renz die Familie Michel in Klingenberg erstmals persönlich auf, das Gespräch mit Anneliese und ihren Angehörigen verlief allerdings völlig unauffällig, so dass Renz zu diesem Zeitpunkt keine Anzeichen einer Besessenheit erkennen konnte. Bei der ersten exorzistischen Sitzung am darauf folgenden Tag waren neben Anneliese, ihren Eltern und zwei ihrer Schwestern außerdem ihr Freund, die Wallfahrtsleiterin, deren Mann sowie zwei der Aschaffenburger Geistlichen anwesend.[114] Ab der zweiten Sitzung ließ Pater Renz ein Tonbandgerät mitlaufen, was dazu führte, dass nach Annelieses Tod am 1. Juli 1976 ein Satz von 42 Tonbändern vorlag, die auch im späteren Prozess am Landgericht Aschaffenburg abgespielt wurden und großes öffentliches Aufsehen erregten. Renz begründete die Anfertigung dieser Tonbänder und während der Exorzismen aufgenommener Photographien mit der Befürchtung, ohne diese die Aussagen der Dämonen nicht mit absoluter Zuverlässigkeit wiedergeben zu können.[115] In seiner Erklärung zum Exorzismus und den Ereignissen von Klingenberg, abgedruckt in einer Son-

---

112 S. das Vernehmungsprotokoll von Anna Michel: Staatsarchiv Würzburg, Akten Kriminalpolizeiinspektion Aschaffenburg 1, D, Beschuldigte, Bl. 20–24 (2.7.1976).

113 Überliefert sind fünf Briefe Alts an Stangl im Zeitraum von September 1974 bis Juni 1976 gegenüber sechs Briefen von Renz an Stangl, geschrieben zwischen November 1975 und Juni 1976. S. Staatsarchiv Würzburg, Akten Staatsanwaltschaft Aschaffenburg 593 I, Hauptakten, Bd. III, Briefe Alt bzw. Briefe Renz an Stangl.

114 Über die teilnehmenden Personen, die Räumlichkeiten und den Ablauf der Gebete gibt einzig Goodman Auskunft, die sich auf ihr vorliegende Tagebuchaufzeichnungen von Renz bezieht, was hinsichtlich der detailreichen Darstellung durch andere Quellen nicht verifiziert werden kann. S. Goodman, Anneliese Michel und ihre Dämonen, S. 126–129.

115 S. das Vernehmungsprotokoll von Renz: Staatsarchiv Würzburg, Akten Kriminalpolizeiinspektion Aschaffenburg 1, D, Beschuldigte, Bl. 29–46 (17.8.1976).

derbeilage des Würzburger Diözesanblattes vom 12. August 1976, verurteilte Bischof Stangl die öffentliche Wiedergabe dieser Tonbänder scharf, da dies gegen die priesterliche Schweigepflicht verstieße.[116] Der Bischof selbst hatte seit dem Herbst 1975 Kenntnis von den Tonbandaufnahmen, berichtete ihm doch Pater Renz am 18. Oktober 1975:

> „Bis jetzt habe ich 11 Mal ‚Dienst getan' und habe dabei allerhand gelernt und erfahren. Kostbare Erlebnisse. Ich wünschte nur, daß Sie persönlich so etwas erleben könnten. Solche Erfahrungen sind mehr wert als die Bücherweisheit. Einen Einblick können Sie bekommen durch die Aufzeichnungen der Tonbänder und Cassetten. Pfr. Alt hat ja die Absicht, mit seinem Material zu Ihnen zu kommen und zu berichten. Ich habe den Auftrag bekommen, die vorherigen Cassetten ‚zusammenzuschneiden' (d.h. das Wichtige zusammenzustellen) und damit zu Ihnen zu gehen."[117]

Die Übergabe der Kassetten durch Pfarrer Alt erfolgte wahrscheinlich kurze Zeit später, da dieser in einem Brief an den Bischof vom 13. November 1975 die Tonbänder erwähnt, die er Stangl bei seinem letzten Besuch (in der zweiten Oktoberhälfte) in Ausschnitten vorgeführt habe. In diesem Brief wurde weiterhin auf ein noch anzufertigendes Tonband Bezug genommen, das sämtliche bisherigen Äußerungen von Anneliese enthalten sollte.[118] Bischof Stangl bestätigte in seiner Aussage vom 14. Februar 1977, dass ihm von Alt ca. eine Stunde lang eine Auswahl von Tonbändern zum exorzistischen Verfahren vorgespielt worden war.[119]

Es steht also fest, dass der Würzburger Bischof von Beginn an über die Anfertigung von Tonbandmitschnitten während der exorzistischen Sitzungen informiert war, ihm „Hörproben" zugänglich gemacht wurden. In den Korrespondenzen der Priester Alt und Renz finden sich keine Hinweise auf diesbezüglich ergangene Zurechtweisungen durch den Bischof bzw. auf einen durch diesen ausgesprochenen Vorwurf der Verletzung der priesterlichen Schweigepflicht. Bischof Stangl muss zu diesem Zeitpunkt angenommen haben, dass außer den engsten Familienangehörigen und bisher beteiligten Geistlichen kein Außenstehender Kenntnis von den Aufnahmen erlangen würde, weshalb er sich wahrscheinlich erst durch den Missbrauch der Mitschnitte, deren Verbreitung und die Möglichkeit des käuflichen Erwerbs derselben im Verlauf und Nachfeld des

---

116 Sonderbeilage zum Würzburger Diözesanblatt Nr. 16 vom 12.8.1976.

117 S. Staatsarchiv Würzburg, Akten Staatsanwaltschaft Aschaffenburg 593 I, Hauptakten, Bd. III, Briefe, Renz an Stangl (18.10.1975).

118 Vgl. Staatsarchiv Würzburg, Akten Staatsanwaltschaft Aschaffenburg 593 I, Hauptakten, Bd. III, Briefe, Alt an Stangl (13.11.1975).

119 S. Stangl: Staatsarchiv Würzburg, Akten Kriminalpolizeiinspektion Aschaffenburg 1, D, Beschuldigte, Bl. 57–59 (14.2.1977).

Prozesses dazu veranlasst sah, die Aufnahmen in seiner Erklärung im August 1976 öffentlich zu verurteilen.[120]

In den insgesamt 67 exorzistischen Sitzungen, an denen zumeist fünf bis acht weitere Personen teilnahmen (u.a. auch Rodewyk am 7. Oktober 1975), verlor sich Anneliese mehr und mehr in ihren Anfällen und Ausbrüchen.[121] Die Beteiligten sagten später aus, dass sich insgesamt sechs Dämonen dazu bekannt hätten, Besitz von Anneliese ergriffen zu haben: Luzifer, Judas, Nero, Kain, Hitler und Pfarrer Valentin Fleischmann[122]. Anneliese wurde im Verlauf der Exorzismen von ihrem Umfeld zur Märtyrerin stilisiert, was Renz wie folgt begründete:

> „Es war mir und ihr klar und ebenso ihren Eltern, daß sie mit diesem Leiden sühnen wollte für andere, um andere Menschen vor der Hölle zu bewahren. [...] In diesem Zusammenhang möchte ich auch sagen, daß ein Dämon gesagt hatte, die Anneliese sei von Anfang an, noch bevor sie geboren war, [von einer ehemaligen Nachbarin von Annelieses Mutter] verflucht gewesen."[123]

Anneliese Michel sah sich also einem Kreis von Menschen gegenüber, der auf ihre „Besessenheit" reagierte, mit der Durchführung der Exorzismen auch in „adäquater" Form. Die geistig verwirrte, epileptische junge Frau erfuhr von ihrem nächsten familiären Umfeld eine Bestätigung ihrer Wahnvorstellungen, was vermutlich dazu führte, dass sie sich in diese „Besessenheit" mehr und mehr hineinsteigerte. Pfarrer Alt sagte am 8. November 1976 aus, dass „die Meinung der Eltern eindeutig daraufhin

---

[120] S. S. 63f.

[121] Renz unterteilte den Zeitraum zwischen dem 24.9.1975 und dem 30.6.1976 in vier Phasen: Am Ende von Phase 1 (24.9. bis 31.10.1975) seien alle Dämonen erstmals ausgefahren, während Phase 2 (1.11.1975 bis 3.3.1976) habe Anneliese an einer durch die Dämonen verursachten Hungerphase gelitten, Phase 3 (3.3. bis 9.5.1976) habe sich fast vollständig in Abwesenheit von Renz in Würzburg abgespielt und Phase 4 (9.5. bis 30.6 1976) sei gekennzeichnet gewesen durch eine massive Verschlechterung von Annelieses Geistes- und körperlichem Zustand. S. Renz: Staatsarchiv Würzburg, Akten Kriminalpolizeiinspektion Aschaffenburg 1, D, Beschuldigte, Bl. 29–46 (17.8.1976).

[122] Bei Goodman ist zu lesen, dass Valentin Fleischmann von 1572–1575 als Pfarrer in Ettleben tätig gewesen sein soll. Alt berief sich auf Pfarrakten der Gemeinde, in denen Fleischmann als „concubinarius", Alkoholiker und Vater von vier Kindern bezeichnet worden sein soll. Darüber hinaus solle er im Pfarrhaus einen Mann erschlagen und eine Frau verprügelt haben. An diese Informationen war Goodman durch ein eigens von Alt für sie besprochenes Tonband gelangt, mittels welchem er sich u.a. von dem Vorwurf freisprechen wollte, er habe Anneliese im Vorhinein diese Informationen übermittelt. S. Goodman, Anneliese Michel und ihre Dämonen, S. 143ff.

[123] S. Renz: Staatsarchiv Würzburg, Akten Kriminalpolizeiinspektion Aschaffenburg 1, D, Beschuldigte, Bl. 29–46 (17.8.1976).

festgelegt war, den gesamten Fall Anneliese Michel im Übersinnlichen zu halten und zu erklären"[124]. Der Ablauf der Sitzungen, die in einem eigens hierfür ausgestatteten Raum des Michelschen Hauses abgehalten wurden[125], die Zusammensetzung bzw. die wechselnden Konstellationen der Anwesenden, das Gebaren Annelieses sowie die Bemühungen von Pater Renz und Annelieses Familie wurden u.a. von Goodman und Wolff[126] in ihren Publikationen eingehend geschildert, weshalb hier größtenteils darauf verzichtet werden soll. Was den Inhalt von Annelieses „Botschaften", die „Aussagen der Dämonen" anbelangt, so sind sie mehrfach verschriftlicht und abgedruckt worden[127], problematisch erweist sich bei diesen Veröffentlichungen allerdings zumeist die damit einhergehende Instrumentalisierung der Aussagen Annelieses – eine Tatsache, die an späterer Stelle noch gesondert Beachtung finden wird.[128]

1.1.4 „Martyrium" und Tod

Das Studium in Würzburg führte Anneliese trotz der Exorzismen fort, sie schrieb an ihrer Zulassungsarbeit und legte am 27. November 1975 erfolgreich die Prüfung zur Erlangung der kirchlichen Lehrerlaubnis, der „Missio canonica", ab. Medizinisch betreut wurde sie während ihrer Aufenthalte in Klingenberg von ihrem dortigen Hausarzt, der auch im Oktober und Dezember 1975 dreimalig Rezepte für das Antiepilektikum Tegretal ausstellte, was allerdings keine Rückschlüsse auf die Regelmäßigkeit der Einnahme des Medikamentes zulässt.[129] Einem Brief von Pater Renz an Bischof Stangl im Januar des Jahres 1976 ist zu entnehmen, wie die Exorzismen gehandhabt werden konnten, wenn Anneliese in Würzburg, der

---

[124] S. Alt: Staatsarchiv Würzburg, Akten Kriminalpolizeiinspektion Aschaffenburg 1, D, Beschuldigte, Bl. 1–9 (8.11.1976).

[125] Das Zimmer war auf der rückwärtigen Seite des Hause, zu den Weinbergen hin gelegen, um zu vermeiden, dass Annelieses Schreie von der Straße aus gehört werden konnten.

[126] Wolff, Uwe: Der Teufel ist in mir. Der Fall Anneliese Michel, die letzte Teufelsaustreibung in Deutschland, München ^{3}2006 (zuerst 1999).

[127] Vgl. hierzu u.a. Bullinger, Kaspar: Das Leben und Sterben der Anneliese Michel und die Aussagen der Dämonen, Altötting ^{2}1983.

[128] S. Kap. 4.1.2.

[129] Diese Rezepte wurden am 7.10., 31.10. und 1.12.1975 ausgestellt. S. hierzu Staatsarchiv Würzburg, Akten Kriminalpolizeiinspektion Aschaffenburg 1, B, Gutachten Prof. S., Bl. 24–78 (13.10.1976). In dem vom Gericht bestellten Gutachten ist ebenso nachzulesen, dass der Hausarzt Anneliese Michel das letzte Mal im Juli 1975 eingehend untersucht und eine depressive Verstimmung, die er auf Überarbeitung im Studium zurückführte, festgestellt hatte.

Exorzist also nicht vor Ort war. Damit Anneliese nicht in der Ausübung von religiösen Handlungen, wie z.B. des Empfangs der heiligen Kommunion, gestört wurde, betete Renz einen Exorzismus „aus der Ferne“[130]. Überhaupt nehmen die Schilderung von Annelieses Unvermögen zu beten und die Beschreibung ihrer Zwangshandlungen einen Großteil der Berichte über diesen Zeitraum ein.[131] Anneliese besuchte mit zwei Kommilitoninnen häufig die Gottesdienste im Würzburger Neumünster, das sie der Kapelle des Ferdinandeums vorzog. Während sie sich unter der Woche ihrem Studium widmete, pendelte sie an den Wochenenden nach Klingenberg, wo die exorzistischen Sitzungen weitergeführt wurden, wobei in Würzburg zunächst außer Annelieses Freund und späterem Verlobten niemand etwas von diesen Sitzungen wusste. Dieser äußerte sich dahingehend, dass Anfälle außerhalb der Exorzismen im Zeitraum zwischen September 1975 und April 1976 selten auftraten.

> „Sie traten nur dann auf, wenn Personen in ihrer Nähe waren, die von der Besessenheit wußten, oder wenn sie alleine war. Aus diesem Grund hatten nicht eingeweihte Personen keine Ahnung von Annelieses Besessenheit, was sie ja auch auf keinen Fall wollte.“[132]

Gegen Ende des Jahres 1975 war der Kreis der „Eingeweihten“ immer noch sehr klein, Anneliese Michel war es auf diese Weise möglich, eine Art Doppelleben zu führen, was zu einer weiteren Isolation führte. Ihre sozialen Kontakte in Würzburg blieben neben ihrem Freund auf wenige Freundinnen beschränkt, mit denen sie neben dem Studium lediglich eine konservative religiöse Einstellung teilte.

Die verminderte Anzahl der Anfälle bei ihrer Tochter wurde vom Ehepaar Michel als Erfolg der Exorzismen gewertet, wie sie es Pater Rodewyk gegenüber in einem Brief am 22. Dezember 1975 darlegten. Hierin schilderten sie, dass ihre Tochter zwar immer noch „ihr Kreuz“ zu tragen habe, jedoch wieder die heilige Kommunion empfangen könne. Darüber hinaus drängten Annelieses Eltern darauf, Rodeywk möge auf Bischof Stangl Einfluss nehmen, damit er die ihrer Tochter übermittelten „Botschaften“ (u.a. über das kommende Strafgericht und die Verfehlungen der katholischen Kirchenleitung) öffentlich mache:

---

[130] Goodman zitiert Renz wie folgt: „Anneliese kniet gewöhnlich in der Kirche; vor und nach der heiligen Kommunion kann sie aufstehen, wie sie will; aber zu der Zeit, während die heilige Kommunion gespendet wird, kann sie sich unmöglich von den Knien erheben.“ (S. Goodman, Anneliese Michel und ihre Dämonen, S. 188).

[131] Vgl. Staatsarchiv Würzburg, Akten Staatsanwaltschaft Aschaffenburg 593 I, Hauptakten, Bd. III, Briefe, Renz an Stangl (25.1.1976).

[132] S. Wolff, Der Teufel ist in mir, S. 266.

„Die Kirche hat zuviel modernisiert. Der liebe Heiland ist darüber sehr gekränkt, und der Himmel macht nicht mit.“[133]

Schon zu Lebzeiten Annelieses waren also Bestrebungen erkennbar, den Inhalt der während der Exorzismen geäußerten und auf Band protokollierten „Eingebungen“ zur Verbreitung und Bestätigung einer religiösen Einstellung zu nutzen, die sich gegen Modernisierungstendenzen, wie sie die Reformen des Zweiten Vatikanums vorsahen, richtete.[134]

Im Januar und Februar des Jahres 1976 fuhr Pater Renz fort, zwischen Rück-Schippach und Klingenberg zu pendeln, um für Anneliese während ihrer Aufenthalte in ihrem Elternhaus den Exorzismus zu beten. Beschreibungen von Annelieses Umfeld zufolge wurden die Anfälle weiterhin seltener, Anneliese selbst aber ihrer Umwelt gegenüber zunehmend verschlossener und unzugänglicher. Ihr Zustand verschlechterte sich ab dem 3. März 1976 (Aschermittwoch) dramatisch, so dass sie auch nicht mehr in der Lage war, nach Klingenberg zu fahren oder mit ihren Eltern zu telefonieren. Ihrem Freund gestand Anneliese in der Karwoche, dass Stimmen sie zwingen würden, in der Nacht stundenlang auf dem Steinboden einer Würzburger Kappelle zu knien und bei laufenden Bewegungen das Kinn auf den Boden zu schlagen, wobei sie sich entsprechende Verletzungen zugefügt hatte. Weiterhin hätte sie am Gründonnerstag „die Leidensangst des Herrn durchmachen“ müssen und Schmerzen an Händen und Füßen erlitten im Glauben daran, dass sich bei ihr Stigmata bilden könnten.[135] Ähnliche Beobachtungen machte am Karfreitagnachmittag eine Mitstudentin, die bezeugte, dass es Anneliese nicht möglich war, eigenständig nach dem Gottesdienst die Kirche zu verlassen, was erst durch Mithilfe ihres Freundes am späteren Abend gelang.[136] Sie magerte zunehmend ab – die Stimmen verboten ihr die Nahrungsaufnahme – und konnte Ende April das Bett nicht mehr verlassen, was andere besorgte Bewohner des Ferdinandeums dazu veranlasste, die Eltern über den schlechten Geistes- und Gesundheitszustand ihrer Tochter zu informieren, woraufhin diese eine Schwester Annelieses nach Würzburg schickten,

---

133 S. Wolff, S. 270. Dieser Brief des Ehepaares Michel an Rodewyk vom 22.12.1975 war wahrscheinlich im Nachlass des Jesuitenpaters vorhanden, welcher Wolff zugänglich gemacht worden ist, wie man es dem Nachwort der Publikation entnehmen kann.

134 Zur Klärung des Inhalts dieser sog. Botschaften bzw. „Aussagen der Dämonen“ sowie deren Instrumentalisierung für kirchenkritische Zwecke siehe Kap. 4.1.2.

135 S. hierzu Staatsarchiv Würzburg, Akten Kriminalpolizeiinspektion Aschaffenburg 1, C, Zeugen, Bl. 45–51 (5.7.1976).

136 S. Staatsarchiv Würzburg, Akten Kriminalpolizeiinspektion Aschaffenburg 1, C, Zeugen, Bl. 103–105 (27.7.1976). Die Studentin wusste eigenen Angaben zufolge zu dieser Zeit nichts von der angeblichen Besessenheit Annelieses, von der sie erst später aus der Zeitung erfahren habe.

um sie zu pflegen. Deren Kommilitoninnen erschien es mit der Zeit sonderbar, dass die Schwester es strikt ablehnte, einen Arzt hinzuzuziehen. In ihrer Aussage vom 20. Juli 1976 gab diese an, warum sie ärztlichen Rat nicht als notwendig erachtet hatte: „Ich wusste ja, daß sie ‚besessen' war und daß ein Arzt nicht helfen konnte."[137] Eine nicht eingeweihte Heimbewohnerin sagte aus, dass Annelieses Schwester ihr gegenüber geäußert habe, „die Anneliese würde wieder einmal spinnen" und auf mehrfaches Nachfragen versichert habe, dass ein Arzt verständigt worden sei.[138]

Der Zugang zu Anneliese, welche die meiste Zeit apathisch und nicht ansprechbar war, gefüttert und gewaschen werden musste, wurde von ihrer Schwester und einer eingeweihten Mitstudentin überwacht. Diese Isolierung und die falschen Angaben über die angebliche Hinzuziehung eines Würzburger Arztes bzw. des Klingenberger Hausarztes führten dazu, dass niemand wirklich genau über Annelieses Gesundheitszustand Bescheid wusste, somit der wirklich gravierende geistige und körperliche Verfall im Wohnheim weitestgehend verschleiert werden konnte. Es ist aufgrund der vielen Zeugenaussagen über die schlechte Verfassung Annelieses im April 1976 erstaunlich, dass der Heimleiter des Wohnheims während einer Besprechung über ihre Zulassungsarbeit Mitte April nichts bemerkt haben will.[139] Informiert über Annelieses „Problematik" wurde er nach eigenem Bekunden am 1. Mai 1976 durch Pfarrer Alt, woraufhin er eine medizinische Nebenbehandlung angeregt haben soll. Aus seinen nachherigen Aussagen geht weiterhin hervor, dass er durch Freundinnen Annelieses über deren schlechten Gesundheitszustand beständig informiert worden war, weshalb ihr auch ein Aufschub bezüglich des Abgabetermins ihrer Zulassungsarbeit gewährt wurde. Die Tatsache, dass er selbst Anneliese nicht aufgesucht hatte, begründete der Direktor damit,

> „dass seelsorgerischer Rat gegen den Willen der A.M. ihren Zustand vielleicht verschlechtert hätte." [...] Nach dem Besuch Alts bestand für ihn die „Gewissheit, dass die seelsorgerische Betreuung

---

137 S. Staatsarchiv Würzburg, Akten Kriminalpolizeiinspektion Aschaffenburg 1, C, Zeugen, Bl. 74 (20.7.1976).

138 S. Staatsarchiv Würzburg, Akten Kriminalpolizeiinspektion Aschaffenburg 1, C, Zeugen, Bl. 13–15 (2.8.1976). Die Aussagen anderer Bekannter bestätigten diese ablehnende Haltung, einen Arzt zu konsultieren und die Abschottung Annelieses durch die Schwester wie auch durch die engste Freundin Annelieses, die über deren „Leiden" Bescheid wusste. S. Staatsarchiv Würzburg, Akten Kriminalpolizeiinspektion Aschaffenburg 1, C, Zeugen, Bl. 16–18 (27.7.1976), Bl. 56–59 (22.7.1976) und Bl. 62–64 (27.7.1976).

139 Der psychische und physische Zustand Annelieses, die sich mit Engagement ihrer Arbeit gewidmet haben soll, erschien jenem zu diesem Zeitpunkt als durchaus normal. S. Staatsarchiv Würzburg, Akten Kriminalpolizeiinspektion Aschaffenburg 1, C, Zeugen, Bl. 99–102 (22.7.1976).

> von seinem Vorgesetzten, Bischof Stangl, so gewollt war und ihm bezüglich einer direkten oder indirekten Betreuung kein Auftrag erteilt worden war."[140]

Die Geheimhaltung wurde also auch auf dieser Ebene nicht durchbrochen, auch die engste Freundin Annelieses, die Renz mehrfach telefonisch mit der Bitte kontaktiert hatte, erneut den Exorzismus „fernmündlich" zu sprechen, war eigenen Angaben nach „weisungsgebunden".[141] Als Anneliese am 1. Mai 1976 von Pfarrer Alt abgeholt und ins Pfarrhaus von Ettleben gebracht wurde, wo sie sich zusammen mit ihrer Schwester bis zum 9. Mai aufhielt, war eine weitere Möglichkeit bzw. Chance vertan, dass Außenstehende auf die folgenden Ereignisse positiven Einfluss hätten nehmen können. Die Tatsache, dass es sich beim Heimleiter des Ferdinandeums um einen katholischen Geistlichen handelte, der sich an die Schweigepflicht seines Vorgesetzten gebunden fühlte, und Anneliese durch ihre Schwester, ihren Freund und eine „eingeweihte" Freundin u.a. mithilfe der Streuung von falschen Informationen abgeschottet wurde, ermöglichte jetzt eine Übersiedelung nach Klingenberg, ohne dass Annelieses weitere Lebensplanung durch die Hinzuziehung eines Arztes, wenn nicht sogar die befürchtete Einweisung in eine Nervenklinik, gefährdet wurde.

Am 9. Mai 1976 brachten die Eltern und ihr Freund Anneliese von Ettleben nach Klingenberg, wo von nun an im Haus der Michels zweimal wöchentlich der Exorzismus von Pater Renz, bei wechselnder Konstellation zusätzlich Anwesender, durchgeführt wurde.[142] Alt begründete Bischof Stangl gegenüber die Notwendigkeit, Anneliese aus dem Wohnheim herauszuholen, mit der gesteigerten Gefahr, dass der „Fall" an die Öffentlichkeit dringen könnte.[143] Bis zu Annelieses Tod am 1. Juli 1976 verschlimmerte sich ihr Zustand zusehends: Die Stimmen befahlen ihr, sich selbst zu verletzen, täglich 500 bis 600 Kniebeugen zu machen, um-sich-zu-schlagen, zu beißen und zu kratzen, auf allen Vieren durch das

---

140 Ebd.

141 Sie sagte später aus, Annelieses Freund habe sie über ein Redeverbot informiert, das die bischöfliche Behörde über den „Besessenheitsvorgang" verhängt hätte, so dass sie als Eingeweihte dazu verpflichtet gewesen sei, Annelieses „Problem" vor anderen mit ihren Mitteln zu verbergen bzw. Informationen über ihren Zustand zu verschweigen. S. Staatsarchiv Würzburg, Akten Kriminalpolizeiinspektion Aschaffenburg 1, C, Zeugen, Bl. 65–68 (22.7.1976).

142 Diese zeitlichen Angaben sind mehrfach belegt, s. dazu z.B. Staatsarchiv Würzburg, Akten Kriminalpolizeiinspektion Aschaffenburg 1, C, Zeugen, Bl. 45–51 (5.7.1976).

143 S. Staatsarchiv Würzburg, Akten Staatsanwaltschaft Aschaffenburg 593 I, Hauptakten, Bd. III, Briefe, Alt an Stangl (24.6.1976).

Zimmer zu kriechen und die Nahrungsaufnahme zu verweigern.[144] Statt allerdings nun doch den Hausarzt hinzuzuziehen, argumentierten die Beteiligten später einstimmig, dass Anneliese im Sommer des vorherigen Jahres auch gefastet und abgenommen, sich ihr Normalgewicht dann von selbst wieder eingespielt habe. Als Hauptargument für die Unterschätzung des Ausmaßes von Annelieses Hungern wurde im Vorfeld des Prozesses von ihren Eltern sowie den Geistlichen Renz und Alt angeführt, dass man sich auf den „Fachmann" Rodewyk verlassen habe, laut dessen Aussage noch nie ein Todesfall bei einem Exorzismus aufgetreten sei.[145]

Josef Michel sagte aus, dass man aufgrund des hohen Fiebers, das Anneliese befallen hatte, Ende Juni 1976 kurz erwogen habe, den Hausarzt zu konsultieren, begründete aber die gegenteilige Entscheidung folgendermaßen:

> „Außerdem hatten mir die kirchlichen Experten [...], insbesondere Pater Rodewyk versichert, daß die Dämonen oder der Teufel noch nie einen Besessenen umgebracht hätten. Sie dürften nur foltern, aber nicht töten."[146]

Wahrscheinlich hofften die Beteiligten wirklich, dass Annelieses Fasten nur von vorübergehender Dauer wäre, als sich aber nach geraumer Zeit abzeichnete, dass es sich um einen lebensbedrohlichen Gewichtsverlust handelte, hätte zumindest eine Verständigung des Klingenberger Hausarztes erfolgen müssen.[147] Renz schob im Nachhinein die Verantwortung dafür ganz auf Anneliese und ihre Eltern ab:

> Anneliese Michel war schließlich „volljährig und bei klarem Verstand, liebevoll umsorgt von der Familie und wünschte keinen Arzt, eine Hinzuziehung gegen ihren Willen hätten die Eltern vornehmen müssen. [...] Die ärztliche Betreuung und Ernährung ist nicht die Aufgabe eines Exorzisten. Würde er sich darum beküm-

---

[144] Die Geistlichen Renz und Alt erwähnten die extreme körperliche Verausgabung, die Selbstverletzungen und Abmagerung Annelieses sowie die von der Familie dagegen ergriffenen Maßnahmen in Briefen an Bischof Stangl. S. Staatsarchiv Würzburg, Akten Staatsanwaltschaft Aschaffenburg 593 I, Hauptakten, Bd. III, Briefe, Renz an Stangl (20.6.1976) bzw. Alt an Stangl (24.6.1976).

[145] S. hierzu Alt: Staatsarchiv Würzburg, Akten Kriminalpolizeiinspektion Aschaffenburg 1, D, Beschuldigte, Bl. 15–19 (7.7.1976).

[146] S. Staatsarchiv Würzburg, Akten Kriminalpolizeiinspektion Aschaffenburg 1, D, Beschuldigte, Bl. 25–28 (5.7.1976).

[147] S. hierzu die Abbildungen bei Goodman, Anneliese Michel und ihre Dämonen, S. 157–159, auf denen die Blutergüsse und Wunden sowie der zunehmende Grad der Abmagerung Annelieses kurz vor ihrem Tod deutlich zu erkennen sind.

> mern, so läge ein Verstoß gegen die Richtlinien des Rituale Romanum vor."[148]

Die Annahme, dass Anneliese zu diesem Zeitpunkt noch dazu in der Lage gewesen sein soll, ihren eigenen Willen zu äußern bzw. die Tragweite ihrer Entscheidungen zu überblicken, ist fragwürdig, bedenkt man ihren körperlichen und geistigen Zustand – auch wenn sie am Ende möglicherweise „klare" Momente hatte, in denen sie ihre Angst vor der Einweisung in eine „Irrenanstalt" verbalisierte. Darüber hinaus war der Verweis auf das Rituale Romanum unzutreffend, das die gleichzeitige ärztliche Betreuung während der Durchführung von Exorzismen zwar nicht explizit erwähnt, aber auch nicht untersagt.[149]

Rodewyk distanzierte sich nach Bekanntwerden von Annelieses Tod von diesen Aussagen und gab an, dass ihm der Umfang von Annelieses körperlichem Verfall nicht übermittelt worden sei. Zudem sei ihm eine gegenüber den Geistlichen Alt und Renz getroffene Aussage hinsichtlich eines noch nie aufgetretenen Todesfalls im Verlauf eines Exorzismus nicht in Erinnerung.

> „Wenn ich gefragt werde, ob ich als praktizierender Exorzist in einer vergleichbaren Situation nach Erkennen des körperlichen Verfalls einen Arzt hinzugezogen hätte, dann muß ich diese Frage unbedingt bejahen. [...] Ich selbst hätte [nach Durchsicht der Photographien von Anneliese kurz vor ihrem Tod] nicht den Mut gehabt, den Fall solange ohne Hinzuziehung eines Arztes weiterzuführen."[150]

Der einzige Arzt, der Anneliese vor ihrem Tod zu Gesicht bekommen hatte, war aus anderen Beweggründen Besucher im Hause Michel. Dieser praktische Arzt aus dem Taunus war seit mehreren Jahren mit Pfarrer Alt bekannt und im Frühjahr 1976 durch diesen an eine „Hörprobe" einer der bereits erwähnten Tonbänder gelangt, was bei ihm ein „rein wissenschaftliches Interesse" hervorgerufen hatte. Der viel zitierten Geheimhaltung

---

[148] S. Staatsarchiv Würzburg, Akten Kriminalpolizeiinspektion Aschaffenburg 1, D, Beschuldigte, Bl. 29–46 (17.8.1976).

[149] In der nachkonziliaren Überarbeitung des Exorzismus: „De exorcismis et supplicationibus quibusdam", Vatikan 1999, wurde die Verbindung zwischen seelsorgerischem und ärztlichem Beistand berücksichtigt, um die Möglichkeiten der Medizin und der Psychiatrie voll auszuschöpfen. S. hierzu Sodi, Manlio (Hg.): Rituale Romanum. Editio princeps 1614, Vatikan 2004.

[150] S. Staatsarchiv Würzburg, Akten Kriminalpolizeiinspektion Aschaffenburg 1, C, Zeugen, Bl. 79–90 (11.8.1976). Rodewyk verwies in diesem Zusammenhang auf das entsprechende Kapitel „Ärztliche Komplikationen" in seinem Werk: Dämonische Besessenheit heute, Tatsachen und Deutungen, Aschaffenburg [4]1988.

zum Trotz besuchte er in Begleitung Alts die Michels am 16. Mai 1976[151], aber nicht, wie es Alt im Prozess zu seiner Verteidigung vorbrachte, um dort als Arzt eingeführt zu werden, sondern sozusagen rein privat.[152] Später mit der Frage konfrontiert, weshalb für ihn kein Handlungsbedarf zu bestehen schien, nachdem er Annelieses ansichtig geworden war, verwies der Mediziner auf die schlechten Lichtverhältnisse im Flur des Michelschen Hauses zur Zeit seines Besuches, der Entfernung von zwei bis drei Metern, ein eingeschränktes Blickfeld und die kurze Dauer seines Besuches.[153]

Der Exorzismus war für Annelieses Eltern der vermeintlich einzig verbliebene gangbare Weg gewesen, die Leiden ihrer Tochter zu beenden und in ein „normales" Leben zurückzukehren. Es steht außer Frage, dass sie selbst neben Anneliese am meisten unter deren Erkrankung litten, dass sie sich aber auch auf die „Führung" durch die beteiligten Geistlichen verließen – im Glauben, das Richtige zu tun.

Annelieses Verlobter beantwortete die Frage danach, ob ein solches Verhalten nicht als grob fahrlässig angesehen werden könne, wie folgt:

> „Ich glaube das nicht, weil ich für meine Person nach bestem Wissen und Gewissen und nach religiösen Auffassungen gehandelt habe. Ich nehme das Gleiche von den Eltern und Geschwistern an. Ich habe zu keiner Zeit geglaubt, auch nicht in den letzten Tagen vor ihrem Tod, daß Anneliese an Unterernährung sterben könnte."[154]

Alt besuchte Anneliese ein letztes Mal am 8. Juni 1976, wovon er Bischof Stangl in einem Brief vom 24. Juni 1976 berichtete. Neben Schilderungen von Annelieses „Raserei", der Erschöpfung ihrer Familie und dem Bekunden, dass es sich hier nach seiner Ansicht eindeutig um eine Sühnebesessenheit[155] handele, fand auch Annelieses enormer Gewichtsverlust Erwäh-

---

[151] Laut Goodman fand dieser Besuch am 30.5.1976 statt (S. 211). Annelieses Freund berichtete, der Arzt hätte beim Anblick der Kranken ausgerufen: „Die hat ja die Stigmata!", was dieser selbst während der Befragungen durch die Staatsanwaltschaft verneinte (Goodman, S. 212).

[152] S. Staatsarchiv Würzburg, Akten Staatsanwaltschaft Aschaffenburg 593 I, Hauptakten, Bd. III, Stellungnahmen (1.12.1976).

[153] Ebd. Alt war nach diesem Besuch scheinbar überzeugt, dass sein Bekannter bei Eintreten eines medizinischen Notfalles als Arzt herangezogen werden könne, weshalb er ihn nach Annelieses Tod um Ausstellung eines Totenscheines bat.

[154] S. Staatsarchiv Würzburg, Akten Kriminalpolizeiinspektion Aschaffenburg 1, C, Zeugen, Bl. 45–51 (5.7.1976).

[155] Alt erläuterte in einer Stellungnahme aus dem Jahr 2006, dass Anneliese Michel bereits in einem Gespräch im Februar 1976 geäußert habe, sie wolle Sühne leisten, „damit nicht so viele Menschen in die Hölle kommen". Diese Erläuterungen wur-

nung: „Anna Lieser ist zu einem Skelett abgemagert“[156], eine Information, die den Bischof erst später erreichte.[157] Der letzte Exorzismus wurde von Pater Renz im engsten Familienkreis am 30. Juni durchgeführt, während dessen Anneliese um Lossprechung von ihren Sünden bat.[158] Die von ihr mehrmals zuvor für den 1. Juli 1976 selbst vorhergesagte Wende trat für die Beteiligten, die auf ein endgültiges Ausfahren der Dämonen hofften, dann anders ein als erwartet. Josef Michel saß in der Nacht zum 1. Juli bis ca. 1.00 Uhr an Annelieses Bett, bis diese ruhig einschlief. Als Anna Michel ihre Tochter um 8.00 Uhr wecken wollte, stellte sie fest, dass diese verstorben war.

1.2 Der Prozess

Im Folgenden werden Vorfeld und Ablauf sowie unmittelbare Reaktionen der Öffentlichkeit während des Prozesses gegen Annelieses Eltern und die Geistlichen Alt und Renz, welcher im Frühjahr des Jahres 1978 am Landgericht Aschaffenburg eröffnet wurde, näher betrachtet. Auch hier war es erstmals möglich, durch Zugriff auf Dokumente in den bereits genannten Archiven einen vollständigen Überblick über die Ereignisse zu erlangen und mittels der Einsichtnahme in Originalakten die Deutungen in den vorliegenden Literaturen zu korrigieren.

1.2.1 Erste Reaktionen in der Öffentlichkeit: Schuldzuweisungen an die katholische Geistlichkeit

Josef Michel sprach am 1. Juli 1976 gegen 13.00 Uhr bei der Gemeindeverwaltung von Klingenberg vor, um einen Leichenschein für seine Tochter, die seinen Angaben zufolge aufgrund eines plötzlichen hohen Fiebers verstorben war, zu beantragen; der sich vor Ort befindende Arzt hätte

den erstmals abgedruckt bei Goodman, Anneliese Michel und ihre Dämonen, unter dem Titel: „Dreißig Jahre später“ (S. 346–351, hier: S. 348).

156 Staatsarchiv Würzburg, Akten Staatsanwaltschaft Aschaffenburg 593 I, Hauptakten, Bd. III, Briefe, Alt an Stangl (24.6.1976).

157 Der Brief findet sich in der Eingangsliste des Bischöflichen Ordinariats, eingetragen am 29.6.1976, wobei es Stangl für denkbar hielt, dass der Brief einige Tage ungelesen vor Ort lag bzw. erst einige Tage später von ihm gelesen wurde. Vgl. hierzu die Anmerkungen Stangls in: Staatsarchiv Würzburg, Akten Staatsanwaltschaft Aschaffenburg 593 I, Hauptakten, Bd. III, Stangl an die Staatsanwaltschaft (10.2.1977) bzw. Staatsarchiv Würzburg, Akten Kriminalpolizeiinspektion Aschaffenburg 1, D, Beschuldigte, Bl. 57–59 (14.2.1977).

158 Vgl. Goodman, S. 218.

kein solches Formular bei sich.[159] Der erwähnte Allgemeinmediziner aus dem Taunus bestätigte, dass er am Vormittag durch Pfarrer Alt über Annelieses Tod informiert worden sei, woraufhin er nach Klingenberg fuhr, die Leiche „besichtigte“ und Alt davon in Kenntnis setzte. Entgegen der Angabe Josef Michels habe ihn allerdings niemand darum gebeten, einen Totenschein auszustellen.[160] Gegen 15.30 Uhr ging bei der Oberstaatsanwaltschaft Aschaffenburg ein Anruf Alts ein, welcher unter Angabe von Personalien und Adresse der Betroffenen vom Tod einer jungen Frau in Klingenberg berichtete, die an einer Besessenheit gelitten habe und seit einigen Monaten exorziert worden sei.[161] Die Leichenschau nahm schließlich der von Annelieses Vater kontaktierte Klingenberger Hausarzt der Familie Michel vor, welcher dem Oberstaatsanwalt telefonisch den hochgradig abgemagerten Zustand und die verschiedenen oberflächlichen Verletzungen der Leiche mitteilte sowie seine Vermutung, dass Anneliese verhungert sei. Der Arzt gab an, aus diesem Grund auf die Ausstellung eines sogenannten Leichenschauscheins verzichten zu müssen, da er keine natürliche Todesursache attestieren könne[162] und die Durchführung einer Obduktion empfehlen müsse.[163] Er selbst hatte Anneliese zuletzt im Sommer/Herbst 1975 gesehen und ihr Gewicht zu dieser Zeit als normal empfunden. Auf Wunsch der Eltern seien in der Folgezeit Rezepte ausgestellt worden, die ihre Vorerkrankung betrafen, weshalb keine persönliche Visitation vonnöten gewesen war. Zwei Monate zuvor allerdings hatte Josef Michel um Ausstellung eines Attestes gebeten, das Anneliese die Verschiebung des Staatsexamens ermöglichen sollte; da der Arzt sie zuvor untersuchen wollte, kam es jedoch nicht dazu. Über Annelieses Tod war er schließlich durch einen Anruf ihrer

[159] Die Angestellte in der Gemeindeverwaltung gab weiterhin an, dass sich bei telefonischer Nachfrage ein Arzt gemeldet habe. S. Staatsarchiv Würzburg, Akten Kriminalpolizeiinspektion Aschaffenburg 1, A, Sachverhalt, Aktenvermerk OSta St., Bl. 5–6 (1.7.1976).

[160] S. Staatsarchiv Würzburg, Akten Staatsanwaltschaft Aschaffenburg 593 I, Hauptakten, Bd. III, Stellungnahmen (1.12.1976): Der Arzt ging soweit, im Nachhinein die Diagnose „psychomotorische Epilepsie“ zu stellen.

[161] S. Staatsarchiv Würzburg, Akten Kriminalpolizeiinspektion Aschaffenburg 1, A, Sachverhalt, Erstmeldung OSta St., Bl. 1–4 (1.7.1976).

[162] In der am 1.7.1976 ausgestellten Todesbescheinigung so vermerkt, wie auch Annelieses Vorerkrankungen: Epilepsie und TBC. S. Staatsarchiv Würzburg, Akten Kriminalpolizeiinspektion Aschaffenburg 1, A, Sachverhalt, Todesbescheinigungen, Bl. 11–13 (1.7.1976).

[163] S. Staatsarchiv Würzburg, Akten Kriminalpolizeiinspektion Aschaffenburg 1, A, Sachverhalt, Aktenvermerk OSta St., Bl. 5–6 (1.7.1976).

Mutter gegen 14.15 Uhr informiert worden.[164] Die Obduktion, welche noch am Abend des 1. Juli 1976 in Gegenwart von zwei Vertretern der Staatsanwaltschaft in der Leichenhalle des Waldfriedhofs Aschaffenburg durchgeführt wurde, ergab als Todesursache die hochgradige Abmagerung bzw. den schlechten Ernährungszustand Anneliese Michels, die zum Zeitpunkt ihres Todes und bei einer Körpergröße von 1,66 m nur 31 Kilogramm gewogen hatte.[165]

Die von der Staatsanwaltschaft eingeschaltete Polizei leitete Ermittlungen wegen fahrlässiger Tötung gegen Annelieses Eltern, Pater Renz, Pfarrer Alt und Bischof Stangl[166] ein. Als der „Fall Anneliese Michel" an die Öffentlichkeit gelangte, setzte ein Sturm der Entrüstung ein, der sich in erster Linie gegen die katholische Kirche bzw. die involvierten Geistlichen wie auch deren Vorgesetzten, den Würzburger Bischof, richtete. In der regionalen und bundesweiten Presseberichterstattung variierten die Titelüberschriften von „Tod bei Teufelsaustreibung"[167], „Exorzismus brachte einer Studentin den Tod"[168], „Zum Kampf mit dem Satan gab der Bischof den Segen"[169] etc.

Die ARD strahlte am 2. August 1976 eine Sonderreportage mit dem Titel „Tod durch Teufelsaustreibung?" aus, der eine Sendung aus der Reihe „Report: Exorzismus in der BRD" vorgeschaltet war, und bereits ein Interview mit dem Würzburger Generalvikar beinhaltete.[170] Dieser äußerte sich dahingehend, dass der Bischof lediglich den drängenden Bitten der verzweifelten Eltern nachgegeben habe, die „eine letzte Zuflucht im religiösen Bereich suchten". Deshalb habe der Bischof die Erlaubnis

---

164 S. Staatsarchiv Würzburg, Akten Kriminalpolizeiinspektion Aschaffenburg 1, A, Sachverhalt, Erstmeldung OSta St., Bl. 1–4 (1.7.1976) sowie Aktenvermerk OStA St. und StA W., Bl. 7–9 (1.7.1976).

165 Zu weiteren Details und Ergebnissen der Obduktion s. Staatsarchiv Würzburg, Akten Kriminalpolizeiinspektion Aschaffenburg 1, B, Gutachten, Obduktionsprotokoll vom 1.7.1976, Bl. 3–11 bzw. den vorläufigen Obduktionsbericht vom 2.7.1976, Bl. 1–2. In einem im Verlauf der Prozessvorbereitung erstellten rechtsmedizinischen Gutachten wurde ergänzend hinzugefügt, dass Annelieses Zustand in der „Endphase" durch eine Lungenentzündung als Folge einer allgemeinen Resistenzschwäche kompliziert worden war. S. Staatsarchiv Würzburg, Akten Staatsanwaltschaft Aschaffenburg 593 I, Hauptakten, Bd. III, Gutachten vom 1.3.1977.

166 Das Verfahren gegen Bischof Stangl wurde am 8.7.1977 mit der Begründung, dieser habe weder eine Garantenstellung innegehabt noch vorsätzlich gehandelt, eingestellt.

167 Süddeutsche Zeitung, 22.7.1976.

168 Steigerwald-Bote, 23.7.1976.

169 Main-Post, 23.7.1976.

170 Zur besonders kontrovers diskutierten Sendung aus der Reihe „Report" s. auch Pressestimmen in Kap. 3.

zum Beten des Exorzismus gegeben, „in der Absicht, verzweifelten Menschen eine letzte Hoffnung nicht zu versagen“[171]. Neben dem Würzburger Generalvikar enthielt die Report-Sendung Gespräche mit dem „Exorzismus-Experten“ Pater Rodewyk, den Geistlichen Renz[172] und Alt, dem Tübinger Theologen Professor Dr. Herbert Haag[173] sowie einem Professor der Psychiatrie, der zur medizinischen Komponente der Erkrankung von Anneliese Michel befragt wurde.

Einer dpa-Meldung vom 6. August 1976[174] zufolge lagen der Aschaffenburger Staatsanwaltschaft zu diesem Zeitpunkt aus dem ganzen Bundesgebiet vier Strafanzeigen wegen fahrlässiger Tötung bzw. unterlassener Hilfeleistung gegen den Bischof von Würzburg vor[175]. Auf eine solche durch eine Hamburger Kanzlei gestellte Anzeige reagierte Bischof Stangl seinerseits mit einer Strafanzeige wegen falscher Verdächtigung und übler Nachrede. Das Bischöfliche Ordinariat gab an, „im Auftrag des völlig zu Unrecht einer so schweren Straftat beschuldigten Würzburger Bischofs sofort sämtliche rechtlichen Möglichkeiten auszuschöpfen“[176], die Erhebung einer Unterlassungsklage sowie die Erlassung einstweiliger Verfügungen wurden ebenso in Betracht gezogen. Ferner wurde in der betreffenden Meldung „angesichts der unterschiedlichen Berichterstattung in Presse, Funk und Fernsehen“ eine Stellungnahme seitens des Ordinariats in Aussicht gestellt, wobei hier auch Erwähnung fand, dass der Bischof von der Nahrungsverweigerung Anneliese Michels und der fehlenden

---

171 S. DAW, Exorzismus Klingenberg 021, Sachdokumentation, Interview Generalvikar vom 2.8.1976.

172 Im Verlauf der Sendung spielte Renz eines der während der Exorzismen aufgenommenen Tonbänder ab, was einen Verstoß gegen die bischöfliche Verschwiegenheitspflicht bedeutete. Die Existenz der Tonbandaufnahmen war somit bereits ca. vier Wochen nach Annelieses Tod der Öffentlichkeit bekannt.

173 Der Schweizer Theologe und Bibelwissenschaftler Herbert Haag (1915–2001), von 1960 bis 1980 Lehrstuhlinhaber an der Universität Tübingen, setzte sich kritisch mit Dogmen der katholischen Kirchenlehre wie auch der Institution Kirche auseinander; in seinen Publikationen „Abschied vom Teufel“ (Einsiedeln [4]1973), „Vor dem Bösen ratlos“ (München 1978) und „Teufelsglaube“ (Tübingen [2]1980) plädierte Haag für eine zeitgemäße, an die moderne Lebenswelt der Gläubigen angeglichene Interpretation des „Bösen“, wofür er von katholisch-konservativer, traditionalistischer Seite scharf angegriffen wurde. S. auch Kap. 5.1.3.

174 S. DAW, Pressedokumentation zum Exorzismus von Klingenberg, Nr. 344.

175 Den Akten der Staatsanwaltschaft ist zu entnehmen, dass die Anzahl der gegen Stangl erstatteten Anzeigen am 1.9.1976 bereits auf 12 bis 15 angewachsen war, von denen allerdings keine aus Würzburg, lediglich eine aus Aschaffenburg stammte. S. Staatsarchiv Würzburg, Akten Staatsanwaltschaft Aschaffenburg 593 I, Hauptakten, Bd. II, Ermittlungsverfahren Stangl (1.9.1976).

176 S. DAW, Dokumentation zum Exorzismus von Klingenberg, Pressemitteilung BO vom 11.8.1976.

ärztlichen Betreuung keine Kenntnis gehabt habe. Zu der angekündigten Stellungnahme hatte sich die Diözesanleitung während einer Konferenz unter dem Vorsitz des Würzburger Generalvikars und im Gespräch mit Vertretern u.a. der Theologischen Fakultät der Universität Würzburg, Medizinern und Psychologen entschlossen:

> „Diese Stellungnahme soll eine seelsorgerliche Hilfe geben und dazu beitragen, die Diskussion zu versachlichen. Sie wird die wirkliche Lehre der Kirche über den Teufel und das Böse sowie über Exorzismus, wie er heute zu verstehen ist, darlegen. Sie wird auch, die bisher dem Ordinariat bekannten Sachverhalte zur Krankheit der verstorbenen Studentin zu beurteilen versuchen, soweit dies in die Zuständigkeit der Kirche fällt."[177]

Das Bischöfliche Ordinariat war offensichtlich nicht auf den öffentlichen Druck vorbereitet gewesen, mit dem es in den sechs Wochen nach dem Tod von Anneliese Michel konfrontiert sah. Da Bischof Stangl aufgrund der bereits erläuterten Geheimhaltungsgründe die Angelegenheit streng vertraulich behandelt hatte, waren weder die Diözesanleitung noch der Generalvikar in persona über den „Besessenheitsfall" in der Würzburger Diözese informiert. Die Staatsanwaltschaft setzte sich telefonisch mit dem Generalvikar in Verbindung, um die Angaben verschiedener Presseorgane zu überprüfen, die besagten, das Ordinariat würde die Genehmigung der Durchführung des Exorzismus dementieren.[178] Die bischöfliche Pressestelle sah sich neben Anfragen deutscher Presseorgane auch solchen aus dem Ausland gegenübergestellt[179], ohne für das Eintreten eines solchen Falles zuvor Anweisungen „von oben" erhalten zu haben. Eine Mitarbeiterin der Pressestelle bat am 25. Juli 1976 in einem kurzen Schreiben an den Generalvikar um Aufschluss darüber, „welche Schritte er [Stangl] weiterhin unternommen hat, um den Fall ‚geheimzuhalten'"; begründet wurde dieses Anliegen damit, dass „sowohl das Generalvikariat wie die Pressestelle wenigstens darauf vorbereitet sein müssen, welche Enthüllun-

---

177 Ebd.

178 Nach Auskunft des Generalvikars hatte sich Bischof Stangl zum Zeitpunkt der Presseanfragen im Urlaub befunden, er selbst hätte keine Kenntnis von der Exorzismusgenehmigung bzw. der Namen der verantwortlichen Priester. Es könne also von Dementieren nicht die Rede sein, die Betonung liege lediglich auf *seiner* eigenen Unkenntnis. S. Staatsarchiv Würzburg, Akten Staatsanwaltschaft Aschaffenburg 593 I, Hauptakten, Bd. I, Aktenvermerk StA W. über ein Telefonat mit GV W. vom 23.7.1976.

179 Am 6.9.1976 beispielsweise erschien im „TIME Magazine Europe" ein Bericht über den Fall Klingenberg unter dem Titel: „A Phenomenon of Fear". S. DAW, Pressedokumentation zum Exorzismus von Klingenberg, Nr. 1025.

gen uns noch drohen"[180]. Die Informationen und Erklärungen des Ordinariats wirkten auf die Öffentlichkeit im Allgemeinen äußerst unkonkret bzw. unbefriedigend und riefen kirchenkritische Reaktionen hervor, die nicht auf verbale oder schriftliche Proteste beschränkt blieben.

Am 12. August 1976 gab Bischof Stangl in Form einer Sonderbeilage zum Würzburger Diözesanblatt[181] eine weit reichende Erklärung zum Exorzismus und den Ereignissen von Klingenberg ab und versuchte, wie er dort eingangs erläuterte, die Fragen zu beantworten, welche von der Allgemeinheit direkt an ihn und das Bischöfliche Ordinariat Würzburg gerichtet worden waren. Die Erklärung sollte dem Zweck dienen, Klarheit zu schaffen und den an die Amtskirche herangetragenen Vorwurf der Vertuschung auszuräumen. Neben der Behandlung der Geschehnisse in Klingenberg machte der Bischof Aussagen, welche ganz grundsätzlich die Lehre der Kirche über den Teufel und Dämonen betrafen.[182] Die bischöfliche Stellungnahme reichte jedoch nicht aus, um die entstandene kirchenkritische Stimmung zu entschärfen oder abzumildern, so dass Unbekannte am 15. August 1976 ihren Ansichten sehr drastisch Ausdruck verliehen, als sie das Hauptportal und Längsschiff des Würzburger Kiliansdoms mit antikirchlichen Parolen beschmierten.[183] Der Diözesanrat reagierte daraufhin mit einem Schreiben an die Vorsitzenden der Pfarrgemeinderäte, das dem Amtsblatt der Diözese mit der Bitte um öffentliche Verlesung beigelegt worden war:

> „Die ‚Regenbogenpresse' scheint diesen Vorgang aus Gründen mangelnder Aktualitäten in der ‚Sauregurkenzeit' noch ein wenig warm halten zu wollen. Umso dringender müssen wir unsere Leute über den wahren Tatbestand aufklären. Auch scheint sich indessen

---

180 S. DAW, Dokumentation zum Exorzismus von Klingenberg, Aktennotiz Pressestelle BO vom 25.7.1976. In einem weiteren Anschreiben an den Generalvikar vom 29.7.1976 wurde angesichts des Angebots einer Würzburger Regionalzeitung an den Bischof, mittels eines Interviews Stellung zu nehmen, zu einem abschlägigen Bescheid geraten, da es sich bei den Klingenberger Ereignissen um einen Präzedenzfall handele, „der uns endgültig in Teufels Küche bringt".

181 Sonderbeilage zum Würzburger Diözesanblatt Nr. 16 vom 12. August 1976.

182 Über den Inhalt der Erklärung und die Reaktionen inner- und außerhalb der Würzburger Diözese s. Kap. 2.1.1.

183 Im Verlauf und Nachfeld des Aschaffenburger Prozesses erreichte die antikirchliche Stimmung einen weiteren Höhepunkt, als Unbekannte im April 1978 unter dem Namen „Rote Garde" das bischöfliche Palais mit der Parole „Exorzismus ist wie kirchlicher Terrorismus" beschmierten. S. hierzu u.a. Kitzinger Zeitung vom 20.4.1978: DAW, Pressedokumentation zum Exorzismus von Klingenberg, Nr. 2833. Diese „Rote Garde" verteilte außerdem Flugblätter, die neben Bildern von Bischof Stangl und Anneliese Michel (untertitelt mit „Der Exorzistenchef und sein Opfer") mit den Parolen „Das Mittelalter lebt", „Bestrafung von Stangl" sowie „Religion macht blind und stumm, manchmal sogar tot" bedruckt waren.

> eine Gruppe von Kirchengegnern des Falles zu bemächtigen; denn die Schmierparolen am Würzburger Dom ‚Gott ist tot – der Teufel lebt‘ und ‚Nieder mit der Kirche‘ verbinden sich mit anscheinend von einer kleinen Gruppe gesteuerten Schmähbriefen und Drohanrufen. [...] Mag sein, daß unser Bischof schlecht beraten war, als er in einsamem Beschluß und schweren Herzens seine Genehmigung zu einer Maßnahme gab, deren Konsequenzen er aus mangelnder Erfahrung auf diesem Gebiet nicht abschätzen konnte. Aber er konnte auch nicht ahnen, daß seine Erlaubnis zum Segensgebet über einen geplagten jungen Menschen für einen derartigen Hokuspokus mißbraucht würde.“[184]

Das Verhalten des Bischofs wurde also im engeren Kreis der Diözese zwar durchaus kritisch bewertet, unter den gegebenen Umständen jedoch auch entschuldigt, wohingegen die Hauptverantwortung bei den direkt am Exorzismus beteiligten Personen zu liegen schien.

Die Tatsache, dass die Geistlichen Alt und Renz neben Bischof Stangl als „Täter“ im Zentrum des öffentlichen Interesses standen, wirkte sich auch auf ihre seelsorgerische Tätigkeit bzw. den Alltag in ihren Gemeinden aus.[185] Eltern von 23 Grundschülern der Gemeinde Elsenfeld (Landkreis Miltenberg) protestierten dagegen, dass Pater Renz ihre Kinder weiter im Fach Religion unterrichtete und meldeten ihre Kinder vom Religionsunterricht ab; sie übergaben weiterhin eine entsprechend verfasste Resolution dem Bischöflichen Ordinariat, dem Dekanat und dem Schulamt in Miltenberg mit der Begründung, ihren Kindern Angstpsychosen ersparen zu wollen.[186] Dem Ersuchen der Eltern wurde umgehend entsprochen und ein anderer Geistlicher bzw. Lehrer mit dem Religionsunterricht in Elsenfeld beauftragt, wobei Renz zuvor allerdings selbst aufgrund des Elternprotestes auf die Abhaltung des Religionsunterrichtes verzichtet hatte.[187] Am 7. Dezember 1976 wurde Renz nach elfjähriger

---

[184] S. DAW, Exorzismus Klingenberg 012, Reaktionen und Zuschriften, 19.8.1976. Alt reagierte auf die Verlesung dieses Schreibens mit einem Brief an den Vorsitzenden des Diözesanrats, in dem er diesem Desinformation und Verdrehung der Tatsachen vorwarf: „Es geht ja um Tatsachen, nicht um Wunschvorstellungen!“ S. DAW, Exorzismus Klingenberg 22, Alt an den Diözesanrat, 15.9.1976.

[185] Es lag z.B. bereits im September 1976 ein anonymer Beschwerdebrief aus der Gemeinde Rück vor, in welchem Renz der Vorwurf gemacht wurde, sämtliche Predigten hätten nur noch den Teufel zum Inhalt. Darüber hinaus würde er die Durchsetzung der Reformen des Zweiten Vatikanums verweigern. S. DAW, Exorzismus Klingenberg 004, Handakt Domkapitular (DK) Fries, Teil 3, „P. Renz“ 1975–1986, 12.9.1976.

[186] S. u.a. Main-Post vom 21.9.1976: DAW, Pressedokumentation zum Exorzismus von Klingenberg, Nr. 1076.

[187] S. u.a. Süddeutsche Zeitung vom 22.9.1976: DAW, Pressedokumentation zum Exorzismus von Klingenberg, Nr. 1092.

Tätigkeit als Pfarrer in Rück-Schippach vom Provinzialat der Salvatorianer in München im Einvernehmen mit der Diözese Würzburg in die Ordensgemeinschaft zurückgerufen.[188]

Auch Pfarrer Alt sah sich in seiner Gemeinde Anfeindungen gegenübergestellt, wie er es selbst in einem Brief an Bischof Stangl schilderte:

> „Inzwischen hat der Fall A.M. Ettleben erreicht. Man sagt, ich sei ein Mörder. Man sagt, der Pfarrer sei nicht mehr tragbar. Ich weiß, dass sich Ettlebener an bischöfliche Stellen gewandt haben."[189]

In einem anonymen Brief an den Bischof vom 1. März 1977 berichtete ein Gemeindemitglied über die mangelnde Akzeptanz Alts in der Pfarrei aufgrund von dessen angeblich einschüchternder und aggressiver Art, den Teufelsglauben wie auch den Glauben an die Ereignisse in Klingenberg den Menschen „eintrichtern" zu wollen.[190] Pfarrer Alt nach handelte es sich hierbei hingegen um eine Gruppe von Gemeindemitgliedern, die schon häufiger gegen ihre Pfarrer intrigiert bzw. agiert hätten.[191]

Das enorme öffentliche Interesse an den Ermittlungen, die ab dem Sommer 1976 und während des Jahres 1977 durchgeführt wurden, nahm nicht ab, Meldungen aus der bzw. um die „Exorzismus-Diözese", Berichte über konträre theologische Stellungnahmen zur Realexistenz des Bösen, Informationen über angebliche weitere heimlich durchgeführte Exorzismen im In- und Ausland füllten Regionalblätter, politische Magazine, Tages-, Wochen- und Monatszeitschriften sowie Boulevardblätter, die aus aktuellem Anlass dem Thema „Besessenheit" ganze Artikelserien widmeten[192]. Es war abzusehen, dass der Prozess ein mindestens ebenso großes

188 Einer Mitschrift eines Telefonats mit dem stellvertretenden Provinzial der Salvatorianer ist zu entnehmen, dass die Diözese den Salvatorianerorden darum ersucht hatte, Renz keinen Religionsunterricht mehr erteilen zu lassen; s. DAW, Exorzismus Klingenberg 004, Handakt DK Fries, Teil 3, „P. Renz" 1975–1986, 17.9.1976.

189 S. hierzu die Korrespondenz Alts mit Stangl in: DAW, Exorzismus Klingenberg 003, Handakt DK Fries, Teil 2, „Pfr. Alt" 1974–1978, 14.9.1976.

190 S. DAW, Exorzismus Klingenberg 003, Handakt DK Fries, Teil 2, „Pfr. Alt" 1974–1978, 10.3.1977.

191 Am 23.11.1979 bat Alt schriftlich um Beurlaubung aus der Diözese Würzburg und Freistellung für die Seelsorgearbeit in einem Kinderheim in der Diözese Freiburg: „Im Schweigen der gesamten kirchlichen Behörden der Diözese Würzburg habe ich überall meine Ehre und mein Gesicht verloren, so daß ich in diesem Bistum nirgendwo mehr normale Seelsorgearbeit werde leisten können." S. DAW, Exorzismus Klingenberg 22, Alt an Bischof Scheele, 23.11.1979.

192 Vgl. hierzu z.B. die Serie „Besessen: Teufelsaustreibung im 20. Jahrhundert" der tz-München, die am 11.8.1976 mit Folge 1: „Steinzeit-Rückfall" und Auszügen aus dem „Wörterbuch eines Exorzisten" startete und am 25.8.1976 mit Folge 13: „Aus dem Tagebuch eines Exorzisten" endete. S. DAW, Pressedokumentation zum Exorzismus von Klingenberg, Nr. 538 bzw. 915.

Medienecho hervorrufen würde, die Anklage wie auch eine mögliche Verurteilung der beteiligten Geistlichen bei Kirchenkritikern und -anhängern gleichermaßen als eine Art Grundsatzentscheidung für oder gegen die katholische Kirche angesehen würde.

Der Schlussverfügung der Staatsanwaltschaft vom 10. Juni 1977 ist zu entnehmen, dass die Priester Alt und Renz „Anneliese Michel in ihrer Einbildung, vom Teufel besessen zu sein, bekräftigt und zur Entwicklung und entscheidenden Verschlimmerung der Psychose und damit zur Lebensverkürzung beigetragen" hatten. Pfarrer Alt wurde zusätzlich unterstellt, maßgeblich für die Nichthinzuziehung eines Arztes verantwortlich zu sein, da er das Geheimhaltungsverbot des Bischofs zu sehr betont hätte.[193] Alt setzte dem wiederum entgegen, nie eine Vertrauensstellung der Familie Michel gegenüber eingenommen zu haben und sah sich demzufolge als „Buh-Mann" und „Ratgeber im Hintergrund" diffamiert, da er angeblich nie über den Verlauf der Sitzungen informiert, seine Ratschläge nicht befolgt worden seien.[194]

Renz wiederholte in seinen Aussagen, dass für ihn *allein* die religiöse und dämonische Seite von Bedeutung war, das bestehende Vertrauensverhältnis zu Anneliese Michel nur auf religiöser Ebene Bestand gehabt habe. Die Verantwortung für Annelieses körperliche Verfassung habe seines Erachtens allein bei ihrer Familie gelegen, die es versäumt hätte, ihn auf Annelieses schlechte Konstitution hinzuweisen.[195] Nach Auffassung der Staatsanwaltschaft jedoch hätte Pater Renz bereits Ende des Jahres 1975 die Exorzismen abbrechen und anhand des sichtbaren körperlichen Verfalls Annelieses einen lebensgefährdenden Gesundheitszustand erkennen müssen, da er ihr gegenüber eine Schutzfunktion übernommen und somit eine Garantiestellung innehatte.

> „In Erfüllung dieser Aufgabe gelangte der Beschuldigte Renz zu Anneliese Michel in eine Vertrauensposition, die [...] sich dergestalt verfestigte, daß Anneliese Michel fortan die Sorge um ihr seelisches und körperliches Wohl gänzlich in die Hände des Beschuldigten Renz (und des Beschuldigten Alt) legte, allein von ihnen noch Hilfe erhoffte und ärztliche Behandlung künftig als überflüssig und nicht erfolgversprechend erachtete. Dieses, den Priestern entgegengebrachte vorbehaltlose Vertrauen in deren ausschließli-

193 S. Staatsarchiv Würzburg, Akten Staatsanwaltschaft Aschaffenburg 593 I, Hauptakten, Bd. IV, Schlussverfügung vom 10.6.1977, A, I, 2: Pfarrer Alt.

194 S. Staatsarchiv Würzburg, Akten Kriminalpolizeiinspektion Aschaffenburg 1, D, Beschuldigte, Bl. 1–9 (8.11.1976). Alt warf in diesem Zusammenhang Annelieses Eltern vor, ihn über eine positive ärztliche Epilepsiediagnose bewusst falsch informiert zu haben.

195 S. Staatsarchiv Würzburg, Akten Kriminalpolizeiinspektion Aschaffenburg 1, D, Beschuldigte, Bl. 29–46 (17.8.1976).

che Kompetenz zur richtigen Deutung und ‚Behandlung' ihres ‚inneren Zwanges' zur Nahrungsverweigerung und Selbstverletzung entsprach im Ergebnis einem ‚Alleinauftrag' für Diagnose und Therapie aller künftig auftretenden Beschwernisse."[196]

Renz hatte zuvor bestritten, eine solche Garantiestellung übernommen zu haben unter Verweis darauf, dass die Gebetshilfe des Exorzismus einzig der katholischen Kirche unterstellt sei, wobei die Seelsorge allein der seelischen Not des bzw. der Betroffenen diente und ein solches Vertrauensverhältnis die Geheimhaltung bedingen würde. Da eine Einmischung in medizinische Belange durch das Rituale Romanum in keiner Form vorgesehen sei, schloss dies automatisch die Übernahme einer Garantiestellung aus, eine Entbindung von der Schweigepflicht gäbe es zudem nicht.[197] Die Staatsanwaltschaft setzte dem entgegen, dass sich die Schweigepflicht auf die Durchführung der exorzistischen Sitzungen selbst und die Geheimhaltung der Vorgänge und Ereignisse während dieser Sitzungen bezogen habe, bei einer gleichzeitigen ärztlichen Betreuung wäre jedoch die Geheimhaltung der exorzistischen Gebete, also die „Kulthandlung" an sich, nicht bedroht gewesen, da diese einem Arzt gegenüber nicht hätten offen gelegt werden müssen.[198]

Die Anklageschriften gegen die Geistlichen Renz und Alt sowie das Ehepaar Michel gingen am 12. Juli 1977 bei der Strafkammer ein. Was das Verfahren gegen das Ehepaar Michel anbelangte, so erwog die Staatsanwaltschaft, von einer öffentlichen Anklageerhebung abzusehen, da sie durch den Tod ihrer Tochter ohnehin gestraft genug seien, eine weitere Bestrafung zu keiner Einsicht, sondern nur zu einer „Zerstörung des Strafverständnisses" führen würde.[199] Die Verfahren gegen Bischof Stangl und Pater Rodewyk wurden eingestellt, da diese keinen wirklichen persönlichen Kontakt zu Anneliese Michel und somit keine genaue Kenntnis von ihrem Gesundheitszustand gehabt haben konnten.[200]

---

196 S. Staatsarchiv Würzburg, Akten Staatsanwaltschaft Aschaffenburg 593 I, Hauptakten, Bd. IV, Schlussverfügung vom 10.6.1977, A, I, 1: Pater Renz.

197 Diese grundsätzlichen Aussagen über die Schweigepflicht und die Definition von „Garantiestellung" wurden der Staatsanwaltschaft durch die Rechtsabteilung der Diözese zugeleitet. S. DAW, Exorzismus Klingenberg 010, Handakt der Rechtsabteilung, 25.10.1976.

198 Vgl. Staatsarchiv Würzburg, Akten Staatsanwaltschaft Aschaffenburg 593 I, Hauptakten, Bd. IV, Schlussverfügung vom 10.6.1977, A, I, 1: Pater Renz.

199 S. Staatsarchiv Würzburg, Akten Staatsanwaltschaft Aschaffenburg 593 I, Hauptakten, Bd. IV, Schlussverfügung vom 10.6.1977, Einstellungen. Die Verfahren gegen zwei Schwestern Annelieses, ihren Verlobten und andere Teilnehmer an den exorzistischen Sitzungen wurden eingestellt.

200 Vgl. DAW, Exorzismus Klingenberg 021, Pressekonferenz OStA St., 13.7.1977.

In einer zeitnahen Erklärung des Bischöflichen Ordinariats Würzburg aus Anlass der Verfahrenseinstellung stellte der Bischof verbindlich und in Übereinstimmung mit der Deutschen Bischofskonferenz[201] fest,

> „dass in unserer Diözese künftighin der Bitte um Genehmigung zum Gebet des feierlichen Exorzismus nur nähergetreten wird, wenn sich die betreffende Person, über die der Exorzismus gebetet werden soll, schriftlich verpflichtet, daß sie sich einer begleitenden ärztlichen Behandlung unterzieht."[202]

Die Geistlichen Alt und Renz sahen sich durch die öffentliche Meinung nach Einstellung des Verfahrens gegen Bischof Stangl als die eigentlich Schuldigen „gebrandmarkt", obwohl sie nach eigener Einschätzung lediglich auf Anweisung gehandelt hatten. Besonders Alt versuchte im Nachhinein, seine Rolle im „Fall Anneliese Michel" herunterzuspielen und Renz als den eigentlich Verantwortlichen zu deklarieren. Dieser wiederum leugnete jegliche Verantwortung für Annelieses körperliches Wohlergehen und verwies auf die Fürsorgepflicht der Eltern, wobei Anna und Josef Michel auf Annelieses erklärten Willen – gegen die Hinzuziehung eines Arztes – verwiesen und die Richtigkeit ihrer Entscheidung, die Heilung ihrer Tochter in geistliche Hände gelegt zu haben, betonten. Besonders die Äußerungen Alts und Renz' waren nicht dazu angetan, die Presse, die ohnehin mehrheitlich gegen die beiden Priester eingestellt war, positiv für sich einzunehmen. Ein weiteres Ereignis im Vorfeld des Prozessbeginns sollte der kirchenkritischen Berichterstattung noch weitere Schlagzeilen bescheren.

1.2.2 Beginn und Verlauf des Prozesses: Psychose oder Besessenheit?

Bevor der Prozess am 30. März 1978 am Aschaffenburger Landgericht eröffnet wurde, fand am 25. Februar 1978 die Exhumierung und Umbettung von Anneliese Michels Leiche auf dem Klingenberger Friedhof statt. Diese Exhumierung war von Annelieses Eltern mit der Begründung beantragt worden, dass sie ihre Leiche aus dem hölzernen Kindersarg, in welchem sie bestattet worden war, in einen mit Zink ausgekleideten Sarg umbetten wollten. Eine andere, inoffizielle Begründung besagte, dass –

---

201 S. Kap. 2.1.2.

202 S. DAW, Exorzismus Klingenberg 006, Handakt DK Fries, Teil 5, „StA AB" 1977–1978, 13.7.1977. In der Erklärung wurde zudem angemerkt, dass sich der Bischof „in völliger Übereinstimmung mit der Erklärung des Vorsitzenden der Deutschen Bischofskonferenz vom 23.6.1976" befinde. S. hierzu Kap. 2.1.2.

den Visionen einer Ordensfrau aus dem Allgäu zufolge[203] – Annelieses Leiche unversehrt, also unverwest in ihrem Grab liegen würde: ein Beweis für die Existenz Gottes, der Gottesmutter, übernatürlicher Wesen und Dämonen, der die Angeklagten von ihrer angeblichen Schuld entlasten würde. Annelieses Unversehrtheit hätte ihren Status als Auserwählte bewiesen, die ein „ewiges Leben" führte, da sie den Sühne- und Opfertod für Deutschland gestorben sei.[204]

Die Anwälte der Geistlichen Alt und Renz befürworteten die Exhumierung aus anderen Gründen, denn sie befürchteten, dass Annelieses Eltern bzw. Pater Renz im Verlauf des Prozesses auf der Behauptung, diese sei nicht verwest, beharren würden und in *Folge dessen* eine Exhumierung beantragt werden würde.[205]

Bei der Öffnung des Sarges in der Leichenhalle waren neben dem Leiter des Bestattungsinstituts und dessen Helfern der Bürgermeister von Klingenberg, ein Vertreter des Landratsamtes und zwei Polizisten anwesend, während Annelieses Eltern und ihre Schwestern, Renz, die Wallfahrtsleiterin aus dem Nachbarort sowie die beiden vom Bischöflichen Ordinariat beauftragten Anwälte der angeklagten Geistlichen vor der Halle warteten.[206] Zahlreiche Schaulustige, die u.a. mit Bussen aus der Schweiz und dem Allgäu angereist waren, hatten sich auf dem Friedhof eingefunden und warteten dort betend auf das „Ergebnis" der Exhumierung.[207] Als die Zeugen dafür bürgten, „daß die Leiche in einem für den zeitlichen Abstand nach dem Tod normalen Verwesungszustand war"[208],

---

203 Erstmals über diese „Visionen" informiert wurde das Ordinariat durch einen Bericht der späteren Anwältin Pfarrer Alts, die diese Informationen wiederum durch Pater Renz erhalten hatte.

204 Vgl. Goodman, S. 222.

205 S. hierzu die verschriftlichten Gesprächsnotizen in: DAW, Exorzismus Klingenberg 005, Handakt DK Fries, Teil 4, „Korrespondenz RA T.-L." 1977–1978, 27.2.1978.

206 Pfarrer Alt hielt sich zwar in der Nähe des Friedhofes auf, bezweifelte aber von Anfang an den Wahrheitsgehalt der „Visionen" der Allgäuer Ordensfrau.

207 Die Reihe „Report" sendete am 21.3.1978 in der ARD einen Beitrag über die Exhumierung, welcher ein Interview mit jener „hellsichtigen" Nonne aus dem Allgäu beinhaltete sowie Bilder der anwesenden Schaulustigen, der Angehörigen, des Bürgermeisters und der Kriminalbeamten, die als Zeugen fungierten. Der verantwortliche Journalist war über „Vox Fidei", dann durch die Anwältin Alts über Ort und Zeit der Exhumierung informiert worden. Es war mit dem BR insofern eine Vereinbarung getroffen worden, dass für die Herausgabe dieser Informationen die Geistlichen Renz und Alt bis zum Prozessbeginn von der Presse unbehelligt blieben. S. DAW, Exorzismus Klingenberg 005, Handakt DK Fries, Teil 4, „Korrespondenz RA T.-L." 1977–1978, 27.2.1978.

208 DAW, Exorzismus Klingenberg 005, Handakt DK Fries, Teil 4, „Korrespondenz RA T.-L." 1977–1978, 27.2.1978.

wurde der Wahrheitsgehalt dieser Aussage verschiedentlich heftig kritisiert oder geleugnet. Renz äußerte sich später dahingehend, dass Annelieses Familie und er selbst durch eine Anmerkung des Bürgermeisters über das Aussehen der Leiche und dessen Rat, die junge Frau doch besser in guter Erinnerung behalten zu wollen, zurückgehalten und manipuliert worden seien:

> „Michels fielen darauf herein und verzichteten, Anneliese zu sehen. Dann wurde ich gefragt, ob ich Anneliese sehen wolle. Ich antwortete mit einem kräftigen Ja. [...] Aber an der Tür der Leichenhalle wurde ich von der Polizei zurückgewiesen. So musste ich umkehren."[209]

Dieser Vorgang wurde so lediglich von Renz geschildert, wohingegen andere Anwesende bezeugten, dass er zwar ein paar Schritte auf das Leichenhaus zugegangen, dann aber freiwillig wieder umgekehrt sei.[210] Dennoch machte die Version des Paters auf dem Friedhof die Runde und führte zu empörten Protesten und Spekulationen über den möglichen Grund einer bewussten Fernhaltung des „Haupt-Mannes vom Exorzismus" von der Leichenhalle: Es hätte dort beispielsweise nicht nach Verwesung, sondern nach Weihrauch und Rosen geduftet, der Zustand der Leiche sei unversehrt gewesen und zwei auf dem Friedhof anwesende Unbekannte hätten sich hörbar darüber verständigt, dass diese Angelegenheit auf keinen Fall an die Öffentlichkeit gelangen dürfe.[211] Entgegen der Annahme, die Exhumierung würde die Stimmen verstummen lassen, die Annelieses Besessenheit, die Notwendigkeit der Exorzismen und somit die Existenz von Dämonen als erwiesen ansahen, wurde der Gegenbeweis unmittelbar nach seiner Erbringung angezweifelt.

An dieser Stelle ist noch zu erwähnen, dass es sich bei der „visionären Ordensfrau", deren „Offenbarungen" die Exhumierung bzw. Umbettung von Anneliese Michels Leiche mit veranlasst hatten, um eine Laienschwester handelte, die ein Kinderheim im Allgäu leitete. Nach seiner Rückberufung durch das Provinzialat der Salvatorianer war Renz zeitweise in diesem Kinderheim untergebracht, eine Verbindung, die wahrscheinlich in der geistlichen Betreuung der Heimschwestern durch ein dort nahe gelegenes Salvatorianerkloster begründet lag. Seinen Auszug aus dem Kinder-

---

209 S. Goodman, S. 223.

210 Einer der anwesenden Anwälte bedauerte in einem nachherigen Telefonat mit einem Vertreter des Bischöflichen Ordinariats, dass er Renz nicht dazu veranlasst hatte, die Leiche selbst in Augenschein zu nehmen, womit den Gerüchten über eine angebliche Vertuschung der Unversehrtheit der Leiche die Grundlage entzogen worden wäre. S. DAW, Exorzismus Klingenberg 005, Handakt DK Fries, Teil 4, „Korrespondenz RA T.-L." 1977–1978, 27.2.1978.

211 Vgl. Goodman, S. 224.

heim begründete der Pater im Nachhinein mit seiner Verärgerung über ein Interview, das besagte Schwester in einer Fernsehsendung[212] gegeben hatte.[213]

Inwieweit Pater Renz an Inhalt und Verbreitung der „Visionen und Offenbarungen“ der Allgäuer Laienschwester beteiligt war, ist nicht mehr nachzuvollziehen. Die Tatsache, dass Renz im Vorfeld und während der Zeit, zu der die Exhumierung stattfand, seinen Wohnsitz im Haus der Glaubensgemeinschaft eben jener Schwester hatte, macht eine intensive Kommunikation über den „Fall Anneliese Michel“, Dämonen, Sühnebesessenheit und Opfertod mehr als wahrscheinlich. Die Verbindung zwischen beiden wurde jedoch nie öffentlich thematisiert, weder in der Presse, noch während des Prozesses, was auf ein bewusstes Verschweigen zumindest seitens des Paters, aber auch der Diözese schließen lässt.

Der Prozess, der am 30. März 1978 am Landgericht Aschaffenburg eröffnet wurde, war durch Berichte der bundesweiten Presse im Dezember 1977 angekündigt worden. Die Ereignisse um die Exhumierung im Februar 1978 sorgten dafür, dass das allgemeine Interesse am „Fall Anneliese Michel“ nicht abnahm. Neben Bayerischem und Hessischem Rundfunk und ZDF stellten ausländische Medien wie z.B. der Österreichische Rundfunk (ORF), der englische Rundfunk (BBC), das belgische Fernsehen (BRT), ein dänischer Sender (Danmarks Radio) und eine französische Presseagentur (SYGMA Agentur Paris) in der Zeit zwischen Ende Februar und Anfang April 1978 schriftliche Anfragen an die Aschaffenburger Staatsanwaltschaft[214] mit der Bitte um Drehgenehmigungen für Gerichtsgebäude und Gerichtssaal (vor Verhandlungsbeginn und während Verhandlungspausen), Reservierungen von Presseplätzen, Übersendung von Exemplaren der Anklageschrift sowie um die Erlaubnis, Photographen entsenden zu dürfen. Die daraufhin erteilten Drehgenehmigungen wurden unter der Bedingung der vorher einzuholenden Zustimmung der Angeklagten erteilt, wobei sich die Genehmigungen auf Aufnahmen bezogen, die vor Beginn der Verhandlungen im Sitzungssaal gemacht werden konnten.[215]

---

212 Es handelt sich hier um die bereits erwähnte „Report“-Sendung vom 21.3.1978.

213 S. DAW, Exorzismus Klingenberg 005, Handakt DK Fries, Teil 4, „Korrespondenz RA T.-L.“ 1977–1978, Aktennotizen DK Fries vom 9.3.1978. Den Notizen ist auch zu entnehmen, dass das Bischöfliche Ordinariat erst durch den Journalisten des BR, der die Ordensfrau aufgesucht hatte, auf deren Verbindung zu Renz aufmerksam gemacht worden war.

214 S. Akten des Staatsarchivs Würzburg, Akten Staatsanwaltschaft Aschaffenburg 593 II.

215 Die Drehgenehmigungen und die Reservierungen von Presseplätzen waren widerruflich und setzten die Gewährleistung eines ungestörten Dienstbetriebs voraus.

Zu Beginn des Prozesses hatte die Verteidigung zunächst die Einstellung des Verfahrens mit der Begründung beantragt, dass die Grundrechte der Angeklagten auf Glaubens-, Gewissens- und Bekenntnisfreiheit verletzt würden. Der Antrag wurde abgelehnt mit Verweis darauf, dass eine solche Grundrechtsverletzung erst im Laufe des Verfahrens ermittelt werden könne.[216] Ebenso wurde dem Einspruch Alts nicht stattgegeben, der sich durch die Verlesung seiner Briefe an Bischof Stangl auf Veranlassung des Vorsitzenden Richters am 4. April 1978 als „Diener der Kirche und Seelsorger von Anneliese Michel“ bloßgestellt sah. Der Bischof hatte der Staatsanwaltschaft seine Korrespondenz mit den Geistlichen Alt und Renz mit folgender Bitte ausgehändigt:

> „Nach reiflicher Überlegung stelle ich Ihnen diese Unterlagen in Ablichtung zur Verfügung mit der vollen Sicherheit vertraulicher Behandlung. Die priesterliche Schweigepflicht ist für mich eine klare Forderung. Die Briefe dicht vor dem Tod beweisen, dass meine Mitbrüder in keiner Weise mit dem Tod rechnen konnten, sonst wären Hinweise gekommen. Mir selbst fehlten über diese Gefahr alle Informationen.“[217]

Der Öffentlichkeit wurde auf diese Weise zugänglich, dass der Bischof durchaus über den Verlauf der Exorzismen wie auch Inhalte der „Botschaften“ und den sich verschlechternden Gesundheitszustand Annelieses informiert gewesen war, auch wenn ein erneuter Antrag auf Vorladung Stangls mit dem Verweis auf die Tatsache, dass diesen der letzte Brief Alts erst mehrere Tage nach dem Tod Anneliese Michels erreicht hatte, abgelehnt wurde.

Eine zentrale Rolle innerhalb des Prozesses kam den Gutachten[218] des von der Staatsanwaltschaft bestellten Sachverständigen der Nervenklinik der Universität Würzburg, Prof. S., zu, welche über Art und Verlauf der Erkrankung Anneliese Michels sowie über eine für das soziale Umfeld mögliche Erkennbarkeit der Lebensbedrohlichkeit dieser Erkrankung Auskunft geben sollten. Neben den Krankenakten der behandelnden Ärzte standen dem Gutachter die während der exorzistischen Sitzungen aufgenommenen Tonbänder zur Verfügung, die u.a. hinsichtlich dort

---

Dreharbeiten innerhalb des Sitzungssaales konnten nur mittels einer gesonderten, durch den Vorsitzenden Richter bewilligten Genehmigung vonstatten gehen.

216 S. hierzu eine KNA-Meldung vom 31.3.1978, DAW, Pressedokumentation zum Exorzismus von Klingenberg, Nr. 1828.

217 S. Staatsarchiv Würzburg, Akten Staatsanwaltschaft Aschaffenburg 593 I, Hauptakten, Bd. III, Schreiben Stangls an die Staatsanwaltschaft vom 5.11.1977.

218 Prof. S. erstellte ein erstes Gutachten am 13.10.1976, ein zweites Gutachten, das auf dieselben Fragestellungen Bezug nahm, folgte am 9.2.1977.

artikulierter Anweisungen an Anneliese zur Einschränkung der Nahrungsaufnahme ausgewertet wurden.

Prof. S. kam zu dem Ergebnis, dass Anneliese zweifelsfrei an einem epileptischen Anfallsleiden gelitten hatte und dass bei Menschen mit dieser Erkrankung

> „nicht selten sehr betonte, übertriebene und selbst krankhafte religiöse Einstellungen auftreten können, weil es ferner im Rahmen einer Epilepsie, auch dann, wenn keine großen Anfälle mehr auftreten, zu depressiven Verstimmungen kommen kann, sowie zu wahnhaften Episoden." Diese depressiven Zustände wiesen bei Anneliese „Eigentümlichkeiten wahnhafter Versündigungsideen[219] auf, namentlich in der Form, daß die Verstorbene im Rahmen halluzinatorischer Erlebnisse Kontakte mit dem Teufel zu haben glaubte, [...] daß sie durch eine böse Macht im antireligiösen Sinn beeinflußt werde."[220]

Die angebliche „Besessenheit" Anneliese Michels wurde durch den Gutachter nicht thematisiert, insofern es sich hierbei um kein medizinisches oder psychiatrisches Problem handelte, es in der Medizin keine „Besessenheits-Diagnose" gäbe, auch wenn bei Patienten mit wahnhaften Psychosen, wie sie im Rahmen einer Epilepsie auftreten können, Symptome wie Berichte von Teufelserscheinungen oder Schilderungen von der Beeinflussung durch den Teufel oder anderer böser Mächte auftauchen könnten.

Den Tonbandaufnahmen konnte der Gutachter entnehmen, dass Anneliese während der exorzistischen Sitzungen völlig in der „Rolle einer Besessenen" aufging, allerdings nicht im Sinne eines Vorspielens oder eines Simulierens, sondern es handelte sich in diesem Fall nach Ansicht von Prof. S. um die „Realisierung gefühlsstarker Vorstellungen", also einer Art von Autosuggestion, wobei ab dem Sommer 1975 Anneliese selbst die Kontrolle darüber verloren und sich eine schwere Geisteskrankheit entwickelt hatte.[221] Eine solche Psychose werde häufig durch das Umfeld und die äußeren Umstände beeinflusst, was sich bei Anneliese

---

219 Hierbei spielten auch Annelieses religiöse Erziehung und Prägung eine nicht unwesentliche Rolle.

220 S. Staatsarchiv Würzburg, Akten Kriminalpolizeiinspektion Aschaffenburg 1, B, Gutachten Prof. S., Bl. 79–83 (13.10.1976).

221 S. spricht hier von einer psychogenen Psychose, d.h. einer Art von Geisteskrankheit, in die sich der Erkrankte immer mehr hineinsteigert, sich krankhafte Vorstellungen immer mehr zu wahnhaften Überzeugungen verdichten, so dass ein „Umschalten", wie es Anneliese 1973/74 noch gelungen war, nicht mehr möglich gewesen ist. Die Nahrungsverweigerung, die heftigen Erregungszustände und die sich selbst zugefügten Verletzungen seien somit als körperliche Auswirkungen und Symptome dieser Geisteskrankheit zu werten.

insofern als verhängnisvoll erwies, da sie durch ihr soziales Umfeld und die Durchführung des Exorzismus eine Bestätigung ihrer Wahnvorstellungen erhielt, was wiederum ihren Geisteszustand verschlechterte.[222] Aufgrund der Tatsache, dass Krankheitsfälle mit ähnlichen Ausprägungen in der Psychiatrie durchaus häufiger zu finden seien, hätte Annelieses Tod bei rechtzeitiger Hinzuziehung eines Arztes und einer dann einsetzenden medikamentösen und psychotherapeutischen Behandlung verhindert werden können, ab April 1976 wäre dann eine klinische Behandlung nötig gewesen, um Anneliese zur Nahrungsaufnahme zu bewegen bzw. die Zwangsernährung einzuleiten. Darüber hinaus stellte Prof. S. fest, dass bei einer Verweigerung der ärztlichen Behandlung durch Anneliese die Voraussetzungen einer Einweisung nach dem Bayerischen Verwahrungsgesetz gegeben gewesen waren, da sie sich in hohem Maße selbst gefährdete und aufgrund ihrer Geisteskrankheit nicht mehr in der Lage gewesen war, eine für ihr Überleben so weit reichende und bedeutende Entscheidung zu treffen, einen „Willensentschluss“ zu fassen. Und auch wenn ihre Angehörigen Annelieses Überzeugung hinsichtlich einer „Besessenheit“ teilten und an einer ausschließlich spirituellen Heilung ohne gleichzeitige ärztliche Überwachung festhalten wollten, war ihnen nach Ansicht des Sachverständigen der Vorwurf zu machen, dass sie den fortschreitenden, an Photographien belegbaren körperlichen Verfall ignorierten und durch gezielte Verschleierungen und falsche Auskünfte das Eingreifen durch Außenstehende verhindert hatten.[223] Die in diesem Zusammenhang stehende Frage nach der Zurechnungsfähigkeit und einer daraus eventuell resultierenden verminderten Schuldfähigkeit der Angeklagten beantwortete der Gutachter, indem er auf deren eigene stark ausgeprägte Religiosität und subjektive Wahrnehmung verwies, Anneliese wäre nur durch „göttliche Hilfe“ zu retten, und mit der Bemerkung schloss, dass er sich nicht imstande sehe, „diese Überzeugung, diesen Glauben, der bei den

[222] Der Exorzismus war nicht nur ungeeignet, Annelieses Krankheitszustand zu verbessern, sondern hatte nach Meinung von S. dazu beigetragen, sie in ihren krankhaften Vorstellungen und wahnhaften Überzeugungen zu bestärken, ihren Krankheitszustand auch in den körperlichen Auswirkungen bis zum Eintritt des Todes zu verschlimmern. Mit dem Ausbruch dieses religiösen Wahnes hatte der Exorzismus nichts zu tun, schließlich hatte ja bereits 1973 der Verdacht einer wahnhaften Psychose bei Anneliese Michel bestanden. Eine Aussage über einen möglichen anderen Verlauf der Psychose bei Unterlassung des Exorzismus wurde durch den Gutachter nicht getroffen, wobei er einen durch Verhungern herbeigeführten Tod als unwahrscheinlich ausschloss.

[223] Vgl. Staatsarchiv Würzburg, Akten Kriminalpolizeiinspektion Aschaffenburg 1, B, Gutachten Prof. S., Bl. 24–78 (13.10.1976).

Beschuldigten wahrscheinlich heute noch besteht, als krankhaft zu bezeichnen".[224]

Die Verteidigung der Geistlichen Alt und Renz hatte zuvor die Bestellung zweier zusätzlicher Sachverständiger beantragt, da sie Prof. S. Befangenheit unterstellten. Die Vorzüge einer Ladung der beiden vorgeschlagenen Mediziner bestünden nach Aussage der Anwältin Alts in deren Qualifikation auf dem Gebiet der Untersuchung religiöser Phänomene:

> „[Sie] haben sich auf dem Gebiet der Psychiatrie wissenschaftlich und praktisch mit dem Problem religiöser Wahnvorstellungen, ihrer möglichen krankhaften Ursachen und Abläufe und speziell mit dem Problem der Besessenheit befaßt. Sie haben insbesondere Untersuchungen darüber geführt, wo die Grenzen wissenschaftlichen Verständnisses für die Phänomene religiösen Erlebens und seiner Extremform: der Besessenheit, liegen."[225]

Diese ergänzenden Gutachten stellten sich jedoch für die Verteidigung als äußerst enttäuschend heraus, da sie die Diagnose von Prof. S. stützten und noch weiter gingen, indem dort festgestellt wurde, Renz leide an Gehirnverkalkung und Alt könne als psychisch „abnorm" bezeichnet werden.[226]

1.2.3 Prozessende und Urteilsverkündung

Die Beweisaufnahme wurde am 17. April 1978 abgeschlossen: Die Staatsanwaltschaft beantragte für alle Angeklagten eine Verurteilung wegen des Vergehens der fahrlässigen Tötung sowie die Verhängung von Geldbußen über die Geistlichen Renz und Alt in Höhe von 4.800 DM bzw. 3.600 DM.[227] Der Tatbestand der fahrlässigen Tötung wurde als erfüllt angesehen, da es sich bei den Angeklagten

> „um körperlich normale, geistig gesunde erwachsene Personen [handelte], deren Bewusstsein nicht durch Störungen getrübt war

---

224 S. Staatsarchiv Würzburg, Akten Kriminalpolizeiinspektion Aschaffenburg 1, B, Gutachten Prof. S., Bl. 79–83 (9.2.1977).

225 S. Staatsarchiv Würzburg, Akten Staatsanwaltschaft Aschaffenburg 593 II, Antrag auf Gutachterbestellung vom 2.3.1978.

226 S. hierzu Goodman, Anneliese Michel und ihre Dämonen (S. 237ff.), die sich entschieden gegen alle drei Gutachter aussprach, da ihrer Ansicht nach der Tod Anneliеses eindeutig auf die Einnahme von Antiepileptika, besonders von Tegretal, zurückzuführen sei. S. Kap. 5.1.3.

227 Die Staatsanwaltschaft verzichtete auf die Verhängung einer Strafe über das Ehepaar Michel wegen des erlittenen schweren persönlichen Verlustes.

> und bei denen auch keine Anhalte für seelische Fehlanlagen und Fehlentwicklungen [...] erkennbar sind. Ihre mystische Kommunikation mit vermeintlich überirdischen Erscheinungen mag für empirisch tätige, naturwissenschaftlich gebildete Menschen befremdlich sein. Die Beschuldigten stehen aber nicht allein. An ihrem Glauben an die Leibhaftigkeit des Teufels, den dämonischen Befall von Menschen und die Möglichkeit der Befreiung durch religiöse Riten (Teufelsaustreibung) nimmt eine Vielzahl anderer geistig geschulter und gebildeter Personen teil."[228]

Besonders hervorgehoben wurde, dass nicht der Glaube der Angeklagten oder die Frage nach der Realexistenz des Bösen Gegenstand der Verhandlung gewesen seien, sondern deren versäumte Verpflichtung, lebensrettende Maßnahmen einzuleiten und einen Arzt hinzuzuziehen, wobei die beiden Geistlichen wegen ihrer Garantenstellung Verantwortung für Anneliese hätten übernehmen müssen.

Die Betonung der Feststellung, dass hier weder der Glaube im Allgemeinen noch die katholische Kirche als Institution im Besonderen angeklagt worden seien, macht deutlich, dass sich die Staatsanwaltschaft der Brisanz des Verfahrens durchaus bewusst war. Es gab bis dahin kein vergleichbares Verfahren und das große öffentliche Interesse sowie der Niederschlag in den Medien, in seriöser, aber auch Boulevard-Presse, war stets gegenwärtig. Der Gerichtssaal war überfüllt, jeden Tag mussten zahlreiche Schaulustige aufgrund des Mangels an Sitzgelegenheiten abgewiesen werden.

Eben auf dieses „Trommelfeuer der Meinungsbildung", hervorgerufen durch die der Verhandlung vorausgehende monatelange Berichterstattung, kam die Verteidigerin Alts in ihrem Plädoyer zu sprechen – und konsequent auf die Frage, ob die Richter sich in ihrem Urteil möglicherweise dadurch würden beeinflussen lassen. Der Forderung nach Freispruch für ihren Mandanten, der durch eine „meinungsbildende Qualifizierung seiner Persönlichkeit" zum „Freiwild für abträgliche Qualifizierungen" geworden sei und sich Bewertungen wie „mittelalterlich", „dämlich", „bigott" und „beschränkt" gefallen lassen musste, lag die Berücksichtigung der Überzeugung Alts zugrunde, dass der Teufel bzw. dämonische Besessenheit, die bei Anneliese Michel erkennbar vorgelegen hatte, existierten.[229] Der Verteidiger von Pater Renz hob hervor, dass „durch das Beten noch niemand gestorben ist" und sein Mandant ausschließlich religiöse Aufgaben wahrgenommen habe, die Garantenpflicht

---

[228] S. Staatsarchiv Würzburg, Akten Staatsanwaltschaft Aschaffenburg 593 I, Hauptakten, Bd. IV: Subjektive Tatbestandskomponenten bei allen Beschuldigten.

[229] Vgl. hierzu einen Abdruck des Plädoyers, DAW, Exorzismus Klingenberg 005, Handakt DK Fries, Teil 4, „Korrespondenz RA T.-L." 1977–1978.

also auf den religiösen Bereich beschränkt gewesen sei. Der Glaube an Anneliese Michels Besessenheit bestätigte Renz' Vorstellung von einer „Welt der Dämonen", so dass im Zuge einer gegenseitigen Verstärkung

> „sein Blick für das Reale durch diese für ihn übernatürlichen Erlebnisse mehr und mehr eingeengt wurde, so dass er nicht erkennen konnte, daß sich das Mädchen schließlich in einem lebensbedrohlichen Zustand befand. Diese psychosomatische Wechselwirkung führte bei Renz zu einem völligen Realitätsverlust. [...] Sein Unterlassen ist zumindest im Hinblick auf seine tiefe religiöse Überzeugung entschuldbar."[230]

Der Rechtsbeistand des Ehepaares Michel plädierte ebenfalls auf „nicht schuldig", in der Nicht-Hinzuziehung eines Arztes seien sie dem erklärten Willen ihrer Tochter gefolgt, den sie bis heute respektierten. Darüber hinaus dürfe der Glaube eines Menschen nicht bestraft werden, „selbst wenn es nach Meinung des Gerichtes ein Irrglaube sein sollte"[231].

Das Urteil, das am 21. April 1978 verkündet wurde, sorgte für Aufsehen, da es über den Antrag der Staatsanwaltschaft weit hinausging: Alle vier Angeklagten wurden des Vergehens der fahrlässigen Tötung für schuldig befunden und zu einer Freiheitsstrafe von je sechs Monaten verurteilt, die zur Bewährung auf drei Jahre ausgesetzt wurde. Das Gericht stellte außerdem fest, dass Anneliese Michel an einer psychogenen Geisteskrankheit mit religiösen Wahnideen auf der Grundlage einer Epilepsie gelitten hatte. Renz wurde aufgrund seiner häufigen Besuche, seiner seelsorgerlichen Betreuung und der mit Anneliese vor und nach den Exorzismen geführten intensiven Gespräche „eine kaum zu überschätzende Vertrauensposition" zugesprochen. Als „eigentliche Zentralfigur", wenn auch nicht vom Bischof bestellter Exorzist, wurde Alt bezeichnet, da sein Einfluss auf die Familie Michel u.a. wegen seines Auftretens, seines Intellektes, „seiner streng katholischen Gläubigkeit und seiner persönlichen Lauterkeit" (gegenüber einer eher „naiven" Gläubigkeit von Renz) ungleich größer gewesen sei. Auch war es Alt, der den Kontakt zum Bischof hergestellt und diesem Bericht erstattet, Verbindung zu den verschiedenen Eingeweihten gehalten und in Krisensituationen den wichtigsten Ansprechpartner dargestellt hatte. So ist in der Urteilsbegründung zu lesen, dass die Verhängung von Geldstrafen in keinem Verhältnis zu „Schuld und Unrechtsgehalt der jeweiligen Taten" gestanden hätte. Die Verurteilung von Annelieses Eltern, die von der Staatsanwaltschaft nicht gefordert worden war, begründete das Gericht mit der vom Ehepaar Michel wäh-

---

230 S. DAW, Exorzismus Klingenberg 021, Plädoyer Verteidigung Renz.

231 KNA-Meldung vom 21.4.1978, DAW, Pressedokumentation zum Exorzismus von Klingenberg, Nr. 2877.

rend der Verhandlung gemachten Äußerung, in einer vergleichbaren Situation wieder genauso zu handeln und „nichts um ein Jota anders zu machen", so dass sie eine Nicht-Verurteilung in ihrem Verhalten noch bestätigt hätte.[232]

In diesem Zusammenhang sind auch jene Erklärungen Josef Michels zu beachten, welche er bereits während seiner Vernehmung im Juli 1976 abgegeben hatte:

> „Zusammenfassend möchte ich sagen, daß ich und meine Familie fest davon überzeugt waren, alles das getan zu haben, was von einem verantwortungsbewußten Angehörigen in dieser Lage zu tun war. Ein Arzt hätte unserer Anneliese nicht helfen können. Ich bin mit meiner ganzen Familie davon überzeugt, daß Anneliese und wir selbst ausersehen sind, zu sühnen für eine Vielzahl anderer. Auch die Priester konnten ihr im Endstadium nicht mehr helfen. Unser Herrgott und die Mutter Gottes hielten die Fäden in der Hand. Zu späterer Zeit wird sich dieser Knoten, das allgemeine Unverständnis, das man uns entgegenbringt, von allein lösen."[233]

Mit der Verkündung des Urteils im „Fall Anneliese Michel" war die Angelegenheit allerdings längst nicht zu den Akten gelegt. Die Diskussion um die Realexistenz des Bösen und um eine Reformierung des „Rituale Romanum" waren gerade erst entbrannt, die Verehrung von Anneliese Michel als Märtyrerin und Verkünderin von Botschaften der Jungfrau Maria sowie deren Instrumentalisierung durch konservative katholische Kreise setzten jetzt ein. Um die Bedeutung und Tragweite für das Erscheinungsbild bzw. den „Imageschaden" der katholischen Kirche zu erfassen, ist es zunächst notwendig, die unterschiedlichen Reaktionen der allgemeinen Öffentlichkeit, aber auch die Stellungnahmen kirchlicher Institutionen inner- und außerhalb der Würzburger Diözese näher in den Blick zu nehmen.

---

232 Vgl. Staatsarchiv Würzburg, Akten Staatsanwaltschaft Aschaffenburg 593 I, Hauptakten, Urteilsband 21.4.1978.

233 S. Staatsarchiv Würzburg, Akten Kriminalpolizeiinspektion Aschaffenburg 1, D, Beschuldigte, Josef Michel, Bl. 25–28 (5.7.1976).

2 Unmittelbare Reaktionen der Öffentlichkeit und Stellungnahmen zum „Fall Anneliese Michel“

2.1 Stellungnahmen kirchlicher Institutionen inner- und außerhalb der Würzburger Diözese

Das im vorigen Kapitel angedeutete große Medienecho, das der „Fall Anneliese Michel“ in In- und Auslandspresse hervorgerufen hatte, fand ebenso auf kirchlicher Seite Entsprechungen inner- und außerhalb der Würzburger Diözese. Die Erklärung Bischof Stangls zu den Ereignissen von Klingenberg wurde nicht nur von der Deutschen Bischofskonferenz thematisiert und kommentiert, sondern auch vom Vatikan aufmerksam verfolgt, der über die Eigenmächtigkeit der dort getroffenen Formulierungen hinsichtlich einer Realexistenz des Bösen von Stangl Auskunft verlangte. Verschiedene kirchliche Organisationen der Diözese beurteilten den Exorzismus und die Rolle, welche der Bischof hierbei gespielt hatte, durchaus kontrovers und äußerten sich hierzu auch öffentlich, d.h. unter Nutzung weltlicher Medien, was der allgemeinen Diskussion über die Ereignisse von Klingenberg eine weitere Dimension verlieh.

Direkte Zuschriften aus der Bevölkerung erreichten sowohl den Würzburger Bischof als auch das Landgericht Aschaffenburg bzw. die dortige Staatsanwaltschaft. Diese zeitgenössischen Briefe, Postkarten und sonstigen Stellungnahmen, die im Diözesanarchiv und Staatsarchiv Würzburg aufbewahrt werden, ermöglichen einen unmittelbaren Blick auf einerseits Art und Intensität kirchenkritischer Empörung über den Exorzismus von Klingenberg und zeigen andererseits den damaligen Grad der Enttäuschung gläubiger Katholiken auf oder – im Gegensatz dazu – Unschuldsbekundungen und Forderungen nach Straffreiheit, vor allem für die angeklagten Geistlichen. Diese Zuschriften aus den Jahren 1976–80 spiegeln Stimmlagen in der Bevölkerung wider und sind als Quelle besonders dazu geeignet, um sich ein Bild über Art und Weise der zahlreichen unterschiedlichen Meinungsäußerungen zum „Fall Anneliese Michel“ machen zu können.

2.1.1 Die Erklärung Bischof Stangls

Am 12. August 1976, also ca. sechs Wochen nach Anneliese Michels Tod, nahm Bischof Stangl schriftlich und öffentlich Stellung zu den Geschehnissen von Klingenberg, indem er in Form einer Sonderbeilage zum Würzburger Diözesanblatt[234] die Fragen zu beantworten versuchte, welche in den vorausgegangenen Tagen direkt an ihn und das Bischöfliche Ordinariat Würzburg gerichtet worden waren. Die Erklärung sollte dem Zweck dienen, Klarheit zu schaffen und den an die Amtskirche herangetragenen Vorwurf der Vertuschung auszuräumen. Die in vier Abschnitte untergliederte Stellungnahme des Würzburger Bischofs thematisierte neben theologischen Feststellungen und Begriffsklärungen konkret die Ereignisse um die Teufelsaustreibung von Klingenberg, vor allem aber auch die Konsequenzen, die nach Meinung des Bischofs und des Würzburger Ordinariats aus diesen Ereignissen gezogen werden müssten.

Was die Lehre der Kirche über den „Teufel“ und „Dämonen“ anbelangt (Abschnitt 1), wurde festgestellt, dass diese Begrifflichkeiten stets vor dem jeweiligen Hintergrund, im jeweiligen zeitlichen Rahmen und Zusammenhang zu verstehen seien[235], wobei sich der Bischof besonders gegen jegliche Aussagen über das Böse bzw. den Teufel verwahrte,

> „wo sie differenziert etwas über das Wesen und Verhalten von Teufeln oder Dämonen zu wissen glauben, wo sie eine Drohbotschaft beabsichtigen, den Menschen also Schrecken einjagen, anstatt Vertrauen zu [...] Gott zu wecken.“[236]

Dem göttlichen Prinzip sei nach Ansicht Stangls keine „Lehre über den Bösen“ gegenübergestellt, wie es fälschlicherweise zuweilen propagiert würde, von Bedeutung sei vorrangig die Tatsache, dass „Gott und nur Gott stärker ist als alles Böse“[237]. An dieser Stelle klang zudem Kritik an selbsternannten „Dämonologen“ und „Satanologen“ an, die eine gewisse Deutungshoheit für sich beanspruchten und ihre Anhänger möglicherweise in ihrem durch Angst und Schrecken geprägten Weltbild bestärkten,

---

[234] Sonderbeilage zum Würzburger Diözesanblatt Nr. 16 vom 12.8.1976. Um eine größere Breitenwirkung zu erreichen, wurde diese schriftliche Stellungnahme Stangls am 29.8.1976 auch im „Würzburger Katholischen Sonntagsblatt“ abgedruckt.

[235] Stangl verwies an dieser Stelle zwar auf das Neue Testament, das die Dämonenaustreibung durch Jesus Christus belegt, gab aber andererseits zu bedenken, dass das Weltbild der Bibel bzw. des biblischen Kulturraums insofern zu berücksichtigen sei, dass dort „das Böse den Menschen oft wie eine unentrinnbare Macht anfällt“.

[236] S. Sonderbeilage, Würzbg. Diözbl. 16, Abschnitt 1, S. 2.

[237] Ebd. S. 1.

anstatt ihnen adäquate, wenn nötig auch ärztliche Hilfe angedeihen zu lassen.

Weiterhin wandte sich der Bischof den kirchlichen Vorstellungen von „Besessenheit“ und „Exorzismus“ zu (Abschnitt 2) und wies vornehmlich auf die mittelalterliche Interpretation hin, die er selbst als „verhängnisvoll“ bezeichnete. Für den „Fall Anneliese Michel“ war besonders von Interesse, dass sich Stangl entschieden gegen die Vorstellung aussprach, ein Mensch könne bereits im Mutterleib verflucht worden sein[238], ein Umstand, welcher laut Josef und Anna Michel auf Anneliese zugetroffen habe. Bischof Stangl stellte dagegen fest, dass es sich aus moderner Sicht in Fällen von Besessenheit meist um schwere Erkrankungen handelte. Ein Exorzismus sei nach Glaubensverständnis der Kirche

> „nicht [als] eine mit magischen Mitteln arbeitende Teufelsaustreibung zu verstehen. Exorzismus ist nichts anderes als das Gebet der Kirche im Namen Jesu für einen Menschen, der seiner nicht mehr mächtig ist, sich ausgeliefert fühlt, sogar selbst nicht mehr beten kann. Wer den Exorzismus anders versteht oder ihn anders vollzieht, steht gegen das Glaubensverständnis der Kirche. Das Gebet schließt selbstverständlich medizinische Hilfeleistung niemals aus, es verpflichtet sogar dazu.“[239]

Die Verweigerung einer solchen ärztlichen Hilfe bezeichnete Stangl als unchristlich. Der Bischof bezog hier eindeutig Position, indem er das Handeln der Geistlichen Alt und Renz verurteilte, seine eigene Unkenntnis über Annelieses kritischen, ihr Leben gefährdenden Gesundheitszustand „publik“ machte, um die Beweggründe seines eigenen, passiven Verhaltens zu erklären.[240]

Zum Zeitpunkt der Veröffentlichung der bischöflichen Stellungnahme existierte noch kein medizinisch-psychiatrisches Gutachten, Stangl konnte also nicht näher auf Einzelheiten von Annelieses Erkrankung eingehen. Seine Beweggründe für die Anordnung des Exorzismus vom 16. September 1975 erläuterte er, indem er feststellte, dass der Exorzismus für die Betroffenen die letzte Hoffnung dargestellt hätte und dass Anneliese

---

238 Nach kirchlicher Lehrmeinung ist der Mensch durch die Taufe der Macht des Bösen entzogen.

239 S. Sonderbeilage, Würzbg. Diözbl. 16, Abschnitt 2, S. 2.

240 In einer nicht veröffentlichten Vorversion der Erklärung wurden zwei Streichungen vorgenommen. Getilgt wurde u.a. eine Bemerkung darüber, dass der Bischof die Exorzismusanordnung erteilt hatte, „ohne ein sicheres Urteil über die Tatsache der Besessenheit gewinnen zu können“. Außerdem fand eine Aussage über das Gewicht des für Stangl maßgeblichen Urteils Rodewyks bzw. von dessen Gutachten und Veröffentlichungen nicht Eingang in die Erklärung. Vgl. hierzu DAW, Exorzismus Klingenberg, 001, Handakt des Generalvikars 1976–1982.

Michel „die harte Prüfung ihres Leidens als religiöser Mensch voll Bereitschaft auf sich nahm [...], wobei sie freilich kirchliche Hilfe erwartete“[241]. Der Bischof fügte hinzu, dass der Exorzismus niemals ärztliche Hilfe ersetzen könne: Hier versuchte Stangl dem Vorwurf entgegenzuwirken, die den Geistlichen auferlegte Verschwiegenheitsverpflichtung gegenüber Außenstehenden hätte sich auch auf die Hinzuziehung eines Arztes bezogen. Besonders heftig fiel die Kritik an der öffentlichen Wiedergabe der während der Exorzismen angefertigten Tonbandaufnahmen aus, da dies einen Eingriff in die Intimsphäre der Anneliese Michel bedeutete und darüber hinaus gegen die priesterliche Schweigepflicht sowie die Anweisungen des Rituale Romanum verstoßen habe. Die Persönlichkeitsrechte der Betroffenen waren zudem nicht gewahrt worden, da der Exorzismus in Gegenwart mehrerer Personen durchgeführt worden war.[242]

Es wurde bereits ausgeführt, dass Bischof Stangl von Anfang an über die Anfertigung dieser Tonbandaufnahmen durch Alt und Renz informiert gewesen war, ihm selbst Hörproben zugänglich gemacht worden waren. Diese Tatsache fand aus für das Ordinariat nachvollziehbaren Gründen allerdings keine Erwähnung in der Stellungnahme vom 12. August 1976, denn wäre dies so kurz nach Annelieses Tod bekannt geworden, wäre die ohnehin zu diesem Zeitpunkt in der Presse eher unsachlich geführte öffentliche Diskussion über die Praktiken der katholischen Kirche äußerst ungünstig beeinflusst worden. Und auch wenn der Würzburger Bischof Kenntnis von der Existenz der Tonbänder gehabt hatte, war er dennoch hochgradig entsetzt darüber, feststellen zu müssen, dass diese Aufnahmen nicht im Sinn der priesterlichen Schweigepflicht vertraulich behandelt wurden. Sowohl Renz als auch die Eltern hingegen waren davon überzeugt, dass Annelieses während des Exorzismus geäußerte „Botschaften“[243] eine möglichst schnelle und weite Verbreitung erfahren sollten! Kurz nach Annelieses Tod am 4. Juli 1976 hatte Renz dem Bischof schriftlich versichert, dass dieser als sein Vorgesetzter allein die Entscheidungsgewalt darüber haben solle, ob Renz Tonbänder und Kassetten freigeben dürfe, „um falsche Interpretation zu vermeiden, die bei der Difficilität [sic!] des Materials leicht möglich wären. Außerdem betreffen die Tonbänder teilweise ganz persönliche Angelegenheiten, die nicht für die Öffentlichkeit bestimmt sind“[244]. In diesem Brief hatte Renz lediglich um die Erlaubnis einer Freigabe der Tonbänder an die Staatsanwaltschaft gebeten, was den Pater jedoch später nicht davon abhielt, die

---

[241] S. Sonderbeilage, Würzbg. Diözbl. 16, Abschnitt 3, S. 3.

[242] Ebd.

[243] S. Kap. 4.1.

[244] S. DAW, Exorzismus Klingenberg, 004, Handakt DK Fries, Teil 3, „P. Renz“, 1975–1986.

Aufnahmen auszugsweise vor laufenden Fernsehkameras abzuspielen, wie es in der „Report-Sendung" vom 2. August 1976 zu sehen und hören war. Nicht nur Stangl, sondern auch die Ordensoberen der Salvatorianer nahmen dies mit Sorge zur Kenntnis und forderten Renz dazu auf, alle Veröffentlichungen und Stellungnahmen künftig zuerst dem Ordinariat vorzulegen.[245]

Wie groß die persönliche Erschütterung des Bischofs über diesen Vertrauensbruch des Paters war, wird in einem Gesuch um eine Erläuterung dieser Handlungsweise deutlich, das Stangl am 11. Oktober 1976 an Renz richtete:

> „Bis zur Stunde ist mir die öffentliche Preisgabe unbegreiflich. Ich bekomme entsetzliche Kritik, vor allem im Blick auf unsere priesterliche Schweigepflicht. Wie können Sie ohne jede Absprache mit uns im Widerspruch zu Ihrer schriftlichen Aussage so handeln?"[246]

Renz verteidigte sich nur wenige Tage später, indem er auf den Umstand verwies, dass der Bischof unmittelbar vor den Fernsehaufnahmen abwesend war, eine Erlaubnis also nicht eingeholt werden konnte.

> „Außerdem haben die Presseleute überall herumgeschnüffelt und auf diese Aussagen hin ganz schiefe Berichte gebracht. Unter diesen Umständen hielt ich es für richtig, wahrheitsgetreu meine Aussagen zu machen, ein Bekenntnis zu meinem Auftrag und zu dem, was ich getan hatte. Schweigepflicht: Das betraf zunächst die Vornahme des Exorzismus und meinen Auftrag dafür. [...] Die Veröffentlichung von einem Teil eines Tonbandes (Cassette) geschah im Einverständnis mit dem Vater der Anneliese. Die Aussagen waren, wenigstens zum größten Teil, grundsätzlich für die Veröffentlichung bestimmt, nicht Privatangelegenheit. Es handelt sich hier also nicht um die Intimsphäre, nicht um ganz persönliche Angelegenheiten der Besessenen."[247]

Es handelte sich seines Erachtens um eine Art „Flucht nach vorn", da ein Schweigen zu noch mehr Spekulationen geführt hätte, auch wenn Renz einräumte, auf die „Gemeinheit und Verlogenheit der Presse" hereingefallen zu sein. Die Erklärung des Bischofs vom 12. August 1976 dagegen

---

[245] Ebd. S. einen Brief des Provinzials der Salvatorianer an den Generalvikar vom 3.8.1976. Der Provinzial bat darüber hinaus um die Einforderung aller Tonbänder durch das Ordinariat.

[246] S. DAW, Exorzismus Klingenberg, 004, Handakt DK Fries, Teil 3, „P. Renz", 1975–1986, Brief Stangl an Renz, 11.10.1976, Version 1.

[247] S. DAW, Exorzismus Klingenberg, 004, Handakt DK Fries, Teil 3, „P. Renz", 1975–1986, Brief Renz an Stangl vom 19.10.1976.

bezeichnete er als ersten Sieg Satans![248] Diese Ansicht über in der Würzburger Erklärung getroffene Aussagen teilten tatsächlich viele öffentliche Personen, Mitglieder der Diözesanleitung, aber auch des Episkopats.[249]

Im vierten und letzten Abschnitt der Erklärung verwies der Bischof auf die Aufgaben, denen sich die Diözesanleitung unabhängig von den Ermittlungen der Aschaffenburger Staatsanwaltschaft nun gegenübergestellt sehe. Neben der Ankündigung eines innerkirchlichen Verfahrens, das Fragen der kirchlichen Lehre und des pastoralen Verhaltens klären sollte, wurden Fachtheologen wie auch Vertreter der wissenschaftlichen Disziplinen (z.B. Psychiatrie) zur Zusammenarbeit aufgerufen, ein Appell, der in der Folgezeit Widerhall fand. Als weitere vordringliche Aufgabe sah Stangl es an, „verhängnisvolle Formen angeblicher Frömmigkeit einzudämmen", welche sich die Angst der Menschen vor dem Bösen zunutze machten, anstatt

> „den Menschen Zuversicht und Sicherheit aus dem Glauben an die Erlösung zu geben, ihnen den Sinn ihres Lebens und Leidens zu zeigen und sie zum Widerstand gegen das Böse und zum Eintreten für das Gute zu befähigen."[250]

Der Bischof musste sich in der Folgezeit mit dem innerkirchlichen Vorwurf auseinandersetzen, er habe mit seiner Erklärung die Existenz des Teufels in Frage gestellt[251]; eine theologische Diskussion über die Realexistenz des Bösen war ohnehin durch die Ereignisse von Klingenberg neu angeregt worden. Die in der Öffentlichkeit wie auch in Kirchenkreisen häufig diskutierte Frage, weshalb sich der Bischof vor Erlass der Exorzismusanordnung nicht mit anderen Geistlichen oder auch der Diözesanleitung beraten hatte, lässt sich wohl nur mit Bischof Stangls Vorstellung von seelsorgerlichem Verhältnis bzw. pastoraler Beziehung und darin eingeschlossener Schweigeverpflichtung erklären.[252] Der Umstand, dass der

---

[248] Ebd. Renz verwies auf die Betroffenheit, welche die Erklärung bei ihm, aber auch bei „hochgestellten Würzburger Persönlichkeiten" hervorgerufen habe. Alt erhob ebenfalls Einwände: „Diese Erklärung unterstreicht die Verwirrung der Gläubigen. Sie geht keinem Marienverehrer in den Kopf. Sie macht jeden Pfarrer lächerlich, der die Hl. Schrift am Sonntag gemäß der Lehre der Kirche erklärt." S. DAW, Exorzismus Klingenberg 22, Alt an Stangl, 11.8.1977.

[249] S. Kap. 2.1.2 bzw. 2.1.3.

[250] S. Sonderbeilage, Würzbg. Diözbl. 16, Abschnitt 4, S. 4.

[251] Stangl wandte sich im September 1976 noch einmal an das Kirchenvolk und brachte darin seine Verwunderung über die Missdeutung seiner Erklärung zum Ausdruck. Vgl. hierzu DAW, Exorzismus Klingenberg, 001, Handakt des Generalvikars 1976–1982.

[252] Vgl. zu dieser Problematik Singer, Alfred: „Teufel – Dämonen – Besessenheit – Exorzismus. Aktuelles zu einem umstrittenen Thema – 30 Jahre nach ‚Tod und

Bischof sich – vielleicht allzu sehr – auf die Einschätzung der beiden beteiligten Geistlichen verlassen hatte, machte ihn in den Augen vieler mitschuldig am Tod der Anneliese Michel, auch wenn sie ihm neben der offiziellen Anordnung keine aktive Rolle bei den Exorzismen unterstellten. Man sollte aber auch bedenken, dass ein solcher Ausgang der Ereignisse im Vorhinein nicht abzusehen war, da es sich bei einem Exorzismus im eigentlichen Sinne um das Sprechen von Gebeten innerhalb einer über einen längeren Zeitraum geführten seelsorgerischen Betreuungssituation handelt. Ob dies den Bischof tatsächlich freisprach von der Verpflichtung, sich von Zeit zu Zeit selbst über den Fortgang der Exorzismen zu informieren, war ebenso Inhalt der nicht immer sachlich geführten Diskussionen in der Öffentlichkeit. Die Wahrhaftigkeit persönlicher Betroffenheit Stangls kann jedoch jenseits von Schuldzuweisungen oder Unschuldsbeteuerungen nicht bezweifelt werden.[253]

2.1.2 Reaktionen der Deutschen Bischofskonferenz und Stimmen aus dem Vatikan

Demgegenüber ist es von Interesse, eine weitere „Erklärung“ in den Blick zu nehmen, welche zwar in einem gewissen zeitlichen Abstand zu der von Bischof Stangl erfolgte, allerdings in vielen wesentlichen Punkten den Forderungen des Würzburger Bischofs entsprach. Die Deutsche Bischofskonferenz hatte sich im Rahmen ihrer Herbst-Vollversammlung vom 20.-23. September 1976 in Fulda aus Anlass der Klingenberger Ereignisse mit dem Thema „Exorzismus“ beschäftigt und in einer abschließenden Presseerklärung eine Warnung an Priester und Gläubige ausgesprochen, vorschnell Erkrankungen auf dämonische Einflüsse zurückzuführen.[254] Am 28. April 1978, eine Woche nach der Urteilsverkündung im

---

Teufel in Klingenberg‘“, in: Zeitschrift für Religions- und Weltanschauungsfragen, Heft 7 (2006), S. 253–266.

253 Besonders deutlich wird dies in einem Entwurf einer nicht unterzeichneten, undatierten persönlichen Erklärung Stangls, die mit folgenden Worten schließt: „Im Rückblick auf das, was in Klingenberg geschehen ist, kann ich mir selbst die Frage nicht ersparen, ob ich auf ein Gutachten zu vertrauensvoll eingegangen und ob ich bei der Auswahl der beiden Priester nicht sorgfältig genug vorgegangen bin. Sollte dadurch Menschen Schaden zugefügt worden sein oder Ansehen oder Glaubwürdigkeit der Kirche gelitten haben, so bitte ich um Vergebung.“ S. DAW, Exorzismus Klingenberg, Handakten der Rechtsabteilung. Zu biographischen Angaben zur Person Josef Stangl s. den Artikel von Johannes Merz in der NDB, Bd. 25 (angekündigt).

254 S. hierzu DAW, Exorzismus Klingenberg, 001, Handakt des Generalvikars 1976–1982, Bericht des Vorsitzenden der DBK. In der Erklärung, u.a. abgedruckt im

Prozess gegen Annelieses Eltern und die Geistlichen Alt und Renz, gab der damalige Vorsitzende der Deutschen Bischofskonferenz, Kardinal Joseph Höffner[255], eine Erklärung unter dem Titel „Die Kirche und der Teufel“[256] ab. Als Beweggrund hierfür gab der Kardinal an, dass durch die Umstände des Todes von Anneliese Michel die Diskussion über den Teufel und die amtskirchliche Haltung zur realen Existenz des Bösen eine „Belebung“ erfahren habe, sodass die Erklärung nicht als direkte Stellungnahme zum Prozess und dem gefällten Urteilsspruch aufgefasst werden dürfe. „Besessenheit“ wurde hier definiert als eine Form der Einwirkung durch böse Geister, „die einen unheilvollen Einfluß auf die Welt und den Menschen auszuüben versuchen“[257].

Wie auch Bischof Stangl grenzte Kardinal Höffner die kirchlichen Aussagen über den Teufel von der „Irrlehre“ ab,

> „nach der es von Anfang an ein Gott gleichgestelltes, böses Prinzip geben soll. Sie betont dagegen das Geschaffensein des Teufels, dessen Bosheit die Macht und Güte Gottes nicht beeinträchtigen kann. [...] Die katholische Theologie hält an der Existenz des Teufels und dämonischer Mächte fest.“[258]

Die Deutsche Bischofskonferenz machte durch die Erklärung ihres Vorsitzenden unmissverständlich klar, dass der Teufel, das „Wirken Satans“ und anderer böser Geister auch in der Gegenwart des 20. Jahrhunderts Realitäten seien. Im Gegensatz zur Erklärung des Würzburger Bischofs gab es hier keinen Interpretationsspielraum hinsichtlich einer anderen Lesart unter Berücksichtigung von Zeit und Kulturraum. Das Unvermö-

---

kirchlichen Amtsblatt des Bistums Mainz vom 21.10.1976, wurde darauf hingewiesen, dass „Hinweise und Texte des Großen Exorzismus im Rituale Romanum dem Denken und Empfinden einer anderen Zeit entspringen“ würden und deshalb „einer Neufassung bedürften“, die seit längerem in Vorbereitung sei.

255 Kardinal Höffner (1906–1987), Bischof von Münster (1962–1969) und Erzbischof von Köln (1969–1987), stand der Deutschen Bischofskonferenz von 1976 bis 1987 vor.

256 Höffner, Joseph: „Erklärung vom 28. April 1978 gegen den übereilten Exorzismus.“ Mitteilung des Pressedienstes des Sekretariates der Deutschen Bischofskonferenz vom 28. April 1978 („Die Kirche und der Teufel“).

257 Kardinal Höffner hatte bereits in einem Interview mit der „Welt“ am 24.4.1978 seine Ansichten zum Thema „Besessenheit“ und zur Existenz von Dämonen erläutert, wobei er den „Fall Klingenberg“ als höchst tragisch bezeichnete, allerdings für den Beleg der Realität böser Geister als nicht geeignet betrachtete: Das Böse sei letztlich nicht mit dem Teufel zu erklären, da es in der Abkehr von Gott liege. „Die Welt“, 24.4.1978, DAW, Pressedokumentation zum Exorzismus von Klingenberg, Nr. 3199.

258 S. Höffner, „Erklärung vom 28. April 1978 gegen den übereilten Exorzismus“, S.1.: „Der Teufel und die Macht des Bösen“.

gen profaner Forschungen, „den Ursprung des Entsetzlichen, Furchtbaren und Unmenschlichen“ zu ergründen und benennen, war nach Aussagen Höffners nur mit der Existenz des Teufels zu erklären.

Im Unterschied dazu drohe Gefahr durch eine Art von Aberglauben bzw. Teufelsglauben, der im Gegensatz zur kirchlichen Meinung stünde, weshalb Höffner eine eindringliche Warnung vor „sektiererischen Kreisen“ aussprach, welche dieses Gedankengut propagierten.[259] Betont wurde weiterhin der Gebetscharakter des Exorzismus, der einem Menschen in einem Zustand der Bedrängnis die nötige geistliche Unterstützung bieten solle, wobei die Diagnose „Besessenheit“ allerdings nur höchst selten gestellt werde. Wie schon in der Würzburger Erklärung wurde dem vor allem in der Presse häufig erhobenen Vorwurf entgegengetreten, dass sich nach Vorgaben des Rituale Romanum das Sprechen des Exorzismus bei gleichzeitiger ärztlicher Betreuung ausschließen würde. Ein Exorzismus dürfe zudem nicht fortgesetzt werden, wenn die betroffene Person oder Angehörige derselben eine solche ärztliche Hilfe ablehnten.[260] Der „Fall Klingenberg“ wurde in der Erklärung zunächst nicht namentlich benannt, Höffner sprach von den „Erfahrungen der jüngsten Ereignisse“, welche verstärkte Bemühungen bezüglich einer Reformierung gewisser Bestimmungen des Rituale Romanum, so besonders die Zusammenarbeit mit Medizin und Psychiatrie in Fällen von Besessenheit, erforderlich gemacht hätten, wie es auch schon Bischof Stangl angeregt hatte. Umgesetzt wurden diese Forderungen Stangls und Höffners im Herbst 1979, als die Deutsche Bischofskonferenz dazu aufrief, eine Gemischte Kommission aus verschiedenen Fachleuten einzusetzen, welche sich mit diesem Themenkreis auseinandersetzen sollte.[261]

---

259 Auch wenn Höffner hier nicht namentlich Bezug auf die konservativ-traditionalistischen Kreise um die Klingenberger Wallfahrer und Exorzisten nahm, ist folgende Aussage über „Sektierer“, die in ihrer Verwirrung so weit gingen, „Aussagen aus dem Mund angeblich Besessener zu publizieren, um damit ihre irrigen Meinungen zu bestätigen“, wohl auf die Bestrebungen von u.a. Renz und Annelieses Eltern zu beziehen, die auf die Veröffentlichung von Annelieses „dämonischen Botschaften“ drängten.

260 Es ist hier also durchaus eine Stellungnahme zum Verhalten des durchführenden Exorzisten Renz zu erkennen, der die medizinischen Belange und den sich offensichtlich stetig verschlechternden Gesundheitszustand Anneliese Michels ignoriert hatte.

261 Die Ergebnisse der Kommission, die nach Verzögerungen am 21.5.1982 das erste Mal tagte, wurden im Herbst 1984 der Bischofskonferenz vorgelegt und der vatikanischen Gottesdienstkongregation zur Verfügung gestellt. Diese Empfehlungen fanden in Details Eingang in die überarbeitete Fassung des Exorzismusritus von 1999 (De exorcismis et supplicationibus quibusdam). Siehe hierzu auch Münsterischer Kommentar zum Codex Iuris Canonici, Bd. 6, Buch IV, Titel I, can. 1172 § 1, Reinhardt, 31. Erg.-Lfg., Juli 1999.

Die Erklärung schloss mit dem Hinweis auf das große Interesse von Medien und Öffentlichkeit am jetzt benannten „Fall Klingenberg", wobei Höffner eher versöhnliche Worte für die allgegenwärtige Berichterstattung fand, die nicht

> „als reine Sensationsmache oder als Angriff gegen die Kirche gesehen werden [kann]. Freilich gab es auch Entgleisungen. Aber die Anteilnahme am schweren Leiden und Sterben eines jungen Menschen überwog. [...] Das erschütternde Geschehen in Klingenberg und die dadurch ausgelöste Diskussion könnten ein neuer Anstoß zum Bedenken der Sinnfrage werden [...]."[262]

Zum Themenkomplex Teufel, Besessenheit und Exorzismus nahm Kardinal Höffner in einem weiteren Interview, geführt mit dem Presseamt des Erzbistums Köln[263] am 26. August 1976, erneut Stellung. Das Gespräch wurde wortgetreu in einer Ausgabe des „L' Osservatore Romano" abgedruckt.[264] Neben seiner persönlichen Einschätzung hinsichtlich einer tatsächlichen Besessenheit der Anneliese Michel[265] erläuterte Höffner hauptsächlich verschiedene theologische Thesen bzw. Meinungen zur Existenz des Bösen in der Gegenwart, wobei er zuallererst auf eine entsprechende Erklärung Papst Pauls VI. vom 15. November 1972 verwies, die dieser während einer Generalaudienz abgegeben hatte.[266]

Über die „Existenz des Bösen" hieß es da, die Sünde gebe „dem Teufel Gelegenheit zu wirksamem Eingreifen in uns und unsere Welt", denn „das Böse ist nicht mehr nur ein Mangel, sondern eine wirkende Macht, ein lebendiges geistliches Wesen, [...] eine schreckliche Realität"[267]. Wer dies aus Unkenntnis leugnete, leugnete in Konsequenz die kirchliche Lehre, wobei die „einseitige Rationalität" der Moderne dem Vorschub

---

262 S. Höffner, „Erklärung vom 28. April 1978 gegen den übereilten Exorzismus", S. 3.

263 Höffner, Joseph: Teufel – Besessenheit – Exorzismus. Interview mit Kardinal Joseph Höffner. Sonderdruck Nr. 45 des Presseamtes des Erzbistums Köln, S. 19–22. Auch erschienen unter: Höffner, Joseph: Teufel – Besessenheit – Exorzismus. Elf Fragen. Elf Antworten (Themen und Thesen, Bd. 8), hg. vom Presseamt des Erzbistums Köln, Neuss [6]1985.

264 L' Osservatore Romano, Nr. 6, 11.2.1977.

265 Höffner äußerte sich auch hier eher vorsichtig und unter Verweis auf noch nicht abgeschlossene Ermittlungen, dass bei einem ersten Besessenheitsverdacht zunächst auch andere wissenschaftliche Disziplinen wie die Medizin, aber auch Parapsychologie herangezogen werden müssten, um ein vorschnelles Urteil zu vermeiden.

266 Diese Ansprache: „Das unsichtbare Böse abwehren, das wir den Teufel nennen", wurde u.a. abgedruckt in der deutschen Ausgabe des „L' Osservatore Romano", Nr. 47, vom 24.11.1972, wie auch bei Günther, Bonifacius: Unser größter Feind der Teufel, Linz 1973, S. 9–19.

267 Ebd., S. 11f.

leisten würde.[268] Papst Paul VI. wandte sich ebenso gegen eine Lehre, die im Bösen ein gottfernes, eigenständiges Prinzip zu erkennen glaube.

Bischof Stangl war von vielen Seiten für seine Aussagen über die Realexistenz des Teufels bzw. dämonischer Einflüsse auf den Menschen kritisiert worden, was in der vielfachen Unterstellung gipfelte, Stangl leugnete das Vorhandensein dieser Phänomene in der Welt der Moderne. Dem Inhalt eines Schreibens des Würzburger Bischofs an die Kongregation für die Glaubenslehre in Rom nach zu urteilen, war man auch im Vatikan nicht uneingeschränkt mit seiner Erklärung einverstanden. Stangl führte in diesem Brief vom 30. August 1977 an,

> „daß dieses Schreiben vom 12.8.1976 auch in Rom zu Mißverständnissen führte. Bei den Lesern [in der Diözese] hatten wir natürlich mit Sicherheit erwartet, daß sie das Schreiben eines Bischofs und seiner kirchlichen Behörde nur im Blick auf unsere klare und sichere Glaubensausrichtung lesen würden. Wenn wir es nochmals fertigen müßten, hätten wir das eindeutige Bekenntnis zur Lehre zusätzlich beigefügt, das wir ja vorausgesetzt haben.“[269]

Stangl gab also zu, dass Missinterpretationen durchaus auf Formulierungen in seiner Erklärung zurückgeführt werden konnten, er hatte sich zuvor weder mit der Deutschen Bischofskonferenz noch mit dem Vatikan abgesprochen. Grund hierfür war neben der persönlichen Betroffenheit des Bischofs vermutlich der Zugzwang, dem sich das Ordinariat ausgesetzt sah, in zeitlicher Nähe zur öffentlichen Bekanntwerdung der Ereignisse von Klingenberg und Anneliese Michels Tod Stellung zu nehmen und die Handlungsweise Stangls zwar nicht zu rechtfertigen, aber dennoch zu erläutern und einem „gesamtkatholischen“ Vertuschungsvorwurf entgegenzuwirken.

Der Apostolische Nuntius Guido Del Mestri[270] hatte aufgrund des großen öffentlichen Interesses am „Fall Anneliese Michel“ und dem entsprechenden Medienecho Ende Juli 1976 beim Würzburger Bischof die Übermittlung einer Stellungnahme angefragt, da er wiederum eine Anfrage seitens des Apostolischen Stuhls bei der Nuntiatur für höchst wahr-

---

[268] Aufgegriffen wurde hier der Vorwurf, dieses Bekenntnis zur Realexistenz des Bösen entspreche einer durch die Kirche geschaffenen Pseudowirklichkeit, der Teufel sei eine „erfundene, phantastische Personifikation der unbekannten Ursachen“ von Unheil. Papst Paul VI. stellte in diesem Zusammenhang fest, dass das „Problem des Bösen eines der größten, ständigen Probleme für den menschlichen Geist“ bleiben würde. Vgl. Günther, Unser größter Feind der Teufel, S. 17f.

[269] S. DAW, Exorzismus Klingenberg, 001, Handakt des Generalvikars 1976–1982, Stangl an S. Congregatione pro doctrina fidei Roma, 30.8.1977.

[270] Guido del Mestri (1911–1993), Nuntius in der Bundesrepublik Deutschland von 1975 bis 1984.

scheinlich hielt.[271] Der Nuntius war im Lauf der Ermittlungen aber vor allem an den rechtlichen Fragen des Prozesses interessiert, besonders daran, ob Bestimmungen des Reichkonkordats[272] berührt oder verletzt worden waren. Als problematisch stellte sich die während der Verhandlung stattgefundene öffentliche Verlesung der Briefe Bischof Stangls an Alt und Renz dar. Das Ordinariat verwies allerdings auf die von Stangl gehegte Erwartung einer streng vertraulichen Behandlung der Dokumente und dessen Bereitschaft, der Wahrheitsfindung nicht im Weg zu stehen. Der Bitte des Nuntius um Übersendung des Urteils wurde am 30. Juni 1978 entsprochen, der Sendung beigelegt war auch die Mitteilung des Revisionsverzichts.[273]

Die Deutsche Bischofskonferenz hatte durch Aussagen ihres Vorsitzenden Kardinal Höffners Bischof Stangls Erklärung hinsichtlich der gebotenen Vorsicht bei der Diagnose einer Besessenheit, der gleichzeitigen ärztlichen Betreuung und einer zukünftig notwendigen Zusammenarbeit mit Vertretern u.a. der Naturwissenschaften gestützt, ohne dabei allerdings die kirchenamtliche Vorstellung von der Existenz des Bösen in der Gegenwart in Frage zu stellen. Diese Haltung wurde von Rom begrüßt, wie man dort auch gegen Ende der Ermittlungen im „Fall Anneliese Michel" und nach der Verkündung des Urteils im Aschaffenburger Prozess im Frühjahr 1978 darauf bedacht war, das für das Ansehen der Kirche sehr nachteilige Medieninteresse einzudämmen und vor allem nicht neu zu entfachen. Stangl selbst relativierte seine Vorstellungen von „Teufel" und „Dämonen" nicht öffentlich, sondern versuchte den Vorwurf, er wende sich gegen die entsprechende kirchliche Lehrmeinung über das Böse in der Welt, in Briefen an das Kirchenvolk und an die Glaubenskongregation zu zerstreuen.

---

271 S. hierzu den Briefwechsel des BOW mit der Apostolischen Nuntiatur 1976–1978, DAW, Exorzismus Klingenberg, 001, Handakt des Generalvikars 1976–1982. Eine Kopie des Antwortschreibens auf besagten Brief vom 27.7.1976 findet sich nicht in den Akten, eine Übersendung der ersten vorläufigen Stellungnahme des BOW sowie eine spätere Übersendung der Erklärung vom 12.8.1976 sind wahrscheinlich.

272 Es handelt sich in diesem Fall um Artikel 9 des Reichskonkordats von 1933, welcher den Schutz des Beichtgeheimnisses regelt.

273 Auch wenn die dem dazugehörigen Schreiben angefügte Stellungnahme besagte, dass das Urteil in verschiedener Hinsicht unbefriedigend und an mancher Stelle recht schwach begründet sei, wurde anschließend dargelegt, dass eine lediglich auf eine Rechtsverletzung gestützte Revision keine Aussicht auf Erfolg haben würde. DAW, Exorzismus Klingenberg, 001, Handakt des Generalvikars 1976–1982, Briefwechsel mit der Apostolischen Nuntiatur.

2.1.3 Stellungnahmen von Gruppierungen und Institutionen der Würzburger Diözese

Der Generalvikar der Würzburger Diözese Justin Wittig hatte sich in einem am 2. August 1976 ausgestrahlten Interview einer Sendung der Reihe „Report“[274] zu den Ereignissen in Klingenberg geäußert. Wie bereits erwähnt, war dieser von Stangl, der zur Zeit der Bekanntwerdung von Anneliese Michels Tod nicht in Würzburg weilte, nicht über die Exorzismusbeauftragung informiert worden und konnte sich zum Zeitpunkt des Gespräches – der Bischof selbst hatte noch nicht öffentlich Stellung genommen – kaum vollständig über die Abläufe der Ereignisse der vergangenen neun Monate informiert haben. Seine Äußerungen waren deshalb eher zurückhaltend formuliert und sollten vor allem dazu dienen, die Motive Stangls zu erläutern[275] sowie seine eigene Definition von Besessenheit darzulegen:

> „Meine persönliche Meinung ist, daß das, was man weithin unter Besessenheit versteht, unter die Kategorie von Krankheit einzuordnen ist. In der Behandlung dieses Falles ist ausdrücklich auch immer wieder vom Bischof vorausgesetzt worden, daß eine medizinische Behandlung weiter geht und nicht etwa durch das Beten des Exorzismus ersetzt wird. Das entspricht auch ganz den Vorschriften des Rituale Romanum.“[276]

Der Versuch, „Schadensbegrenzung“ zu betreiben, ist hier deutlich erkennbar und nachvollziehbar, denn das Bischöfliche Ordinariat, im Besonderen die dortige Pressestelle, war auf die heftigen Reaktionen aus der Öffentlichkeit nicht vorbereitet und man versuchte, die ersten sechs Wochen nach Anneliese Michels Tod bis zu einer ersten allgemeinen bischöflichen Stellungnahme zu überstehen, ohne noch mehr Staub aufzuwirbeln.

Die Erklärung des Bischofs vom 12. August 1976 hatte laut einer handschriftlichen, undatierten Aktennotiz Wittigs vor allem den Zweck, den Vorwurf abzuwehren, die Kirche sei wegen ihres „primitiven Teufels- und Dämonenglaubens“ schuld am Tod der jungen Frau. Der Generalvikar bezeichnete fromme, konservative Kreise um die nicht anerkannten

---

[274] S. Kap. 3.

[275] Der Generalvikar äußerte, dass es sich nicht eigentlich um eine Beauftragung durch den Bischof gehandelt habe, sondern um die Erteilung einer Erlaubnis – und das auch nur auf Drängen der Eltern hin. Wittig war also bemüht, Stangl möglichst aus dem Fokus der Diskussion herauszuhalten und den beiden Exorzisten ein größeres Maß an Verantwortung zuzuweisen: Jene hätten schließlich anhand der bei Anneliese Michel bezeugten „Symptome“ eine Besessenheit festgestellt.

[276] S. DAW, Exorzismus Klingenberg, 021, Interview GV Wittig, ARD, 2.8.1976.

Wallfahrtsorte San Damiano und Montichiari als mitschuldig an der „überzogenen Teufelsfurcht“[277].

Zwei Tage nach Verkündung des Urteils, am 23. April 1978, nahm der Generalvikar noch einmal Stellung, indem er darauf verwies, dass es der Botschaft Gottes widerspreche, „mit dem Geist Gottes ausgestattete gläubige Menschen physisch und psychisch durch angebliche Besessenheit zu ruinieren“. Weiterhin nannte Wittig die seines Erachtens an der Situation Schuldigen beim Namen, wobei er auch der Diözesanleitung, also dem Bischof, sich selbst und weiteren nicht näher spezifizierten Verantwortlichen durchaus selbstkritisch Passivität und mangelnde Flexibilität gegenüber reaktionären Strömungen vorhielt:

> „Eine immer weiter um sich greifende konzilsfeindliche Strömung sympathisiert mit dem Besessenheitswahn und malt den Teufel jedem an die Wand. Zweifellos ist die Diözesanleitung diesem Besessenheitssyndrom und seinen Ursprüngen nicht energisch genug entgegengetreten. [...] Nach dem verhängnisvollen Ausgang sagen die Theologen endlich, die Kriterien und der römische Ritus des Exorzismus sind überholt und müssen revidiert werden. Mit dieser Erkenntnis hätte die Diözesanleitung den Exorzismus abwehren müssen, der unter den Gläubigen soviel Verwirrung gestiftet und dem Ansehen der Kirche weithin geschadet hat.“[278]

Wittig bestritt also nicht, dass die Diözese eine Mitverantwortung an den Geschehnissen trug, die zum Tod der Anneliese Michel geführt hatten, auch wenn er selbst in den konkreten Entscheidungsprozess nicht involviert worden war. Mit der Betonung der Gefahr, dass konservative Kreise, welche eine Revision der Reformen des Zweiten Vatikanums anstrebten, die zeitgenössische „Teufelshysterie“ für ihre Zwecke einspannen würden, hatte der Generalvikar eine Entwicklung vorausgesagt, die im „Fall Anneliese Michel“ – besonders in „Vermarktung“ und Vertrieb der Tonbandaufnahmen – zum Tragen kommen sollte.[279]

Der Vorsitzende des Diözesanrates, Dr. Johannes Meisenzahl, hatte in einem Schreiben an die Vorsitzenden der Pfarrgemeinderäte vom 19. August 1976 den Verdacht geäußert, dass eine „Gruppe von Kirchengegnern“ den Tod Anneliese Michels dazu benutze, um ihre Kritik mittels

---

277 Vgl. DAW, Exorzismus Klingenberg, 001, Handakt des Generalvikars 1976–1982. Wittig selbst hatte am 4.10.1976 Pfarrer Alt zu einer möglichen Verbindung zwischen Renz, der Familie Michel und den San Damiano-Anhängern befragt. Alt selbst äußerte sich kritisch, gab aber an, „übersinnliche Wahrnehmungen“ wie Blumenduft und das Beben der Erde verspürt zu haben.

278 S. DAW, Exorzismus Klingenberg, 001, Handakt des Generalvikars 1976–1982, Aufzeichnungen vom 23.4.1978.

279 S. Kap. 4.1.

Schmierparolen, Schmähbriefen und Drohanrufen zum Ausdruck zu bringen. Die Tatsache, dass sich die Regenbogenpresse auf die Teufelsaustreibung von Klingenberg stürzte, sei dem Umstand geschuldet, den Vorgang „aus Gründen mangelnder Aktualitäten in der ‚Sauregurkenzeit' noch ein wenig warm halten zu wollen". Das Verhalten Bischof Stangls erfuhr an dieser Stelle einerseits eine kritische Beurteilung, wurde aber gleichzeitig auch entschuldigt, da dieser

> „schlecht beraten war [...]. Aber er konnte auch nicht ahnen, daß seine Erlaubnis zum Segensgebet über einen geplagten jungen Menschen [...] mißbraucht würde. Anscheinend hat die von einigen irregeleiteten Katholiken vornehmlich am Untermain betriebene Wallfahrtsbewegung zu einem von der Kirche mißbilligten Ort diese verheerenden Folgen verschuldet."[280]

Hier ist die Rede von den in und um Klingenberg angesiedelten San Damiano-Pilgern, welche von Wittig 1978 als Anhänger einer konzilsfeindlichen Strömung tituliert wurden. Meisenzahl warnte vor solchen Auswüchsen „irregeleiteter" Katholiken und verband damit einen Appell, diesen entgegenzuwirken.[281] Dem beobachteten religiösen Umfeld, in dem Anneliese Michel aufgewachsen war und das auch von den Ärzten als nicht unerheblich für die Ausrichtung ihrer Wahnvorstellungen eingeschätzt wurde, ist somit auch offiziellen Kirchenvertretern eine Mitschuld unterstellt worden. Das Bestreben war groß, diese abseitigen Strömungen zu kontrollieren, vor allem eine Ausbreitung dieser Art von Teufelsglauben zu verhindern, ohne diesen generell zu leugnen – und das alles sollte vornehmlich nicht vor den Augen einer Öffentlichkeit stattfinden, die aufgrund der massiven Berichterstattung durch unterschiedliche Medien alarmiert worden war.

Den Vorwurf, den „Fall Anneliese Michel" bequemerweise wegen Ermangelung anderer emotionalisierender Themen aufzuwärmen, wiederholte Meisenzahl in einem Brief an den verantwortlichen Redakteur beim SWR, der am 20. Dezember erneut eine Sendung der Reihe „Report" anlässlich der Klingenberger Ereignisse ausgestrahlt hatte.[282] Als besonders geschmacklos kritisierte er das dort scheinbar suggerierte Motto: „Die Kleinen hängt man, die Großen läßt man laufen" sowie die Forde-

280 S. DAW, Exorzismus Klingenberg, 012, Vorsitzender des Diözesanrates, 19.8.1976.

281 Ebd. Das Schreiben richtete sich an die Pfarrgemeinderäte mit der Bitte, „zusammen mit Ihren Seelsorgern viele und gute öffentliche Meinung für diese Darlegungen zu machen".

282 In dieser Sendung, in der auf Aufnahmen der ersten Report-Sendung vom 2.8.1976 zurückgegriffen wurde, war u.a. erneut der Geistliche Renz zu sehen, der Ausschnitte der während der exorzistischen Sitzungen angefertigten Tonbänder abspielte.

rung nach dem Rücktritt Bischof Stangls.[283] Der Diözesanrat hatte bei seiner Vollversammlung im Oktober 1976 Stangl das Vertrauen ausgesprochen und behielt diese Linie während der laufenden Ermittlungen und über den Urteilsspruch im Frühjahr 1978 hinaus bei.

Aufgrund der nach Prozessende weitergeführten Diskussion über die Ereignisse von Klingenberg innerhalb der katholischen Kirche wie in den Medien sah sich nunmehr auch die Katholische Hochschulgemeinde Würzburg (KHG) „genötigt", ebenfalls öffentlich Stellung zu nehmen.[284] Seien die bisher seit dem 12. August 1976 abgegebenen Erklärungen[285] geprägt gewesen von einem Bemühen, die Vertreter der „Amtskirche" und ihre Lehre von jener der Protagonisten der Teufelsaustreibungen und der diese unterstützenden konservativen Kreise abzugrenzen sowie die Rolle des Bischofs auf einen möglichst kleinen Anteil zu reduzieren, so kritisierten die Mitglieder der KHG die Ausblendung des von Stangl angeregten Ansatzes hin zu einer neuen, modernen Interpretation der Begriffe „Teufel" und „Dämonen" in der Welt des 20. Jahrhunderts. Kritisiert wurde dann auch, dass der Bischof seitdem geschwiegen und sich aus der öffentlichen Diskussion zurückgezogen habe.[286] Das „unverbrüchliche Festhalten an der personalen Existenz des Teufels" sei nicht das geeignete Mittel, die bei den Gläubigen durch Missverständnisse erzeugten Unsicherheiten zu beseitigen, sondern diese zu „zementieren", ganz zu schweigen von der Wahrnehmung durch der Kirche Fernstehende bzw. Nicht-Katholiken. Der hier erhobene Vorwurf, der Exorzismus von Klingenberg habe der Kirche zwar sehr geschadet, die Stellungnahmen offizieller Kirchenvertreter seien aber aufgrund mangelnder Klarheit und Entschiedenheit nicht das geeignete Mittel, um dem entgegenzuwirken, fand seine Entsprechung in zahlreichen, an das Bischöfliche Ordinariat sowie

---

283 S. DAW, Exorzismus Klingenberg, 020, Vorsitzender des Diözesanrates, 23.12.1976. Renz war zu diesem Zeitpunkt nicht mehr Seelsorger in Rück-Schippach. Der Vorsitzende machte im Gegensatz zum Tenor der Sendung hierfür die durch falsche und widersprüchliche Kommentare, Sendungen und Berichte provozierte angespannte und auf Dauer für Renz nicht tragbare Arbeitsatmosphäre innerhalb der Gemeinde verantwortlich.

284 Stellungnahme der Katholischen Hochschulgemeinde Würzburg zum Verhalten der Kirche nach Klingenberg vom 31.5.1978, in: „image" 34, Juni 1978, S. 15.

285 Besonders hervorgehoben wurden die Stellungnahmen der Kardinäle Höffner (23.4.1978) und Ratzinger (25.4.1978).

286 Wie der Korrespondenz Stangls mit verschiedenen Institutionen u.a. in Rom zu entnehmen ist, war die Erklärung zuvor nicht an anderer Stelle vorgelegt, sondern von Stangl selbst initiiert worden. Und wenn er auch später angab, dass seine Ausführungen vielerorts missverstanden worden seien und er die Realexistenz des Bösen nicht leugne, schloss das ein Postulat nach einer zeitgemäßen Interpretation des Bösen in der Welt nicht aus.

an Bischof Stangl persönlich gerichteten Zuschriften, in denen Katholiken aus der Diözese Würzburg ihrer Enttäuschung über die Taktik ihrer Kirchenleitung Ausdruck verliehen.[287]

Das Interesse der Kirchenvertreter, die öffentliche Diskussion versanden zu lassen und keineswegs neu zu entfachen, stand auch nicht stets in Einklang mit dem Bestreben der Diözese und der betroffenen Geistlichen um Rehabilitierung. Schon während des Prozesses war offenkundig geworden, dass die Öffentlichkeit, die durch die seriöse Presse vertreten war, eine abschließende Stellungnahme erwartete. Eine Mitarbeiterin der Presseabteilung des Ordinariates, welche aus Anlass der Urteilsverkündung die Bildung eines Krisenstabes für nötig erachtete, vermerkte deshalb:

> „Wenn der Schaden für Diözese und Kirche nicht noch größer werden soll, bitten wir dringend, für den Tag der Urteilsverkündung eine Erklärung vorzubereiten. Es wird nicht genügen, daß sich die Deutsche Bischofskonferenz irgendwann mit Exorzismus und Klingenberg allgemein befasst, die Diözese Würzburg wird sich selbst den Dingen stellen müssen, wenn sie sich nicht schwersten Vorwürfen aus den Reihen der aufrechten, geradlinigen Katholiken und aus dem innerkirchlichen Bereich, von ernstzunehmenden Massenmedien [...] und seriösen Wissenschaftlern aussetzen will; davon abgesehen verlangen Seelsorger und Religionslehrer eine Handhabe."[288]

Das Sekretariat der Deutschen Bischofskonferenz aber hatte nach Ende des Prozesses „deutlich signalisiert", alles zu unterbinden, was erneute öffentliche Stellungnahmen provozieren könne.[289] Da die Formulierung einer in dieser Hinsicht ausreichend befriedigenden Erklärung nicht gelingen konnte, ohne diese Aufforderung zu ignorieren, sah das Ordinariat davon ab, was wiederum die befürchtete Kritik seitens vieler Gläubiger innerhalb der Diözese hervorrief.

In seinem „Bericht zur Lage" thematisierte der damalige Präsident des Zentralkomitees der Katholiken und zugleich bayerische Kultusminister, Professor Dr. Hans Maier, im Mai 1978 die nach der Urteilsverkündung seines Erachtens offen gebliebene Frage: „Was hat die Kirche versäumt, daß dieser tragische Vorfall überhaupt möglich war, was muß sie

---

[287] S. Kap. 2.2.

[288] S. DAW, Exorzismus Klingenberg, 012, Aktennotiz, 14.4.1978. Der Presseabteilung des Ordinariats lagen zu diesem Zeitpunkt bereits Anfragen verschiedener Nachrichtenagenturen (z.B. KNA, dpa) nach einer Stellungnahme vor.

[289] Dies ist in einem Brief an den Rechtsbeistand Alts hinsichtlich der Frage, ob eine abschließende Stellungnahme seitens des Ordinariats angestrebt werde, nachzulesen. S. DAW, Exorzismus Klingenberg, 001, Handakt des Generalvikars 1976–1982, DK Fries, 23.8.1976.

tun, um eine Wiederholung zu verhüten?" Die Diskussion um den Teufel und das Böse, dessen Einflussmöglichkeiten auf den Menschen müsse unbedingt weitergeführt werden, denn nur in einem „Klima verfälschter Halbwahrheiten" habe sich „eine dem Glauben und der kirchlichen Tradition widersprechende Abschirmung gegenüber der Außenwelt und gegenüber der Wissenschaft entwickeln [können]"[290], so z.B. die Existenz einer so genannten freiwilligen Sühnebesessenheit. Maier befürwortete eine nüchterne, theologische Diskussion – unter Einbeziehung der Gläubigen, zu denen „bei aller nötigen Differenzierung in einfachen und unmißverständlichen Sätzen"[291] gesprochen werden müsse.

Das Bedürfnis nach Aufklärung der Hintergründe und Einordnung des Themenkomplexes Teufel, Dämonen und Exorzismus in das katholische Glaubensverständnis leitete sowohl die Deutsche Bischofskonferenz als auch Bischof Stangl und die Institutionen der Würzburger Diözese. Die kirchenamtlichen Erklärungen unterschieden sich nicht in der Bewertung des Verhaltens Stangls, wohl aber hinsichtlich der Verortung des „Bösen" in der heutigen Welt, seiner Erscheinungs- und Ausdrucksformen. Die daraufhin angeregte theologische Diskussion über die „Realexistenz des Bösen" war sicher notwendig, um die Unterschiede zu den konservativ-traditionalistischen, die Reformen des Zweiten Vatikanums negierenden Kreisen aufzuzeigen, die als mitverantwortlich für Verlauf und Ausgang der Ereignisse in Klingenberg angesehen wurden. Viele Gläubige allerdings, besonders in der Würzburger Diözese, fühlten sich nach Ende des Prozesses verunsichert und von ihren Oberen alleingelassen, da eine abschließende Stellungnahme des Ordinariats ausblieb und die öffentliche theologische Diskussion keine glaubenspraktischen Ansatzpunkte bot. Auch verspürten gerade jüngere Kirchenanhänger das Bedürfnis, eine zeitgemäße Behandlung und Interpretation des „Bösen" zu thematisieren, wie es in der Erklärung Stangls angeklungen, in den kirchenamtlichen Verlautbarungen jedoch nicht weiterverfolgt worden war.

---

290 S. DAW, Exorzismus Klingenberg, 001, Handakt des Generalvikars 1976–1982, Bericht zur ZdK-Vollversammlung, 19./20.5.1978.

291 Ebd. Maier hob hier die Kardinäle Höffner und Ratzinger aufgrund ihrer öffentlichen Äußerungen positiv hervor.

2.2 Zuschriften an den Würzburger Bischof Josef Stangl: Reaktionen der Öffentlichkeit auf den „Fall Anneliese Michel" (1976–1979)

Die hier untersuchten 159 Briefe und Postkarten, datiert zwischen dem 23. Juli 1976 und dem 27. September 1979, waren an Bischof Stangl persönlich adressiert bzw. mit der Bitte um Weiterleitung an das Bischöfliche Ordinariat Würzburg versandt worden. Die Absender blieben zum Teil anonym[292], viele Zusendungen ließen offensichtlich bewusst keinen Rückschluss auf Alter und Geschlecht zu.[293] Von 139 der Zuschriften, die mit einer Ortsangabe versehen wurden, waren lediglich acht aus Würzburg, neun aus dem Gebiet der Würzburger Diözese, 27 aus Bayern, 80 aus weiteren Bundesländern der BRD sowie 15 aus dem Ausland[294] abgeschickt worden.

Betrachtet man diese im Diözesanarchiv Würzburg vorliegenden Zuschriften[295], so nahm die Mehrzahl (105) der Absender allgemein Stellung zum Thema „Exorzismus", zur Erklärung Bischof Stangls, der Frage nach der Realexistenz des Bösen, nach Schuld und Unschuld der am Exorzismus Beteiligten an Anneliese Michels Tod sowie zur Frage nach der Rolle von Kirchenvertretern im Nachgang der Ereignisse von Klingenberg. Unter den Einsendungen waren weiterhin zehn Briefe von prominenten Vertretern der katholischen Hierarchie (z.B. Bischof Graber von Regensburg), Theologen, „einschlägigen" Publizisten (z.B. Manfred Adler[296], Kaspar Bullinger[297]), von persönlichen Freunden und dem

---

[292] Es handelt sich um 20 anonyme Zuschriften, von denen 16 zudem keine Ortsangaben aufwiesen.

[293] Der im DAW vorliegende Bestand an Zuschriften wurde ohne Briefumschläge aufbewahrt, bei handschriftlichen Briefen wurde häufig der Vorname mit dem ersten Buchstaben abgekürzt.

[294] Aus der Schweiz (vier), aus Österreich (zwei), aus Ungarn (eine), aus Italien (eine), aus der damaligen DDR (zwei), England (eine) und den USA (vier). Die Absender waren u.a. durch Zeitschriften (z.B. einen Bericht im britischen „Catholic Herald") oder Fernsehbeiträge auf den „Fall Anneliese Michel" aufmerksam gemacht worden, zwei von ihnen waren erkennbar im Seelsorgebereich der katholischen Kirche tätig. Zuspruch (drei) und Ablehnung (vier) hinsichtlich der Genehmigung und Durchführung des Exorzismus hielten sich die Waage. Die Erklärung Stangls war Anlass von vier Zuschriften, von denen drei sich negativ über die bischöfliche Stellungnahme äußerten. Die restlichen vier Schreiben hatten Bitten um schriftliche Stellungnahmen (zwei) zum Inhalt bzw. waren Produkte eines offenkundig verwirrten Geistes.

[295] Sämtliche in diesem Kapitel zitierten und erwähnten Briefe bzw. Postkarten werden im DAW aufbewahrt: DAW, Exorzismus Klingenberg, 012.

[296] Adler, Manfred (Hg.): Tod und Teufel in Klingenberg. Eine Dokumentation, Aschaffenburg 1977.

Bischof aufgrund seiner Beliebtheit und seines Engagements in der Diözese nahe stehenden Personen zu finden. Durch die bisherigen kirchlichen Erklärungen verunsichert, wurde in 17 Zuschriften um eine differenziertere Stellungnahme, um eine eindeutige Positionierung des Bischofs zur „Teufelsfrage" und um Literaturhinweise gebeten sowie Literaturempfehlungen ausgesprochen. Fünf Absender wiesen auf Fernsehsendungen hin und legten ausgeschnittene Zeitungsartikel sowie Gebete bei, weitere sechs Briefe enthielten „Literaturtipps" zum Themenkomplex Exorzismus, zur Frage nach der Existenz des Bösen, Naturheilmitteln, Psychopharmaka und zu Schilderungen von parapsychologischen Phänomenen.

18 Anschreiben waren konfusen Inhalts, versandt von „Besessenen" und selbsternannten „Medien", Anhängern katholischer Weltverschwörungstheorien, Verkündern einer nach dem „Fall Anneliese Michel" bald zu erwartenden Apokalypse und aufgrund nicht zusammenhängender Gedankengänge nicht auswertbar. Im folgenden Kapitel werden zunächst die der Person des Bischofs, seiner Erklärung und dem Themenkomplex „Exorzismus" überwiegend kritisch gegenüberstehenden Zuschriften genauer in den Blick genommen.

2.2.1 „Rückkehr ins Mittelalter" oder Kirchenkritik und Schadensbegrenzung

Die Erklärung Bischof Stangls war äußerst unterschiedlich in der Öffentlichkeit aufgenommen und in den Medien kontrovers diskutiert worden. Diese Tendenz spiegelte sich in den Zuschriften an den Würzburger Bischof wider, wobei die Bandbreite von verhalten geäußerten Einwendungen bis hin zu totaler Ablehnung reichte. Hauptkritikpunkte an der bischöflichen Stellungnahme waren erneut Stangls Aussagen über die Notwendigkeit der Einordnung und Interpretierbarkeit des Teufelsglaubens vor dem jeweiligen zeitlichen Hintergrund, die den Kirchenkritikern als „Munition" dienten und annehmen ließen, „die Welt des Dämonischen [sei] ins Reich des Mythos gehörig"[298]. Dem Bischof wurde von konservativen, traditionalistisch-katholisch geprägten Absendern eine „Verwässe-

[297] Bullinger, Kaspar: Unschuldig verurteilt. Ein Laie sagt seine Meinung im Aschaffenburger „Exorzistenprozeß", Bamberg 1979 sowie ders.: Das Leben und Sterben der Anneliese Michel und die Aussagen der Dämonen, Altötting ^{2}1983.

[298] Einsendung vom 1.10.1976 als Reaktion auf einen in der Kirchenzeitung „Glaube und Leben" erschienenen Artikel mit dem Titel: „Exorzismus und Lehre vom Teufel".

rung der fundamentalen Dogmen der Kirche"[299] vorgeworfen, was wiederholt in der Feststellung gipfelte, seine Erklärung geriete zum Symbol einer kirchenamtlichen bzw. innerkirchlichen Distanzierung, zu einer Leugnung des Teufels, hinter der sich angeblich eine „satanische Raffinesse" verbergen würde. Darüber hinaus wurde die vermeintliche Unvereinbarkeit der jeweiligen Argumentationslinien Stangls und Papst Pauls VI. über das Wesen des „Bösen in der Welt" thematisiert[300], der Bischof als „Steigbügelhalter Prof. Haags"[301] bezeichnet, der „dem Progressismus nach dem Munde redet"[302]. Die häufig kritisierte Missverständlichkeit und „Verschwommenheit" der bischöflichen Ausführungen[303], die sowohl Gläubige als auch Priester verwirrten und „deutlich hinter die volle katholische Lehre zurück [wichen] und Strömungen Raum [gaben], die den Ruin der Kirche in Europa bereits weit vorangetrieben hatten"[304], kritisierte ein Geistlicher in einem Leserbrief an die „Deutsche Tagespost":

> „Es besteht für den Leser die Gefahr, daß er glaubt, er als ‚Mensch des 20. Jahrhunderts' (des ‚modernen Kulturraumes') brauche nicht mehr an die Existenz böser (und guter) Geister zu glauben, dies seien Vorstellungen eines ‚vorwissenschaftlichen Zeitalters'. [...] Wäre das Mädchen von Klingenberg eine Terroristin gewesen – sie wäre nicht bloß ein ‚armes Opfer' der Kirche, sie wäre eine ‚Heldin' und die Wissenschaftler, die auf Epilepsie erkennen, würden – ich bitte um Entschuldigung – ‚Schweine' genannt, ‚Werkzeuge des Kapitalismus'. So aber – ihr Pech – hat das Mädchen nur

---

299 S. einen Brief vom 29.8.1976. In einem später von Stangl selbst beantworteten Schreiben vom 20.11.1976 äußerte sich ein Theologe dahingehend, dass die Erklärung der zunehmenden „Verprotestantisierung der katholischen Kirche" Vorschub leiste.

300 S. Kap. 2.1.2. Dieser Vorwurf schien Stangl besonders getroffen zu haben, weshalb er in Antwortschreiben, die teilweise dem Bestand im DAW beigelegt sind, versicherte, es handele sich um ein Missverständnis, eine Abweichung von der päpstlichen Lehrmeinung zur Existenz des Bösen liege ihm fern. Vgl. hierzu die Antwort Stangls vom 10.3.1977 auf die Stellungnahme der „Katholischen Aktion Maria" (Nürnberg) vom 23.2.1977.

301 Vgl. hierzu die Schriften von Herbert Haag: Abschied vom Teufel, Einsiedeln ^{3}1974, Vor dem Bösen ratlos, München 1978 und Teufelsglaube, Tübingen ^{2}1980. Zu den Thesen Haags s. Kap. 5.1.3.

302 Zusendung vom 10.9.1976, Exerzitienhaus Redemptoristenkolleg Puchheim (Österreich).

303 Stangl selbst gab in einem Antwortbrief vom 3.11.1977 zu, dass aufgrund der Seltenheit einer Besessenheit bei der Diagnose ein Irrtum durchaus vorkommen könne: „Klingenberg war der erste und einzige seit Menschengedenken in unserer Diözese".

304 S. eine Stellungnahme eines Paters aus Nordrhein-Westfalen vom 18.8.1976.

> vom Teufel gesprochen, nicht aber ‚Revolution!' geschrieen[305]. Wäre sie eine Tochter der Revolution gewesen, hätten sich viele um sie mehr gekümmert, so aber war sie nur – nach ihren Worten – ein ‚Kind des Teufels'. Nun, da sie tot ist, ist sie gerade gut genug, der Kirche eins auszuwischen: Nieder mit der Kirche!"[306]

Die Erklärung des Würzburger Bischofs vom August 1976 wurde von den 105 Stellung nehmenden Absendern überwiegend negativ beurteilt und mitverantwortlich für den Schaden gemacht, den die Kirche seit Bekanntwerden des Exorzismus im Juli 1976 erlitten hatte.[307] Die Befürchtung, dass der katholischen Kirche bereits kritisch gegenüberstehende Gläubige sich noch weiter distanzieren oder gar mit ihr brechen könnten, beschäftigte u.a. die Mitglieder eines Pfarrgemeinderates, welche sich positiv über die nachträgliche Distanzierung von den Klingenberger Ereignissen durch die Erklärung äußerten.[308] Lediglich ein weiterer Absender bewertete die Erklärung positiv,

> „[...] weil Sie [Stangl] in theologischer Hinsicht mit großer Entschiedenheit und Klarheit ‚reinen Tisch' gemacht haben insofern nämlich, daß der Glaube an Gott für uns Christen das Entscheidende ist, an einen Gott, der es nicht nötig hat, sich mit albernen Dämonen herumzuschlagen und mit ihnen zu konkurrieren."[309]

Um ihrem Unmut über die Durchführung eines Exorzismus im 20. Jahrhundert mit Billigung durch offizielle Kirchenvertreter Ausdruck zu verleihen, wählten die aufgeklärt-liberalen bzw. kirchenfernen katholischen Exorzismuskritiker unter den Einsendern deutliche Worte, indem sie die Teufelsaustreibung als „Humbug" und Beitrag zur „Verdummung der Gläubigen"[310], „Taten von Sadisten" sowie als Zeichen für eine „Rückkehr in die Folterzeit"[311] und das „tiefste Mittelalter"[312] bezeichneten. Es han-

---

[305] Der Verfasser spielte hier vermutlich auf den Tod des RAF-Mitglieds Holger Meins an, der am 9.11.1974 nach mehrwöchigem Hungerstreik trotz künstlicher Ernährung gestorben war.

[306] Dieser Leserbrief eines bayerischen Kaplans vom 30.8.1976, der Stangl in Kopie zuging, war wegen des laufenden Verfahrens gegen den Würzburger Bischof nicht veröffentlicht worden.

[307] 44 der 105 Stellung nehmenden Absender lehnten die bischöfliche Erklärung (22) bzw. den Exorzismus als solches (22) ab.

[308] Zusendung vom 26.8.1976. Über die Situation der katholischen Kirche in den 1970er Jahren und den „kritischen Katholizismus" s. Kap. 4.3.

[309] Der Absender dieses Schreibens vom 6.9.1976, nach eigener Aussage Diplom-Psychologe, forderte zudem einen Neuaufbau katholischer Beratungsstellen für Ehe-, Familien- und Lebensfragen.

[310] Brief vom 1.3.1977.

[311] Zuschrift vom 1.11.1976.

dele sich hierbei um „antiquierte, fanatische Auswüchse“[313], die Schuld an Anneliese Michels Tod, so der Tenor, läge eindeutig bei der „mitwissenden“ und beteiligten Geistlichkeit: „Den einfachen Menschen kann man es an sich nicht übel nehmen, aber daß die Geistlichkeit das Ganze für ihre Werbung benutzt hat.“[314] Darüber hinaus fördere und begünstige die katholische Kirche in besonderem Maße Aberglauben und religiösen Fanatismus[315], ein Umstand, der von den gemäßigteren, kirchentreuen Kritikern am Exorzismus von Klingenberg zu Besorgnis hinsichtlich einer weiteren Beschädigung des Ansehens der Kirche führte.[316] Der „Fall Klingenberg“ könne daher, wie es in einem Schreiben an die Deutsche Bischofskonferenz vom 24. April 1978 heißt, zum Anlass werden, sich gegen „vielfältige Formen des Aberglaubens“ zu wenden, „die oft unter kirchlichem Mantel betrieben werden“[317]. Die Bischofskonferenz solle neben der ohnehin in die Wege geleiteten Untersuchung zudem erklären, sie werde „mit größter Gewissenhaftigkeit darauf achten und alles in ihrer Macht stehende tun, daß Formen religiösen Tuns nicht die Ausübung ärztlicher Kunst verhindern und dadurch Menschen gefährden“[318].

Die Hauptschuld am Tod der Anneliese Michel hatte der Ansicht von 24 Absendern zufolge der Würzburger Bischof zu tragen, der eigentliche „Anstifter“, „Lump, Gauner und Verbrecher“[319], dem in einigen Schreiben der Rücktritt nahe gelegt wurde:

---

312 S. u.a. ein Schreiben vom 6.8.1976. Die Titulierung des Exorzismus als mittelalterliche Methode oder die „Hinrichtung“ Anneliese Michels als Fortführung der „Millionen Opfer“ der Inquisition u.ä. ist in den Zuschriften sehr häufig zu finden.

313 Einsendung ohne Datumsangabe.

314 Diese Aussage ist einem Brief vom 31.4.1978 entnommen und wurde somit nach Abschluss des Aschaffenburger Prozesses und der Verkündung des Urteils verfasst. Was den Vorwurf an die Geistlichkeit anbelangt, den „Fall Anneliese Michel“ als Werbung benutzt zu haben, so ist dieser wohl in Anspielung auf die Vermarktung der „Botschaften“ und die Instrumentalisierung von Annelieses „Martyrium“ durch die bereits erwähnten konservativen katholischen Kreise in den Monaten nach ihrem Tod zu verstehen. Bei den „einfachen Menschen“ handelt es sich wohl um Annelieses Eltern; ob, und, falls ja, in welchem Ausmaß diese ebenso Zuschriften aus der Öffentlichkeit erhalten haben, ist der Verfasserin nicht bekannt.

315 S. u.a. ein Schreiben vom 5.4.1978.

316 Diese Besorgnis versuchte Stangl in einem weiteren Antwortbrief vom 3.11.1977 zu zerstreuen, indem er erneut auf die Einzigartigkeit des Klingenberger Besessenheitsfalls und zukünftige Zurückhaltung bei einer derartigen Diagnose verwies. Eben die Seltenheit eines solchen Phänomens führe eher zu einem Irrtum bei der Diagnose.

317 Dieses Schreiben eines Pfarrgemeinderates aus Frankfurt a.M. ging Stangl als Durchschrift zu.

318 Ebd.

319 Anonyme Zusendung ohne Datumsangabe.

> „Um der Glaubwürdigkeit, der Aufrichtigkeit, der Ehrenhaftigkeit der katholischen Kirche willen erwarten viele (!, seien Sie dessen versichert) Katholiken und Protestanten, daß Sie abdanken. Sie tun nicht nur der bundesdeutschen katholischen Kirche einen großen Dienst mit Ihrer Resignation als Bischof, sondern der katholischen Weltkirche."[320]

Diese Anschuldigungen wurden in der Mehrzahl der entsprechenden Schreiben antikatholischer Ausrichtung in sehr beleidigendem Ton wie auch unter Verwendung fäkalsprachlicher Begriffe erhoben.[321] Verzieh man Stangl unter Umständen die Anordnung des Exorzismus, so wurde ihm Überforderung, Tatenlosigkeit und Feigheit vorgeworfen[322] – in jedem Fall gehöre er auch „zu den Mordgesellen auf die Anklagebank"[323]. „Stalin, Hitler und Franco wären Waisenknaben"[324] gegen „einen Bischof, der solche Perversionen der früheren kirchlichen Gewalt heute noch praktiziert"[325], wie es in einem Schreiben besonders radikal formuliert wurde. Ein seines Zeichens aufgeklärt-reformorientierter „Theologe" aus Passau fasste dies hingegen nicht weniger radikal so zusammen:

> „Manchmal, so scheint es, wird die katholische Kirche von Leuten geführt, die Ihre unterentwickelten kindlichen Strebungen an dieser Stelle voll aktivieren. Nach den vielen Berichten und der Tatsache, daß mit Wissen von Ihnen, Herr Bischof, Anneliese Michel bei lebendigem Leib, trostreich gesegnet, verhungerte. Ihnen muß schon seltsam zumute sein, das Messopfer zu feiern, die Liebe an die Christen zu predigen und nebenbei Teufelsaustreibungen zu segnen. Ich kann Ihnen nur sagen, beten Sie nur weiter, Sie Heuchler, Christus hätte Sie zum Tempel hinausgejagt. Stattdessen können Sie mit Würde vor einigen dummen Teufeln Ihre Rolle spielen. Wäre das ein Wunder nach der Tatsache, wie man Sie in Ihrer Priesterrolle integrierte? Mir drängt sich der Verdacht auf, Ihr verklemmtes Bewusstsein an eine Generation weitergeben zu wollen, die für den Alten-Herrenclub nur mehr ein Lächeln übrig hat."[326]

---

320 S. eine Stellungnahme aus der Schweiz vom 1.5.1978. Stangl wurde hier als „Opfer [einer] vatikanisch-kurialen Verschwörung und deutscher Traditionstreue" bezeichnet, andere deutsche Bischöfe hätten genauso gehandelt: „den Auftrag erteilt, sich danach nicht mehr darum gekümmert, um Entschuldigungen war man nie verlegen".

321 Die Art der Beleidigungen schloss auch die Unterstellung von sexistischen Motiven mit ein (z.B. Frauenhass in der Tradition der Hexenverfolgung).

322 Brief vom 13.4.1978.

323 Schreiben vom 31.3.1978.

324 Zusendung vom 23.7.1976.

325 Stangl wurde in diesem Brief vom 2.4.1978 zudem als „Schreibtischmörder" tituliert.

326 Das Schreiben weist keine Datierung auf.

Die Ansicht konservativer Absender wiederum, die katholische Kirche habe den Priestern Alt und Renz „die Schuld in die Schuhe geschoben“, bzw. der Vorwurf: „Die Kleinen hängt man auf, die Großen lässt man laufen“[327], wurden in den Einsendungen häufig verknüpft mit der Vorstellung, das Urteil – „ein Fehlurteil eines ungläubigen Gerichts“[328] – im Aschaffenburger Prozess sei als ein Triumph des Teufels anzusehen[329]. Es finden sich in diesem Zusammenhang auch Zuschriften der traditionalistisch orientierten San Damiano-Anhänger, welche die Rehabilitation vor allem von Pater Renz forderten[330] und vor der Abberufung desselben aus seiner Gemeinde Rück-Schippach warnten:

> „In diesem Falle sagen Ihnen viele tiefgläubige Katholiken des Untermains, mit der Hilfe Gottes und der Gottesmutter Maria, einen sehr scharfen Glaubenskampf an. [...] Solange Menschen wie Prof. Dr. Haag ihre Meinung über den Teufel und seine zerstörende Macht in Massenmedien den katholischen Gläubigen ungehindert zur Kenntnis bringen dürfen, ist es wirklich kein Vorzug des einzelnen Christen, sich als Angehöriger der katholischen Glaubensgemeinschaft zu bezeichnen.“[331]

In diesem offenen Brief stellten die Absender weiterhin fest, dass die kirchliche (Noch-) Nicht-Anerkennung von Wallfahrtsorten wie San Damiano[332] oder Montichiari unerheblich für deren „Heil- und Strahlkraft“ sei. Betont wurde die Macht der Laien, die von der katholischen Kirche nicht anerkannt werde, weil diese die Masse für „minderbemittelt“ hielte. Handkommunion und tridentinische Messe wurden ganz selbstverständlich befürwortet, die Abschaffung der Kommunionbänke dagegen abgelehnt.[333] Die Handkommunion, so ein bayerischer Geistlicher in sei-

---

327 Brief vom 20.4.1978.

328 Zusendung vom 18.4.1978.

329 Vgl. hierzu eine anonyme und undatierte Einsendung: „Der Teufel triumphiert, wenn sich Würdenträger mit roten oder violetten Hüten an seinen Wagen spannen lassen.“

330 In diesem Zusammenhang bot ein Absender am 4.8. und 19.10.1976 für den Prozess und zur Unterstützung von Pater Renz Material in Form eines Briefwechsels zwischen Barbara Weigand und einem Geistlichen aus Schippach an. Zu Barbara Weigand s. Fn. 28.

331 Es handelt sich hier um einen Auszug aus einem zwölfseitigen Brief, abgesandt aus einer Gemeinde innerhalb der Diözese Würzburg vom 20.10.1976. Zu Haag und seinen Schriften s. Kap. 5.1.3.

332 Einer anonymen und undatierten Zuschrift zu Folge soll Anneliese Michels Mutter selbst in San Damiano über das Schicksal ihrer Tochter berichtet haben.

333 Diese Neuerungen, die ihren Ursprung in der Liturgiereform des Zweiten Vatikanums haben und in den „Botschaften“ der Anneliese Michel abgelehnt und als „Werk des Teufels“ bezeichnet werden, erfahren eine nähere Erläuterung in

nem Schreiben, sei vor allem durch Kardinal Döpfner auf dem Zweiten Vatikanischen Konzil erzwungen worden, die Mehrheit des Episkopats würde sich den Reformen, wenn auch im Stillen, verweigern.[334] Der so genannten nachkonziliaren, „neo-katholischen“ Kirche wurde Verlogenheit und Intoleranz vorgeworfen, ihr sei allerdings ein baldiges Ende beschieden:

> „[Sie] geht in rasendem Tempo samt ihrem überaus dubiosen Hirten ihrer Auflösung entgegen, aber die noch kleine Herde der Traditionalisten wächst und weiß wohl um die Verheißung, dass ihr am Ende der Tage in der Parusie das Reich vorbehalten ist.“[335]

Für die Verfasser dieser Zuschriften stand die Besessenheit der Anneliese Michel und die Realexistenz des Teufels in der modernen Welt zweifelsfrei fest, der Exorzismus wäre daher das einzige geeignete Hilfsmittel gewesen, da es sich um kein medizinisches Problem gehandelt hatte. Die Reformgegner räumten dem deutschen Episkopat gegenüber dennoch Verständnis dafür ein, dass er zukünftig keine Exorzismen genehmigen wolle, „aus Angst, es könne misslingen“.[336] Kritisiert wurde die Einmischung weltlicher Institutionen in kirchliche Angelegenheiten:

> „We must protect ancient institutions, which suffice when science fails. [...] As Catholics we must do our utmost to protect priest-exorcists in their difficult and dangerous work. [...] Furthermore, I do not like civil authorities judging a Church case. The Church must judge its own priests, who should only be tried according to Canon Law."[337]

Der Prozess wurde von katholisch-konservativer Seite vielfach als Mittel gesehen, „der Kirche eins auszuwischen“, denn wie schon die Verteidiger von Alt und Renz empfanden die „Exorzismus-Befürworter“ unter den

---

Kap. 4.2. S. dazu auch ein Schreiben vom 2.12.1976, in welchem der Absender, ein „Fátima-Anhänger“, feststellte, dass sich die Jungfrau Maria selbst der Aussagen von Dämonen aus Besessenen bediene.

[334] Brief vom 9.11.1976. Als Gegenbeispiel wurde hier der 1988 exkommunizierte Schweizer Erzbischof Lefebvre angeführt (s. Kap. 4.2.2), der sich offen gegen die vorherrschenden „Verprotestantisierungstendenzen“ wende und dafür kritisiert werde. Stangl zeigte sich in seinem Antwortbrief vom 14.2.1977 sehr betroffen über das scheinbare Missverständnis und verwies auf entsprechende Schriften u.a. Kardinal Höffners zur Lehre der Kirche über Teufel und Dämonen.

[335] Die Metapher von der nahenden Apokalypse zieht sich durch das gesamte hier zitierte Schreiben vom 29.8.1976, der Absender verwies zudem auf parapsychologische Phänomene und okkultistische Literatur.

[336] Schreiben vom 26.8.1976.

[337] „Open Letter in Defence of the Church“, Washington, 21.4.1978.

Einsendern, dass er offensichtlich dazu dienen solle, die Lehre der Kirche „auf die Anklagebank zu setzen“[338].

Betrachtet man die Kritikpunkte an Bischof Stangls Verhalten im Vorfeld, in der Zeit nach der Anordnung des Exorzismus sowie nach der Informierung über Anneliese Michels Tod und vergleicht Argumente und Formulierungen der entsprechenden Zuschriften, kann man feststellen, dass diese besonders im Hinblick auf die Missverständlichkeit der bischöflichen Erklärung von Seiten kirchlicher Institutionen geteilt wurden (s. Kapitel 2.1). Die Art und Weise, wie hier von katholischen Absendern Kritik geäußert bzw. Vorwürfe erhoben wurden, unterschied sich dagegen deutlich von innerkirchlichen bzw. offiziellen Stellungnahmen, da sich die Einsender fast durchwegs persönlich – positiv oder negativ – betroffen fühlten und ihre Meinungen dementsprechend emotional, in vielen Fällen beleidigend zum Ausdruck brachten. Der Bischof, gegen den bereits im Verlauf der Ermittlungen das Verfahren eingestellt worden war, wurde von Anhängern eines konservativen Katholizismus zur Zielscheibe, zum Haupttäter hochstilisiert, der sich auf Kosten der Geistlichen Alt und Renz seiner Verantwortung entzogen habe. Die Forderung nach Rehabilitation der beiden Priester, vor allem der von Pater Renz, wurde erhoben von Anhängern einer Gruppe von Traditionalisten, die sich gegen die Reformen im Gefolge des Zweiten Vatikanischen Konzils aussprachen. Von den 105 Stellungnahmen äußerten sich 44 kritisch gegenüber der bischöflichen Erklärung und der Person des Bischofs, 22 verurteilten die Durchführung des Exorzismus, wofür sie Stangl persönlich oder die katholische Hierarchie im Allgemeinen verantwortlich machten. Die aufgeklärten, reformorientierten Katholiken unter den Einsendern befürchteten einen irreparablen Imageschaden, welcher der katholischen Kirche zugefügt worden sei und der – wenn nicht zu einer erhöhten Anzahl von Kirchenaustritten – zumindest zur innerlichen Distanzierung bei ohnehin skeptischen Gläubigen, welche die Kirche als nicht mehr zeitgemäß erachteten, führen könne.

2.2.2 *Zuspruch und Sympathiebekundungen*

Es gab allerdings – wenn auch vergleichsweise wenige[339] – Stimmen, die für den Würzburger Bischof eindeutig Partei ergriffen und im Gegensatz zu den eben erwähnten Kritikern Begründungen für das Nichteingreifen

---

[338] S. u.a. eine Zusendung vom 4.4.1978.

[339] Im Gegensatz zu den Äußerungen der bischöflichen Kritiker liegen in dem hier untersuchten Bestand lediglich siebzehn Zuschriften vor, deren Absender Stangl Mut zusprachen und ihre Sympathie versicherten.

Stangls im Verlauf des Exorzismus von Klingenberg zu liefern versuchten, u.a. mit der Feststellung, der Bischof sei nicht hinreichend über den gesundheitlichen Zustand der Anneliese Michel informiert worden.[340] Die bischöflichen, unverändert kirchentreuen Fürsprecher wandten sich in ihren Briefen gegen das „Kesseltreiben der liberalen Presse“[341], welche mittels „grobem Stil und unbelegbaren Aussagen“ und unterstützt durch Fernsehreportagen gleicher Machart[342] darauf abziele, die Öffentlichkeit gegen Stangl bzw. die katholische Kirche einzunehmen. Für den Provinzial der bayerischen Kapuziner galt:

> „Was mich seinerzeit am meisten bewegt hat, war nicht die schwer zu beantwortende Frage, ob es sich um Besessenheit handelt, sondern der sehr offensichtliche Erfolg des Satans: die Verwirrung der Geister und die Uneinigkeit im ganzen Volk – um nicht zu sagen: die Spaltung. Mit großem Geschick wird von den Gegnern der Kirche jede Gelegenheit erspäht, wo sich ein Spalt auftut, um die Spaltung voranzutreiben.“[343]

Die Person Bischof Stangls scheine somit in den Strudel einer antikirchlichen Kampagne hinein geraten zu sein, dies in einer Zeit, in welcher sich die katholische Kirche nach den Reformen des Zweiten Vatikanums in der gewandelten Gesellschaft der 1960er und 1970er Jahre erst noch zurecht finden müsse[344]. Hervorgehoben wurde Stangls „ausgeprägte Diskretion“, weshalb es ihn besonders geschmerzt haben dürfte, „daß jetzt alles so hervorgezerrt und verzerrt wird“ – und das alles nur aus „Sensationsmache“ und um der Kirche „am Zeug zu flicken“[345].

Besonders erwähnenswert sind in diesem Zusammenhang acht Zuschriften, deren Absender einerseits persönlich mit Stangl bekannt und Kleriker höheren Ranges waren, andererseits einen gewissen Bekanntheitsgrad in der Würzburger Öffentlichkeit besaßen. Zwei Publizisten, die zum Themenkomplex „Exorzismus und Anneliese Michel“ 1977 und 1979 Publikationen veröffentlichten, haben es ebenso als notwendig erachtet,

---

340 S. hierzu einen Brief vom 11.5.1978.

341 Brief vom 23.8.1976.

342 Der Absender eines Schreibens vom 5.8.1976 bezog sich konkret auf die bereits erwähnte, am 2.8.1976 in der ARD ausgestrahlte Reportage mit dem Titel „Tod durch Teufelsaustreibung“. Es wurde an dieser Stelle eine „anmaßende, unverschämte, Andersdenkende verletzende Haltung des Sprechers“ bemängelt.

343 Zusendung vom 10.6.1978.

344 S. hierzu Kap. 4.3.

345 Schreiben vom 7.8.1976. War Stangl von seinen Kritikern vorgeworfen worden, er vertrete die Ansichten des Tübinger Professors Haag bzw. würde diesem „nach dem Munde reden“, beschuldigte der Absender dieses Briefes Haag als geistigen Urheber von „Verdrehungen und unwahren Informationen“, die zu den ungerechtfertigten Anfeindungen gegen den Würzburger Bischof geführt hätten.

dem Würzburger Bischof ihre Ansichten über die Klingenberger Ereignisse persönlich zu übermitteln.

„Eine Hetzkampagne der Medien“ konstatierte ein befreundeter Geistlicher aus Karlsruhe, durch welche sich „die Existenz des Bösen am Deutlichsten [zeigt], daß er sich nun erklärt, wenn man ihm entgegentritt“[346]. Das Argument, dass das große Aufsehen, welches der Exorzismus in der Öffentlichkeit erregt hatte, durch den „Teufel“ oder „Dämonen“ bewirkt worden sei, um die Zweifel an deren Existenz auszuräumen, wurde in vielen Zusendungen entwickelt – sowohl von Gegnern als auch Fürsprechern Stangls. Ein der persönlichen Anrede nach zu schließen sehr enger Bekannter Stangls erwähnte in seinem ermutigenden Schreiben, dass er selbst in den Jahren 1937/38 in Großheubach[347] einen „ähnlichen Fall“ hatte, weshalb er um die „Kompliziertheit und die enormen Schwierigkeiten eines solchen Falles“ wisse[348]. Ein Ordinarius der Universität Würzburg sowie ein ehemals in der Würzburger Diözese wohnhafter Katholik versuchten, dem Bischof durch ihre Briefe Mut zuzusprechen, indem sie versicherten, unbedingt hinter ihm zu stehen, „wie das jeder tun muß, der die ganze heilige Schrift ernst nimmt“[349]. Diese Vertrauensbekundungen erfolgten bis auf eine Ausnahme bereits in der ersten Augusthälfte des Jahres 1976, die Absender waren also darauf bedacht, möglichst unmittelbar nach Bekanntwerden des Exorzismus und während der ersten „Medienschlacht“ zu bekunden, „trotz aller Vorwürfe auf der Seite des Bischofs zu sein“[350] und ihn in „Gedanken und Gebete der Familie“[351] einzuschließen. Der Bischof von Regensburg, Rudolf Graber, sandte seinem Kollegen am 11. August 1976 folgende Zeilen:

> „Ich habe gestern gehört, daß Du nun in der Sache Exorzismus bedrängt wirst. Laß' Dich bitte nicht einschüchtern und tu alles, damit der eventuelle Prozeß zu einer Niederlage des Herrn Prof. Haag führt. So könnte aus der unliebsamen Sache ein Erfolg für die Kirche werden, wenn alles gut angepackt wird. Selbstverständlich stehe auch ich zur Verfügung.“[352]

---

[346] Brief vom 7.8.1976.

[347] Gemeinde im heutigen Landkreis Miltenberg, ca. 8 km von Klingenberg entfernt.

[348] Privatbrief vom 3.5.1978.

[349] Brief vom 5.8.1976.

[350] Schreiben eines Würzburger Ordinarius vom 9.8.1976.

[351] Brief vom 5.8.1976.

[352] Anhand dieser Äußerungen wird ersichtlich, dass der Regensburger Bischof dem „Teufelsleugner“ Haag gegenüber mehr als kritisch eingestellt war. Die Thesen und Publikationen des Tübinger Professors wurden eben nicht nur in den Kreisen von Reformgegnern und „Traditionalisten“ abgelehnt.

Der „Fall Anneliese Michel“ als „unliebsame Sache“, die das Ansehen des Lehramtes nicht weiter beschädigt, sondern das „Teufelsbild“ wieder „zurechtrückt“: Bischof Graber brachte unumwunden zum Ausdruck, was sich eine nicht unbeträchtliche Anzahl von konservativen, an den päpstlichen Aussagen festhaltenden Geistlichen und Theologen vom Aschaffenburger Prozess erhofft hatte. Bischof Stangl ist diesem Appell Grabers, wie bereits dargelegt, nicht gefolgt, die staatsanwaltlichen Ermittlungen als Plattform zu nutzen, um Anhänger einer anderen Interpretationsweise des „Bösen in der Welt“ herauszufordern. Im Gegenteil dazu unterstellte man ihm in vielen Zuschriften, mit den Professoren Haag und Küng[353] „gemeinsame Sache zu machen“[354]!

Vorwürfe erhob in seinem Schreiben Pater Manfred Adler unter Verweis auf eine – wenngleich von Stangl so nicht beabsichtigte – Infragestellung der verbindlichen Lehre des Papstes. Adler, der 1977 den Band „Tod und Teufel in Klingenberg. Eine Dokumentation“ herausgab[355], versicherte dem Bischof, der „vielen als gütiger und väterlicher Priester und Bischof bekannt“ sei, aber auch gleichzeitig seine Sympathie und zeigte sich „von dem tiefen Leid mitbetroffen, das Ihnen [Stangl] durch eine öffentliche Kampagne zugefügt wird, die von gewissen Kreisen gegen Ihre Person und den Glauben unserer Kirche in Gang gesetzt worden ist“[356]. Kaspar Bullinger, Verfasser zweier einschlägiger Publikationen zum „Fall Anneliese Michel“[357], äußerte sich bestürzt zur Zurückziehung der Revisionsanträge der Angeklagten im Aschaffenburger Prozess und bezeichnete die Richter als die eigentlichen „Verbrecher“; die Verurteilung der Angeklagten sei darüber hinaus als klarer Sieg der Dämonen zu werten. Der Würzburger Bischof selbst hätte am Exorzismus mitwirken und auf diese Weise „für die Lehre der katholischen Kirche über die Existenz der Dämonen [...] eintreten müssen“[358]. In einem zweiten Schreiben sprach

---

353 Hans Küng (*1928), katholischer Priester, emeritierter Professor für Ökumenische Theologie (Universität Tübingen) und Weggefährte Herbert Haags, erlangte aufgrund seiner kirchenkritischen Veröffentlichungen, welche 1979 die Entziehung der kirchlichen Lehrbefugnis zur Folge hatten, große öffentliche Bekanntheit.

354 S. Kap. 2.2.1.

355 Der Band enthält u.a. einen Beitrag des damaligen Erzbischofs von München und Freising und späteren Papstes Benedikt XVI., Joseph Ratzinger, mit dem Titel: „Der Stärkere und der Starke“, S. 84–101.

356 Schreiben vom 25.8.1976.

357 Bullinger, Kaspar: Unschuldig verurteilt. Ein Laie sagt seine Meinung im Aschaffenburger „Exorzistenprozeß“, Bamberg 1979 sowie ders.: Das Leben und Sterben der Anneliese Michel und die Aussagen der Dämonen, Altötting ^{2}1983.

358 Brief vom 16.7.1978: Bullinger vertrat in diesem Schreiben bereits die in ähnlicher Weise von Goodman in ihrer Publikation verfochtene These, Anneliese Michels

sich Bullinger offen gegen die Umsetzung von Reformen des Zweiten Vatikanischen Konzils wie der Zelebration der Messe mit dem Rücken zum Tabernakel, der Abschaffung der Kommunionbänke und der Handkommunion aus.[359]

Die Verunsicherung, die Geistliche wie Gläubige nach Abschluss des Prozesses im Frühjahr 1978 teilten, wurde in 17 Zuschriften zum Ausdruck gebracht. In sämtlichen Zusendungen wurde der Wunsch nach einem „klärenden Wort“[360] zu den gegen Bischof Stangl und die katholische Kirche gerichteten Vorwürfen laut, nach „Wegweisung aus dem Streit der zum Teil sehr gegensätzlichen Meinungen zu den Existenzformen von Gut und Böse“[361]. Der Katholikenrat der Stadt Würzburg berichtete von einer „erheblichen Unruhe im Kirchenvolk“, die seit Prozessbeginn existiere, und der Notwendigkeit einer erneuten bischöflichen Erklärung, „um einer Entfremdung zwischen Bischof und Gläubigen vorzubeugen“[362]. Zu einer solchen Stellungnahme Stangls zum Urteil im „Exorzisten-Prozess“ ist es trotz zahlreicher Aufforderungen nicht gekommen. Der Bischof hatte – wie bereits dargelegt – für seine, ohne Rücksprache mit der Deutschen Bischofskonferenz oder dem Vatikan abgegebene erste Erklärung vom 12. August 1976 zu viel Kritik erfahren. Hinzu kam, dass man es in der Diözesanleitung zunächst vorzog, kein weiteres mediales Interesse zu wecken. Eine Mitarbeiterin der Presseabteilung des Bischöflichen Ordinariats hatte jedoch angemerkt, dass in Gesprächen mit im Gerichtsaal anwesenden Journalisten ersichtlich geworden sei, dass die Leitung des Bistums nach Abschluss des Prozesses den drängenden Fragen der Öffentlichkeit nicht mehr ausweichen könne:

> „Einmal erwartet die Öffentlichkeit – hier in erster Linie durch die seriöse Presse, nicht durch die Boulevard-Zeitungen vertreten – Stellungnahmen zu den immer beklemmender und erschütternder werdenden Tatsachen um Qual und Tod Anneliese Michels, zur Haltung der katholischen Priester – über Pfarrer Alt und P. Renz hinaus gibt es ja einen größeren Kreis eingeweihter bzw. beteiligter katholischer Geistlicher, von denen sich einer heute noch rühmt, als erster die ‚Besessenheit‘ erkannt zu haben –, zu dem ganzen San Damiano-Rummel [...], zu der innerhalb der angeblichen Gesprä-

Tod sei die Folge der langzeitigen kombinierten Einnahme der Antiepileptika Tegretal und Zentropil gewesen.

359 S. ein Schreiben vom 19.12.1978.

360 S. hierzu u.a. ein Schreiben des Bischöflichen Dekanats Alzenau vom 13.4.1978.

361 Zusendung aus Würzburg, 23.4.1978.

362 Brief vom 14.4.1978.

che mit dem oder den ‚Teufeln' bekannt gewordenen Traditionalisten-Ideologie."[363]

Der Korrespondenz zwischen der Rechtsabteilung des Bischöflichen Ordinariats mit dem Rechtsbeistand Pfarrer Alts im August 1978 nach zu schließen, hat es einen Entwurf einer solchen öffentlichen Erklärung gegeben. Nach dessen Begutachtung durch Fachleute, u.a. der Deutschen Bischofskonferenz, war man allerdings zu unterschiedlichen Einschätzungen gekommen. Trat der von der Diözese beauftragte Entwurfsverfasser hinsichtlich der vom Gericht festgestellten Verantwortlichkeit der Geistlichen Renz und Alt in Form von unterlassener Hilfeleistung für eine schärfere Formulierung ein, signalisierte das Sekretariat der Deutschen Bischofskonferenz deutlich, „es möchte alles unterbleiben, was in der Öffentlichkeit erneut zu Diskussionen und Stellungnahmen herausfordern könnte". Das wiederum ließ nach Ansicht der Rechtsabteilung nur einen Schluss zu:

> „Der Versuch, diesem Rat zu folgen und trotzdem noch eine Erklärung mit Inhalt zustandezubringen, wäre aber wohl die Quadratur des Kreises. Da wir jedoch [...] nicht gegen die Meinung des Sekretariats der Bischofskonferenz in dieser Sache etwas unternehmen wollen, bleibt praktisch nur das Schweigen."[364]

Die Entscheidung war dem Würzburger Bischof damit abgenommen worden, das Unverständnis der katholischen Gläubigen für das Fehlen einer abschließenden Stellungnahme zeigte jedoch nicht den Effekt der gewollten „Schadensbegrenzung".

Die untersuchten 159 Zuschriften, die den Bischof zwischen 1976 und 1978 erreichten, vermitteln den Eindruck, dass die Mehrheit eines interessierten, gemischtkonfessionellen Publikums der Person des Bischofs, seiner Erklärung und seinem Agieren durchaus kritisch gegenüberstand und Stangl zumindest indirekt für den Tod von Anneliese Michel mit verantwortlich machte. Nahezu tägliche neue Meldungen von Boulevard- und seriöser Presse hatten zu einem vermeintlich hohen Informationsgrad geführt, wodurch nach Ansicht der Beklagten einer Vorverurteilung und „Stimmungsmache" gegen die katholische Kirche Vorschub geleistet worden war. Die vorgebrachten Kritikpunkte – sieht man von beleidigenden und diffamierenden Schmähbriefen ab – galten einerseits der Verschwommenheit der bischöflichen Aussagen über die Existenz des Teufels und der Passivität Stangls nach Erteilung des Exorzismusauftrags. Andererseits meldeten sich auch konservative, gegen die

363 S. DAW, Exorzismus Klingenberg, 012, Aktenotiz vom 14.4.1978.

364 S. DAW Exorzismus Klingenberg 001, Handakt des Generalvikars 1976–1982, DK Fries an T., 23.8.1978. Vgl. auch Kap. 2.1.2 und 2.1.3.

Reformen des Zweiten Vatikanums polemisierende Stimmen zu Wort, welche nicht die Entscheidung Stangls für den Exorzismus, sondern sein mangelndes Eintreten für die ausführenden Priester kritisierten. Der Zuspruch, den der Würzburger Bischof erfuhr, war eher verhalten, es ist aber anzunehmen, dass dem an sich überaus beliebten und geachteten Bischof auch auf andere Art und Weise Sympathiebekundungen zuteil geworden sind. Die Gelegenheit, mittels einer offiziellen Stellungnahme zum Urteil im Aschaffenburger Prozess zumindest dem Wunsch der verunsicherten Gläubigen in der Würzburger Diözese nach Aufklärung und Positionierung der Amtskirche zu entsprechen, war vom Bischöflichen Ordinariat aufgrund der Intervention der Deutschen Bischofskonferenz nicht genutzt worden.

2.3 Zuschriften an die Staatsanwaltschaft des Landgerichts Aschaffenburg: Stimmungen zum „Exorzistenprozess" (1977–1980)

In den Beständen des Würzburger Staatsarchivs werden neben den Akten zu den Ermittlungen, zur Verhandlung und zum Urteil im „Fall Anneliese Michel" 138 Zuschriften aufbewahrt, die zwischen dem 15. Juli 1977 und dem 14. Februar 1980 bei der Staatsanwaltschaft des Aschaffenburger Landgerichts eingegangen waren.[365] Auch hier blieben die Absender zum Teil anonym[366], wobei im Vergleich zu den anonymisierten Zuschriften an Bischof Stangl die meisten dieser Einsender wohl eine strafrechtliche Verfolgung befürchtet haben werden, bedenkt man den oftmals beleidigenden, anklagenden Tenor mancher Briefe. Lediglich zwei der 34 mit einer Ortsangabe versehenen Schreiben stammten aus Würzburg, drei aus dem Gebiet der Würzburger Diözese. 27 der Zuschriften wurden aus Bayern, 59 aus dem restlichen damaligen Bundesgebiet und 13 aus dem Ausland versandt.[367]

---

365 Die im folgenden Kapitel verwendeten Zitate und Erwähnungen von Briefen bzw. Postkarten sind folgendem Bestand entnommen: Staatsarchiv Würzburg, Akten Staatsanwaltschaft Aschaffenburg 593 II.

366 Es handelt sich hier um 35 anonyme Zuschriften, von denen 22 keine Ortsangaben aufwiesen.

367 Von den 13 Schreiben stammten sechs aus Österreich, vier aus der Schweiz und drei aus den Niederlanden. Der Inhalt der Zusendungen ließ im Nachhinein keinerlei Rückschlüsse darauf zu, durch welche Medien die Absender ihre Informationen über den Klingenberger Prozess bezogen haben. Neben Literaturempfehlungen (zwei) und Äußerungen offensichtlich geistig verwirrter Verfasser (vier) sprachen sich vier Absender für die Angeklagten, zwei gegen diese aus. Ein weite-

Inhaltlich nahmen auch in diesem Bestand Stellungnahmen zum „Fall Anneliese Michel" den größten Teil unter den Zusendungen ein (80), wobei die Absender sich unterschiedlich zum Urteil selbst äußerten und dementsprechend Partei ergriffen.

Zehn Zuschriften enthielten Literaturempfehlungen zu Themen wie Besessenheit und „historische Besessenheitsfälle", „Seelsorge und Okkultismus", Epilepsie sowie „Magie als experimentelle Naturwissenschaft".

Beleidigungen des „Teufelsgerichts" wurden in weiteren sieben Schreiben ausgestoßen, wobei die Ursachen für die heftige Ablehnung zwischen Kritik an zu großer Milde gegenüber den Angeklagten und dem Vorwurf einer generellen Kirchenfeindlichkeit der Richter divergierten.

Neben zwei Anfragen juristischer Natur waren 39 der Briefe als Äußerungen geistig verwirrter Verfasser zu erkennen, wobei unter diesen oftmals unleserlichen und gedanklich nicht nachvollziehbaren Stellungnahmen auch sieben Erlebnisberichte „Betroffener" bzw. deren Angehöriger auszumachen sind.[368]

2.3.1 „Die katholische Kirche vor Gericht": Voreingenommenheit und Vorverurteilung?

Betrachtet man jene Zuschriften näher, deren Absender das Urteil vom 21. April 1978 scharf kritisierten, wird ersichtlich, dass in einem Großteil der Briefe (47) das Gericht von katholisch-konservativen Einsendern „schuldig" gesprochen wurde, die Kirche oder stellvertretend die Angeklagten aufgrund von Voreingenommenheit zu Unrecht verurteilt zu haben. Voraussetzung für diese Annahme muss ein unzweifelhafter Glaube an die tatsächliche Besessenheit der Anneliese Michel sein sowie die Überzeugung, mit der Anordnung und Durchführung eines Exorzismus das richtige „Heilmittel" gewählt zu haben. Die zur Untermauerung dieser Überzeugung genannten Beispiele lassen sich bis heute in den Werken des „Experten" Adolf Rodewyk nachlesen, dessen Thesen während des Gerichtsverfahrens von den Angeklagten als Beweise für die Existenz einer „dämonischen Besessenheit" angeführt wurden. Außerdem begegnet man erneut dem Argument, Anneliese Michel habe im Vollbesitz ihrer geistigen Kräfte der Vorgehensweise, sie mit Hilfe eines Exorzismus zu

res Schreiben kritisierte die „kirchen- und glaubensfeindliche" Vorgehensweise des Gerichtes.

368 Es ist durchaus wahrscheinlich, dass Absender dieser Gruppe Briefe sowohl an das Bischöfliche Ordinariat als auch an das Aschaffenburger Gericht versandt haben. Aufgrund der Anonymität, fehlender Datierungen bzw. einem teilweise hohen Grad an Unleserlichkeit konnte allerdings keine eindeutige Zuordnung erfolgen.

heilen, zugestimmt.[369] Ein Absender ging sogar so weit anzuregen, den Geistlichen Alt und Renz das Bundesverdienstkreuz 1. Klasse zu verleihen und den Tag der Exhumierung von Anneliese Michel ab dem Jahr 1979 als „Heiligen Feiertag" zu proklamieren.[370] Als Beweis für die Unschuld der Angeklagten wurden u.a. die Tonbänder angeführt wie auch die Feststellung, dass dem eigentlich Schuldigen, dem „Teufel mit seinem Gefolge", der Prozess gemacht werden müsse, da dieser ungestört seinen „Machenschaften"[371] nachgehen könne: Anneliese habe sich freiwillig geopfert, Gott wiederum habe dieses Opfer angenommen:

> „Dieser geistliche, heilige Tatbestand ist mit keinem § der Welt und nicht mit natürlichem Verstand zu fassen. Wer es dennoch tut, legt sich mit Gott an und das Schuldurteil fällt auf sein eigenes Haupt."[372]

Die Angeklagten wurden als „Helden" bezeichnet, deren Mut in der heutigen Zeit besonders hervorgehoben werden müsse, in der es nur noch wenige „gute" Bischöfe und Priester gebe[373] – im Gegensatz zu Individuen wie den Professoren Küng und Haag, welche die Hölle leugneten. Die Unkenntnis und Unfähigkeit des Gerichtes sei allein schon dadurch erwiesen, dass darüber verhandelt werde, ob ein Exorzismus, also das Sprechen eines Gebetes, zum Tode führen könne.[374]

Ein weiterer Kritikpunkt betraf die Rolle der Gutachter und die daraus vermeintlich resultierende Beeinflussung des Gerichtes. Die Verteidigung der beiden Geistlichen hatte Einwände gegen den medizinischen Gutachter Prof. S. erhoben[375], eine Ansicht, die auch in einem an die Staatsanwaltschaft gerichteten Schreiben vertreten wurde unter gleichzeitiger Nennung und Empfehlung eines Parapsychologie-Experten.[376] Auch

---

[369] S. u.a. ein Schreiben vom 23.4.1978, in dem von der „Mündigkeit" der Anneliese Michel die Rede ist.

[370] Postkarte des „Kongregations-Ordinariats Bundesrepublik Deutschland" vom 24.4.1978.

[371] S. einen Brief vom 5.5.1978. Als „teuflische Machenschaften" wurden angeführt: Betrug, Lüge, Brutalität, Menschenraub, Mord, Terror, Pornographie, Schundliteratur, elende Filme, Verbrechen an Kindern, „den geborenen und ungeborenen".

[372] Einsendung vom 3.4.1978.

[373] S. ein Schreiben aus Österreich vom 5.3.1978.

[374] Dieser Vorwurf ließ vollständig außer Acht, dass die seelsorgerische Betreuung, die im „Fall Anneliese Michel" das Sprechen mehrerer Exorzismen beinhaltete, die Angeklagten nicht von der Verantwortung für das körperliche Wohl Annelieses freisprach.

[375] S. Kap. 1.2. Die Hinzuziehung zweier Gutachter, die sich auf dem Gebiet der Parapsychologie einen Namen gemacht hatten, zeigte allerdings nicht den gewünschten Erfolg und trug nicht zur Entlastung der Angeklagten bei.

[376] Schreiben vom 18.4.1978.

Kaspar Bullinger sprach in seiner Stellungnahme vom 15. Januar 1978 von einer Überforderung des psychiatrischen Gutachters und begründete dies mit der Tatsache, dass er „kein katholischer Theologe, sondern ein evangelischer Laie" sei[377]. Daneben führte Bullinger aus, dass andere historisch belegte Fälle wie der der stigmatisierten Therese von Konnersreuth[378] das Vorhandensein von Dämonen belegen würden.

Neben dem Schaden, den die Angeklagten durch das Urteil davon getragen hätten, beschäftigten sich Zuschriften mit dem nicht abzusehenden Ausmaß des Ansehensverlustes, den die katholische Kirche bisher erlitten habe und immer noch erleiden würde. Ein Absender aus den Niederlanden äußerte seine Befürchtungen noch vor Verkündung des Urteils wie folgt:

> „[Die] Erniedrigung eines Bischofs, zweier Priester sowie Lächerlichmachen der Kirche. Folge: Wachsendes Neuheidentum, Verrat der christlichen Werte, Entmündigung des treuherzigen, gläubigen Volkes von Süddeutschland, ein wichtiger Stützpunkt (und einer der letzten) der christlichen Zivilisation, große, nicht wiederherzustellende Verluste an moralischer Volkskraft, weil der Kopf vieler Gläubigen ins Wirbeln geht. Diese Folgen werden nicht gleich [...] merkbar."[379]

Solche Befürchtungen wurden von kirchentreuen Verfassern weiterer Zuschriften geteilt, wobei der Eindruck vermittelt werden sollte, dass im Aschaffenburger Prozess über Fragen geurteilt werde, „die ins Religiöse und Theologische hereinragen, weshalb ein weltliches Gericht nicht darüber befinden kann"[380]. Dem Gericht wurde demnach die Kompetenz, im „Fall Anneliese Michel" zu urteilen, abgesprochen:

> „Nur, wenn sich Juristen auf ein Sachgebiet begeben, für das sie nicht zuständig sind, dann ist jedes Urteil geradezu Mist!"[381]

---

377 Brief Kaspar Bullingers, 15.1.1978.

378 Zur „Resl von Konnersreuth" s. die bibliographischen Angaben im Literaturverzeichnis. Besonders hervorzuheben sind in diesem Zusammenhang die Publikationen von v. Aretin, Erwein: Therese Neumann. Die stigmatisierte Seele von Konnersreuth, Gröbenzell 1952; Hanauer, Josef: Konnersreuth als Testfall. Kritischer Bericht über das Leben der Therese Neumann, München 1972; Rößler, Max: Therese Neumann von Konnersreuth, Würzburg 1989; Veh, Ulrich: Die Resl: Therese von Konnersreuth, Eichstätt [6]1996.

379 Zusendung vom 11.4.1978.

380 Brief eines Pfarrers vom 11.4.1978, der sich in seinem Schreiben trotz der Ablehnung des Urteils wörtlich von „Anhängern der San Damiano-Bewegung und den ultrakonservativen Anhängern um Erzbischof Lefebvre" abgrenzte.

381 Schreiben vom 26.7.1978.

Die Angeklagten seien somit freizusprechen, da niemand wegen religiöser Überzeugungen – „seien sie auch strittig" – verurteilt werden könne. Überhaupt wurde die Art und Weise der Presseberichterstattung einer kritischen Prüfung unterzogen, erwecke doch die „Hochspielung durch die Massenmedien" den Anschein, „die gesamte katholische Kirche stünde vor Gericht"[382]. Indem indirekt über das geltende Rituale Romanum und dessen Anwendung geurteilt worden sei, ermögliche dies der Presse, die „Rückständigkeit des Papstes" zu beklagen.[383] Dieser Vorwurf wurde in einem weiteren Schreiben wie folgt formuliert:

> „Der ‚Fall Klingenberg' macht Schlagzeilen und gewinnt Interesse von Weltweite. Die ungläubige Weltpresse und Fernsehen und der Schwarm falscher Propheten und liberaler Theologen sehen darin ein Zeichen für die Rückständigkeit der katholischen Kirche und ihrer Verkrampfung im Traditionellen."[384]

Nicht nur die Verfasser der „tollen Pamphlete", abgedruckt in diversen Regionalzeitungen, sondern auch „der Herr Teufelsprofessor Haag" mit seinen Veröffentlichungen hätten es sich sehr einfach gemacht. Der ganze Ablauf der Verhandlung, die Tatsache, „daß im Gerichtssaal massenhaft Stühle für die Meute der Gazetten bereit gestellt worden sind"[385], seien Beweis genug, dass der Teufel hier selbst seine Hand im Spiel gehabt habe. Die Medienkritik wurde häufig in Verbindung mit abschätzigen Aussagen über Veröffentlichungen liberaler Theologen geäußert. Der Gläubige sehe sich auf diese Weise einer Beeinflussung von mehreren Seiten ausgesetzt, die in einigen Fällen als „vom Teufel gewollt" interpretiert wurde.

Die Unrechtmäßigkeit des im Aschaffenburger Prozess gefällten Urteils wurde in vielen Zuschriften auch damit begründet, dass die eigentlich Schuldigen gar nicht vor Gericht gestellt worden seien, wobei hier v.a. der Name des Würzburger Bischofs genannt wurde. Stangl, der „feine Herr Bischof", habe schließlich die „Anweisung zu dieser mittelalterlichen Methode, die zum Tode führte"[386], gegeben. Die Forderung, den Bischof noch nachträglich anzuklagen, ergebe sich aus dessen Verpflichtung seinem geistlichen Amt gegenüber – „entweder ist er der Hirte oder

---

382 S. die Stellungnahme eines Geistlichen vom 11.4.1978.

383 Brief vom 23.4.1978.

384 Zusendung vom 16.3.1978. Auch wenn der Absender es vermieden hatte, Namen zu nennen, so ist er wohl auch zu den Kritikern von Theologen wie Herbert Haag zu zählen.

385 Anonymes Schreiben vom 7.4.1978.

386 Der Absender dieses Briefes vom 5.4.1978 ergänzte diese Feststellung noch um eine Kritik an der Einstellung der katholischen Kirche gegenüber den Frauen, die sich seit 2.000 Jahren nicht verändert habe.

[...] ein Mietling, dem an seinen Schafen nichts liegt"[387]. Neben Bischof Stangl wurden Annelieses behandelnde Ärzte[388], der psychiatrische Gutachter, Annelieses Verlobter[389], aber auch sämtliche Bewohner des Ortes Klingenberg[390] für den tödlichen Ausgang im „Fall Anneliese Michel" mitverantwortlich gemacht. Für den Verfasser folgenden „Gedichtes" hingegen diente der Weinort am Untermain als Beispiel für das Vorhandensein und die Verbreitung konservativ-traditionalistischen, reformgegnerischen Gedankenguts in ländlichen Regionen:

> „Teufels-Tanz in Klingenberg, eine Anregung zur Fremdenwerbung: O Klingenberg, o Klingenberg, du bist gar stark im Glauben. Als Städtchen bist du nur ein Zwerg, doch gut sind deine Trauben. [...] Der Teufel freut sich königlich: Er weiß die Kirche hinter sich. Sie fördert frommen Eifer gern und jeder Zweifel liegt ihr fern. So kommt der Teufel hoch in Ehren und braucht sich nicht zum Teufel scheren. [...] Solche Werbung ist die beste. Auf und feiert Teufels-Feste! Dann wird Klingenberg gedeihen, wachsend in der Städte Reihen."[391]

In 15 Zuschriften baten die Absender um einen Freispruch für die Angeklagten Alt, Renz und das Ehepaar Michel. Während sich die ersten beiden ihren Freispruch durch ihre aufopfernde Tätigkeit als Exorzisten verdient, also „im Auftrag des Allmächtigen"[392] gehandelt hätten, seien Annelieses Eltern durch den Tod ihrer Tochter genug gestraft. Lediglich in einem kritischen Schreiben[393] wurde in der Schuldfrage zwischen den Angeklagten unterschieden: Anna und Josef Michel sei die Besessenheit ihrer Tochter von den Geistlichen eingeredet worden, die es wiederum versäumt hätten, rechtzeitig eine Zwangsernährung einzuleiten.

---

387 S. einen Brief vom 7.4.1978.

388 In einem Schreiben vom 26.4.1978 beispielsweise wurde einem der Ärzte grob fahrlässiges Verhalten vorgeworfen, da er Krankschreibungen ausgestellt hatte, ohne Anneliese Michel zuvor überhaupt untersucht zu haben. Das Verfahren gegen den Arzt war im Verlauf der Ermittlungen eingestellt worden.

389 Diesem wurde in einem anonymen Brief vom 7.4.1978 unterstellt, er habe Anneliese mittels Hypnose manipuliert und ihr so die Besessenheit „eingegeben".

390 Zusendung vom 18.4.1978. Es ist sicherlich übertrieben, eine ganze Kleinstadt der stillen Mitwisserschaft anzuklagen, wie es der Verfasser dieses Schreibens andeutete. Ob und inwieweit andere Bewohner Klingenbergs eine Ahnung davon hatten, was zwischen November 1975 und Juli 1976 in Annelieses Elternhaus vorging, kann nicht angenommen werden – es erscheint jedoch wahrscheinlich, dass zumindest noch andere Personen aus dem Kreis der San Damiano-Pilger über den Exorzismus informiert gewesen sind, auch wenn sie nicht direkt in Klingenberg ansässig waren.

391 Zusendung vom 29.3.1978.

392 Anonyme Stellungnahme vom 3.4.1978.

393 Brief vom 31.3.1978.

2.3.2 *Die Verurteilung der Angeklagten: Ein notwendiges Exempel?*

Hatten die bisher betrachteten Zusendungen an das Aschaffenburger Landgericht das Urteil aus unterschiedlichen Gründen als Fehlurteil bezeichnet, so beschäftigte 28 Einsender die Frage, inwieweit das Urteil bzw. das Strafmaß angemessen war. Da es „recht und billig" sei, „auch den Beelzebub mit der jetzt tätigen irdischen Gerechtigkeit auszutreiben"[394], werde man auch zu einem angemessenen Urteil gelangen, wie es in sieben Schreiben vertreten wurde. Die Schuld der Angeklagten sei zweifelsfrei erwiesen, ein „Exorzismus-Verbot in allen Schichten der Gesellschaft"[395] müsse als Konsequenz erfolgen, damit nicht noch mehr Besessenheitsfälle „aus dem Boden wüchsen". Fragen der Glaubensfreiheit, wie es Anhänger der angeklagten Priester monierten, seien in diesem Fall nicht betroffen und würden durch eine Verurteilung wegen unterlassener Hilfeleistung nicht berührt.[396]

Zu hart hingegen erschien das Strafmaß einem Absender, der betonte, dass die Angeklagten in „gutem Glauben" gehandelt hatten und darauf verwies, dass sie selbst durch pseudowissenschaftliche Darstellungen parapsychologischer Phänomene verführt worden seien.[397] In einem weiteren Brief vom 9. April 1978 wurde um Milde bei der Bestrafung der Angeklagten gebeten, da sich diese „irgendwie selbst betrogen haben"[398].

In der Mehrzahl der 28 eingesandten Stellungnahmen über die Angemessenheit des Urteils (19) wurde dieses allerdings als nicht hart genug empfunden und ein höheres Strafmaß gefordert. Da sich die Verurteilten ihren Verpflichtungen und Aufgaben als ordentliche Bürger der Gesellschaft nicht würdig erwiesen haben, ergebe sich daraus ein lebenslängliches Berufsverbot für die Geistlichen Renz, Alt und Stangl bzw. die Verpflichtung des Ehepaares Michel zu einer langjährigen karitativen Arbeit. Darüber hinaus erschienen die Angeklagten manchen radikalen, antikirch-

---

394 Postkarte vom 3.4.1978.

395 Zuschrift vom 7.4.1978.

396 Schreiben vom 24.4.1978. Dem Gericht wurde in diesem Brief ausdrücklich zu seinem Urteil gratuliert.

397 Kritisiert wurde in diesem Brief vom 22.4.1978 die Tatsache, dass Wissenschaftler: theologisch ausgebildete Psychologen und Psychiater, solche Phänomene als gegeben anführten, dabei aber die Beweise schuldig blieben und aufgrund einer für sich beanspruchten „Allzuständlichkeit [sic!]" zur Ideologiebildung beitrügen.

398 Diesem Schreiben war darüber hinaus zur Erläuterung der Weltsicht der Angeklagten ein 30-seitiges Konvolut mit dem Titel: „Die Schöpfung in der Glaubenswahrheit" beigelegt.

lichen Briefschreibern als „sichtbarer Beweis für die Verdummung, die die katholische Kirche ihren Anhängern gegenüber immer noch predigt“[399]. Drastischer wurde dies in einem Schreiben vom 24. April 1978 formuliert, indem neben wüsten Beschimpfungen der Angeklagten die Forderung erhoben wurde, jene „auch verhungern zu lassen oder mit dem Kopf nach unten aufzuhängen“[400]. Die Notwendigkeit eines härteren Strafmaßes im Hinblick auf eine exemplarische Wirkung begründete eine Lehrerin in ihrem Brief:

> „Das ist doch Mord über Monate hinweg, der Euthanasie mindestens gleichzusetzen. [...] Man weiß, daß sich besonders in ländlichen Gegenden Menschen befinden, die tiefem Aberglauben verfallen sind. [...] Es fördert weder die Achtung vor der Kirche noch vor der Gerichtsbarkeit, die so etwas so schonend behandelt, sondern verwirrt die Jugend, die Kirche.“[401]

Mit einem exemplarischen Urteil könne man darüber hinaus erreichen, dass „der Unfug vom Mittelalter endlich der Vergangenheit angehört“[402]. Die angeklagten „Spiritisten“ und „Volksverblöder“[403] seien offensichtlich geistesgestört und sollten ins Gefängnis oder in ein Irrenhaus eingeliefert werden.[404] Schließlich dürfe niemand nach Meinung gläubiger, antikirchlich eingestellter Einsender – auch Vertreter der katholischen Kirche nicht – Sonderrechte vor dem Gesetz genießen. Eine entsprechende Beurteilung der Umstände, die zum Tod der Anneliese Michel geführt hatten, solle dazu beitragen aufzuzeigen, „daß die Zeiten endgültig vorbei sind, in denen sich die Kirche erlauben konnte, über Leben und Tod der Menschen zu entscheiden“[405]. Es handele sich um „Terrorismus unter der Maske der Theologie, wenn Glaubensfreiheit in Mord ausartet“[406]. In einem weiteren Schreiben wurde die Forderung nach einem „exemplarischen Sühneurteil“ verknüpft mit dem Wunsch nach einer notwendigen

---

399 Stellungnahme vom 20.4.1978.

400 Als eigentlicher Hauptschuldiger wurde in diesem Brief vom 24.4.1978 erneut Bischof Stangl angegriffen, gegen den das Verfahren längst eingestellt worden war. Ein anonymer Absender versandte am 4.4.1978 eine Postkarte, auf der er „das öffentliche Aufhängen der katholischen Schweinebande“ forderte.

401 Brief vom 30.4.1978. Die Absenderin verstand unter dem Begriff „Kirche“ ausschließlich „Gemeinde“.

402 Schreiben vom 22.4.1978, in welchem sich der Absender v.a. über die zu diesem Zeitpunkt noch erwogenen Revisionsanträge empörte.

403 Der anonyme Absender einer Postkarte vom 4.4.1978 empfahl, den Angeklagten „mit der Stahlrute die ‚Teufel‘ auszutreiben“.

404 Anonyme Stellungnahme vom 30.3.1978.

405 Zusendung vom 18.4.1978.

406 Anonymer Brief vom 2.5.1978.

„Liquidation bzw. Auflösung aller Glaubens-Wunder-Betriebe und Spinnerorganisationen“[407].

Neben Verunglimpfungen der Angeklagten wurde jedoch auch das Gericht selbst Gegenstand von Beleidigungen und Schimpftiraden, wobei die Urheber der unterschiedlich motivierten Zuschriften häufig einen Zusammenhang zur 1976 durchgeführten und öffentlich heftig diskutierten Reformierung des Paragraphen 218[408] herstellten. Auf katholisch konservativ-antiliberaler Seite wurde Unverständnis über die Nicht-Verurteilung der „unzähligen Abtreiber-Massenmörder“[409] geäußert wie auch die Feststellung getroffen, dass die „Paragraphen-Kindsmörder durch Abtreibung nun den schwarzen Peter auf Geisteraustreibung“[410] schieben würden.

Eine antikatholische bzw. antikirchliche liberale Entgegnung stellen die Aussagen eines anonymen Absenders dar, welcher über eine diesbezüglich unterschiedliche Rechtssprechung in Reimform anmerkte:

> „Die schlimmsten Feinde echter Christen sind die verdammten Exorzisten [...]. Bei Völkermord – da wird geschwiegen, man freut sich, wenn die ‚Frommen‘ siegen. Die Opfer werden nicht bedauert; um Nichtgeborne wird getrauert. Man schuf infame Paragraphen, um ärmste ‚Weiber‘ zu bestrafen.“[411]

Eine an die Teufelsstraße am Höllenplatz adressierte Postkarte sprach eine Warnung an das „Teufelsgericht Aschaffenburg“ aus, den „Dämon Hitler“ ernst zu nehmen, da ja „ein Teufel namens Freisler in euren Gerichtssälen spukt“[412]. Die Anzahl der Zuschriften beleidigenden Tenors

---

407 S. eine anonyme „Appellation“ vom 4.4.1978. Der Absender eines Briefes vom 3.4.1978 empörte sich über eine in Klingenberg ansässige „altertümlich abergläubische Sekte“ und deren angebliche Behauptung, Anneliese Michel diktiere ihnen Briefe aus dem Jenseits.

408 Am 12.2.1976 verabschiedete der Bundestag ein neues Gesetz zum Schwangerschaftsabbruch: das so genannte Indikationenmodell. Von der Bestrafung der Frau solle abgesehen werden, wenn die Schwangere in „besonderer Bedrängnis“ handelte, die über vier Indikationen (medizinische, eugenische, kriminologische/ethische und soziale Indikation) definiert wurde. Ob ein indizierter Fall vorliegt oder nicht, muss zuvor durch eine anerkannte Beratungsstelle oder einen Arzt festgestellt werden.

409 S. eine Postkarte eines Paters aus Altötting vom 27.4.1978. Das Gericht wurde zudem als Gremium „eingebildeter Wichtigtuer“ und „Steigbügelhalter“ bezeichnet.

410 Der Absender dieser Postkarte vom 24.4.1978 konfrontierte die „Narren vom Landesgericht“ mit der Aussage, dass „jeder Kaffer-Hottentotte und Kanake Geisteraustreibung kennt“.

411 Anonyme Zusendung vom 8.5.1978.

412 Postkarte vom 10.4.1978, unterzeichnet von der „Nibelungen Kampfgruppe gegen Ungerechtigkeit“.

(sieben), die sich gegen das Aschaffenburger Gericht wandten, war im Vergleich zu den Schmähbriefen, welcher der Würzburger Bischof erhielt (25), verhältnismäßig gering und weniger radikal – eine Tatsache, die ihren Ursprung womöglich auch in der Angst vor strafrechtlicher Verfolgung hatte.

Abschließend bleibt zu erwähnen, dass von den hier näher betrachteten insgesamt 80 Stellung nehmenden Einsendungen der überwiegende Teil (47) die Rechtmäßigkeit des Verfahrens und des Urteils in Zweifel zog bzw. verneinte. Argumentiert wurde von katholischen Traditionalisten mit dem Bekenntnis zum Exorzismus als einzig adäquater Vorgehensweise zur Heilung in Fällen von Besessenheit – was den ganzen Prozess aufgrund der Inkompetenz eines weltlichen Gerichts in religiösen Fragen ad absurdum führe – und dem Vorwurf des Einsatzes ungeeigneter gutachtender evangelischer Laien. Der durch das vermeintliche „Fehlurteil" von Aschaffenburg erfolgten Erniedrigung der katholischen Kirche und ihres der Rückständigkeit bezichtigten päpstlichen Oberhauptes sei bereits im Vorfeld und Verlauf des Verfahrens durch eine reißerische Berichterstattung Vorschub geleistet worden. Über die Angemessenheit des Strafmaßes der Angeklagten äußerten sich 28 Absender, wobei 19 Vertreter aus dem kirchenkritischen Lager das Urteil als allzu milde empfanden und Gefängnisstrafen für den „Mord von Klingenberg" forderten; sieben Einsendungen unterstrichen diese Forderung durch Beschimpfungen des Gerichts und der geistlichen Angeklagten.

Die beiden untersuchten Bestände von Zuschriften zum „Fall Anneliese Michel", die im Diözesanarchiv Würzburg einerseits, im Bayerischen Staatsarchiv andererseits lagern, können selbstverständlich nur einen Ausschnitt der Stimmungen wiedergeben, die in der Bevölkerung in den Jahren zwischen 1976 und 1980 vorgeherrscht haben dürften. Die Absender können verschiedenen Weltanschauungslagern zugeordnet werden, auch wenn unterschiedlich motivierte Stellungnahmen teilweise zu vergleichbaren Ablehnungen oder Zustimmungen führten. Waren sich konservative, traditionalistische und reformkritische Katholiken einig in ihrer Kritik an Bischof Stangl und dessen Handhabung der Ereignisse im „Fall Anneliese Michel", befürchteten sie dennoch gemeinsam mit aufgeklärt-liberalen, reformorientierten Katholiken eine fortschreitende Entfremdung des Kirchenvolkes durch den Ansehensverlust in der Öffentlichkeit sowie einen „Schauprozess" und eine Verurteilung der gesamten katholischen Kirche. Liberale Kirchenanhänger lehnten den Exorzismus als solches ab, ebenso wie kirchenferne Katholiken und Angehörige anderer Konfessionen, die ihre Positionen mit ähnlicher Vehemenz vertraten wie prinzipielle Kirchengegner: deren Ablehnung gipfelte allerdings in manchen Fällen in besonders radikalen, antikatholischen Äußerungen. Die Kritik an der Arbeit des Aschaffenburger Gerichts bzw. die Bezeichnung des Urteils als

„Fehlurteil“ entstammte sowohl dem konservativ-traditionalistischen als auch dem antikirchlich-liberalen Lager – war für die eine Gruppe das Urteil per se unrechtmäßig, war es für die andere Seite nicht hart genug ausgefallen. Die Argumentationslinien, mittels derer in den Zuschriften Kritik geübt, Zustimmung oder Ablehnung ausgedrückt sowie die Art und Weise, mit der Wertungen über die Protagonisten im „Fall Annelies Michel“ vorgenommen wurden, können dennoch als repräsentativ angesehen werden, ebenso wie die Äußerungen gläubiger Katholiken über ihre Unsicherheit, ihre Verwirrung und ihren Wunsch nach Anleitung. Es wird deutlich, dass sich der Würzburger Bischof der in dieser Form an ihn herangetragenen Kritik zu stellen versucht hatte, bedenkt man die nicht unbeträchtliche Anzahl von Antwortschreiben, die er vornehmlich an jene Absender versandte, die ihm eine papstuntreue Einstellung und „Teufelsleugnung“ vorwarfen. Ob Einsendungen an das Landgericht Aschaffenburg beantwortet wurden, geht aus der Aktenlage zwar nicht hervor, es erscheint aber eher unwahrscheinlich.

Um darüber entscheiden zu können, inwiefern diese Stimmungen und Meinungen durch die massive mediale Präsenz des „Falles Anneliese Michel“ in den Jahren 1976–1979 beeinflusst wurden, ist eine Analyse der Berichterstattung ausgewählter Presseorgane des gleichen Zeitraums notwendig. Neben den „Aufmachern“ und „Schlagzeilen“ spielen Kommentare und Leserbriefe eine wichtige Rolle, insofern sie das durch die Auswertung der Zuschriften vermittelte Stimmungsbild bestätigen, erweitern oder vervollständigen können. Zu bedenken bleibt, dass der Abdruck von Leserbriefen auf redaktionellen Entscheidungen des jeweiligen Presseorgans beruht, diese aber nicht empirisch erfasst werden können.

3 Der „Fall Anneliese Michel“ und die Medien: Schlagzeilen, Kommentare und Leserbriefe 1976–1978

3.1 Regionalpresse

Da der unterfränkische Weinort Klingenberg einerseits im Landkreis Aschaffenburg liegt, an dessen Gericht der „Fall Anneliese Michel“ verhandelt wurde, andererseits der Diözese Würzburg zugehörig ist, erfahren im Folgenden jene Regionalzeitungen eine nähere Betrachtung, welche dort vornehmlich rezipiert werden. Die Würzburger Ausgaben der „Main-Post“ und des „Fränkischen Volksblatts“ werden von der gleichen Verlagsgruppe vertrieben, erscheinen täglich und stellen aufgrund ihrer Monopolstellung im Würzburger Stadtgebiet die beiden nennenswerten lokalen Tageszeitungen dar. Das „Fränkische Volksblatt“ bezeichnet sich im Untertitel selbst als „christlich – kritisch – unabhängig“; die Berichte zu überregionalen Themen in den Würzburger Ausgaben von „Main-Post“ und „Fränkischem Volksblatt“ sind identisch, Unterschiede zeigen sich lediglich in den Lokalteilen. Die katholische Tageszeitung „Deutsche Tagespost Würzburg“ erscheint heute noch dreimal wöchentlich – dienstags, donnerstags, samstags – unter dem Titel „Die Tagespost“[413]. Neben Nachrichten aus aller Welt und städtischen Meldungen enthält die „Deutsche Tagespost“ einen gesonderten Kirchenteil sowie Nachrichten, Reportagen und Kommentare. Nicht aufgenommenen in die folgende Betrachtung wurden theologische Diskussionsbeiträge, die in ihrer Ausrichtung erkennbar an ein Fachpublikum adressiert waren und weit über das Verständnis eines Laien hinaus tief in die Materie über die Existenz des „Bösen“ bzw. dessen Ursprung in der christlichen Religion im Allgemeinen und der katholischen Glaubenslehre im Speziellen vordrangen.

3.1.1 Würzburger Tageszeitungen: „Main-Post“, „Fränkisches Volksblatt“ und „Deutsche Tagespost“

Die Berichterstattung der „Main-Post“ und des „Fränkischen Volksblatts“ setzte jeweils am 22. Juli 1976 ein, nachdem am Vortag eine Klingenberg betreffende Meldung der Deutschen Presseagentur veröffentlicht worden war. Die Berichte vermittelten zu diesem Zeitpunkt den Eindruck, dass

[413] Sie trägt zudem den Untertitel: „Katholische Zeitung für Politik, Gesellschaft und Kultur“.

eine Studentin aus dem Landkreis Aschaffenburg zu Tode gekommen war, dies aber nicht in Zusammenhang mit einem über einen längeren Zeitraum hinweg an ihr durchgeführten Exorzismus zu sehen sei. Die beiden Tageszeitungen berichteten im Jahr 1976 nahezu täglich, im Jahr 1977 durchschnittlich einmal pro Monat und dann wieder kontinuierlich während des Prozesses im April 1978 über die Klingenberger Teufelsaustreibung. Die „Deutsche Tagespost" widmete sich dem „Fall Anneliese Michel" erstmals am 4. August 1976, indem sie in Form eines Kommentars kritisch zur ARD-Sendung der Reihe „Report" und einer Sondersendung des Bayerischen Rundfunks mit dem Titel „Tod durch Teufelsaustreibung?" vom 2. August 1978 Stellung nahm. In Meldungen und Berichten verfolgten diese drei genannten Würzburger Regionalzeitungen das „Nachspiel" der Klingenberger Ereignisse, veröffentlichten Stellungnahmen u.a. zur theologischen Diskussion über Für und Wider der Realität dämonischer Einflüsse, kommentierten den Verlauf der Ermittlungen und schließlich den „Exorzistenprozess", wobei jedoch auf allzu reißerische Schlagzeilen verzichtet wurde: Dies war vor allem beim „Fränkischen Volksblatt" und bei der „Deutschen Tagespost" nicht überraschend, da beide Zeitungen ein katholisches und kirchennahes Profil aufweisen.

In zwischen dem 4. August 1976 und dem 27. Juni 1978 abgedruckten Kommentaren von „Main-Post" und „Fränkischem Volksblatt" wurde klar festgestellt, dass ein Exorzismus nicht zum Tod führen, ergo Anneliese Michel nicht an einem solchen verstorben sein könne. Von Schuld frei gesprochen wurden allerdings nur Annelieses Eltern, die Handlungsweise der Exorzisten[414] wie auch des Bischöflichen Ordinariats hingegen – allen voran Bischof Stangls und des Generalvikars – wurde kritisiert. Die „Main-Post" erhob den Vorwurf, das Ordinariat habe unter Verweis auf die laufenden Ermittlungen keine Auskünfte erteilt, bis endlich der Generalvikar „sein Schweigen brach" und die Antworten gab, „auf die das Kirchenvolk landauf, landab gewartet hatte"[415], wobei er jedoch im gleichen Atemzug den bischöflichen Auftrag zur Teufelsaustreibung geleugnet habe[416]. Das „Fränkische Volksblatt" hatte für eine solche Ungeduld der

414 Vgl. hierzu u.a. einen Kommentar des Fränkischen Volksblatts vom 4.8.1976: „Fragen um den Fall Anneliese M.". Den Geistlichen Alt und Renz wurde eine Kompetenzüberschreitung bei Erstellung der „Besessenheits-Diagnose" vorgeworfen, die sie im weiteren Verlauf zu Handlungen (wie z.B. die Nicht-Hinzuziehung eines Arztes) gegen die kirchlichen Vorschriften veranlasst hätte.

415 Main-Post, 4.8.1976: „Antworten".

416 Dieser häufig erhobene Vorwurf erklärt sich daraus, dass der Generalvikar, der bis zur Nachricht von Annelieses Tod nicht eingeweiht, also über den Exorzismusauftrag Stangls nicht informiert worden war, die Verantwortlichkeit für die unterlassene Hilfeleistung v.a. bei Pater Renz sah. Dieser hatte nach Ansicht des Generalvikars im Gegensatz zu Stangl den sich stetig verschlechternden Gesundheits-

Öffentlichkeit angesichts der „großen Verwirrung“ zwar Verständnis, war aber gleichzeitig darum bemüht, seiner Leserschaft die Verzögerung hinreichend zu erläutern, seien doch „alle befaßten Stellen von den Vorgängen in Klingenberg völlig überrascht [...] und seit Menschengedenken kein Fall von Besessenheit aufgetreten“[417]. Die bischöfliche Erklärung vom 12. August 1976 wurde zwar allgemein positiv gewertet im Hinblick auf ein „klares Abrücken vom Odium mittelalterlicher Geisteshaltung“ und auf das Bestreben, „verhängnisvolle Formen angeblicher Frömmigkeit einzudämmen“[418]. Die Tatsache, dass sich das Ordinariat im Nachhinein von den Praktiken Pater Renz' distanzierte, warf laut „Main-Post“ indessen die Frage auf, inwieweit Stangl mit dem Exorzismus-Auftrag eine Aufsichtspflicht übernommen habe bzw. Annelieses Tod das Ergebnis bischöflicher Leichtgläubigkeit gewesen sei.[419]

Ebenfalls kritisch bewertete ein „Main-Post“-Kommentator die Report-Sendung: „Exorzismus in der BRD“, vom 2. August 1976[420], wobei hier vor allem die Rolle des Exorzisten Renz als „Bauernopfer“ bemängelt wurde, der vielfach öffentlich gedemütigt worden sei, was in der Abberufung aus seiner Gemeinde gegipfelt habe.[421] Dem „Fränkischen Volksblatt“ missfiel besonders der Fernsehauftritt des Salvatorianerpaters und seine „nachträglichen leichtfertigen Äußerungen vor einem Millio-

---

zustand der jungen Frau vor Augen gehabt und somit die Lebensgefahr erkennen müssen.

417 Fränkisches Volksblatt, Kommentar, 7.8.1976: „Der Fall M. und seine Folgen“. Begründet wurde die Verzögerung hier mit den andauernden Ermittlungen.

418 S. den Main-Post-Kommentar vom 17.8.1976: „Die Erklärung“. Der entsprechende Kommentar im Fränkischen Volksblatt gleichen Datums und gleichen Titels beschränkte sich zunächst auf eine inhaltliche Zusammenfassung der Erklärung, endete aber mit folgendem Appell: „Die Erklärung, lange und reiflich überlegt, verdient gründlich gelesen zu werden. Sie wird, so hoffen wir, eine Basis dafür liefern, daß wir uns von Vorurteilen und vorschnell gefaßten Urteilen freimachen und uns dem heutigen Wissen in Theologie und Medizin gemäß verhalten“.

419 Ebd.

420 Im nachfolgenden Programm der in vielen Leserbriefen und Kommentaren kontrovers diskutierten Sendung aus der Reihe „Report“ (ARD, 20.15 Uhr) wurde die Sonderreportage „Tod durch Teufelsaustreibung?“ (BR) ausgestrahlt. In beiden Sendungen war Pater Renz zu beobachten, wie er Auszüge aus den während der exorzistischen Sendungen aufgenommenen Tonbändern vorspielte und kommentierte. Sequenzen dieser Sonderreportage werden bis heute in Sendungen zum „Fall Anneliese Michel“ verwertet, die Interviews und Aufnahmen wurden unmittelbar nach Bekanntwerden des Todes der Studentin angefertigt.

421 Kommentare vom 25.9.1976 („Auf der Strecke“) und 22.12.1976 („Rückgeblendet“). Es wurde in beiden Fällen ein mögliches Fehlverhalten von Renz nicht bestritten, der Vorwurf an das Ordinariat betraf vielmehr das zu späte Eingreifen mittels „demütigender“ und „spektakulärer Maßnahmen“ wie beispielsweise die Entziehung der Unterrichtserlaubnis.

nenpublikum am Bildschirm", die einen Verstoß gegen die priesterliche Schweigepflicht bedeuteten.[422] Eine weitere ARD-Sendung, ausgestrahlt im Mai 1978[423], habe einen „Exorzismus-Aufguß mit inzwischen bekanntem peinlichen Exhumierungs-Spektakel, angereichert durch etwas San Damiano-Folklore"[424], geboten, wobei die Befürchtung geäußert wurde, gewisse Journalisten witterten einen „Dauerbrenner". Der Kommentar schloss mit der Feststellung, dass seitens der Kirche noch immer keine sachbezogene Stellungnahme, „nicht einmal der Versuch eines zaghaften ‚mea culpa'" zu erkennen sei, eine solche einseitige Berichterstattung somit unwidersprochen im Raum stehen bleiben müsse.[425] Die Darstellung der Ereignisse in der Sensationspresse lasse es einer anderen Stellungnahme zufolge vor allem an Respekt vor dem Tod der Anneliese Michel vermissen, „denn viele sehen offensichtlich in Klingenberg ein ‚gefundenes Fressen', die Kirche insgesamt und den christlichen Glauben lächerlich zu machen"[426]. Tiefgläubige Menschen, die sich mit den Reformen des Zweiten Vatikanums überfordert und sich „in die Ecke der ‚Ultra-Konservativen' abgedrängt" fühlten, sahen sich aber dem Problem gegenübergestellt, unter den unterschiedlichen Aussagen über den Teufel, auch von Vertretern des kirchlichen Lehramtes und der theologischen Wissenschaft, die „richtige" herauszufiltern, was sie einem Kommentar vom 14. Juli 1977 nach wiederum besonders empfänglich für übersinnliche Phänomene wie die dämonische Besessenheit machen würde.[427] Diese

---

[422] S. Fränkisches Volksblatt, 7.8.1976: „Der Fall M. und seine Folgen". Die „dubiosen Kommentare", welche Renz anlässlich der Exhumierung von Anneliese Michels Leiche verlauten ließ, wurden in einem Kommentar vom 28.2.1976 („Die Exhumierung") bemängelt. Der Verfasser zeigte sich verärgert darüber, dass Renz zu diesem Zeitpunkt immer noch keine „ausreichenden Zügel angelegt" worden waren.

[423] Die Sendung mit dem Titel „Der Fall Anneliese Michel" wurde am 9.5.1978 (22.10 Uhr) ausgestrahlt.

[424] Main-Post vom 9.5.1978, Kommentar zu „Der Fall der Anneliese Michel" (ARD). Ein Kommentar des Fränkischen Volksblatts vom 2.3.1978 („Sie erwarteten das Unmögliche") bezeichnete die Visionen der Allgäuer Nonne im Zusammenhang mit Anneliese Michels Exhumierung als „womöglich Ausgeburten eines kranken Hirns", die besonders in den traditionalistischen Kreisen der San Damiano-Anhänger und der Gegner des Zweiten Vatikanums Verbreitung fänden.

[425] Ebd. Es wurde hier die Mutmaßung geäußert, das Schweigen der „Amtskirche" sei als Ausdruck einer Grundhaltung zu werten, indem „die Kirche in ihrer zweitausendjährigen Geschichte schon schlimmere Tage gut überstanden hat".

[426] Fränkisches Volksblatt, Kommentar vom 4.8.1976: „Fragen um den Fall Anneliese M."

[427] S. Main-Post, 14.7.1977: „Die Tragödie". Herangezogen wurden hier u.a. die Erklärung der Deutschen Bischofskonferenz, die „den Teufel nicht vollends hat fallen lassen", Herbert Haag und seine Idee, „den Satan stets durch Sünde oder ‚das Böse'

Unsicherheit würde darüber hinaus noch von nicht-kirchlicher Seite verstärkt:

> „Es sind die moralischen Wertungen von Millionen, die über dieses Verfahren durch die Massenmedien informiert wurden. Besorgnis macht sich breit angesichts der Tatsache, daß es unmöglich ist, das Wirken des Bösen in den geschilderten Erscheinungsformen genau einzuordnen: in Bereiche des Aberglaubens, der Phantasie oder einer naiven Frömmigkeit, die sich abstützt auf kirchliche Lehren. Es ist allein dem subjektiven Empfinden des einzelnen überlassen, wie er damit fertig wird."[428]

Eine Gefahr stelle die momentan gültige Version des Rituale Romanum dar[429], das „in fataler Weise" an kirchliche „Irrungen" wie Inquisition, Hexenverfolgung – also an „finstere Zeiten der Kirchengeschichte" erinnere, weshalb die Personifizierung des Bösen einer Korrektur dringend bedürfe. Im Zusammenhang mit einer Reform des Exorzismusritus und der Festschreibung einer gleichzeitigen ärztlichen Betreuung wurden einschlägige Positionen von Theologie und Psychiatrie thematisiert: Das „Fränkische Volksblatt" konstatierte, dass sich diese nicht unbedingt ausschlössen – so hatten renommierte katholische Theologen wie z.B. Karl Rahner[430], welche den Teufel als „dogmatische Tatsache" ansähen, ihre Haltung überdacht und festgestellt, „daß es keine genaue Grenze zwischen Besessenheit und natürlicher Krankheit gebe"[431]. Weder ein Vortrag Herbert Haags im Oktober 1976[432] an der Universität Würzburg noch eine Diskussionsrunde, abgehalten im Juni 1978 im Würzburger Alexander-Schröder-Haus, konnten, wie es die „Main-Post" schilderte, die Bandbreite an unterschiedlichen Stellungnahmen zum „Stichwort Teufel" entwirren und für den katholischen Gläubigen verständlich machen:

---

zu ersetzen", oder Karl Rahner, für den die Existenz „außermenschlicher böser Kräfte" eine Glaubenswahrheit darstellte.

428 Main-Post-Kommentar vom 22.4.1978: „Angst".

429 Vgl. hierzu auch Fränkisches Volksblatt, 7.8.1976: „Der Fall M. und seine Folgen", wobei man durch eine Modernisierung des Rituale Romanum Missverständnisse aufklären, falsches Verhalten deutlich machen sowie der allgemeinen Unsicherheit unter den Gläubigen entgegenwirken könne.

430 Zur Position Karl Rahners siehe auch Kap. 5.1.3.

431 S. Fränkisches Volksblatt, Kommentar vom 14.8.1976: „Teufel und Krankheit".

432 Der betreffende Kommentar vom 9.10.1976 trug den Titel „Enttäuschend". Nach Meinung des Verfassers galt das Interesse des „Satansexperten" Haag weniger einer aufschlussreichen Diskussion als der Vermarktung seines neuen Buches, das man im Anschluss an die Veranstaltung käuflich erwerben konnte. Fragen mussten in einer Pause schriftlich eingereicht werden, die Wortmeldungen wurden zwar mit einer Antwort „bedient", ansonsten „eloquent an der Frage vorbeigeführt". Zu den Schriften Herbert Haags s. Kap. 5.1.3.

„Diese Aussagen zu verkraften, setze an der Basis ein permanentes Pfingstwunder zur allgemeinen Erleuchtung voraus“[433].

Zu einer solchen Verwirrung trug nach Meinung des „Fränkischen Volksblatts“ auch die Regenbogenpresse bei, die allerdings nicht an der nüchternen Lehre der katholischen Kirche, sondern viel mehr an „Sensationshascherei“, interessiert sei:

> „Das Thema Besessenheit und Exorzismus gehört zum Gruselrepertoire mit dem man die Menschen – durch einschlägige Filme vorbelastet[434] – heute zu schocken versucht, mit dem offensichtlich auch Furore und Geld zu machen ist. [...] Und natürlich läßt sich anhand dieser Affäre genüßlich über die angebliche Rückständigkeit der Kirche und ihrer Vertreter lamentieren und über die Lächerlichkeit, heute noch an Teufel und Dämonen zu glauben!“[435]

Ließ die objektive Berichterstattung im Vorfeld des Aschaffenburger Prozesses zwar zu wünschen übrig, zeigten sich sowohl „Main-Post“ als auch „Fränkisches Volksblatt“ jedoch einig in ihren Kommentaren zur Rechtmäßigkeit des Schuldspruchs, auch wenn die Höhe des Strafmaßes allseits für Überraschung gesorgt hatte. Das „Fränkische Volksblatt“ resümierte, dass als Erkenntnis für alle Gläubigen gelten müsse, „besser zwischen Glauben und Aberglauben zu unterscheiden“[436]. Was in der Öffentlichkeit zurückbleibe, sei der Schaden an Ansehen, den die katholische Kirche erlitten habe, wofür nicht allein die zuweilen hämische Berichterstattung mancher Presseorgane, sondern auch das Auftreten der Angeklagten verantwortlich gemacht werden könne, denen „in erschreckender Weise jede Fähigkeit zu einer selbstkritischen Haltung abging.“[437]

Hatten, wie bereits geschildert, zahlreiche Personen ihre Meinungen und Einschätzungen, aber auch Ärger und Enttäuschung in Briefen und Postkarten an Bischof Stangl und das Aschaffenburger Gericht zum Ausdruck gebracht, nutzten „Main-Post“-, „Volksblatt“- und „Tagespost“-Leser die Möglichkeit, dies mittels Leserbriefen zu tun.[438] In den Briefen

---

433 S. hierzu Main-Post, 19.6.1978: „Beim Stichwort Teufel bleibt kein Platz frei“. An dem Vortragsabend hatten ein Publizist, eine Psychologin und ein Würzburger Professor für katholische Dogmatik teilgenommen.

434 Die Schock- und Spezialeffekte in William Friedkins Horrorfilm „Der Exorzist“ aus dem Jahr 1973 (deutscher Kinostart 1974), der es inzwischen auf jeweils zwei Sequels und Prequels bringt, dienen bis heute vergleichbaren Verfilmungen als Vorlage.

435 Fränkisches Volksblatt, Kommentar, 8.4.1978: „Spekulation mit dem Aberglauben“.

436 Kommentar vom 22.4.1978: „Nach dem Urteil“.

437 Ebd.

438 Es ist wahrscheinlich, dass es zu Überschneidungen gekommen ist, d.h. mehrere Absender ihre Briefe an mindestens zwei Lokalzeitungen verschickt haben.

taucht wiederholt der bereits dokumentierte Vorwurf der Mittelalterlichkeit und Rückständigkeit von Papstlehre und Kirche auf[439], wofür sich jeder Christ schämen müsse, für den ein Exorzismus „tiefstes Heidentum und übelste Gotteslästerung“[440] sei. Der Verfasser eines mit dem Titel „Finsterstes Mittelalter“ überschriebenen Briefes regte zynisch an:

> „Ich möchte vorschlagen, daß der Platz vor dem Bischöflichen Palais Am Exorzierplatz genannt wird. Der auswärtige Tourist wäre dadurch sofort darauf hingewiesen, daß sich in Würzburg ein Stück finsterstes Mittelalter frisch gehalten hat.“[441]

Kirchenkritische, Reformen begrüßende Einsender erhofften sich durch den „Klingenberg-Schock“ eine „Reformation“, die ein neues Verhältnis zwischen katholischer Kirche und Naturwissenschaft durch die Integrierung wissenschaftlicher Aussagen in kirchliche Glaubensinhalte begründen könnte, damit künftig nicht „jeder Christ seinen Verstand an der Kirchentür abgeben muß“[442]. Diese vermeintliche Rückständigkeit veranlasste einen Absender zu der Äußerung, seine Kinder nicht guten Gewissens am katholischen Religionsunterricht teilnehmen lassen zu können wegen der Befürchtung, ein Priester könne versuchen, die Schüler in einem Glauben, basierend auf „mysteriösem Zauber und mittelalterlichem Gebaren“, zu erziehen.[443] In einem Leserbrief vom 29. Juli 1976 wurde der Klingenberger Exorzismus als „psychologischer Abort mit letalem Ausgang“ bezeichnet, wobei den Verantwortlichen (u.a. Stangl) bereits vor den Ermittlungen „absolute Immunität“ zugesichert worden wäre – ein Zugeständnis, das einem hier angeführten, verurteilten Arzt, der aufgrund sozialer Indikatoren eine Abtreibung vorgenommen hatte, nicht gewährt worden sei.[444]

Viele der Leserbriefe, welche die „Main-Post“ u.a. am 7. und 13. August 1976[445] veröffentlichte, ließen bereits durch ihre Überschrift

---

[439] In einer Einsendung, abgedruckt am 13.8.1976, ist von einer „chronique scandaleuse“ die Rede: Die Äußerungen von Renz und Generalvikar Wittig seien nur vor dem Hintergrund verständlich, dass sie dazu dienten, „die Macht der Papstkirche“ zu steigern (s. Main-Post: „Starb Jesus dafür?“). Ein Theologiestudent führte in seinem Brief vom 29.7.1976 („Die katholische Kirche und der Teufel“) kritisch an, dass immer noch so genannte überholte Praktiken offiziell von der „Amtskirche“ abgestützt würden, wie es Papst Paul VI. in seiner Ansprache 1972 hinsichtlich des Glaubens an die Existenz des Teufels getan habe.

[440] S. den Leserbrief vom 4.8.1976: „Tiefstes Heidentum“.

[441] Leserbrief vom 4.8.1976.

[442] S. Main-Post, 12.11.1976: „Eine weitere Reformation in Sicht?“

[443] Leserbrief, Main-Post, 28.4.1978: „Höher angesiedelt“.

[444] Vgl. hierzu Main-Post, 29.7.1976: „Recht ist doch teilbar“.

[445] Im Vorfeld hatte die Main-Post ihrer Leserschaft explizit angekündigt, Leserbriefe zum Thema „Exorzismus in Klingenberg“ gesammelt zu veröffentlichen. Die

erkennen, dass deren Verfasser – stellvertretend für die in der Bischofsstadt Würzburg durchaus große Anzahl gläubiger Katholiken und Kirchgänger – dringend eine Stellungnahme bzw. Anleitung durch die Kirchenoberen wünschten, wie in Zukunft zu verfahren sei. Seiner Aufforderung, „ein Hirtenbrief würde den Gläubigen Hilfestellung geben", fügte ein Theologiestudent an, dass der Exorzismus-Begriff überdacht sowie die entsprechenden Vorschriften neu formuliert werden müssten, „in einer Weise, die es Menschen des 20. Jahrhunderts ermöglicht, sie wenigstens in etwa zu verstehen"[446]. Der Einsender appellierte an die Tradition des II. Vatikanischen Konzils, an den verstorbenen Kardinal Julius Döpfner und dessen Durchdrungenheit von dem Gedanken, „das kirchliche Leben und die Botschaft Jesu Christi für den heutigen Menschen verständlich zu machen"[447]. Verfasser von Zusendungen, überschrieben mit „Viele Fragen an die Kirche" oder „Hier fehlen die klaren Anweisungen", fühlten sich in ihrem Glauben erschüttert, nachdem sie über die Einzelheiten der Klingenberger Ereignisse nach und nach durch die Presse informiert worden waren. Die Fragen, die hier an die Vertreter der Amtskirche gerichtet wurden, offenbarten das Unverständnis gegenüber einer universalen „Gottgewolltheit", die „dem Bösen" eine Macht einräumte, die überhaupt erst zu solchen „Auswüchsen" wie dem Exorzismus von Klingenberg führen konnte: „Hat Gott die Geschicke der Welt in der Hand oder der Teufel?"[448] Als zynisch gegenüber dem Leben wurde gewertet, dass der Tod der Anneliese Michel den Streit über die Realexistenz des Bösen ausgelöst habe und der „Fall Klingenberg" von konservativen und traditionalistischen Katholiken als Teufelsbeweis benutzt werde. Um in Zukunft ähnliches zu vermeiden, hoffe man auf bischöfliche Anweisungen, welche die medizinische Begleitung einer Teufelsaustreibung zur Vorbedingung machen solle.[449] Mit seiner Erklärung war Stangl somit auf Fragen eingegangen, welche die gläubigen, besonders auch reformbereiten Katholiken in seiner Diözese stark bewegten.

---

bischöfliche Erklärung erschien am 12.8.1976, die am 13.8.1976 veröffentlichten Briefe waren unmittelbar zuvor aufgegeben worden und konnten auf diese somit nicht Bezug nehmen.

446 Leserbrief, Main-Post vom 13.8.1976. Die hier angesprochene Neuinterpretation und Anpassung an die zeitgenössische Lebenswelt wurde von Stangl in seiner Erklärung, wie bereits ausgeführt, befürwortet.

447 Ebd.

448 Main-Post-Leserbrief vom 7.8.1976. Die Absenderin schloss mit dem Gedanken, dass ein solches Verständnis von der Existenz und Macht des Bösen, vertreten durch den beauftragenden Bischof und stellvertretend für die Kirchenführung, in keinem Verhältnis zum Glauben an Gottes Allmacht, Barmherzigkeit und Liebe stehe.

449 Vgl. hierzu Main-Post, 7.8.1976: „Hier fehlen die klaren Anweisungen".

Über die Schuldfrage allerdings herrschte Uneinigkeit: Entweder war der Bischof der eigentlich Hauptschuldige[450], der vielleicht auch zu sehr unter dem Einfluss des „Experten“ Rodewyk gestanden hatte[451], oder dann doch die „höchsten verantwortlichen Stellen“, die an der Lehre der Existenz des Teufels festhielten und „fanatisch bemüht“ versuchten, diese aufrechtzuerhalten[452]. Ein solcher blinder Fanatismus wurde ebenso dem Rechtsbeistand Pfarrer Alts unterstellt, der nach Abschluss des Prozesses in Alts Pfarrkirche in Ettleben sein Plädoyer wiederholt hatte. Die Rechtsanwältin habe bei dieser Gelegenheit Herbert Haag „verteufelt“ und den Papst als einzig maßgebliche Instanz gelten lassen, um auf polemische Art und Weise „unwissende Bevölkerungsschichten ängstlich zu machen“[453].

Auch Anhänger eines stark konservativen Katholizismus nahmen mittels Leserbriefen Stellung, in welchen sie der „überwiegenden Mehrheit der Bundesbürger“ vorwarfen, in „blinder Überheblichkeit“ der Kirche ein Versagen bei der Durchführung des Exorzismus und das Propagieren mittelalterlicher Praktiken zu unterstellen. Dieser Irrtum liege begründet in einem Phänomen der Moderne:

> „Es ist verständlich, daß es für viele Menschen, die die Transzendenz verdrängt oder letztlich ausgeschlossen haben, eine reale Existenz von Dämonen nicht geben kann; gäbe es sie, dann müsste logischerweise auch Gott präsent sein.“[454]

Dass für den Tod der Anneliese Michel nicht die Dämonen, sondern der Würzburger Bischof an den Pranger gestellt werden sollte, stieß in diesem Lager folglich auf Widerspruch. Dem „armen Bischof“ bleibe schließlich nichts anderes übrig, als seine Hilfe in Form der Erlaubnis eines Gebetes zu erteilen.[455] Die Feststellung, dass angesichts der gegenwärtigen „rapiden Profanisierung und Säkularisierung der Heiligen Schrift“ Autoritäten

---

[450] S. z.B. Main-Post, 23.7.1977: „Erbärmliche Heuchelei“.

[451] Main-Post, 30.7.1977: „Alle anklagen oder niemanden!“ Die Strafverfolgungsanträge, überstellt an die „Untergebenen“ Stangls, bezeichnete der Einsender als „Paragrafenflickschusterei“.

[452] Leserbrief, Main-Post, 13.8.1977: „Ein unlösbares Problem“. Hier begegnet man erneut dem Argument: „die Kleinsten hängt man auf, die Großen lässt man laufen“. Den Angeklagten sei schließlich aufgrund von u.a. Umgebung, Erziehung, Schule, Studium und Abhängigkeit der „aus dem dunkelsten Mittelalter überlieferte Exorzismus eingepaukt worden“.

[453] Vgl. hierzu Main-Post, 13.5.1978: „Das ist ein beschämender Vorgang“. Ein weiterer Leserbrief gleichen Datums: „Kompetenz wurde überschritten“, thematisierte ebenfalls diesen „Auftritt“, der wohl dazu dienen sollte, das Gerichtsurteil abzuwerten und es als Ausdruck schlechten Gewissens zu diffamieren.

[454] Leserbrief, Main-Post, 28.4.1978: „Gott hat die Geisterwelt geschaffen“.

[455] S. Main-Post, 4.8.1976: „Ist Gottes Hilfe wirklich absurd?“

wie Exegeten, Dogmatiker und Lehramtsträger aus Angst vor den Massenmedien schweigen würden, war ebenso als Anerkennung des bischöflichen Handelns zu werten.[456] Die Beliebtheit Stangls bestätigte eine Einsenderin, die der Presse vorwarf, ihre Kenntnisse nur „aus schlechten Filmen“ bezogen zu haben. Aufgrund der Art und Weise, mit welcher der Bischof in der Öffentlichkeit angegriffen werde, „glaubt [man] sich – nicht ins Mittelalter – wohl aber in die Zeit des ‚Dritten Reiches‘ zurückversetzt“[457]. Es gebe somit keinen Schuldigen, der Tod der Anneliese Michel sei gewiss sehr tragisch, „Misserfolge“ bei einem Exorzismus seien allerdings kein Grund, diesen infrage zu stellen.[458] Ein klares Bekenntnis zu Bischof Stangl gab ein Pfarrer aus Aschaffenburg in seinem Brief ab, veröffentlicht im „Fränkischen Volksblatt“. Er beteuerte:

> „Und wenn die Realisten in unserer Diözese, die ein ungeschminktes katholisches Bewusstsein haben, über ihren Bischof und sein Verbleiben in der Diözese abzustimmen hätten, dann würde man sich hundertprozentig für ihn aussprechen.“[459]

Von eben solch einem „Realisten“ wurde heftige Kritik an den Aussagen Herbert Haags geübt, der als Theologe „einen der grundlegendsten Fehler begeht, indem er Gott nicht mehr den gebührenden Respekt erweist“. Gläubige Katholiken würden ihn allein deswegen schon nicht ernst nehmen, Takt und Anstand hätten nach Ansicht des Einsenders allerdings Schweigen geboten.[460] Ungleich heftiger urteilte der Verfasser eines Leserbriefes mit dem Titel „Es kann nicht sein, was nicht sein darf“ in seinem Schreiben über die Überheblichkeit und die „unhaltbaren Argumente“, mittels derer – begleitet durch eine voreingenommene und feindselige Presseberichterstattung – die plötzlich scheinbar allgegenwärtigen Kirchengegner die Bibel zu entmythologisieren versuchten. Keinem Menschen stehe es jedoch zu, „über den sich offenbarenden Gottessohn zu urteilen, ihn Lügen zu strafen“[461].

---

456 Vgl. hierzu einen Leserbrief vom 4.8.1976: „Die Bibel ist kein Märchenbuch“.

457 Main-Post, Leserbrief, 7.8.1976: „Große Güte des Bischofs“.

458 Vgl. zu dieser Argumentation einen Leserbrief vom 9.8.1976: „Hier gibt es keinen Schuldigen“, und vom 26.8.1976: „Es fehlt das Wissen“.

459 Fränkisches Volksblatt, 14.3.1978: „Zum Leserbrief ‚Der Glaubensfanatismus ist eine Krankheit‘ v. 7.3.78“. Der Absender berief sich auf 32 Jahre Berufserfahrung als Priester, verurteilte jede Art von Fanatismus aufs Schärfste und sprach sich gegen „das Exorzismusgebet des Mittelalters“ sowie jegliche Arten von Privatoffenbarungen aus. Abschließend mahnte er jedoch an, den für die Kirche entstandenen Schaden nicht überzubewerten, denn „daß es ‚Fallobst‘ vom Baum der Kirche bei den lauen und unwissenden Christen geben wird, damit muß man rechnen!“

460 Fränkisches Volksblatt, Leserbrief, 18.10.1976: „Leser schreiben an die Redaktion“.

461 Vgl. den Leserbrief „Es kann nicht sein, was nicht sein darf“, Fränkisches Volksblatt, 6.4.1978. Als weiteren Beweis für die Existenz von Dämonen und die Wirk-

Frühere Generationen seien gläubiger, frömmer – und deshalb auch vernünftiger – gewesen, wie es eine Pfarrhaushälterin in ihrem Brief an die „Main-Post“ resümierte:

> „Da hatte der Hochwürdige Herr Pfarrer auch noch etwas zu sagen in der Gemeinde, drum [sic!] war auch alles besser. Und es wurde noch lateinisch gebetet und gesungen in der Kirche. Es ist schon ein Kreuz heutzutage, aber glauben muß man trotzdem, was die heilige Kirche sagt, denn sie hat das Lehramt!“[462]

In Kommentaren und Leserbriefen, abgedruckt in „Main-Post“ und „Fränkischem Volksblatt“, meldeten sich sowohl Kirchenkritiker als auch gläubige Katholiken unterschiedlicher Ausprägung zu Wort. Begründeten erstere ihre ablehnende Haltung mit der antimodernistischen Haltung der katholischen Kirchenleitung, fühlten sich die gemäßigten, den Reformen des Zweiten Vatikanums positiv gegenüberstehenden Katholiken, alleingelassen mit ihren Fragen und der Orientierungssuche, die durch vielfältige und inhaltlich enorm divergierende Leitlinien seitens renommierter Theologen und kirchlicher Amtsträger noch erschwert wurde. Die Dauerpräsenz des Klingenberger Exorzismusfalls in den Medien sahen die Leser beider Zeitungen nicht als hilfreich oder wenigstens informativ an. Vielmehr sei diese Ausdruck von Sensationshascherei, welche obendrein den Respekt vor der Person Anneliese Michels vermissen ließe. Diskutierten „Main-Post“-Leser über die Schuldfrage und lehnten die Haltung des Bischöflichen Ordinariats gegenüber den Exorzisten, vor allem gegenüber Pater Renz ab, verteidigten Leser des „Fränkischen Volksblatts“ den Würzburger Bischof und dessen Integrität. Besonders ablehnend gegenüber den konservativ-traditionalistischen „Auswüchsen“ von Aberglauben und Fanatismus, wie sie u.a. in den Kreisen der San Damiano-Pilger verbreitet schienen, äußerte sich das stärker auf eine katholische Leserschaft ausgerichtete „Fränkische Volksblatt“: „Es wäre auch an der Zeit, dass alle Christen sich nicht an der Peripherie des Glaubens bewegten [...]. Aberglaube in jeder Beziehung ist wirklicher Unglaube und Gotteslästerung.“[463]

Berichterstattung wie auch Kommentare der „Deutschen Tagespost“ über den „Fall Anneliese Michel“ unterschieden sich nicht wesentlich von der des „Fränkischen Volksblatts“, da sie fast sämtlich aus der Feder des selben Korrespondenten bzw. Redakteurs stammten, was vor allem die

---

samkeit des Exorzismus führte der Absender den „Fall Magda“ an. S. auch Kap. 5.1.2.

462 Main-Post, Leserbrief, 13.8.1976: „Glauben muß man trotzdem“.

463 Leserbrief eines katholischen Pfarrers aus Aschaffenburg vom 1.4.1978: „Klingenberg! Wer steht eigentlich vor Gericht?“

Ablehnung der Haag'schen Thesen[464] einerseits sowie die deutliche Abgrenzung zu katholisch-traditionalistischen Kreisen andererseits anbelangte. Die Klingenberger Teufelsaustreibung wurde in diesem Zusammenhang als „Spitze eines Eisberges" bezeichnet, welche nur verstanden werden könne unter Berücksichtigung der „Drahtzieher und Helfershelfer der San Damiano-Bewegung"[465]. Nach der öffentlichen Feststellung des Vorsitzenden der Deutschen Bischofskonferenz, Kardinal Höffners, dass die katholische Theologie nach wie vor an der Lehre von der Existenz des Teufels und dämonischer Kräfte festhalte, blieb nach Ansicht der „Deutschen Tagespost" nur noch die Frage offen,

> „[...] wie lange ein katholischer Theologieprofessor noch weiter die Heilige Schrift ‚entteufeln' darf, ohne daß er vom Lehramt der Kirche zur Ordnung gerufen wird. Der Pluralismus kann doch nicht so weit getrieben werden, daß Hinz und Kunz mit der Missio canonica ihre persönlichen Meinungen als authentische Lehre ‚verkaufen' dürfen. Solchem modernistischen Aberglauben muß eindeutiger entgegengetreten werden."[466]

Von Urteil und Strafmaß im Aschaffenburger „Exorzistenprozess" zeigte sich die „Deutsche Tagespost" nicht überrascht. Der am 25. April 1978 gedruckte Leitartikel vermittelte allerdings den Eindruck, dass in Aschaffenburg auch ein Urteil über die katholische Kirche gefällt worden sei. Darüber hinaus sei „nicht mit der erforderlichen Plausibilität erkennbar, worin denn eigentlich die persönliche Schuld der Angeklagten bestand", hatten sie doch aufgrund ihrer religiösen Überzeugung gehandelt, die auf Grundsätzen der katholischen Kirche beruhte. Da das Gericht jedoch „streng auf der Ebene der Wissenschaftlichkeit" geurteilt habe, müsse der Schluss gezogen werden: „Im Rechtsinn ist es danach vielmehr geboten, dem medizinischen Wissen den Vorrang einzuräumen vor dem Glauben

---

464 S. Kommentar vom 4.8.1976 („Tübinger Alttestamentler Haag leugnet den Teufel"), in welchem der damalige Erzbischof der Diözese München und Freising, Joseph Ratzinger, folgendermaßen zitiert wurde, „daß Haag ‚nicht als Exeget, als Ausleger der Schrift' den Teufel verabschiedet, sondern ‚als Zeitgenosse, der die Existenz eines Teufels für unvertretbar hält'. Die Autorität, kraft deren Haag sein Urteil abgebe, sei ‚die seiner zeitgenössischen Weltanschauung, nicht die des Bibelauslegers'".

465 Deutsche Tagespost, Kommentar vom 5.5.1978: „Absage an den Aberglauben". Der Kommentator appellierte am Ende des Artikels, nach der Feststellung eines Anstiegs der Zahl von „Weltuntergangsparolen, Botschaften und Privatprophezeiungen", an die Gemeinschaft der Gläubigen, dem „Spiel mit dem Teufel den geistigen Nährboden zu entziehen".

466 Ebd. Im hier zitierten Kommentar wurde somit zwischen Aberglauben traditionalistisch-reformkritischer Couleur und modernistischer Ausprägung unterschieden.

und dem danach handelnden Gewissen des einzelnen.“[467] Der Rechtsbeistand des Ehepaares Michel hatte sich in seinem Plädoyer ja schon dahingehend geäußert, dass gläubige Katholiken in Zukunft zwar auf die Gesetze der Kirche vertrauen könnten, allerdings nur unter dem Risiko staatlicher Bestrafung.[468]

Betrachtet man die Leserbriefe, abgedruckt in der „Deutschen Tagespost“, so beinhalten sie mehrheitlich ein Bekenntnis zur Existenz von Teufel und Dämonen, dies auch unter Anführung der päpstlichen Ansprache von 1972[469] oder unter Verweis auf aussagekräftige Bibelstellen.[470] In der modernen Zeit sei unbestreitbar eine „teuflische Grausamkeit“ erkennbar, das Böse – Mord, Lüge und Raub – Ausdruck eines teuflischen Hasses.[471] Diese Übertragbarkeit fasste ein Theologieprofessor in seinem Brief wie folgt zusammen:

> „Die Erscheinungsweisen des Bösen mögen mit zeitgebundenen Vorstellungsweisen wechseln, das Thema: der Mensch in die Entscheidung zwischen Gott und Teufel gestellt, gilt überzeitlich.“[472]

Der Exorzismus als probates Mittel fand von daher auch Zustimmung, eine Überarbeitung des Rituale Romanum wurde ebenso befürwortet wie die „Rückendeckung“ durch einen Arzt, da der durchschnittliche Seelsorger in der Regel ohnehin mit der alleinigen Durchführung überfordert sei.[473] An der Existenz der „Geisterwelt“ zweifelnde Theologen wurde der

---

[467] Deutsche Tagespost, 25.4.1978: „Konkret schuldig?“ In seinem Leserbrief vom 9.6.1978 („Ein angemessenes Urteil“) nahm der Absender direkt Bezug auf den Leitartikel und bestritt die Verurteilung der katholischen Kirche, da u.a. die „obskuren und mythischen Vorstellungen der Angeklagten nicht mit einem theologisch richtig gedachten katholischen Glauben übereinstimmen“. Wenn man die Argumentation der Verteidigung hinsichtlich einer ignorierten persönlichen Glaubenseinstellung berücksichtigen würde, müsse man sich fragen, „wohin es führen würde, wenn Hare-Krishna-Sekten oder etwa Wehrpaßverbrenner in ähnlicher Weise ihr ‚konkret schuldig‘ mit Fragezeichen versehen würden“.

[468] Vgl. hierzu den Bericht in der „Deutschen Tagespost“ vom 25.4.1978: „Angeklagte zu 6 Monaten Haft verurteilt“.

[469] Es handelt sich hier um die Ansprache Papst Pauls VI. vom 15.11.1972 mit dem Titel „Das unsichtbare Böse abwehren, das wir den Teufel nennen“, abgedruckt u.a. in: Günther, Bonifacius: Unser größter Feind der Teufel, Linz 1973, S. 9–19.

[470] S. einen Lesebrief in der „Deutschen Tagespost“ vom 17.8.1976 („Exorzismus heute“), in welchem der Absender auf die Paulusbriefe und den Holländischen Katechismus verwies sowie auf den sehr ausführlichen Brief eines Salvatorianerpriesters vom 20.6.1978 („Das Böse – zugangsloses Geheimnis“), der äußerst detailliert den „Zugang zum Geheimnis des Teufels“ anhand der Bibel aufzuzeigen versuchte.

[471] Vgl. den Leserbrief eines pensionierten Pfarrers vom 31.8.1976: „Der Teufel“.

[472] Deutsche Tagespost, Leserbrief, 1.9.1976: „Der ‚Teufel‘ ein ‚Mythologem‘?“

[473] S. Deutsche Tagespost, Leserbrief, 17.8.1976: „Exorzismus heute“.

Vorwurf gemacht, ihre Thesen nicht aufgrund neuer, entscheidender Argumente zu vertreten, sondern einzig aus „Sucht nach Modernität“: Man schätze „Phantasien von Häretikern [...] höher ein als die Verkündigung der Kirche und das Zeugnis unzähliger katholischer Geistesgrößen“[474]. Der Direktor von Radio Vox Fidei formulierte dies in seinem Leserbrief noch viel deutlicher: Die Glaubwürdigkeit der katholischen Kirche leide darunter,

> „wenn sie an theologischen Fakultäten, wo unsere künftigen Priester ausgebildet werden, seit Jahr und Tag Irrlehren duldet, die [...] nicht nur in Schriften und Vorträgen, sondern in immer neuen Auftritten vor millionenfachem Fernsehpublikum die persönliche Existenz gefallener Engel leugnen.“[475]

Hier seien die „Hüter des unverfälschten Glaubens“ gefragt, die jedoch über „schüchterne“, uneindeutige Erklärungen nicht herauskämen bzw. „laschen Worten keine Taten folgen“ ließen. Deshalb liege der Schluss nahe, dass das Kirchenvolk daraus Konsequenzen ziehen und bei einem solchen Versagen der kirchlichen Würdenträger abstimmen müsse – „entweder mit stillem Abfall oder mit Lefebvre“[476]. Der von kirchlicher Seite abgelehnte katholisch-konservative Traditionalismus, dem eine nicht unwesentliche Rolle im „Fall Anneliese Michel“ zugewiesen worden war, wurde auch von der Leserschaft der „Deutschen Tagespost“ kritisiert. Lediglich in einem abgedruckten Leserbrief wurden negative Betitelungen in der Berichterstattung über die San Damiano-Bewegung als „übler Straßenjargon“ bezeichnet, „den gläubige Menschen restlos zurückweisen müssen“[477].

---

474 Deutsche Tagespost, 8.9.1976: „An Märchen geglaubt?“ Dieser Leserbrief ist einer von mehreren, im September 1976 veröffentlichten Briefen, die Bezug nehmen auf einen Artikel des Freiburger Fundamentaltheologen Prof. Dr. Adolf Kolping mit dem Titel: „Das mythische Weltverständnis ist endgültig vorbei“, abgedruckt in der „Deutschen Tagespost“ vom 11.9.1976. Kolping wurde neben einer einseitigen und anfechtbaren Argumentation zur „Entmythologisierung“ des Teufelsbegriffs u.a. vorgeworfen, Engelserscheinungen als „märchenhaft“, die Verkündigungsszene mit der Jungfrau Maria und dem Erzengel Gabriel als „fromme Erfindung“ zu bezeichnen.

475 Deutsche Tagespost, Leserbrief, 25.8.1976: „Satan durch den Exorzismus getroffen“. Als Beispiel für einen solche Irrlehren verbreitenden Theologen wurde in diesem Brief erneut der Tübinger Professor Haag namentlich genannt.

476 S. Deutsche Tagespost, Leserbrief vom 8.12.1976: „Volksentscheid“. Zu Bischof Lefebvre und der Pius-Bruderschaft S. Kap. 4.2.2.

477 Deutsche Tagespost, Leserbrief, 10.5.1978: „Der Prozess“. Anstoß hatte hier folgende Formulierung der „Tagespost“ erregt: „Der Fortgang des Prozesses wird Aufschluß darüber geben, welchen geistigen Nährboden der am Untermain angesiedelte Teufelsglauben in Verbindung mit der San Damiano-Wallfahrt hat.“

Die bereits erläuterte, zum Thema Exorzismus und dem „Fall Anneliese Michel“ erfolgte Erklärung der Würzburger Katholischen Hochschulgemeinde (KHG)[478] war in allen drei Würzburger Regionalzeitungen abgedruckt worden. Es waren aber besonders die Leser der „Deutschen Tagespost“[479], welche sich offen gegen die studentische Stellungnahme aussprachen, denn diese vermittele den Eindruck, dass man sich der kirchlichen Lehre „über das unverbrüchliche Festhalten der Kirchen an der personalen Existenz des Teufels schäme, sich der Lächerlichkeit preisgebe“[480]. Darüber hinaus stehe es der KHG nicht zu, gegen die Aussagen des letzten Konzils zu verstoßen: „Das apostolische Lehramt liegt nicht bei der KHG, sondern bei Papst und Bischöfen.“ Der Ansatz, das „Teufelsbild“ je nach Weltbild und Kulturraum „von Epoche zu Epoche neu zu interpretieren“ wurde heftig abgelehnt, der KHG angeraten, sich ihr gemäßer Themen wie beispielsweise der Ökumene anzunehmen.[481]

3.1.2 Aschaffenburger Lokalpresse: „Main-Echo“

Das „Main-Echo“, dessen Verbreitungsgebiet sich u.a. über den Aschaffenburger und Miltenberger Landkreis erstreckt, stellte die größte lokale Tageszeitung im Gebiet des Untermains dar. Der eigene Bericht mit dem Titel: „Katholischer Geistlicher als Exorzist: War 23jährige vom Teufel besessen?“ vom 22. Juli 1976, bildete den Auftakt einer großen Anzahl von Meldungen, Berichten und Kommentaren, die in den Jahren 1976 bis 1978 zunächst täglich, dann mehrmals wöchentlich in den Ausgaben des „Main-Echo“ zu finden waren. Da Klingenberg Teil des Aschaffenburger Landkreises und zudem von Miltenberg lediglich 12 km entfernt ist, verfolgte die Leserschaft des „Main-Echo“ besonders intensiv die Vorgänge nach Bekanntwerden der Klingenberger Teufelsaustreibung, hatte sich diese doch quasi „vor der eigenen Haustür abgespielt“, kannte man vielleicht sogar den einen oder anderen Beteiligten persönlich bzw. war man selbst schon einmal nach San Damiano gepilgert oder lehnte die Wallfahrten kategorisch ab. Der Klingenberger Ortspfarrer ließ zeitnah verlauten, dass er nicht eingeweiht sowie weder über die angebliche Besessenheit noch über den bischöflichen Auftrag und die Durchführung des Exorzis-

---

[478] S. Kapitel 2.1.3.

[479] Die Erklärung der KHG Würzburg wurde u.a. veröffentlich in der Ausgabe der Deutschen Tagespost vom 6.6.1978.

[480] S. Leserbrief vom 20.6.1978: „Die Macht vergessen“.

[481] Deutsche Tagespost, Leserbrief vom 20.6.1978: „Wovon werden wir denn erlöst?“

mus informiert worden sei.[482] Das Thema „Exorzismus“ war allgegenwärtig, Prozess und Urteil wurden öffentlich, z.B. bei der Kreissitzung der DJK[483] oder dem Frühschoppen einer benachbarten Pfarrgemeinde[484], diskutiert.

Versuche man den „spirituellen Hintergrund“ zu verstehen, der den Beteiligten den Exorzismus als letzten Ausweg eröffnet hatte, und vollziehe man die theologische Argumentation nach, müsse man sich fragen, „warum es einen Fall Anneliese Michel eigentlich nicht schon viel früher gegeben hat“ und wann sich dieser wiederholen werde: „Denn die Vorzeichen wurden nicht geändert, die Bedingungen, deren Opfer Anneliese Michel wurde, sind immer noch dieselben“[485]. Die Traditionalisten am Untermain, ein „kleiner Kreis von Katholiken, denen selbst die bescheidensten Reformen innerhalb der katholischen Kirche noch suspekt erscheinen“ und die einem „verschworenen Kreis“ angehörten, sollten entlarvt werden[486]. Der Ansehensverlust der Kirche sei nicht durch das Aschaffenburger Urteil vergrößert worden, vielmehr befremde die Öffentlichkeit, dass der Würzburger Bischof nach Publikation seiner begrüßenswert fortschrittlichen Erklärung von der Deutschen Bischofskonferenz „zurückgepfiffen“ wurde[487].

Die Leserbriefe des hier untersuchten Zeitraums vermitteln den Eindruck, dass ein Großteil der Leserschaft des „Main-Echo“ Besessenheit

---

482 S. Main-Echo vom 24.7.1976: „Der Ortspfarrer war nicht informiert“. Der besagte Pfarrer besaß nicht das Vertrauen der Familie Michel, da seine Ansichten zu „modern“ erschienen, er der San Damiano-Bewegung fernstand. Auf die Beweggründe des Bischofs, die Angelegenheit verschwiegen zu behandeln, ist bereits an anderer Stelle ausführlich eingegangen worden.

483 Main-Echo vom 21.3.1978: „Pfarrer S. über den Teufelsglauben“. Der DJK-Bezirkspräses sprach sich bei der Gelegenheit für das Vorhandensein eines „personifizierten Bösen“ und gegen die Thesen des Tübingers Haag aus.

484 Main-Echo vom 12.4.1978: „Beim Frühschoppen über die Folgen des Alkoholmißbrauchs aufgeklärt. Außerdem erläuterte Pfarrer L. seine Position zum Aschaffenburger Exorzistenprozeß“. An besagtem Frühschoppen in der Gemeinde Kahl nahmen auch eine Schwester Anneliese Michels sowie eine Würzburger Kommilitonin teil.

485 S. Kommentar, Main-Echo, 14.7.1977: „Weg mit dem Teufel“.

486 Vgl. Main-Echo-Kommentar vom 6.4.1978 („Teufel und San Damiano. Niemand hielt die Exorzismus-Eiferer zurück“). Der Verfasser sprach Bischof Stangl rechtlich frei, machte ihm aber den sozusagen moralischen Vorwurf, aufgrund des Wissens um die Tonbandaufnahmen die „Eiferer“ nicht zur Ordnung gerufen zu haben.

487 S. Main-Echo vom 22.4.1978: „Die Amtskirche auf der Anklagebank“. Weiterhin wurde missbilligt, dass Stangl die Erklärung in einem Artikel des Würzburger Katholischen Sonntagsblattes vom 23.4.1978 durch den Theologen Leo Scheffczyk hatte „zurechtrücken“ lassen („Der Sinn des Exorzismus“), was zu weiterer Verwirrung der Gläubigen beigetragen habe.

und Exorzismus eindeutig ablehnte, unabhängig davon, ob die Verfasser konservativ-, liberal-katholisch, kirchenkritisch oder gar nicht katholisch waren.[488] Diejenigen, welche katholische Kirchenführung und Geistlichkeit in Schutz zu nehmen beabsichtigten, interpretierten den ganzen „Fall Anneliese Michel“ als Gelegenheit für Kirchenfeinde, „kräftig auf die Kirche einzudreschen und ihr zu sagen, welch eine überflüssige Institution sie ist“[489]. Besonders bemerkenswert sind in diesem Zusammenhang die Leserbriefe besagter Wallfahrtsleiterin[490], welche die „Entdeckung“ der Anneliese Michel für sich reklamierte. Im Oktober und Dezember 1976 beanstandete sie, gemeinsam mit zwei „Gleichgesinnten“ aus einer Klingenberg benachbarten Ortschaft, die angedrohte Abmeldung von Schulkindern vom Religionsunterricht des Paters Renz[491]. Der Begründung, die Grundschüler könnten aufgrund der vormaligen Tätigkeit des Priesters als Exorzist Angstpsychosen entwickeln, setzte sie entgegen, dass Traumatisierungen von Kindern durch Fernsehsendungen („Mord und Totschlag“), obszöne Bilder in „schmutzigen Illustrierten“ oder durch den Sexualunterricht von der Öffentlichkeit unbeachtet oder unterschätzt blieben: „Und davon steht auch nichts in der Zeitung.“[492] Um einer Abberufung des Salvatorianerpriesters aus der Gemeinde entgegenzutreten, seien Unterschriften gesammelt und dem Bischof zugeleitet worden, wie in einem zweiten Leserbrief berichtet wurde: „Diese Meinung der 500 Bürger wurde einfach ignoriert.“[493] Im Gegenzug wurde der Rücktritt des Würzburger Bischofs und des Generalvikars gefordert:

> „Die Kirchenführung der Diözese Würzburg ist in ihren Aussagen im katholischen Glaubensbereich vollkommen unglaubwürdig ge-

---

488 Die Argumente wurden hier bereits mehrfach angeführt, so dass eine Wiederholung nicht sinnvoll erscheint. Das Spektrum reichte von Ablehnung aufgrund von Unzeitgemäßheit katholischer Riten über die Feststellung des Widerspruchs zwischen „Frohbotschaft“ und „Drohbotschaft“ bis zur Feststellung von gefährlichen Formen des Fanatismus in konservativ-katholischen Kreisen.

489 S. Main-Echo, Leserbrief vom 30.7.1976: „Prügel für die Kirche“. Die Vorgänge um den Klingenberger Exorzismus wurden an dieser Stelle nicht befürwortet, sondern ein anderer Ausgang bei einer anderen Wendung, wie z.B. der Hinzuziehung eines Arztes, in Frage gestellt.

490 Durch Namensnennung und Ortsangabe am Ende des Briefes ist eine eindeutige Identifizierung möglich.

491 S. Kap. 1.2.1.

492 Main-Echo, Leserbrief vom 11.10.1976: „Den Teufel spürt das Völkchen nie“. Der Leserbrief bezog sich konkret auf einen Artikel vom 23.9.1976 mit dem Titel: „Exorzismus-Pfarrer bleibt dem Unterricht fern“.

493 Main-Echo, Leserbrief vom 15.12.1976: „Jetzt soll auch der Bischof zurücktreten“. Diese Unterschriftenaktion wandte sich gegen den angeblichen Beschluss des Bischofs und des Generalvikars, aufgrund der Forderung von etwa 40 Einwohnern Renz von seiner Pfarrstelle abzuberufen.

> worden. [...] Sehr viele Privatoffenbarungen – vor diesen herrscht panische Angst bei den Kirchenleitungen der Diözesen, besonders der Würzburger – zeigen in ihren Aussagen eindeutig, daß der Glaubenszerfall durch die Obrigkeit herbeigeführt wird. Wir sind nicht ungehorsam gegenüber Gott, sondern über [sic!] dem Machtstreben der kirchlichen Obrigkeit der Diözese Würzburg im negativen Sinne."[494]

In den Ausgaben vom 21. und 22. Dezember 1976 veröffentlichte das „Main-Echo" fünf Lesermeinungen, die Annahmen und Aussagen des zweiten Briefes vom 15. Dezember 1976 heftig widersprachen und sich von dessen Inhalt klar abzugrenzen versuchten. Drei dieser Einsendungen stammten von den Vorsitzenden verschiedener Pfarrgemeinderäte benachbarter Ortschaften Klingenbergs. Der Pfarrgemeinderat von Rück-Schippach verwahrte sich gegen eine solche Einmischung „von außen" und die Anmaßung, sich über die Umbesetzung der Pfarrei ein Urteil zu bilden. Weiterhin wurde klargestellt, dass die „unqualifizierten Angriffe gegen die geistliche Obrigkeit in der Presse", welche darüber hinaus „der Sache des Glaubens, die sie offensichtlich schützen wollen, Schaden zufügen", in keinem Fall von der ehemaligen Gemeinde des abberufenen Paters geteilt würden.[495] Da die Verfasserinnen des Briefes vom 15. Dezember 1976 „zu den irregeleiteten Katholiken der ‚San Damiano-Bewegung' gehören", distanzierte sich eine weitere Gemeinde von deren Forderungen und stellte fest, dass sich die überwiegende Mehrheit der Anwohnerschaft über die Ansichten der unterzeichnenden Gemeindemitglieder entrüstete.[496] Die San Damiano-Anhänger stellten schließlich eine „religiöse Randgruppe" dar, die in ihren Gemeinden vollständig isoliert sei, zudem würden die 500 Unterschriften gegen die Abberufung von Pater Renz nachgewiesenermaßen nur zu einem „verschwindend geringen Teil" aus der Pfarrei Rück-Schippach stammen.[497] Dass die Anschuldigun-

---

[494] Ebd.

[495] S. Leserbrief, Main-Echo, 21.12.1976: „Der Sache des Glaubens Schaden zugefügt".

[496] Vgl. den Leserbrief in der Ausgabe des Main-Echo vom 21.12.1976: „Die Einwohner sind entrüstet".

[497] S. Leserbrief der Vorstände dreier Pfarrgemeinderäte vom 22.12.1976: „Katholisches Kirchenverständnis verletzt". Die Informationen über den tatsächlichen Ursprung der Unterschriften waren auf Anfrage eines Mitglieds der zuständigen Kirchenverwaltung übermittelt worden, woraufhin die Vermutung geäußert wurde, es handele sich lediglich um eine Aktion der gesamten San Damiano-Anhänger des Untermains. Diese Ansicht teilte der Absender eines Leserbriefes vom 21.12.1976 („Eingriff in die Intimsphäre"), der die Abberufung von Renz als absolut notwendig erachtete, da das Vertrauen zwischen Priester und Gemeinde einen „Knacks" bekommen habe.

gen gegen die Kirchenführung der Würzburger Diözese jeder Grundlage entbehrten, wurde wie folgt begründet:

> „Vor allem aber muß es jedem, der unserem Bischof persönlich begegnen konnte und dabei seine ehrliche Gesprächsbereitschaft erlebt hat, absurd erscheinen, ausgerechnet einem solchen Mann ‚Machtstreben der kirchlichen Obrigkeit' zu unterstellen."[498]

Der Versuch, zum Ungehorsam gegen die Kirche aufzurufen, lag einer weiteren Einsendung zufolge darin begründet, dass den Katholiken am Untermain mit der Versetzung von Renz eine „geistige Stütze für ihre San Damiano-Fahrten" genommen worden sei. Wirklich gefordert seien jetzt die dortigen Gemeinden: Sie wurden dazu aufgerufen, sich mit den Teilnehmern von Pilgerfahrten nach San Damiano oder Montichiari auseinanderzusetzen sowie die dort vertriebenen „Botschaften" und Privatoffenbarungen kritisch zu beurteilen.[499]

3.2 Überregionale Presse

Nach intensiver Betrachtung der Berichterstattung einschlägiger Regionalzeitungen im Würzburger und Aschaffenburger Raum ist zu überprüfen, ob und inwiefern sich die Darstellung des Klingenberger Falles, die Kommentatoren- und Lesermeinungen in überregionalen Presseorganen von diesen unterscheiden.[500] Zunächst sind drei bayerische Tageszeitungen zu nennen, die sich aufgrund ihrer Auflagenstärke, ihres Verbreitungsgebietes und ihrer unterschiedlichen Ausrichtung besonders für eine Querschnittsbetrachtung eignen.

Die „Augsburger Allgemeine", eine der größten bayerischen Tageszeitungen, wird vornehmlich im bayerischen Schwaben und Teilen Oberbayerns abonniert, wohingegen das Verbreitungsgebiet des „Münchner Merkur" vor allem im Münchner und oberbayerischen Raum liegt. Die „Süddeutsche Zeitung", welche ebenfalls in München verlegt wird, ist im Gegensatz zum „Münchner Merkur" linksliberal geprägt.

---

[498] S. Leserbrief, Main-Echo, 22.12.1976: „Katholisches Kirchenverständnis verletzt".

[499] Leserbrief, Main-Echo, 21.12.1976: „Ungehorsam gegenüber Gott und der Kirche". Der Absender schloss mit der Feststellung, die Diözesen hätten – nach Rücksprache mit dem für San Damiano zuständigen Bischof – vor Wallfahrten dorthin gewarnt, dass eine Teilnahme als offener Ungehorsam gegenüber der Kirche aufgefasst werde.

[500] Zur Entwicklung des deutschen Zeitungsmarktes s. die Publikation von Walter J. Schütz: Zeitungen in Deutschland. Verlage und ihr publizistisches Angebot 1949–2004, Berlin 2005.

3.2.1 „Augsburger Allgemeine", „Münchner Merkur" und „Süddeutsche Zeitung"

Auch in der „Augsburger Allgemeinen" setzte die Berichterstattung aufgrund erwähnter dpa-Meldung („Studentin stirbt nach Teufelsaustreibung") am 22. Juli 1976 ein. Die folgenden Meldungen, Berichte und Kommentare erschienen im Juli und August 1976 kontinuierlich, um nach einer Pause 1977 im Februar 1978 mit der Exhumierung von Anneliese Michels Leiche wiedereinzusetzen und sich im März und April verstärkt während des Prozesses fortzusetzen. Die der breiten Öffentlichkeit bekannt gewordene Tatsache, dass das Rituale Romanum einem Bischof die Möglichkeit eröffnete, einen Priester mit der Durchführung eines Exorzismus zu beauftragen, warf die Frage auf, inwiefern dies im Bistum Augsburg ebenso möglich bzw. bereits schon – im „Geheimen" – geschehen sei. In einem Interview, abgedruckt am 13. August 1976, äußerte sich ein Vertreter des Augsburger Bistums zu dieser Frage, indem er angab, von keiner Exorzismusgenehmigung Kenntnis zu haben. Vereinzelt aufgetretene vermeintliche Besessenheitsfälle, in denen von „geheimnisvollen, aber nicht manifest okkulten und dämonischen Vorgängen berichtet wurde", seien sämtlich „natürlich" zu erklären gewesen, ärztliche Untersuchungen angeraten worden. Auf die zitierte Aussage des Würzburger Generalvikars, es existiere eine „Grauzone nicht genehmigter exorzistischer Umtriebe", entgegnete der Geistliche, dass die Augsburger Diözese noch nicht gegen solche habe vorgehen müssen.[501] Die „Augsburger Allgemeine" merkte diesbezüglich allerdings in einem Kommentar am 11. August 1976 kritisch an, dass es nichts mehr nütze, wenn „im Nachhinein" derartige Beteuerungen aus den einzelnen Diözesen erfolgten. Neben der Feststellung einer „miserablen theologischen Grundausbildung" der am Exorzismus beteiligten Priester, deren moralischer Schuld und Selbstgerechtigkeit sowie „Geschwätzigkeit", insbesondere der Patres Renz und Rodewyk, erging eine deutliche Forderung an den Würzburger Bischof, über den Journalisten während des Verlaufs der Würzburger Synode 1971–1975[502] berichtet hatten, dass er nie „ein Eiferer nach rechts hin" gewesen sei:

---

[501] S. Augsburger Allgemeine, 13.8.1976: „nachgefragt". Der hier befragte Bistumstheologe wurde einleitend als „Beauftragter in Exorzismusfragen" tituliert.

[502] Zwischen dem 3.1.1971 und dem 23.11.1975 fanden acht Sitzungsperioden statt, in deren Verlauf der deutsche Episkopat über die Umsetzung der Beschlüsse des Zweiten Vatikanums beriet. Die „Gemeinsame Synode der Bistümer in der Bundesrepublik Deutschland" war 1969 von der Deutschen Bischofskonferenz einberufen worden (s. Kap. 4.3.2).

> „Für die Masse des Kirchenvolks links und rechts von der Mitte wäre es sinnvoll gewesen, wenn Bischof Stangl ehrlich sagen würde, daß seine Berater ihn – schlampigerweise? – aufs Glatteis geführt haben.“[503]

Nach Verlesung der Korrespondenz des Würzburger Bischofs während des Prozesses räumte die „Augsburger Allgemeine“ jedoch ein, dass das „Mitgefühl mit einem ausgesprochen sympathischen Mitglied des Episkopats“ nicht davon ablenken könne, dass Stangl für den „Fall Anneliese Michel“ die „volle pastorale Verantwortung“ trage.[504] Erneut wurde anlässlich des wieder erstarkten Interesses im Jahr 1978 die Personalpolitik der katholischen Kirche kritisiert, aufgrund welcher Geistliche wie Alt und Renz, deren volle Schuldfähigkeit aufgrund von Aussagen der Gutachter zweifelhaft erscheine, überhaupt mit einer solch schwierigen seelsorgerischen Aufgabe betraut werden konnten.[505] Eindeutig begrüßt wurden die Äußerungen des Vorsitzenden der Bayerischen Bischofskonferenz, Kardinals Joseph Ratzinger, zur Revision des Rituale Romanum und dessen Erinnerung daran, dass man den Teufel nicht „zu einem Hauptthema der Verkündigung“ machen solle. Bezweifelt wurde jedoch, dass Ratzinger mit diesen Aussagen „unbedarfte Gemüter“ wie die Angehörigen der Familie Michel erreichen bzw. der „Fehlinformiertheit“ konservativ-traditionalistischer Kreise entgegenwirken könne. Denn auch wenn der Exorzismus von Klingenberg nicht als typisch für die „Verfaßtheit der römisch-katholischen Kirche des ausgehenden 20. Jahrhunderts“ anzusehen sei, könne man nach Ansicht der „Augsburger Allgemeinen“ ebenso wenig behaupten, dass es sich um einen Einzel- oder Ausnahmefall handele.[506]

---

503 Kommentar Augsburger Allgemeine, 11.8.1976: „Seelsorge auf Irrwegen“. Fragwürdig sei zudem, dass die katholische Kirche bei Bittgesuchen um z.B. Zulassung wiederverheirateter Geschiedener zur Kommunion eine sehr restriktive Haltung einnehme, bei der Genehmigung eines Exorzismus hingegen scheinbar wenig Bedenken herrschten.

504 Augsburger Allgemeine, Kommentar vom 19.4.1978: „Fragen zu Klingenberg“.

505 Ebd. In einem Kommentar vom 22.4.1978 war die Rede von „vernichtenden Gutachten speziell über die Persönlichkeitsstruktur der beiden Geistlichen Alt und Renz“. Der Kommentar war Anlass für einen Leserbrief, abgedruckt am 29.4.1978 („Ein respektloses Urteil“), in dem eine „unangemessene Sprache und Wertung“ kritisiert wurde, wodurch die Gefühle gläubiger Katholiken verletzt worden seien. Es wurde angeraten, den „Katechismus wieder hervorzuholen und offenbar verlorengegangenes Wissen aufzufrischen“.

506 S. Augsburger Allgemeine vom 25.4.1978: „Der Teufel im Spiel“. Der Kirche wurde zum Vorwurf gemacht, dass sie von der „gefährlichen Sogwirkung des Exorzismus auf entsprechend disponierte Kreise“ Kenntnis habe und durch die Auflage, diesen streng geheim zu halten, „infantilen Abhängigkeitsverhältnissen“ Vorschub leisten

Die hier geübte Kritik an der Qualität der Priesterausbildung, also am „Personal" der katholischen Kirche teilten Leser der „Augsburger Allgemeinen", wovon auch der von der Augsburger Öffentlichkeit und den Medienvertretern offensichtlich äußerst positiv bewertete Würzburger Bischof nicht ausgenommen wurde. Sie empfahlen zum Teil provozierend, den „Heiligen St. Goppelus[507]" anzurufen, damit der Menschheit „die Weisheit derartiger Gelehrter in noch größerer Fülle zuteil werde!"[508] Besonders dem älteren Klerus wurde ein „Bildungsdefizit" und „notorische Lernunfähigkeit" unterstellt, der katholischen Kirche insgesamt zudem vorgeworfen, dass sie Erkenntnisse der Naturwissenschaften „sträflich vernachlässige": Denn wenn man „Psychotiker bebetet, statt psychiatrisch zu behandeln" beweise das lediglich ein großes Maß an Ignoranz.[509] Äußerten sich zahlreiche Einsender kritisch zum Themenkomplex „Teufel und Exorzismus" unter Verwendung von Schlagwörtern wie „Fanatismus", „Mittelalter", „Hexenverfolgung", „Ketzerei"[510], so vertrat demgegenüber ein konservativ geprägter Teil der Leserschaft die Ansicht, dass der Teufel sehr wohl existiere, wofür u.a. die Bibel, aber auch Laster, Unsittlichkeit und Unmoral, Terror, Verbrechen und Gewalt, „die heute weltweit Triumphe feierten"[511], als Beweise anzuführen seien. Die in den regionalen Zeitungen häufig geäußerte Kritik an den Thesen des Tübinger Theologen Haag wurde von den Lesern der „Augsburger Allgemeinen" nicht nennenswert thematisiert oder bewertet.

Bemerkenswerter Weise verwendeten sowohl Gegner als auch Befürworter des Urteils im Aschaffenburger „Exorzistenprozess" den Paragraphen 218[512] als Argument, um ihre Aussagen zu unterstreichen. Ein Einsender kritisierte die „zweigleisige Moral" der katholischen Kirche, die sich für den Erhalt menschlichen Lebens in Form eines Fötus, also im frühesten Entwicklungsstadium einsetze, gleichzeitig jedoch zuließe, dass

---

würde wie sie zwischen dem Ehepaar Michel und den Geistlichen Alt und Renz bestanden hatten.

507 Alfons Goppel (1905–1991), 1962 bis 1978 bayerischer Ministerpräsident.

508 Leserbrief, Augsburger Allgemeine, 13.8.1976: „Auf zur Hexenjagd".

509 Leserbrief, Augsburger Allgemeine, 20.8.1976: „Noch zu optimistisch". Der Brief schloss mit dem Appell, aus diesem „Seelsorgefiasko" die Konsequenzen zu ziehen und die Priesterfortbildung zu „forcieren".

510 Vgl. z.B. einen Leserbrief vom 13.8.1976 („Wohin führt der Fanatismus"), in dem der Verfasser polemisierte, „auf keinem Scheiterhaufen [zu] stehen, wenn er einen Rodewyk mit einem Streichholz in seiner Nähe wüsste".

511 S. Augsburger Allgemeine, Leserbrief vom 19.8.1976: „Existenz des Teufels bewiesen". Ersetzte man den Teufel durch „das Prinzip des Bösen", so müsste in Konsequenz an die Stelle Gottes ein „abstraktes Gutes" treten, würde die Bibel zum „Lügenbuch", Jesus zum „Lügenpropheten" abgewertet.

512 S. Fn. 407.

ein „junges, blühendes Menschenleben unter ihren Augen, unter ihren Händen erlosch".[513] Demgegenüber wandte eine Leserin ein:

> „Uns Frauen steht es zu, von Staats wegen, ein Kind, das noch nicht geboren ist, töten zu lassen. Es steht uns aber nicht zu, mit einem kranken Kind zu dem zu gehen, dem wir vertrauen. Auf der einen Seite gehen wir mit Leben sehr großzügig um, auf der anderen wird ein großer Prozeß gemacht. [...] Die Eltern und Priester haben nicht getötet, werden aber verurteilt, das viele ungeborene Leben zu töten wird erleichtert, wird legitim. Welch einseitiges Recht!"[514]

Der „Münchner Merkur", der von Juli bis Dezember 1976, von Februar bis Ende 1978 regelmäßig über den „Fall Klingenberg" berichtete, veröffentlichte in einer Meldung am 12. August 1976 wie zahlreiche andere süddeutsche Zeitungen[515] das Ergebnis einer Umfrage bei den deutschen Bistümern hinsichtlich der „Exorzismuspraxis", die fast ausschließlich „negative Antworten" erbracht hatte: 19 der 22 Diözesen erklärten, dass in den vergangenen Jahrzehnten keine Exorzismusgenehmigung erteilt worden sei[516]. Neben der Würzburger Diözese – Ausgangspunkt der Umfrage – war in der Diözese Passau im Februar 1973 an einer Bäuerin im Landkreis Altötting durch einen Kapuzinerpater ein Exorzismus vorgenommen worden[517]. Die Diözese Augsburg vermied es, die Frage nach bereits durchgeführten Exorzismen direkt zu beantworten; der Bischof ließ lediglich verlauten, „daß er in voller Übereinstimmung mit der Kirche an die Gegenwart des Teufels glaube" und „daß es deswegen auch die Teufelsaustreibung gebe, die jedoch nur mit Genehmigung des Bischofs erfol-

---

513 Leserbrief, Augsburger Allgemeine, 29.4.1978: „Mit stillschweigendem Einverständnis".

514 Leserbrief, Augsburger Allgemeine, 29.4.1978: „Welch einseitiges Recht".

515 S. u.a. entsprechende Meldungen vom 12.8.1976 in Main-Echo, Main-Post, Schwäbische Zeitung, Kitzinger Zeitung, Fränkischer Tag, Fränkisches Volksblatt.

516 Die dpa-Meldung bezog sich auf eine zweiseitige Agenturmeldung der KNA vom 11.8.1976: „Exorzismus: in 19 Diözesen ‚Fehlanzeige'".

517 Der Exorzismus war in Burgkirchen an einer epileptischen Bäuerin durchgeführt worden, die angeblich von einem Dämon mit dem Namen „Pluto I" besessen war. Auch hier waren Tonbandaufnahmen während des Exorzismus angefertigt worden, so dass es später zu Verwechslungen mit den Klingenberger Tonbändern kam. Nach Bekanntwerden der Teufelsaustreibung wurde der Exorzismus durch das Bischöfliche Ordinariat Passau verboten und die „Besessene" in ein Sanatorium verbracht. Das Ermittlungsverfahren gegen den Exorzisten wegen des Verdachts auf Körperverletzung, Nötigung und Freiheitsberaubung war eingestellt worden, da sich die Bäuerin freiwillig dem Exorzismus unterzogen hatte und nicht misshandelt worden war.

gen könne“[518]. Der „erzkatholische“ Süden Deutschlands wurde somit zur Bastion einer katholisch-konservativen Kirche erklärt, die besonders anfällig für traditionalistische Strömungen zu sein schien. Die Kontinuität von Glaubensinhalten, der Glaube an die Existenz eines personalisierten Bösen und das Festhalten am Rituale Romanum dienten zwei Kommentaren des „Münchner Merkur“ als Ausgangspunkt, um – nur scheinbar „pro und kontra“ – zum Thema Teufelsaustreibung Stellung zu nehmen. Auf der einen Seite wurde dargelegt, dass der Satan der Kirche stets als Gottesbeweis gedient habe und diese sich im Falle einer Verleugnung dieser Tatsache „zu einem religiös-psychotherapeutischen Dienstleistungsbetrieb amputiere“ [519]. In diesem Zusammenhang lasse der Exorzismusritus folgenden Schluss zu:

> „Aus der Sicht der Kirche verrät er [der Exorzismus] das Geheimnis, warum eine Institution zweitausend Jahre lang Barbarenstürme, Luther, Arbeiterpriester, Jusos und Kopernikus überleben konnte, weil sie keiner Weltanschauung eine Konzession machte.“[520]

Auf der anderen Seite täte die Kirche gut daran, den zunehmenden Unglauben und die Zweifel an der Existenz Gottes in der Bevölkerung nicht auf einen steigenden Einfluss des Teufels zurückzuführen, sondern vielmehr auf die „Schrecken einer Massengesellschaft: Vereinsamung, Intoleranz, Charakterlosigkeit, Gewalt“, wenn sie ihren Anspruch, ein „moral-ethischer Hort“ zu sein, weiter aufrechterhalten wolle:

> „Eine Kirche, die bei dem Problem der aus den Nähten platzenden Erde nur das Pillenverbot parat hat, und die in Bürgerstuben auf Teufelsjagd geht, darf sich jedoch nicht wundern, wenn andere Gruppen der Gesellschaft ihre Bedeutung in Frage stellen.“[521]

---

518 Münchner Merkur, 12.8.1976: „Exorzismus nur im Süden“. Zur Stellungnahme des Bistums Augsburg vgl. das bereits erwähnte Interview der Augsburger Allgemeinen, 13.8.1976: „nachgefragt“.

519 Münchner Merkur, 24.7.1976: „Konsequent“. Der Exorzismus, „ein Stück Mittelalter“, wurde an dieser Stelle als Beweis für die Gelassenheit und Kontinuität der katholischen Kirche angeführt. In einem Kommentar vom 5.4.1978 („Die Kirche und das Böse“) betonte der Münchner Merkur den Umstand, dass die Anziehungskraft der Kirche eben darin bestünde, „daß sie in und von ihrer Tradition lebt, daß sie sich nicht willfährig dem Zeitgeist unterwirft, nicht Glaubensinhalte nach modischem Bedürfnis aussortiert“.

520 Ebd.

521 Münchner Merkur, 24.7.1976: „Mittelalter“. Diese beiden nur dem Titel nach differenzierten Kommentare veranlassten einen „jungen, praktizierenden Katholiken“ mittels eines Leserbriefes (Münchner Merkur, 7.8.1976) nachdrücklich gegen beide

War in den weiteren Kommentaren des „Münchner Merkur" eine eher kritisch-konservative, den Glaubensinhalten des Katholizismus verpflichtete Tendenz herauszulesen, wurde dort auch die Besorgnis über die vermeintlich zunehmend schwerer zu überwindende Diskrepanz zwischen dem eigenen Anspruch, in einer modernen pluralistischen Gesellschaft eine wesentliche Rolle zu spielen, und der „Lächerlichmachung" des katholischen Glaubens durch die Klingenberger Ereignisse zum Ausdruck gebracht: Die Kirche habe mit dem „Fall Anneliese Michel" ihren Gegnern das „Arsenal" selbst in die Hand gegeben.[522] Kritisiert wurde nicht wie beispielsweise in der „Augsburger Allgemeinen" eine mangelhafte Priesterausbildung bzw. das unzureichend qualifizierte kirchliche Personal[523], sondern die Kirchenführung, die den Gläubigen „ein Wort schuldig" geblieben sei. Der sprichwörtliche „lange Atem" der Kirche, das allzu häufige „Ausschweigen" wurde unter den Eindrücken des Prozesses rigoros abgelehnt[524], das Urteil als angemessen und vor allem notwendig angesehen, auch wenn konservative Reformgegner es als „Teufelswerk" verunglimpften. Neben der Bestrafung der Schuldigen habe der Prozess die Krise der katholischen Kirche nach den Reformen des Vatikanums offenbart, die Ohnmacht der Medizin angesichts „seelischer Not" enthüllt sowie die Überheblichkeit der „vermeintlich aufgeklärten Gesellschaft" aufgedeckt, deren Zeitgeist sich die Kirche keinesfalls beugen dürfe.[525] Den abschließenden Kommentar zum Prozessende verfasste Professor Dr. Hans Maier, Präsident des Zentralkomitees der deutschen Katholiken, unter dem Titel „Nachwort zu Klingenberg". Hatten nach Ansicht Maiers die Mediziner im „Fall Anneliese Michel" nicht nachdrücklich genug auf eine durchgängige medizinische Behandlung gedrungen, so hatte das kirchliche Amt zu lange geschwiegen, „so daß die Frage des Bösen, des Teufels, seiner Personalität, seiner Macht oder Ohnmacht in einer Art von theologischem Halbdunkel verschwand"[526]. Und gerade dieses „Klima verfeinerter Halbheiten" begünstige einerseits Entstehung und Wachstum

---

Stellungnahmen zu protestieren, da deren Verfasser in einem Ton „anmaßender Arroganz" ausschließlich bestrebt seien, die Kirche lächerlich zu machen.

522 Münchner Merkur, 5.4.1978: „Die Kirche und das Böse". Mit „Arsenal" sind hier die Teufel und Unterteufel gemeint, die von Anneliese Michel Besitz genommen haben sollen.

523 S. hierzu einen Kommentar des Münchner Merkur vom 24.4.1978 („Teufelskreise"), in welchem dem Würzburger Bischof eine „erbärmliche Rolle" zugeschrieben, die ausweichenden Aussagen Ratzingers, dem drei Wochen nach Prozessbeginn in einem Interview „die Tatsachengrundlage" fehlte, kritisiert wurden.

524 Münchner Merkur, 5.4.1978.

525 Münchner Merkur, Kommentar vom 24.4.1978.

526 Münchner Merkur, 3./4.5.1978, Kommentar Hans Maiers: „Nachwort zu Klingenberg".

kleiner, konservativ-traditionalistischer, sektiererischer Kreise, bewirke andererseits steigende Verunsicherung und Gleichgültigkeit in der großen Masse der Gläubigen.[527]

In mehreren Briefen, abgedruckt im April 1978, hatten sich Leser des „Münchner Merkur“ zu Wort gemeldet, welche die Art und Weise der Berichterstattung scharf verurteilten: Hier fehle es offensichtlich an Objektivität, der Stil der „im allgemeinen seriösen Tageszeitung“ sei häufig ins Zynische abgeglitten, ganz abgesehen von „diffamierenden Aussagen“ zu unterschiedlichen Themen.[528] Ein Leser machte deutlich, dass sprachliche Wendungen wie „Exorzismus-Opfer“, „Teufelsaustreiber“ oder „Bestseller-Autor im Bereich der Satans-Literatur“ (hier als Bezeichnung für Pater Rodewyk verwandt) typisch für die Sensationspresse, nicht aber passend für eine Zeitung seien, „die ernst genommen werden will“; die Berichterstatter bezögen ihre Informationen wohl aus Horrorfilmen oder aus dem „Spiegel“ und „anderen trüben Quellen“.[529] Der eigentlich konservativ orientierte „Münchner Merkur“ wurde als „liberale Zeitung“ tituliert, die jedoch aufgrund einer „primitiven und unsachlichen Berichterstattung“ die Toleranz für Standpunkte anderer vermissen lasse:

> „Der Spott mit dem der Artikelschreiber Phänomene abtut, zu deren Verständnis ihm selbst der Zugang fehlt, richtet sich also nicht nur gegen die ‚Ultrakonservativen um Lefebvre‘, sondern auch gegen Papst und Bischöfe.“[530]

Die Berichterstattung der „Süddeutschen Zeitung“[531] setzte mit einem „Streiflicht“ am 4. August 1976 ein, in welchem „Besessenheit“ in logischer Konsequenz als das Ende einer „Kausalkette“ begriffen wurde, indem „man Gottesglauben mit Teufelsglauben stützen zu müssen

527 Ebd. Maier appellierte an das kirchliche Lehramt, künftig wieder in klaren Worten und einfachen Sätzen zu sprechen, um die Gläubigen in ihrer Gesamtheit zu erreichen und der zeitgenössischen Beliebigkeit hinsichtlich unterschiedlicher Modelle zur Erklärung des Realexistenz des Bösen ein Ende zu setzen.

528 S. Münchner Merkur, Leserbrief, 8.4.1976: „Warum so einseitige Berichte?“ Diffamiert wurde nach Ansicht des Absenders, einem Pfarrer, u.a. der Würzburger Bischof, aber auch Kardinal Döpfner.

529 Leserbrief, Münchner Merkur, 8.4.1978: „Bitte mehr Sachkenntnis“. Der Brief bezog sich konkret auf einen Bericht des Münchner Merkur vom 29.3.1978: „Per Telefon gab der Bischof seinen Segen zum Exorzismus“, in dem nach einem kurzen Abriss der Ereignisse über die Exhumierung des Leichnams der Anneliese Michel berichtet wurde. Es wurden auch Auszüge der Visionen der Allgäuer Nonne geschildert, welche im Vorfeld der Exhumierung auf einem Flugblatt kursierten.

530 Leserbrief, Münchner Merkur, 15.4.1978: „Exorzisten-Prozeß erregt die Gemüter“.

531 S. u.a. Deiring, Hugo (Hg.): „50 Jahre Süddeutsche Zeitung. 50 Jahre Zeitgeschichte“, Katalog zur Ausstellung, München 1995.

glaubt"[532]. Sei die katholische Lehre über das Böse in der Welt, den „Feind Nummer 1" und den „Versucher schlechthin", zwar nur Grundlage der „Exzesse", wie sie sich in Klingenberg abgespielt hatten, könnten diese „Sprachbilder" eben nicht darüber hinwegtäuschen, dass die Kirche „zumindest die moralische Mitverantwortung trägt", auch wenn die betreffenden Priester den Namen Gottes für „teuflischen Unfug" missbraucht hätten.[533] Dieser „Unfug" wurde in einem weiteren „Streiflicht" näher erläutert:

> „Doch das Selbstporträt, das der Teufel in Klingenburg [sic!] von sich geoffenbart hat, läßt entweder auf mangelnde Zurechnungsfähigkeit der Exorzisten oder auf starke Verfallserscheinungen im Reich der Dämonen schließen. Der ‚Herr der Hölle' [...] hat jahrelang auf dieser Erde keine wichtigere Aufgabe gesehen als am Rande des Spessarts [...] ein kleines Mädchen zu piesacken. [...] Vor allem hat er seine kirchenpolitische Position verraten und ausgeplaudert, was ihm in der Kirche gefällt und was nicht."[534]

Gegenüber diesen satirischen Ausführungen äußerten sich Leser der „Süddeutschen Zeitung" ernstlich besorgt über den Umstand, dass die Klingenberger Teufelsaustreibung so völlig unter Ausschluss der Öffentlichkeit hatte stattfinden können, dass die Bemühungen der Beteiligten, Anneliese Michel dem Einfluss Anderer gänzlich zu entziehen, so erfolgreich gewesen waren: „Ohne ihren Tod hätten wir nie davon erfahren und selbst dann vergingen noch Wochen. Nicht nur die Teufel, auch die Teufelsbanner scheuen das Licht der Öffentlichkeit."[535] Kritisiert wurde von liberal-katholischer Seite die unzureichende Um- bzw. Durchsetzung der Reformen des Zweiten Vatikanums. Nach großen Hoffnungen sei „in jeder Richtung nun Reaktion und Repression zu bemerken", „statt einer wirklichen Reform gibt es nur eine neue äußerliche Fassade mit dem alten

---

532 Süddeutsche Zeitung, „Streiflicht" vom 4.8.1976.

533 Kommentar, Süddeutsche Zeitung, 27.7.1976: „Wo Teufelsaustreibung Menschen gefährdet". Viele Katholiken neigten wegen der Sprachbilder, die mit dem Erkenntnisstand zeitgenössischer Theologen nicht übereinstimmten, eher über diese naive Vereinfachung zum „Schmunzeln". Der „Fall Klingenberg" habe aber bewiesen, dass die Kirche dem zwiespältigen Umgang mit dem Exorzismusritus ein Ende setzen und für alle Gläubigen verbindlich neu bewerten müsse.

534 Süddeutsche Zeitung, „Streiflicht" vom 14.4.1978.

535 Süddeutsche Zeitung, Leserbrief vom 28.8.1976: „Leichtfertig unter die Besessenen eingereiht". Diese Einschätzung ist durchaus realistisch, bedenkt man die Ausführungen Rodewyks hinsichtlich aktuell laufender Exorzismen in einem Interview, ausgestrahlt in der Sendung der Reihe Report am 2.8.1976: „Sie kommen wenig in die Öffentlichkeit, aber es läuft immer was." S. dazu das entsprechende Wortprotokoll im Staatsarchiv Würzburg, Akten Kriminalpolizeiinspektion Aschaffenburg 1, E, Protokolle von Mediensendungen, Bl. 3–38.

brüchigen Gemäuer."[536] Andererseits wurde der „Süddeutschen Zeitung" von einigen Lesern vorgeworfen, sie reihe sich „würdig in die Schar jener Boulevardblätter und Illustrierten ein", die darauf abzielten, „die ach so rückständigen Christen von heute vom ‚Aberglauben' einer längst überholten Zeit zu ‚befreien'".[537] Taktlosigkeiten und Entgleisungen seien einer angesehenen Tageszeitung nicht angemessen.[538] Einige Einsender nahmen den „Fall Anneliese Michel" schließlich zum Anlass, das Krankheitsbild der Epilepsie, die fälschliche Einordnung dieser Erkrankung unter die Kategorie der Geisteskrankheiten und die daraus resultierende schwierige Situation der Betroffenen und ihrer Angehörigen näher zu erläutern.[539]

3.2.2 „Frankfurter Allgemeine Zeitung", „Rheinischer Merkur", „Die Welt" und „Die Zeit"

Der katholischen Kirche im Süden der Bundesrepublik – in den bayerischen und baden-württembergischen Diözesen – war vorgeworfen worden, sie halte an veralteten Ritualen fest und weigere sich, moderne wissenschaftliche Erkenntnisse in ihr Weltbild zu integrieren. Der „Fall Anneliese Michel" wurde allerdings nicht als rein regionales Phänomen angesehen, was die allgemeine theologische Diskussion über das personalisierte Böse oder die Frage einer neuen Positionierung der Kirche in der „Moderne" und besonders das Nachdenken über eine Anpassung an gesellschaftliche Veränderungen bewiesen. Die Kirchenführer sahen sich nicht erst seit Mitte der 1970er Jahre kritischen innerkirchlichen Bewegungen gegenübergestellt.[540] Die „Frankfurter Allgemeine Zeitung" (FAZ), eine überregionale deutsche Tageszeitung mit meinungsbildendem Anspruch, berichtete stetig über den Exorzismus von Klingenberg und ließ das Thema „Besessenheit und Exorzismus" selbst im Herbst/Winter 1976 (Stellungnahmen unterschiedlicher Institutionen und „Experten") und das Jahr 1977 hindurch (Berichte über Ermittlungsfort-

---

536 S. hierzu einen Leserbrief, abgedruckt in der Süddeutschen Zeitung vom 28.8.1976 („Grausame Wirklichkeiten des finsteren Mittelalters"). Der Verfasser des Briefes äußerte sich zudem zur „naturrechtswidrigen" Institution des Zölibats und der „hinterweltlerischen" Sexualmoral der Kirche.

537 Leserbrief, Süddeutsche Zeitung vom 28.8.1976: „Wunschvorstellungen zu Fakten gemacht".

538 Ebd.

539 Vgl. u.a. Leserbriefe vom 7.6.1976 („Ein Menschenleben auf dem Gewissen?") und 28.8.1976 („Aufklärung über Epilepsie").

540 Vgl. zu kirchlichen Krisen und Abspaltungen in den späten 1960er und 1970er Jahren Kap. 4.2 und 4.3.

schritte und das Vorfeld der Eröffnung des Gerichtsverfahrens) nicht ruhen.

Wurde im Verlauf des Jahres 1976 allgemein über die Notwendigkeit einer Revision der katholischen Glaubensvorstellungen und deren Anpassung an die moderne Lebenswelt debattiert[541], so formulierte die „FAZ" ihre Kritik an der katholischen Kirche wegen der noch nicht erfolgten Reformierung des Rituale Romanum und konkret wegen der bis dahin ausgebliebenen kirchenrechtlichen Konsequenzen für die am Exorzismus beteiligten Priester sowie in Bezug auf die offensichtliche Unbelehrbarkeit besonders von Pater Renz 1977 viel schärfer. Renz' Rechtfertigung, er habe an Anneliese Michel die festgelegten Besessenheitsmerkmale eindeutig erkannt, also nach kirchlichen Maßstäben rechtens gehandelt, provozierte diesen Kommentar:

> „Für eine Weltreligion, die beansprucht, ihre Lehre rational vertreten, Glaube und Vernunft miteinander versöhnen zu können, sind diese Kriterien angesichts der modernen Psychologie dürftig und nicht ungefährlich. [...] Wo sogar – vermeintlich oder wirklich – der Teufel einen Menschen zu Tode bringt, verlangt man Auskunft, nicht billige, rational verkürzte Aufklärung, aber Information darüber, wie die Kirche die Ereignisse von Klingenberg sieht."[542]

Überhaupt äußerte sich die „FAZ" ablehnend gegenüber der Kirchenhierarchie, die sich auf ein „Niveau weit unter dem der eigenen Lehre" begeben habe[543], wobei die oberste Kirchenführung nicht ausgenommen wurde. Die Ausführungen Papst Pauls VI. über die Realität des Bösen in der Welt, von vielen als „exotische Beschwörungen" mit dem Ziel einer „Renaissance des Teufelsglaubens" belächelt, schienen in keinem Zusammenhang zu stehen zu den Ereignissen und Problemen einer „säkularen, wissenschaftlich aufgeklärten Welt"[544]. In großen Teilen der Öffentlichkeit seien diese Aussagen nicht ernst genommen worden, nach dem „Fall Anneliese Michel" bewertete die „FAZ" diese Äußerungen jedoch als

> „sichtbare und prominente Spitze eines Eisbergs, Ausdruck eines niemals überwundenen Wahnsystems, das jetzt in Klingenberg am Main zum Skandal sich verdichtete, der vor allem auch deshalb einer ist, weil ihn viele [...] kaum als Skandal empfinden. [...] Die katholische Kirche, die zum Thema Terrorismus mit unverlangten

---

541 S. hierzu z.B. „Der Teufel und die Theologie", FAZ vom 7.8.1976.

542 Kommentar, FAZ vom 9.4.1977: „Teufelsaustreibung ist keine Randfrage der Religion".

543 FAZ, 1.6.1978: „Skepsis und Glaube".

544 S. FAZ, 25.4.1978: „Wahn".

öffentlichen Erklärungen zur Stelle war, scheint den Balken im eigenen Auge nicht zu sehen."[545]

Man dürfe zudem nicht unterschätzen, dass es Kreise konservativer Katholiken gebe, die ihr vermeintliches Wissen über die Existenz und „Einflussmöglichkeiten" von Dämonen aus einer nicht unbeträchtlichen Anzahl einschlägiger Literaturen zum Thema Exorzismus beziehen würden[546]. Die „FAZ" warnte auch deswegen davor, den Teufelsglauben zu verharmlosen, denn „immer ist die Empfänglichkeit vieler Gläubiger, die in einem einfachen Volksglauben verhaftet sind, zu berücksichtigen"[547]. Einer Umfrage des psychologischen Instituts der Universität Freiburg zufolge, durchgeführt Anfang der 1970er Jahre, stimmten ca. 63% der katholischen Theologen und Pfarrer tendenziell der „offiziellen Teufelslehre" zu, wohingegen „nur" 39% genau die Auffassung des Papstes vertraten, die dieser in seiner Rede von 1972 dargelegt hatte.[548] Dieses Ergebnis wurde als Anzeichen für einen Rückgang des „Teufelsglaubens in seiner herkömmlichen Form" ausgelegt, u.a. bewirkt durch „Beimischungen von Aberglauben und Folklore". Neben einer zunehmend liberalen

---

545 Ebd. Der Kommentar setzte die Passivität der Kirche hinsichtlich der Klingenberger Teufelsaustreibung in Bezug zur aktuellen öffentlichen Debatte über den „gesellschaftlichen Grundkonsens" und forderte die Verteidigung demokratischer Wertvorstellungen gegen Irrationalisierungstendenzen wie sie auch von kirchlicher Seite drohten. Den Kommentar nahm ein FAZ-Leser zum Anlass, sich mittels eines Briefes, abgedruckt am 16.5.1978 („Da lacht der Teufel"), über die „Verdienste" der Aufklärung zu äußern, die „mit einem überhöhten, falschen Stellenwert" versehen worden seien. Der Beitrag mit dem Titel „Wahn" sei darüber hinaus lediglich Ausdruck eines „sehr unzeitgemäßen Rückfalls in einen dogmatischen Rationalismus".

546 S. Kap. 5.3.

547 FAZ vom 5.11.1976: „Tod und Teufel in Theorie und Praxis". Der Artikel wies auf den Aufsatzband „Tod und Teufel in Klingenberg", hg. von Manfred Adler (Aschaffenburg 1977), hin, dessen Erkenntnisgewinn zwiespältig beleuchtet wurde: Einerseits nahmen renommierte Theologen und katholische Würdenträger, wie z.B. Haag, Rahner oder Ratzinger, auf verschiedene, durchaus konträre und deshalb zum Teil aufschlussreiche Weise Stellung zum „Fall Anneliese Michel", andererseits bezeichnete die FAZ die Beiträge von Religions- und Parapsychologen als „selbstentlarvend", „durch das, was sie sagen und auch durch das, was sie nicht sagen". Psychiater oder Psychoanalytiker waren in der Aufsatzsammlung nicht vertreten, was besonders beklagt wurde.

548 Die FAZ wie auch der „Berliner Tagesspiegel" oder die „Frankenpost" hatten bereits am 13.8.1976 das Ergebnis einer Umfrage des Wickert-Institutes veröffentlicht, nach der 11% der erwachsenen Bundesbürger an die Existenz des „leibhaftigen" Teufels glaubten, wohingegen 89% dessen Existenz verneinten bzw. nur im übertragenen Sinn für möglich hielten. Auf die Frage, ob ein Mensch vom Teufel besessen sein und man diesen austreiben könne, antworteten 7% der Befragten mit „Ja", in Bayern waren es 9%.

und reformorientierten Bewegung von Katholiken zumeist großstädtischer Prägung, entstünden „relativ unbeachtet und unkontrolliert" religiöse Subkulturen, „sektenähnliche Zirkel", die einen erbitterten Kampf gegen die so genannten Modernisten führten.[549] Anneliese Michel sei somit Opfer dieser Auseinandersetzung zwischen Modernisten und Traditionalisten geworden, wobei Letztere deren Leidensweg und „Botschaften" für ihren Zweck: als Teufelsbeweis, nutzten. Dieser scheinbare Rückfall in überwunden geglaubte irrationale Formen der Religiosität lasse sich folglich so erklären:

> „Das Bedürfnis nach emotionellem Eskapismus und die Sehnsucht nach dem Übernatürlichen sind nicht nur in einigen tiefreligiösen Kreisen, die über Jahrhunderte hinweg okkulte Vorstellungselemente verhältnismäßig harmonisch mit ihrer Glaubenswelt verbinden konnten, nach wie vor lebendig."[550]

Verschiedenen katholischen Lagern angehörende Leser der „FAZ" wandten sich in ihren Briefen gegen die Person Bischof Stangls und seine „gewundene, vieldeutige Erklärung", die – so eine konservative Lesermeinung vom 31. August 1976 – beispielhaft für die mangelnde Zivilcourage der Vertreter des katholischen Lehramtes sei. Sie versuchten seit dem Zweiten Vatikanischen Konzil, dem Zeitgeist in Form einer modernen Theologie „nach dem Munde zu reden oder gar keinen Gebrauch mehr von ihrer Lehrverpflichtung zu machen"[551]. Der Absender, eigener Aussage nach überzeugter Katholik, bemängelte die Unklarheit der kirchlichen Aussagen zur „Teufelslehre" und forderte ein Ende der „peinlichen" und „halbherzigen Dementis" seitens des Würzburger Ordinariats, denn „mit erbaulichen theologischen Redwendungen läßt sich die Notwendigkeit, hier im Sinne der kirchlichen Tradition Farbe zu bekennen", nicht umgehen.[552] Ein durchaus positiver Bericht der „FAZ" über die Erklärung des Würzburger Bischofs war Anlass für einen weiteren Leserbrief, der die Äußerungen Stangls nicht grundsätzlich ablehnte, wohl aber die Unterschiede zur „römischen Auffassung" erwähnt wissen wollte wie auch die Tatsache, dass sich „lokale Stellungnahmen" ebenso nicht immer mit der „Würzburger Auffassung" deckten. Der Tenor der Erklärung wurde als

---

549 FAZ vom 26.4.1978: „Schicksal im Schnittpunkt zweier Welten".

550 Ebd.

551 Leserbrief, FAZ vom 31.8.1976: „Würzburg und der Teufel".

552 Ebd. Die Aussagen über die Existenz des Teufels sollten nicht nur von „mit den Segnungen theologischer Dialektik begabten Gläubigen" verstanden werden können.

inhaltlich unbefriedigend bezeichnet, als offizielle kirchliche Stellungnahme nicht anerkannt.[553]

Der „Rheinische Merkur“ nutzte als konservative Tageszeitung katholischer Prägung in der Rubrik „Das Stichwort“ die Gelegenheit, auf den Begriff und verschiedene Formen des Exorzismus (Taufexorzismus, Kleiner und Großer Exorzismus) einzugehen und deren Gebetscharakter zu betonen.[554] Unabhängig von der Frage, inwieweit und in welcher Form der einzelne Katholik an den Teufel oder Dämonen glauben müsse, war für den „Rheinischen Merkur“ die Intensität des Schocks über den „Fall Anneliese Michel“ und dessen über die Grenzen der Bundesrepublik hinausreichende Publizität verständlich. In einer solchen „emotionsgeladenen Phase“ öffentlicher Diskussion sei deshalb eine sachlich-nüchterne, differenzierte Annäherung an das Thema „Exorzismus“ nötig, um den Ansehensverlust für die katholische Kirche möglichst gering zu halten. Die Erklärung der Deutschen Bischofskonferenz zum Thema „Die Kirche und der Teufel“ wurde deshalb im „Rheinischen Merkur“ kontrovers bewertet: Waren in einem Kommentar vom 12. Mai 1978 die Aussagen des Vorsitzenden Kardinal Höffner als positiver Beitrag dargestellt worden, welcher falsche Vorstellungen über den Exorzismus zurechtgerückt, Missverständnisse und Missdeutungen, die zur „Leugnung des Teufels“ und „abergläubischen Vorstellungen“ führen konnten, von der kirchlichen Lehrmeinung abgegrenzt habe[555], kritisierte ein Kommentar vom 9. Juni 1978 den späten Zeitpunkt der Erklärung:

> „Da regt sich die ganze Welt auf, die Presse füllt tagelang ihre Spalten mit Prozeßberichten, Funk und Fernsehen legen Sondersendungen ein: die Gläubigen kommen immer mehr durcheinander, [...] die törichsten [sic!] Dinge werden gesagt, und Kübel höhnischen Unflats ergießen sich über die Kirche. Und unsere Bischöfe schweigen! [...] Die deutsche Bischofskonferenz, das ist eine Gemeinschaft, ein Kollegium, aber allzu leicht ein Kollektiv, in dem es keine persönliche Verantwortung mehr gibt und der einzelne zu sehr [...] in der Anonymität untergeht.“[556]

---

553 Leserbrief vom 7.9.1976 („Im Detail“), der direkt Bezug nahm auf den FAZ-Bericht „Die Kirche distanziert sich vom Teufel“ vom 21.8.1976. Der Einsender verfasste einen weiteren Leserbrief, abgedruckt in der FAZ vom 16.4.1977 („Die Frage der Besessenheit“), mittels welchem er Kritik an der inzwischen erfolgten Erklärung der Deutschen Bischofskonferenz übte, weil diese am Ritual des Exorzismus öffentlich festgehalten hatte.

554 S. Rheinischer Merkur, 30.7.1976: „Exorzismus“.

555 Bericht über die Erklärung der Deutschen Bischofskonferenz, Rheinischer Merkur vom 12.5.1978: „Teufels-Aberglaube ist vom Teufel“.

556 Rheinischer Merkur vom 9.6.1978: „Peregrinus murrt“. Der Kommentar trägt im Gegensatz zum genannten Bericht vom 12.5.1978 keine Unterschrift, auch kein

Einen im „Rheinischen Merkur“ nachzulesenden „Schlagabtausch“ lieferten sich der Vorsitzende des Würzburger Diözesanrates, Dr. Johannes Meisenzahl, und der Leiter der „Report“-Redaktion des Südwestfunks. Anlass war die am 20. Dezember 1976 in der ARD ausgestrahlte Sendung der Reihe „Report“: „Exorzismus Klingenberg“. Meisenzahl bezeichnete die Reportage als geschmacklos, da ein erneutes öffentliches Abspielen der Tonbänder[557] unter dem „Deckmantel der Wahrheitsliebe“ die Intimsphäre der verstorbenen Anneliese Michel in höchstem Maße verletzt habe und Pater Renz u.a. wegen dieser Art von „veröffentlichter Meinung“ von seinem seelsorgerischen Tätigkeitsfeld in der Gemeinde Rück-Schippach habe zurücktreten müssen.[558] Der leitende Redakteur des SWR erwiderte auf diese Vorwürfe im Januar 1977 und begründete die Ausstrahlung eines zweiten Beitrags zum „Fall Anneliese Michel“ binnen Jahresfrist mit der nachträglichen Überprüfung von Aussagen des Würzburger Generalvikars, die von der Redaktion als Leugnung der bischöflichen Exorzismusanordnung interpretiert würden. Er verwahrte sich gegen die Feststellung, die besagte Fernsehsendung könne als Auslöser oder beschleunigendes Moment für eine Versetzung des Salvatorianerpriesters angesehen werden – denn die Schuld für eine angespannte „Arbeitsatmosphäre“ in der Gemeinde Rück-Schippach trage doch allein Renz aufgrund seiner „seelsorgerlichen Kurpfuscherei“. Auf den scheinbaren Vorwurf von Glaubens- und Katholikenfeindlichkeit erwiderte der Redakteur „als Journalist und Katholik“, dass viele gläubige Katholiken es möglichst vermieden, offen Kritik an der Institution Kirche und ihren Repräsentanten zu üben, und dass diese „mangelhafte Selbstkritik noch immer ein ärgerliches Kennzeichen weiter Kreise des Katholizismus in der Bundesrepublik“ sei.[559] Dem entgegnete der Diözesanratsvorsitzende wiederum, dass der SWR dem Generalvikar ein gutes halbes Jahr später eine falsche Wortwahl vorgehalten habe und dieser zu Unrecht der Unwahrheit bezichtigt worden sei, die Reportsendung deshalb „nicht nur überflüssig,

---

Namenskürzel. Der Pressereferent des Erzbischöflichen Generalvikariats Paderborn widersprach diesen Aussagen in einem Leserbrief am 16.6.1978 („Stellung bezogen“) und verwies auf eine „eindeutige Stellungnahme“ Erzbischof Degenhardts in seiner Pfingstpredigt.

557 Ein solches „Aufwärmen“ des Exorzismusfalls bezog sich auf die bereits am 2.8.1976 in der ARD ausgestrahlte Sendung der Reihe „Report“: „Exorzismus in der BRD“.

558 S. Rheinischer Merkur, Leserbrief vom 31.12.1976: „Polemischer ‚Report‘“. Zur öffentlichen Stellungnahme des Würzburger Diözesanrates und seinen Loyalitätsbekundungen gegenüber Bischof Stangl s. Kap. 2.1.3.

559 Rheinischer Merkur, Leserbrief vom 7.1.1977 („Polemischer Report“).

sondern schädlich war“[560]. Den pauschalisierenden und verletzenden Vorwurf bezüglich der „unkritischen Katholiken“, mit dem weite katholische Kreise „aufs Korn genommen wurden“, fasste er zudem als persönliche Beleidigung auf.[561]

„Die Welt“, eine weitere überregionale Tageszeitung konservativer Ausrichtung, widmete dem „Fall Anneliese Michel“ am 7. August 1976 neben einem ausführlichen, einleitenden Artikel mehrere Sonderseiten. Zunächst wurden die Positionen Pater Rodewyks („Pro: Auch ein Arzt hätte nicht helfen können“) und des Würzburger Generalvikars Wittig („Contra: Exorzismus kann keine Medizin ersetzen“) hinsichtlich der unterlassenen Hinzuziehung eines Arztes dargestellt[562], in einer weiteren Gegenüberstellung dann die Ansichten eines Dogmatikers der Universität Freiburg und die Thesen des Tübinger Theologen Haag. Letzterer erläuterte, dass der Glaube an Besessenheit und die Wirksamkeit von Exorzismen mit dem Teufelsglauben „steht und fällt“, dass die so genannten Besessenheitskriterien aus einer Zeit stammten, in der weder Psychiatrie noch Parapsychologie als wissenschaftliche Disziplinen existierten, und dass es sich bei den häufig als Beweis angeführten, durch Jesus Christus vollzogenen Austreibungen des Neuen Testaments um Dämonen-, nicht Teufelsaustreibungen gehandelt habe, „was für die biblischen Schriftsteller etwas Grundverschiedenes war“. Die Leugnung des Teufels jedoch bedeute nicht automatisch die Verleugnung der Realität des Bösen, nur mache es dessen begriffliche Verschmelzung mit der „antiquierten kirchlichen Verkündigung des ‚Bösen‘“ notwendig, diese Verfälschung rückgängig zu machen:

> „Die unverkürzte Frohbotschaft des Evangeliums bedarf keiner Ergänzung durch die Drohbotschaft vom Teufel.“[563]

---

560 S. Rheinischer Merkur, Leserbrief vom 21.1.1977 („Polemischer Report über den Exorzismus“). Bei den Äußerungen des Generalvikars handelt es sich um dessen Bestätigung im Sommer 1976, der Bischof habe sein Einverständnis zum Exorzismus gegeben, für „Report“ eine Verharmlosung, wenn nicht sogar Verleugnung des tatsächlich durch den Bischof erfolgten Exorzismusauftrags.

561 Ebd.

562 Es handelte sich hier um den Abdruck zweier Interviews, die im Rahmen der Sendung „Tod durch Teufelsaustreibung?“ des Bayerischen Rundfunks vom 2.8.1976 durchgeführt worden waren.

563 „Die Welt“, 7.8.1976: „Contra: Besessen sind nur religiöse Leute“. In der Ausgabe der Welt vom 19.8.1976 nahmen Leser zu diesen Aussagen Haags Stellung („Teufel mit Beelzebub austreiben“). Stimmte eine Einsenderin Haag zu und bestärkte ihn in seinem Ansinnen, nicht ein striktes Verbot des Exorzismus, sondern ein prinzipielles Umdenken zu erreichen, so verwahrte sich ein anderer Welt-Leser gegen die Haagschen Aussagen und erläuterte, dass eine Leugnung des Teufels der Leugnung Gottes gleichkomme.

Der Freiburger Ordinarius hingegen konstatierte, dass eine Ablehnung der Existenz des Teufels bzw. von Dämonen gleichbedeutend sei mit der Entfernung von den Auffassungen der Amtskirche, in letzter Instanz des Papstes. Es wurde an dieser Stelle allerdings auch eingeräumt, dass es sich hier lediglich um einen kleinen Beitrag zur Diskussion um die Realexistenz des Bösen handele.[564] „Die Welt“ gab in einem weiteren, nachfolgenden Artikel die Haltung der evangelischen Kirche (EKD) wieder, indem sie deren Äußerungen zu zahlreichen öffentlichen Anfragen zum Thema zitierte. Die häufig gestellte Frage nach tatsächlichen Besessenheitsfällen in den evangelischen Kirchen beantworte die EKD mit einem Hinweis auf die moderne Psychiatrie, Auftritte selbsternannter evangelischer Exorzisten indessen wurden mit dem Verweis auf Sekten quittiert.[565] In einem Kommentar vom April 1978 nahm „Die Welt“ Bezug auf die evangelische „Exorzismustradition“, aufgezeigt am Beispiel des württembergischen Pfarrers Johann Christoph Blumhardt (1805–1880) und der Heilung der besessenen Gottliebin Dittus[566] sowie unter Verweis auf den Fall der zehn norwegischen Exorzisten, die 1977 eine junge Frau misshandelt hatten, um „die bösen Geister ausfahren zu lassen“[567]; abschließend wurde festgestellt, dass im deutschen protestantischen Raum aktuell keine Exorzismen durchgeführt werden[568]. Die Tatsache, dass Satanismus und der Glaube an

564 „Die Welt“, 7.8.1976: „Pro: Keine Argumente gegen den Teufel“.

565 S. „Die Welt“ vom 10.8.1976: „Für Protestanten ist der Exorzismus kein Problem“. Auskünfte über die evangelischen Reaktionen auf den „Fall Anneliese Michel“ erteilte hier der Oberkirchenrat und Kanzleisprecher der EKD.

566 S. zu diesem Fall Kap. 5.1.2.

567 Der evangelische Pressedienst berichtete am 13.2.1978 über den „norwegischen Exorzismus-Skandal“ (epd-Meldung: „Lutherische Pfarrer als Exorzisten“), der sich in der Nähe von Bergen zugetragen hatte. Zehn Männer, zumeist lutherische Geistliche, hatten im November 1977 versucht, bei einer jungen Studentin, die nach eigener Aussage unter seelischen Störungen litt, zehn Dämonen auszutreiben, wobei die Frau auch körperlich misshandelt wurde. Die norwegische lutherische Bischofskonferenz verurteilte den Exorzismus scharf und kritisierte den Drang besonders von Anhängern der norwegischen charismatischen Bewegung, „außergewöhnliche geistige Gaben zu empfangen“. Das Ermittlungsverfahren gegen die Exorzisten wurde Anfang April 1978 eingestellt, es wurden auch keine Kirchenstrafen verhängt (s. Meldung des epd, 6.4.1978: „Kein Exorzisten-Prozeß in Norwegen“). Die norwegische lutherische Bischofskonferenz veröffentlichte am gleichen Tag eine Erklärung, in der vor allen Formen des „Dämonenglaubens“ gewarnt wurde, ohne direkten Bezug auf den aktuellen Fall zu nehmen. Exorzismen müssten unter ärztlicher Betreuung vollzogen werden, die Kirche selbst müsse in Zukunft bei der Auslegung biblischer Darstellungen über „das Böse“ größeren Einfluss auf ihre Pfarrer und Mitarbeiter nehmen und falschen Interpretationen frühzeitig entgegentreten.

568 „Die Welt“, Kommentar vom 24.4.1978: „Teufel in Kirchen, Kulten und Kommerz“.

den leibhaftigen Teufel immer häufiger thematisiert würden, begründete „Die Welt“ folgendermaßen:

> „Einig sind sich die meisten Beobachter darüber, daß dies teilweise auch dadurch zu erklären ist, weil in einer immer technisierteren Welt bei gleichzeitigem Verlust herkömmlicher Glaubens- und Wertbegriffe gewissermaßen immer größerer ‚Freiplatz‘ entsteht, Unsicherheit, die auch Kulte, Scharlatane und Kommerz auszubeuten versuchen.“[569]

Das Aschaffenburger Urteil habe viele Widersprüche ungelöst belassen, auch was die Schuldhaftigkeit der Angeklagten betreffe. Bedenklich erschienen der „Welt“ aber besonders die Entwicklungen, die sich im Nachgang ereigneten, „die Wirrköpfe, Gaffer und hochmütigen Ignoranten“, die in Klingenberg eindrangen „wie Plünderer in ein Erdbebengebiet“.[570] Neben diesem „Publikum“, das u.a. Erde vom Grab der Anneliese Michel als Devotionalie entfernte, wurden Pressevertreter und Fernsehleute kritisiert, die sich in Klingenberg einfanden,

> „um dort auf der Straße und an der Kirchentüre den Bewohnern mit Kamera, Scheinwerfer, Mikrofon und der unüberbietbar dämlichen Frage ‚Glauben Sie an den Teufel?‘ aufzulauern, als handele es sich um die Frage, ob die Leute mit Omo waschen.“[571]

Die Ansichten der „Welt“-Leser über einen angemessenen Ton der Berichterstattung zum „Fall Anneliese Michel“ waren durchaus geteilt, einerseits wurde den Redakteuren wegen ihrer Zurückhaltung bei Bewertungen der katholischen Kirche und einer objektiven und emotionsfreien Darstellung des Aschaffenburger Prozesses Lob ausgesprochen.[572] Andererseits wurde von einem Teil der Leserschaft die Feststellung einer Rückständigkeit der katholischen Definition des „Bösen“ als allzu pauschal und ungenügend reflektiert empfunden, denn um „als Richter und Erzieher der übrigen Menschheit aufzutreten, dazu bedarf es mehr als der Anstellung als Journalist“[573].

---

[569] Ebd. Als Beispiele für entsprechende Zeitungsmeldungen werden drei Tötungsdelikte bzw. -versuche angeführt, verübt in den USA und in Frankreich, bei welchen die Täter angaben, ihre Opfer seien des Teufels gewesen und hätten versucht, sie zu beeinflussen. Darüber hinaus verzeichneten „Hexenkulte“ steigende Mitgliederzahlen, wie z.B. die 1966 in San Francisco gegründete „Erste Satanische Kirche“.

[570] S. „Die Welt“, 24.4.1978: „Schuld-Ablaß für Gläubigkeit?“

[571] Ebd.

[572] Vgl. hierzu „Die Welt“, u.a. ein Leserbrief vom 17.4.1978: „Der Versuchung beim Teufel nicht erlegen“.

[573] Leserbrief, „Die Welt“ vom 22.4.1978.

Die wöchentlich erscheinende „Zeit“[574], auf ein liberales Publikum und eine akademische Leserschaft ausgerichtet, eröffnete ihre Berichterstattung über den „Fall Anneliese Michel“ mit einem Interview mit Pater Rodewyk, abgedruckt in der Ausgabe vom 30. Juli 1976[575], in welchem der Jesuit seine Sicht auf die Klingenberger Ereignisse darlegte und die Richtigkeit der Handlungen der am Exorzismus beteiligten Personen betonte. Im September rief die Redaktion der „Zeit“-Jugendseite Leser bis zum Alter von 20 Jahren dazu auf, zur Frage: „Gibt es den Teufel wirklich?“ Stellung zu nehmen.[576] 15 Briefe wurden am 15. Oktober 1976 in der Rubrik „Zeitlupe 20“ unter der Überschrift: „Der Teufel ist wieder ‚in‘. Junge Leute diskutieren über den ‚Leibhaftigen‘“, veröffentlicht.[577] Die katholische Kirche bezeichne sich als aufgeschlossen, hatte aber nach Ansicht eines „kritischen 16jährigen“ wohl selbst eine Teufelsaustreibung nötig, denn „er [der Teufel] sitzt vielmehr unter dem Heiligen Stuhl und beißt einflußreiche Persönlichkeiten“, damit der exorzierende Priester, „der vielleicht von der Frustration des Alltags bedroht ist“, sich „austoben“ kann.[578] Der Versuch, auf diese Weise das „Böse“ sichtbar zu machen, könne, so ein 18-jähriger Einsender, zu gefährlichen Mystifizierungen führen, wobei die Betroffenen sich von jeglicher Verantwortung freisprechen könnten. In einem weiteren Leserbrief wurde der Kirche nahegelegt, sich auf anderen Gebieten zu engagieren und ihre Energie in den Dienst für den Kampf gegen Gewalt, Terror, Unterdrückung und Ungerechtigkeit zu stellen: „Die Hölle ist nicht irgendwo – die Hölle ist in Beirut, in Nordirland, in Chile und in sowjetischen Irrenhäusern!“ Demgegenüber gab es Stimmen, welche die Existenz eines personifizierten Teufels und folglich Teufelsaustreibungen als gegebene Tatsachen ansahen, um äußerlich sichtbaren Formen der Besessenheit zu begegnen. Ein 19-Jähriger benannte zudem Personengruppen, die am wahrscheinlichsten eine Besessenheit erlitten:

---

[574] Zu Entstehung und Entwicklung der Wochenzeitschrift s. u.a. Janßen, Karl-Heinz et. al. (Hg.): Die Zeit in der Zeit. Geschichte einer Wochenzeitung 1946 bis heute, München ^{2}2006.

[575] Das Interview mit dem zu diesem Zeitpunkt 81-Jährigen erschien unter dem Titel: „Der Teufel hat viele Namen. Gespräch mit Deutschlands Dämonenspezialisten, dem Jesuitenpater Adolf Rodewyk“.

[576] „Die Zeit“ vom 3.9.1976: Einsendeschluss war der 15.9.1976.

[577] Die Auswahl der abgedruckten, ohne jeweilige Überschrift versehenen Stellungnahmen war insofern ausgewogen, als sich acht der Einsender für die Existenz des Teufels bzw. von Dämonen aussprachen, sieben diese anzweifelten oder gar bestritten.

[578] Ein weiterer Leserbrief bezeichnete die Individuen, welche den Teufelsglauben „nähren“, als die einzig wirklich existenten Teufel.

„Dieser Gefahr setzen sich alle Nichtchristen aus, die sich durch ihr ignorierendes Verhalten Gott gegenüber oder durch ihren Atheismus gegen Gott entschieden haben."[579]

Sämtlichen Einsendungen, die sich für die Existenz eines „Leibhaftigen" in der Gegenwart aussprachen, diente der Verweis auf das Neue Testament und die dort geschilderten Teufelsaustreibungen sowie die Benennung des Teufels als Argumentationsgrundlage. Eine Leugnung dieser „Fakten" führe höchstens „zur Vermittlung eines falschen Teufelsbildes", zu „einer Verniedlichung des tatsächlichen Faktotums", denn die sich ständig erweiternden Wirkungskreise des „Bösen" ließen nicht allein Menschen „dem Wahn verfallen", wie im Fall der Anneliese Michel: „Das schlimmste Beispiel für das zerstörerische Wirken des Teufels ist der Kommunismus nach russischer Art, der Millionen Menschen in den Tod schickte"[580].

Nach Abschluss des Aschaffenburger Prozesses veröffentlichte „Die Zeit" noch einmal einige Leserbriefe, die auch als zustimmende Äußerungen zur Berichterstattung der Zeitung verstanden werden sollten. Der Tenor der abgedruckten Briefe glich sich dahingehend, dass die Einsender die Kritik an der Haltung der katholischen Kirchenführung teilten und die Kommentare wie auch entsprechenden Berichte über die „bischöfliche Blamage" und die „päpstliche Satansdogmatik" als präzise abgebildet ansahen[581].

3.3 Kirchliche Presse

Um ein vollständiges Bild der Bandbreite öffentlicher Stellungnahmen zum „Fall Anneliese Michel" geben zu können, soll im Folgenden zunächst exemplarisch an den Ausgaben des „Würzburger Katholischen

579 Die Gewissheit über das Vorhandensein von dämonischer Besessenheit führte der Verfasser auf Berichte des Neuen Testamentes zurück.

580 Die Befürworter der Existenz eines personifizierten Teufels, vgl. den hier zitierten 17-Jährigen, aber auch dessen Leugner, wählten als Beispiel zur Veranschaulichung ihrer Position das kommunistische System der Sowjetunion; zum Einen, indem die atheistische Ideologie für dämonische Einflüsse verantwortlich gemacht wurde, zum Anderen, um der Kirche einen neuen Impuls vorzugeben und sich gegen Ungerechtigkeit und Unterdrückung einzusetzen.

581 „Die Zeit", Leserbrief vom 12.5.1978. Die angeführten Leserbriefe tragen keine Überschriften. Der Verfasser des hier zitierten Briefes verband seine Katholizismuskritik mit der Hoffnung, dass der „Fall Anneliese Michel" zum „Antauen" des sichtbar gewordenen Eisberges gedient habe und in der Konsequenz nicht nur der Große Exorzismus reformiert, sondern auch der Taufexorzismus gänzlich abgeschafft würde.

Sonntagsblatts", der zweiwöchig erscheinenden, kirchenunabhängigen Zeitung „Publik-Forum" und der deutschen Ausgabe des „L'Osservatore Romano" ein Überblick über die Sicht katholischer bzw. christlicher Presseorgane vermittelt werden. Das wöchentlich erscheinende, konservativ ausgerichtete „Würzburger Katholische Sonntagsblatt", die Kirchenzeitung der Würzburger Diözese, enthielt neben Berichten über das kirchliche Leben in der Diözese stets Beiträge zu tagesaktuellen, die deutsche Kirche sowie die Weltkirche betreffende und gesellschaftspolitisch relevante Themen. Die links-liberal orientierte Zeitung „Publik-Forum" war Nachfolgerin der von 1968 bis 1971 von der katholischen Kirche finanzierten Wochenzeitung „Publik"[582]. Die wöchentlich erscheinende deutsche Ausgabe des „L'Osservatore Romano" veröffentlicht vor allem Reden und Verlautbarungen des Papstes, kirchenamtliche Meldungen und Kommentare, wobei letztere in der Regel mit den offiziellen Positionen und Auffassungen des katholischen Lehramts in Einklang stehen.

3.3.1 „Würzburger Katholisches Sonntagsblatt", „Publik-Forum" und die deutsche Ausgabe des „L'Osservatore Romano"

Der Chefredakteur des „Würzburger Katholischen Sonntagsblatts", Dr. theol. Helmut Holzapfel[583], stellte in der Ausgabe vom 15. August 1976 ausführlich und „außer Zweifel" fest, dass „dämonische Phänomene" wie Besessenheit tatsächlich existieren. Zahlreiche derartige Phänomene, die besonders in den Gebieten der Mission vorkämen, seien nicht rational erklärbar und noch weniger heilbar. Holzapfel distanzierte sich aber gleichzeitig von „wundergläubigen" Anhängern der nicht anerkannten Marienerscheinungsorte San Damiano oder Heroldsbach[584], ebenso von bildlichen Teufelsdarstellungen mit Hörnern, Schwanz und Bocksfüßen, die nicht der katholischen Glaubenslehre entsprängen, sondern vielmehr „der von heidnischen Vorstellungen genährten Volksphantasie."[585] Der

---

[582] Zur Intention von „Publik" s. Ziemann, Benjamin: „Öffentlichkeit in der Kirche. Medien und Partizipation in der katholischen Kirche der Bundesrepublik 1965–1972", in: Bösch, Frank/Frei, Norbert (Hg.): Medialisierung und Demokratie im 20. Jahrhundert, Göttingen 2006, S. 181ff.

[583] Holzapfel war von 1945 bis 1951 Domvikar und parallel zu seiner Tätigkeit für das Würzburger Katholische Sonntagsblatt auch Chefredakteur des Bayerischen Klerusblattes sowie Verfasser zahlreicher Schriften, besonders zur deutsch-polnischen Versöhnung.

[584] Das oberfränkische Heroldsbach wurde nicht als Marienerscheinungsort, sondern lediglich als Gebetsstätte durch das Erzbistum anerkannt (1998).

[585] Würzburger Katholisches Sonntagsblatt, 15.8.1978: „Rummel um den Teufel". Holzapfel warf den Medien vor, selbst wirklichem Aberglauben Vorschub zu leis-

Tod der Anneliese Michel liege ganz in der Verantwortung der volljährigen Betroffenen selbst bzw. ihrer Eltern, die auf die Hinzuziehung eines Arztes verzichtet hatten. Die in der Presse oftmals erhobene Forderung, Bischof Stangl ebenfalls wegen unterlassener Hilfeleistung anzuzeigen, bezeichnete Holzapfel als „dumm, albern und juristisch nicht haltbar". Er legte weiterhin dar, dass er selbst die Beteiligung von „außerirdischen Kräften" am Tod der Studentin definitiv ausschließe. Der „Fall Anneliese Michel" diene aber leider als gewünschter „Knüller" – den Kirchenfeinden als geradezu „gefundenes Fressen"[586]. Das „Würzburger Katholische Sonntagsblatt" berichtete in der Folgezeit vor allem über die gegen den Bischof gerichteten Anschuldigungen, druckte die Stellungnahme des Ordinariats, die Erklärungen Stangls und der Deutschen Bischofskonferenz[587] sowie verschiedene Interviews mit Kirchenvertretern und Fachwissenschaftlern zum Thema „Exorzismus" ab[588]. Die Leser wurden über die im Diözesanrat formulierte Linie hinsichtlich der Wallfahrten nach San Damiano und Montichiari informiert:

> „Weihbischof K[empf]. verurteilte diese im Bistum, vor allem am Untermain, sehr starke Wallfahrtsbewegung deshalb, weil sie durch Gruppenbildung ganze Pfarreien teile und das Gemeindeleben in den Pfarreien belaste."[589]

Der Schlussbericht über das Ende des Aschaffenburger Prozesses hob noch einmal den Gebetscharakter des Exorzismus und das wegen Unterlassung einer Hilfeleistung gefällte Urteil hervor. Die Tatsache, dass sich Eltern und Geistliche „nach wie vor keiner Schuld bewußt" seien, fand

---

ten, z.B. durch Veröffentlichung von Horoskopen oder durch Bewerbung von Publikationen Erich von Dänikens.

586 Ebd.

587 S. Kap. 2.1.1 und 2.1.2.

588 Vgl. hierzu z.B. die Stellungnahme Prof. Dr. Leo Scheffczyks (Universität München): „Der Sinn des Exorzismus", abgedruckt in der Ausgabe vom 23.4.1978, die sich sehr ausführlich dem biblischen Hintergrund des Exorzismus und dessen Einordnung in die katholische Glaubenslehre widmete, aber keine direkte Position im „Fall Anneliese Michel" bezog. Gerade die stark theoretische Ausrichtung und der wissenschaftliche Ansatz des Artikels erschwerten manchem Leser allerdings den Zugang. Vgl. u.a. Leserbriefe vom 21.5.1978: Eine Absenderin bemängelte, dass der Artikel „auf einer Sprach- und Denkebene zu Hause [ist], die dem theologischen ‚Nicht'-Fachmann, also den meisten Lesern des Sonntagsblatts, schwer zugänglich ist". Eine andere Leserin bezeichnete den Artikel als „entsetzlich geschraubte, abstrakte Abhandlung in unverständlichstem Professorendeutsch".

589 Würzburger Katholisches Sonntagsblatt, 24.10.1976: „San Damiano- und Montichiari-Wallfahrten". In der gleichen Ausgabe zitierte das Sonntagsblatt Aussagen des päpstlichen Nuntius Del Mestri von 1970, die belegen, dass die Aussagen „Mamma Rosas" hinsichtlich übernatürlicher Erscheinungen jeglicher Grundlage entbehrten.

ebenso Erwähnung.[590] Das „Würzburger Katholische Sonntagsblatt" unterstrich damit seine Ansicht, dass weder Ärzte noch die Kirche als Institution versagt hatten, sondern dass Menschen „ihrer Aufgabe nicht gewachsen waren"[591].

Die 14-tägig erscheinende Zeitung „Publik-Forum" verstand sich selbst als ökumenische Zeitung. Von der Vorgängerzeitschrift „Publik" her hatte „Publik-Forum" eine katholisch-kritische, reformorientierte Ausrichtung beibehalten. Die Zeitung wird von der „Leserinitiative Publik e.V." herausgegeben. In einem ausführlichen und faktenreichen Artikel über den Ablauf der Klingenberger Ereignisse stellte „Publik-Forum" fest, dass der „Fall Anneliese Michel" wohl „ziemlich eindeutig" sei: Eine diagnostizierte Epilepsie habe sich durch die Teufelsaustreibungen verschlimmert und so zum Tode geführt. Die Eltern, kirchliche Behörden und Bischof Stangl seien „einem schlimmen Aberglauben aufgesessen"[592]. Herbert Haag hob in einer später abgedruckten Stellungnahme hervor, dass der innovative, moderne Charakter der Erklärung Stangls bedauerlicherweise in der Öffentlichkeit nicht mit der Aufmerksamkeit verfolgt worden sei, wie diese es eigentlich verdient habe.[593] Unter Verweis auf die Tatsache, dass laut Umfrageergebnissen lediglich eine Minderheit an der traditionellen Lehre der Kirche über die Realexistenz des Bösen festhalte, warf er diesen katholischen Gläubigen vor, dass sie

> „mit immer denselben Behauptungen und Zitaten, angefangen von mißverstandenen Bibelstellen bis hin zu Goethe (den man in unbedarfter Naivität zum Kronzeugen des Teufelsglaubens erhebt), und mit erschreckender Selbstsicherheit ihre vermeintlich allgemeingültige Meinung vortragen. Reaktionäre Blätter kirchlicher Provenienz

---

590 Würzburger Katholisches Sonntagsblatt, 14.5.1978: „Urteil im Exorzismusprozeß".

591 Kommentar, Würzburger Katholisches Sonntagsblatt, 14.5.1978: „Glaube und Aberglaube". Der Verfasser gab an, dass durch die Klingenberger Ereignisse verunsicherte Katholiken in ihrer Pfarrkirche „Worte des Trostes und der Stärkung" erhalten könnten. Anneliese Michels Tod wurde als „unnötig und bedauernswert" bezeichnet, sei aber dann nicht umsonst gewesen, wenn er eine breite Diskussion über Glauben und Aberglauben ausgelöst habe. Die nach dem Urteil von Pfarrer Alt abgegebene öffentliche Erklärung, mit der er seine „Wahrheit" über die Sühnebesessenheit von Anneliese Michel nochmals verbreiten wollte, wurde in einem weiteren Kommentar am 6.8.1978 („Den Gegnern zu leicht gemacht") scharf kritisiert.

592 Publik-Forum, 13.8.1976: „Krank oder besessen? Teufelsaustreibung mit Todesfolge? Die Lehre von Klingenberg". Die hier gezogene „Lehre" bezog sich auf eine notwendige „Entrümpelung alter Vorstellungen", dies nicht nur auf akademischer Ebene, sondern beim „so genannten einfachen Kirchenvolk".

593 Publik-Forum druckte die Erklärung Stangls in der Ausgabe vom 10.9.1976 vollständig ab.

tun ein übriges, um als Anwälte der unfehlbaren Wahrheit ihre Leser dahingehend zu beruhigen, daß alles beim alten bleibe."[594]

Begrüßt wurde von einem Redakteur – ganz im Gegensatz zu kirchlichen oder kirchennahen Presseorganen und Leserbriefen – die „Report"-Sendung vom 2. August 1976, deren Verantwortlicher sich als „unbelasteter und engagierter Öffentlichkeitsanwalt" des „Falles Anneliese Michel" angenommen habe, und dies im Gegensatz zu einem „blanken Zynismus", den sich katholische Nachrichtenagenturen in der Wortwahl ihrer Meldungen angeeignet hätten.[595] Es wurde als Erfolg der Sendung gewertet, dass sich kurz nach deren Ausstrahlung das Bistum Limburg mit einer öffentlichen Erklärung von den Ereignissen in Klingenberg distanzierte, womit laut „Publik-Forum" bewiesen sei, dass die katholische Kirche in der Bundesrepublik eben kein „monolithischer Block" sein könne. Gefordert wurde die Weiterführung der öffentlichen Diskussion über Prozess und Urteilsspruch im „Fall Klingenberg" hinaus:

> „Nur: wenn man das Problem selbst, ja den allgemein als Skandal empfundenen Fall verdrängt und beharrlich auf irgendwelche ‚Feinde' in apologetischer Absicht einschlägt [...] oder – wie KNA – den Kopf in den Sand des Milieus steckt und ‚Skandalpresse' schreit, ist man noch nicht einmal in der Lage, die Herausforderung anzunehmen, die in dem Ereignis wie in dem ‚Report'-Beitrag liegen."[596]

Hatte sich Haag in „Publik-Forum" sehr positiv über Bischof Stangl und seine fortschrittliche Erklärung geäußert, wurde in einem Kommentar derselben Ausgabe die Frage gestellt, wie es „angesichts einer solchen klaren theologischen Konzeption" im Bistum Würzburg überhaupt zum Klingenberger Exorzismus habe kommen können.[597] Als weitere Schul-

---

594 Stellungnahme Herbert Haags, Publik-Forum, 10.9.1976. Haag bekräftigte erneut, dass es nur dort Besessenheit und Exorzismus geben könne, wo an den Teufel geglaubt werde. Zudem stellte er fest, dass es sich bei angeblich Besessenen meist um Frauen handele, bei Exorzisten um Priester, also zölibatäre Männer.

595 Publik-Forum, 27.8.1976: „Großer Exorzismus. Zur Report-Sendung über die Teufelsaustreibung". Die Kritik bezog sich auf eine KNA-Meldung vom 29.7.1976 mit dem Titel: „Nessie aus Klingenberg", in welcher Art und Weise der Berichterstattung von „Zeitungen, die vom Bösen in der Welt leben [und] plötzlich Mitleid mit jenen zeigten, die an das Böse glauben", beanstandet wurde.

596 Ebd.

597 S. Publik-Forum, Kommentar vom 10.9.1976: „Der Teufel steckt im Detail". In erster Linie träfe Bischof Stangl die Schuld, gegen den in dieser Konsequenz zumindest ein kirchliches Disziplinarverfahren hätte eingeleitet werden müssen. Ein Verfahren gegen den Exorzisten Renz hingegen würde „zu kurz greifen und vorhandene strukturelle und ideologische Einseitigkeiten in der bischöflichen Behörde weiterhin verschleiern".

dige wurden erzkonservative katholische Kreise ausgemacht, die den Teufel von Klingenberg als „Zeugen angeblichen kirchlichen Verfalls im Gefolge des unseligen Vatikanischen Konzils“ anriefen, und deren Dämonen die fortschrittlichen Beschlüsse der Würzburger Synode „als besonders gelungenen Streich des Beelzebub“ bezeichneten. Für Anneliese Michel habe sich in einer solchen „fanatisch-religiösen und geistigen Getto-Situation“ keine Möglichkeit für eine Therapie eröffnen können.[598] Um zu verdeutlichen, gegen welche Art von konservativ-katholischer Strömung sich die Kritik von „Publik-Forum“ richtete, druckte die Zeitung bereits im Dezember 1976 eine Zusammenfassung einer Rede des Regensburger Bischofs Graber ab – „des Rechtsaußen im deutschen Episkopat“ –, die dieser anlässlich einer Wallfahrt in Altötting gehalten hatte. Graber habe sich bei dieser Gelegenheit mit der „Satan-ist-tot-Theologie“ auseinandergesetzt und zum „Fall Klingenberg“ folgendes geäußert:

> „Es ist jammervoll zu sehen, wie man sich aus diesem tragischen Fall hinausredet, um sich ja nicht vor der Welt zu blamieren, und wie man ‚den Bösen‘ in ‚das Böse‘ umwandelt. Dem Teufel ist heute das raffinierteste Kunststück gelungen, den Menschen weiszumachen, er existiere gar nicht. [...] Extremisten, die auf eigene Faust nachkonziliare Reformen durchsetzen, hätten den Papst bereits von der ‚Selbstzerstörung der Kirche‘ sprechen lassen.“[599]

Dass die hier zitierten Beispiele von Artikeln und Kommentaren in „Publik-Forum“ durchaus als repräsentativ für dessen Art der Berichterstattung über den Exorzismus von Klingenberg angesehen werden können, verdeutlichen Leserbriefe, in denen mehr Sachlichkeit, Nüchternheit und Sorgfalt gefordert wurden und deren Verfasser stattdessen eine Neigung zu „eifernder Diktion, pauschalen Anklagen und grobgestrickten Übertreibungen“ ausgemacht haben wollen[600] oder der Redaktion unterstellten, diese habe „Unsinn wiedergekäut“.[601]

---

598 Vgl. Publik-Forum, 21.4.1978: „Keine Chance“. Ein Artikel vom 5.5.1978 („Wunderheischende Reaktionäre“) fügte hinzu, dass die katholische Kirche mittels theologischer Aufarbeitung und Bildungsarbeit verhindern müsse, dass eine „Gruppe wunderheischender Reaktionäre aus der Lefebvre-Ecke“ weiterhin „die katholische Bühne dominiert“.

599 Publik-Forum, 22.12.1976: „Ohne Teufelsglaube kein Gottesglaube“. Graber plädierte zudem, als „Rezept für die gegenwärtige Krise“ eine „lebendige Hauskirche“ aufzubauen. Der Familie obliege es auch, Kinder rechtzeitig „gegen den Sexualunterricht in der Schule zu immunisieren“.

600 S. u.a. Lesebrief vom 10.9.1976: „Gefahren lauern“.

601 Vgl. hierzu einen Leserbrief vom 10.2.1978 des gleichen Titels. Der Absender bezog sich in diesem Fall auf Schlagzeilen, die den Exorzismus für den Tod von Anneliese Michel verantwortlich gemacht hätten.

Der Anteil an Beiträgen über den „Fall Anneliese Michel“ in der deutschen Ausgabe des „L'Osservatore Romano“ beschränkte sich zwischen 1976 und 1978 auf zwei Artikel: Im August 1976 erfolgte eine inhaltliche Zusammenfassung der Erklärung Bischofs Stangls[602], das Interview mit dem Vorsitzenden der Deutschen Bischofskonferenz, Kardinal Höffner, durchgeführt vom Presseamt des Erzbistums Köln, wurde im Februar 1977 abgedruckt[603].

3.3.2 Evangelische Sonntagsblätter

Selbstverständlich wurde der „Fall Anneliese Michel“ auch in den evangelischen Kirchen diskutiert, wobei sich deren Angehörige häufig die Frage stellten, wie man dort potentielle „Exorzismus-Anfragen“ handhaben würde bzw. wie überhaupt evangelische Theologen das „Böse“, gerade auch im Unterschied zur katholischen Kirche, definierten. Das „Sonntagsblatt. Evangelische Wochenzeitung für Bayern“, das in verschiedenen Regionalausgaben erscheint und im Auftrag des bayerischen Landeskirchenrates vom Evangelischen Presseverband für Bayern herausgegeben wird, stellt die auflagenstärkste evangelische Kirchenzeitung Bayerns dar. Die Einstellung der evangelischen Kirche zu Besessenheit und Exorzismus erläuterte ein Angehöriger des Konfessionskundlichen Instituts des Evangelischen Bundes[604] in einem Artikel im Herbst 1976, wobei er zunächst auf die Tatsache hinwies, dass Geisterbeschwörungen und Teufelsaustreibungen in allen Religionen Tradition hätten. Nach einer kurzen Zusammenfassung der Exorzismustradition der katholischen Kirche wurde betont, dass der katholische Theologe einerseits dem Problem ausgesetzt sei, den „außerordentlich schwierigen Tatbestand der ‚Besessenheit‘ eines Menschen einwandfrei festzustellen“ und dabei andererseits die Existenz von Dämonen als Glaubenswahrheit der katholischen Lehre nicht zu leugnen. Es wurde großer Wert darauf gelegt, die Seltenheit einer Exorzismusgenehmigung in den deutschen Diözesen zu erwähnen, auch wenn anschließend die Preisgabe des Exorzismus-Ritus in der evangeli-

---

602 L'Osservatore Romano, 27.8.1976: „Konsequenzen im Exorzismus-Fall“.

603 L'Osservatore Romano: 11.2.1978: „Teufel – Besessenheit – Exorzismus“. Das Interview erschien später unter dem Titel: Teufel – Besessenheit – Exorzismus. Elf Fragen. Elf Antworten (= Themen und Thesen, Bd. 8), hg. vom Presseamt des Erzbistums Köln, Neuss ^{6}1985.

604 Das Institut hat seinen Sitz im hessischen Bensheim und wurde 1947 als wissenschaftliche Arbeitsstätte des Evangelischen Bundes ins Leben gerufen. Neben einer Fachzeitschrift und der Quartalsschrift „Evangelische Orientierung“ gibt das Institut die wissenschaftliche Buchreihe „Kirche – Konfession – Religion“ und die Taschenbuchreihe „Bensheimer Hefte“ heraus.

schen Kirche hervorgehoben wurde.[605] Was die evangelische Grundhaltung zum Thema Teufelsglauben anbelangte, äußerte man sich zurückhaltend:

> „Über Teufel, Dämonen und Besessenheit kann theologisch nichts Gewisses gesagt werden. [...] Und so verkündigt die evangelische Botschaft, daß niemand, der zu Jesus Christus gehört, sich vor Dämonen zu fürchten braucht. [...] Im Gespräch mit der modernen Psychiatrie hat die evangelische Theologie wohl endgültig ihr Urteil gefunden, daß es keine Besessenheitskriterien gibt, und daß Teufelsaustreibungen keine geeigneten Mittel sind, um psychisch Kranke zu heilen."[606]

Der Artikel wurde von den Lesern des „Evangelischen Sonntagsblatts" unterschiedlich bewertet. Merkte ein einsendender Pfarrer kritisch an, dass eine Theologie, „die in ihren Urteilen nicht den Erkenntnissen Jesu, sondern den Lehren der modernen Psychiatrie folgt", seines Erachtens nicht mehr evangelisch genannt werden könne[607], nahm ein Leser den genannten Beitrag zum Anlass, seine Ansichten über die katholische Kirche auszuführen, deren Institutionen, so z.B. die Vatikanische Kongregation für die Glaubenslehre, im Kampf gegen den Teufel „dem transalpinen Kulturkreis eigene Denktraditionen Aufwind" verschaffte[608].

Ein Kommentar vom 16. April 1978 widmete sich kurz vor Verkündung des Urteils im Aschaffenburger Prozess der Frage, inwiefern der öffentliche Sturm der Entrüstung und der Wunsch nach Aufklärung „die Unvernunft unserer Tage" andernorts, wie z.B. in Nordirland oder in von linksterroristischen Attentaten betroffenen Ländern wie Italien und der BRD, ungerechtfertigerweise überlagere:

> „Miteinstimmen ins Konzert allgemeiner Entrüstung kann leicht zur Heuchelei geraten, zum Ablenkungsmanöver von einem

---

605 S. Sonntagsblatt, evang.-luth. Kirche vom 12.9.1976: „‚Teufelsaustreibungen' abschaffen". Als Ausnahmen für die Durchführung von Exorzismen durch evangelische Geistliche wurde erneut auf Blumhardt und den Fall der Gottliebin Dittus hingewiesen. Vgl. Kap. 5.1.2.

606 Ebd. Der Artikel schloss mit dem Verweis darauf, dass die katholische Kirche 1975 bereits vor Aberglauben und übertriebener Furcht vor dem Teufel und Dämonen gewarnt habe.

607 Vgl. Sonntagsblatt, evang.-luth. Kirche vom 3.10.1976: „Nicht mehr evangelisch". Nicht Blumhardt, sondern Jesus Christus sei die Ausnahme, welche die Regel bestätige, so dass dem Verfasser des kritisierten Artikels ein intensives Studium des Neuen Testaments angeraten wurde.

608 S. Sonntagsblatt, evang.-luth. Kirche vom 3.10.1976: „Bekämpfung des Bösen". Der Absender begründete seine Aussagen mit Erfahrungswerten, die er selbst während seiner Studienzeit in Italien gesammelt haben wollte.

Kampf, dessen Front nicht unbedingt durch Nordunterfranken verläuft."[609]

Die zahlreichen Schlagzeilen, welche der Teufel durch diese Geschehnisse erhalten habe, seien Beweis dafür, dass man verlernt habe, „vom Teufel zu reden". Das Neue Testament gebe keine Auskunft, keine hilfreiche Definition darüber, was denn der Teufel oder die Dämonen nun tatsächlich seien, das zeitgenössische „Teufelsbild" entspringe nicht der Bibel, sondern „mittelalterlichem Volksglauben"[610].

Auch die Reaktionen auf diesen Kommentar waren durchaus ambivalent und vor allem zahlreich. So gab es eine Fraktion, die mittels Anführung entsprechender Bibelstellen die Feststellung zu entkräften versuchte, vom Teufel und von Teufelsaustreibung sei in der Bibel kaum die Rede.[611] Höchst bedenklich scheine auch das in dieser Hinsicht jedenfalls mangelnde theologische Vorstudium, was wiederum dazu führe, dass die evangelische Kirche ihre Gläubigen „in okkulten Fragen im Stich lässt"[612]. Andere Einsender gaben zu bedenken, dass wortgetreuer Bibelglaube nicht automatisch bedeute, „hinter allem und jedem gleich den Teufel zu vermuten"[613]. In Bezug auf den „Fall Anneliese Michel" müsse allerdings der irrtümlich entstandene Eindruck korrigiert werden, „daß jedes Versagen ‚der Kirche' auf den ‚Teufel' geschoben wird"[614].

Die in Hamburg von der Evangelischen Kirche herausgegebene Zeitung „Deutsches Allgemeines Sonntagsblatt" erschien zwischen 1967 und 2000 wöchentlich und ist heute als Magazin unter dem Titel „Chrismon" verschiedenen Tageszeitungen monatlich beigelegt.[615] Die erste Reaktion der Wochenzeitung auf den Exorzismus von Klingenberg findet sich in einem Kommentar, der einen Schwerpunkt darauf legte, der öffentlichen Meinung ihre „irrige Selbsteinschätzung" vorzuhalten und die „fehlgeleitete Zuschauerbeurteilung" zu thematisieren, die signalisiere: „Wir sind es nicht gewesen". Die im „Fall Anneliese Michel" betriebene „geistliche Kurpfuscherei" rechtfertige nicht „daß sich nun vieltausend Finger erhe-

---

609 Sonntagsblatt, evang.-luth. Kirche, Kommentar, 16.4.1978: „Kann man Teufel austreiben?"

610 Ebd.

611 Vgl. hierzu Leserbriefe, sämtlich abgedruckt am 7.5.1978 mit den Titeln „Der Glauben entscheidet", „Trifft nicht den Kern" oder „Satans Stellvertreter".

612 S. Sonntagsblatt, evang.-luth. Kirche, Leserbrief vom 2.5.1978: „Oberflächlich".

613 Sonntagsblatt, evang.-luth. Kirche, Leserbrief vom 2.5.1978: „Ins Gegenteil verkehrt". Es handelte sich beim Absender dieses Briefes selbst um einen Pfarrer.

614 Sonntagsblatt, evang.-luth. Kirche, Leserbrief vom 2.5.1978: „Falsche Lehren".

615 „Chrismon" erscheint als Beilage u.a. der „Zeit", der SZ, FAZ, „Frankfurter Rundschau" sowie der „Sächsischen Zeitung".

ben und rechtend auf den sogenannten Würzburger Fall wiesen“[616]. Dem Wunsch nach einer genauen und differenzierten Definition u.a. dämonischer Kräfte begegnete das „Deutsche Allgemeine Sonntagsblatt“ mit der Empfehlung, die „bösen Mächte“ einerseits nicht zu ignorieren, sie andererseits aber auch nicht zu „verabsolutieren, zu respektieren oder zu fürchten“. Eine Entmythologisierung von Begriffen wie „Hölle“, „Teufel“ oder „Dämonen“ müsse notwendigerweise vorgenommen werden, ohne sie dabei ganz „aus dem Wortschatz streichen“ zu können. Ziel müsse es sein, die genannte Ausdrucksweise bewusst wahrzunehmen, um ihr dann „den Rücken kehren“ zu können.[617]

Die Herausforderung, der sich die christlichen Kirchen zu stellen hätten, so die Ost-Berliner evangelische Wochenzeitung „Die Kirche“[618], bestehe für die evangelische Kirche darin, die durch die öffentlichen Diskussionen über den „Fall Anneliese Michel“ beunruhigten und ratlosen Gläubigen zu informieren. Zu dieser Verunsicherung habe das Fernsehen durch Visualisierung der zuvor abstrakten Meldungen über den Exorzismus in Klingenberg beigetragen, weil es eben „mit der geballten Macht seiner publizistischen Mittel so voll zuschlug“[619]. Eine veröffentlichte Zusendung des Leiters der Pressestelle des Bischöflichen Ordinariats Westberlins bestätigte diesen Eindruck. Kritisiert wurde ebenfalls die „große, teilweise sensationslüsterne“ Aufmerksamkeit der Medien, die vor allem dazu dienen sollte, „antikirchliche Emotionen zu mobilisieren“[620].

Vergleicht man die Argumentationslinien in der Berichterstattung verschiedener Presseorgane unterschiedlicher Provenienz und Ausrichtung mit den Einsendungen an Bischof Stangl und das Landgericht Aschaffenburg, begegnet man in Kommentaren und Leserbriefen denselben zustimmenden wie auch ablehnenden Äußerungen. Die regionale Presse zeigte sich in ihren Schlagzeilen durchaus zurückhaltend, von einer Vorverurteilung vor allem der beteiligten Geistlichkeit, insbesondere des

---

616 Deutsches Allgemeines Sonntagsblatt, Kommentar vom 1.8.1978: „Tödlicher Segen“. Der aktuelle „Terror-Exorzismus“, die Unterdrückung der Religion in den Ostblockstaaten oder der Rassismus in den USA wurde „viel bedrückender und gefährlicher“ empfunden als die Klingenberger Ereignisse.

617 Vgl. hierzu Deutsches Allgemeines Sonntagsblatt, Kommentar vom 30.4.1978: „Tod und Teufel“.

618 Die Zeitung erschien zuvor unter dem Namen „Berliner Sonntagsblatt“ bzw. „Berlin-Brandenburgisches Sonntagsblatt“.

619 S. Sonntagsblatt „Die Kirche“ vom 15.8.1976: „Dämonen frei Haus“.

620 Vgl. Sonntagsblatt „Die Kirche“ vom 22.8.1976: „So ist es unwahr“. Kritisiert wurde auch die Berichterstattung des Sonntagsblattes, da es in seinem Artikel „Dämonen frei Haus“ von den „tödlichen Folgen eines Exorzismus“ geschrieben habe.

Würzburger Bischofs, konnte nicht die Rede sein. Wiederholt begegnete eine subjektiv empfundene Enttäuschung über die mangelnde oder jedenfalls unzureichende Informierung durch das kirchliche Lehramt, das dem Wunsch der Gläubigen – reformkritisch oder konservativ – nach Wegweisung nicht genügte. Das „Main-Echo" nutzten darüber hinaus direkt in den „Fall Annliese Michel" involvierte, aber auch zweitrangig betroffene Personen und Vereinigungen als Kommunikationsebene mit der „Gegenseite". Die überregionale Presse richtete den Blick zunächst auf die kirchliche Praxis im Umgang mit potentiellen Besessenheitsfällen und äußerte sich nach Feststellungen über eine erhöhte „Anfälligkeit" der süddeutschen Diözesen dann auch offen kirchenkritisch, indem u.a. Priesterausbildung und Personalpolitik der katholischen Kirche sowie deren oberstes Lehramt in Gestalt des Papstes und der römischen Glaubenskongregation kritisiert wurden. Die Kirche müsse sich in einer modernen pluralistischen Gesellschaft neu verorten. Anneliese Michel sei ein Opfer des Kampfes zwischen Traditionalisten und Modernisten geworden, der seinen Ursprung in den unaufgelösten Spannungen seit dem Zweiten Vatikanischen Konzil habe, begründet im Nebeneinander von folkloristischem Aberglauben, traditionalistischen Kräften und innerkirchlicher reformorientierter Bewegung. Die katholischen Sonntagsblätter hingegen äußerten sich, wie erwartet, gemäßigt, die Betonung lag vor allem auf der Verdammung von Aber- und Wunderglauben; weiterhin wurde die negative Presse beklagt, die der „Fall Anneliese Michel" für die katholische Kirche bedeutete – ein Umstand, den die evangelischen Sonntagsblätter in ihrer Berichterstattung häufig thematisierten, während man auch bemüht war, trotz des aktuellen norwegischen Falls das Thema Exorzismus als längst „erledigt" zu bezeichnen. Die Ausnahme bildete die „ökumenische" Zeitung „Publik-Forum", welche die Teufelsanhänger als absolute Minderheit verstanden wissen wollte und Exorzismusgegnern wie z.B. Herbert Haag ein Forum verschaffte.

Die Presseberichterstattung der Jahre 1976–1978, zeitlich analog zu den im vorherigen Kapitel ausgewerteten Zuschriften, mag bei den jeweiligen Lesern Meinungen und Wertungen bestätigt und verfestigt haben, die Argumentation bzw. Kritik von Vertretern verschiedener Lager – traditionalistisch, konservativer und liberaler Prägung – wiederholen sich, besonders in Kommentaren und Leserbriefen. Der in den direkten Zuschriften häufig geäußerte Vorwurf, eine breite negative, überzogen kirchenkritische Berichterstattung über den „Fall Anneliese Michel" und den folgenden „Schauprozess" beeinflusse die Öffentlichkeit einseitig, bestätigt sich anhand der angeführten Pressebeispiele ebenso wenig wie pauschale Feststellungen der Art, ein Großteil der deutschen Öffentlichkeit müsse damals zu dem Schluss gekommen sein, die Institution katholische Kirche sei in allen Ausprägungen mittelalterlich und habe sich in der modernen Gesellschaft selbst überlebt. Der bereits angesprochene, die öffentliche Meinung widerspiegelnde Charakter der an Bischof Stangl und die Staatsanwaltschaft adressierten Einsendungen findet somit in Schlagzeilen, Kommentaren und Leserbriefen der deutschen Presse eine Entsprechung bzw. erfährt in der regionalen Presse inhaltliche Erweiterungen zum Problem der nachkonziliaren katholischen Kirche im praktischen Umgang mit traditionalistischen Gruppierungen.

4 Die katholische Kirche in der Krise: Konziliare Reformen, Traditionalismus und moderne Gesellschaft

4.1 Die Instrumentalisierung und Verbreitung der „Botschaften" der Anneliese Michel

Die von Pater Renz während der exorzistischen Sitzungen aufgenommenen Tonbänder waren von kirchlicher Seite mit der Begründung verurteilt worden, sie hätten Anneliese Michels Intimsphäre verletzt. Ihre Eltern wie auch Renz behaupteten dem entgegen, die Jungfrau Maria habe die „Dämonen" dazu gezwungen, Anneliese „Botschaften" in den Mund zu legen, von denen die Welt unbedingt erfahren müsse: Öffentlich gemacht und vertrieben werden sollten diese „Privatoffenbarungen" durch den Würzburger Bischof, der auf das Ansinnen bekanntermaßen nicht eingegangen war. Nachdem Renz in einer Fernsehsendung Anfang August 1976 ein Tonband angespielt und einem größeren Publikum zu Gehör gebracht hatte, erregten die Bänder im Juni 1978 in einem anderem Zusammenhang erneut die Gemüter.

4.1.1 Die kommerzielle Nutzung der Tonbänder im Religionsunterricht und auf Wallfahrten

Am 7. Juni 1978 veröffentlichten mehrere Tageszeitungen Artikel über den „Exorzismus im Klassenzimmer"[621]: an einer Hauptschule in Marktoberdorf (Allgäu) hatte ein 53-jähriger Geschichts- und Religionslehrer in einer siebten Klasse während des Unterrichts Tonbandaufnahmen des Klingenberger Exorzismus vorgespielt, um den Kindern auf diese Weise die Existenz des Teufels zu beweisen. Daraufhin waren einige der ca. 13-jährigen Kinder sichtlich verstört nach Hause gekommen, was deren Eltern dazu veranlasst hatte, an die Öffentlichkeit zu gehen. Die Schulaufsicht bei der schwäbischen Bezirksregierung in Augsburg hingegen war erst durch Anfragen von Journalisten auf den Vorgang aufmerksam

---

621 S. den entsprechend übertitelten Artikel des Nordbayerischen Kuriers vom 7.6.1978. Andere Zeitungen formulierten die jeweiligen Artikelüberschriften durchaus überspitzter, wie z.B. „Tonband-Teufel toben in der Unterrichtsstunde" (Main-Post), „Schulkinder hörten Anneliese Michels Stöhnen" (Frankfurter Neue Presse) oder „Lehrer ließ den Teufel rumoren" (Neue Rhein-Zeitung).

gemacht worden. Der Schulverbandsvorsitzende und zugleich Bürgermeister von Marktoberdorf äußerte später, dass der betreffende Lehrer zwar generell als „a bissele extrem" gegolten habe – beispielsweise im Hinblick auf seine politischen Ansichten[622], den Schülern sei es jedoch im Vorfeld freigestellt worden, die Aufnahmen mit anzuhören oder das Klassenzimmer vorher zu verlassen. Der Schulleiter bestritt die Meldung, dass Schüler nach dem Unterricht „verschreckt" gewesen seien, und kritisierte in diesem Zusammenhang die Eltern, indem er sein Bedauern darüber äußerte, dass diesen „offenbar der Mut gefehlt habe, sich an die Schule zu wenden, bevor sie die Öffentlichkeit verständigten."[623] Der beschuldigte Pädagoge selbst rechtfertigte sein Handeln damit, dass vergleichbare Tonbandausschnitte im Verlauf verschiedener Fernsehsendungen abgespielt worden und den Schülern so bereits zugänglich gewesen seien. Hatte der Hauptschullehrer, wie am 8. und 9. Juni 1978 in der Presse berichtet, selbst ein Tonband anhand von Fernsehmitschnitten angefertigt, wurde in der gleichen Woche publik, dass in insgesamt 15 Klassen der Gesamtschule Marktoberdorf Aufnahmen während des Religionsunterrichtes vorgespielt worden waren. Besonders bemerkenswert ist daran, dass die Aufnahmen schon ein Jahr zuvor mehreren Religionslehrern von Unbekannten für fünf Mark zum Verkauf angeboten worden waren. Den Tonbändern beigelegt waren jeweils ein Schriftsatz und eine Zahlkarte für das im schweizerischen Ecône gelegene traditionalistische Priesterseminar, dem zu dieser Zeit Bischof Lefebvre vorstand, der dort zudem – trotz päpstlichen Verbots – Priesterweihen durchführte.[624] Dieser Umstand lässt die Vermutung zu, dass der Vertrieb der Tonbänder durch konservativ-katholische Kreise organisiert und durchgeführt wurde. Bezeichnenderweise hatte Pater Renz im Jahr 1977 mindesten fünf Exorzismen in der Schweiz durchgeführt, wobei Informationen des Züricher „Tages Anzeigers" zufolge diese „Einsätze" ebenfalls im Zusammenhang mit dem Priesterseminar in Ecône gestanden hatten.[625] Darüber hinaus enthielten

---

622 Der Pädagoge hatte in einer schriftlichen Erklärung dargelegt, dass er Geschichte, ausdrücklich auch die jüngste Geschichte, als ein „Gottesgericht" verstehe. Äußerungen im Unterricht, denen zufolge er die Entführung Aldo Moros begrüßte, auch wenn er nicht dessen Tod gewünscht habe, begründete der Lehrer mit dessen angeblicher Schuld an den Zuständen in Südtirol.

623 S. Süddeutsche Zeitung, 7.6.1978: „Exorzismus in der Schule".

624 S. Kap. 4.2.2.

625 S. hierzu den Artikel im Züricher „Tages Anzeiger" vom 7.4.1978: „Exorzist wirkte auch in der Schweiz". Laut einem Artikel der Münchener Abendzeitung vom 24.4.1978 („Exorzist Renz auch in der Schweiz aktiv") exorzierte Renz zusammen mit 14 anderen Priestern in Trimbach eine 41-Jährige, angeblich seit 28 Jahren Besessene, die sich nach vergeblicher Behandlung mit Elektroschocks und auf den Rat eines Geistlichen hin mehreren exorzistischen Sitzungen unterzogen hatte. Die

die Aufnahmen neben unartikuliertem Schreien und Stöhnen, fäkalsprachlichen Ausdrücken und Beschwörungsformeln der exorzierenden Geistlichen ausgewählte Passagen, in denen Anneliese Michel Neuerungen innerhalb der katholischen Kirche kritisierte sowie die Rückgängigmachung durchgeführter Reformen forderte, die während des Zweiten Vatikanischen Konzils beschlossen worden waren.[626] Ziel und Zweck des Einsatzes der Tonbänder im Unterricht seien nach Aussage des Rektors des Gymnasiums in Marktoberdorf „die Information und die kritische Auseinandersetzung mit der Frage der Teufelsaustreibung gewesen: auch im Religionsunterricht dürfe man nicht an den aktuellen Tagesfragen vorbeigehen“[627]. Im Gegensatz zu den jüngeren Hauptschülern, die unvorbereitet mit den Aufnahmen konfrontiert worden waren, reichten die Reaktionen der Gymnasiasten von Gelächter über Betroffenheit bis hin zu Mitgefühlsbekundungen:

> „Die Schüler hätten, so erklärte der Religionslehrer, die Beschwörung ‚ermüdend und abstoßend‘ gefunden. In der Diskussion sei jeweils deutlich dargestellt worden, daß hier offenbar ein kranker Mensch dazu mißbraucht worden sei, Reformvorschläge der Traditionalisten unters Volk zu bringen. Viele Schüler hätten keinerlei Verständnis für den Exorzismus aufgebracht, seien aber an weiteren Informationen über den Teufelsglauben in der Kirche interessiert gewesen.“[628]

Nach Rechtslage sah der Oberstaatsanwalt, der im Klingenberger Verfahren die Anklage vertreten hatte, keine Möglichkeit, gegen die unterrichtliche Verwendung der Tonbänder vorzugehen: Es handele sich nicht um ein strafrechtliches, sondern weitgehend um ein kirchliches Problem, da die Vervielfältigung, der Vertrieb und das Abspielen der Aufnahmen vor

---

Austreibung wurde gegen das ausdrückliche Verbot der zuständigen Bischöfe durchgeführt.

626 Vgl. hierzu u.a. entsprechende Artikel vom 8.6.1978 in der Augsburger Allgemeinen („Exorzismus-Tonband für fünf Mark“), der Süddeutschen Zeitung („Fünf Mark für des Teufels Tonband“) oder der Stuttgarter Zeitung vom 9.6.1978 („Lefebvre-Anhänger vertreiben Tonband“). Postuliert wurden diesen Meldungen zufolge das Umdrehen des Altars sowie die Wiedereinführung der alten Frauenordenstracht. Zu den Reformen des Zweiten Vatikanischen Konzils s. Kap. 4.2.

627 S. Süddeutsche Zeitung, 8.6.1978: „Fünf Mark für des Teufels Tonband“. Aktuell sei in diesem Zusammenhang auch die bewusste Auseinandersetzung mit dem Einfluss des Traditionalismus auf den Katholizismus und den Lefebvreismus gewesen. Den Aussagen des Gymnasialdirektors schloss sich auch der Rektor der Marktoberdorfer Realschule an, der anfügte, dass Impulse zur Behandlung des Themas „Exorzismus“ teilweise auch von der Schülerschaft ausgegangen seien.

628 S. Augsburger Allgemeine, 8.6.1978: „Exorzismus-Tonband für fünf Mark“.

allem das Beichtgeheimnis verletzten[629]. Die Tatsache, dass die Bänder in katholisch-konservativen Kreisen, besonders in der Gegend um Klingenberg verbreitet seien und als Teufelsbeweis fungierten, gebe außerdem Aufschluss darüber, dass „weder der Prozess, noch die kritischen Stellungnahmen kirchlicher Kreise an dem Teufelsglauben rütteln konnten"[630]. Im August 1978 wurden Tonbänder im Pfarrhaus von Bretzingen[631] sichergestellt, nachdem ein anonymer Anrufer der Staatsanwaltschaft Aschaffenburg gemeldet hatte, dass der dortige katholische Pfarrer mehrfach vor Dritten in Gastwirtschaften Aufnahmen abgespielt habe, die offensichtlich bei den exorzistischen Sitzungen in Anneliese Michels Elternhaus aufgenommen worden seien.[632]

Die katholischen Nachrichtenagenturen reagierten unmittelbar auf die „Teufelsaustreibung aus der Konserve"[633] und meldeten, dass die Verwendung der „Teufelstonbänder" auch durch den Leiter des katholischen Schulkommissariats in Bayern abgelehnt wurde. Dieser hatte in einer öffentlichen Stellungnahme am 9. Juni 1978 betont, man dürfe in der Schule kein verzerrtes Gottesbild vermitteln: „Das Geschäft mit der Angst ist keine Sache des Religionsunterrichtes"[634]. Die Nutzung der

629 Dieses Argument kehrte die Begründung des Rechtsbeistands des Ehepaares Michel um, der im Verlauf des Prozesses die Rückgabe der beschlagnahmten Tonbänder eben unter Verweis auf Verletzung des Beichtgeheimnisses durchgesetzt hatte. Der hier zitierte Oberstaatsanwalt hatte das entschieden abgelehnt. Renz selbst bat in einem Schreiben an die Staatsanwaltschaft vom 6.5.1977 um die Rückgabe der Bänder, um sie für eine Dokumentation über Klingenberg zu verwenden. S. hierzu Staatsarchiv Würzburg, Akten Staatsanwaltschaft Aschaffenburg 593 I, Hauptakten, Bd. III.

630 Stuttgarter Zeitung, 9.6.1978: „Lefebvre-Anhänger vertreiben Tonband". Die Lefebvreisten werteten den „Sühnetod" von Anneliese Michel als Opfer für die Taten „moderner Priester".

631 Bretzingen, ein Ortsteil der Gemeinde Hardheim, liegt ca. 35 km von Klingenberg entfernt. Bretzingen gehörte 1976 noch zum Landkreis Buchen, heute zum Neckar-Odenwald-Kreis. Das zuständige Dekanat Mosbach-Buchen ist Teil der Erzdiözese Freiburg.

632 S. Vermerk über diesen Anruf vom 8.8.1976 in den Akten des Staatsarchivs Würzburg, Staatsanwaltschaft Aschaffenburg 593 I, Hauptakten, Bd. II. Der Anrufer gab an, dass die Bürger der Gemeinde über diese Vorführungen in große Aufregung geraten waren und bat um deren Unterbindung. Letztlich geht aus den Akten jedoch nicht eindeutig hervor, ob es sich bei den Tonbändern um Aufnahmen der Klingenberger oder Altöttinger Teufelsaustreibung (S. Fn. 513) gehandelt hatte.

633 Badisches Tagblatt, 8.6.1978.

634 KNA-Meldung vom 10.6.1978: „Gegen ‚Teufelstonbänder' im Religionsunterricht". Der Schulkommissar hob die eigentliche Dimension des Evangeliums hervor, die frohe Botschaft, keine „Drohbotschaft" verkünden zu wollen. Dies sei so schließlich auch mehrfach von Bischöfen und Theologen festgestellt worden. Vgl. auch die Meldung der Kathpress vom 15.6.1978.

Tonbandaufnahmen sei schon deshalb rechtswidrig, da im Unterricht lediglich Medien genutzt werden dürften, die zuvor vom Bayerischen Kultusministerium genehmigt worden waren.

Als durchaus sinnvoll bezeichnete ein Domkapitular der Diözese Augsburg allerdings die grundsätzliche Einbeziehung des Stichwortes „Exorzismus“ in den Religionsunterricht, wobei „pädagogische Detailfragen“ vom Ermessen des jeweiligen Lehrers abhingen – „sofern sich diese im Rahmen der kirchlichen Lehrmeinung bewegten“[635]. Die Klingenberger Teufelsaustreibung bezeichnete der Geistliche jedoch als denkbar ungeeignetes Beispiel für eine sachliche Auseinandersetzung mit dem Thema, den Lehrern hätten die Tonbänder lediglich als Abschreckungsmittel und zur Herstellung eines Aktualitätsbezuges gedient.[636]

Den „Aktualitätsbezug“ wörtlich nahm der Kabarettist Klaus Peter Schreiner mit seinem „selbstlosen Rat für den Satan“, veröffentlicht in der „Süddeutschen Zeitung“. Der „Herr Leibhaftige“, wohnhaft beim „Erzbischöflichen Ordinariat Würzburg“, könne aufgrund der eindeutig nachweisbaren Autorenschaft der Tonbandaufnahmen „urheberrechtliche Ansprüche aus der Verwertung der Tonkonserven geltend machen“. Hilfreich, um die Tantiemen zu erhalten, sei deshalb die Aufnahme in die Verwertungsgesellschaft WORT:

> „Der Anspruch erlischt erst 70 Jahre nach dem Ableben des Urhebers, was für Sie jedoch gegenwärtig nicht zutrifft, da Sie ja bekanntermaßen dank der unaufhörlichen Bemühungen maßgebender kirchlicher Kreise noch mitten im Leben stehen. [...] Außerdem wäre der Ihnen hier empfohlene Schritt endlich einmal ein deutlich faßbarer Existenznachweis Ihrerseits, auf den nichtkirchliche Kreise schon lange warten.“[637]

Zum Einsatz kamen die Tonbandaufnahmen außerdem im Umfeld der konservativ-katholischen Klingenberger Kreise, insbesondere während von dort aus organisierten Wallfahrten nach San Damiano wie auch zu anderen, von der katholischen Kirche nicht anerkannten Marienerscheinungsorten. Zwar hatte Renz gegenüber der Aschaffenburger Staatsanwaltschaft versichert, er habe sämtliche in seinem Besitz befindlichen

---

635 S. Augsburger Allgemeine vom 10.6.1978: „Kirchenstimmen gegen Tonband-Unterricht“.

636 Es wurde seitens des Domkapitulars ausdrücklich festgestellt, dass die pädagogische Aufbereitung öffentlich viel diskutierter Themen Teil des modernen Religionsunterrichts sei und sich ein solcher Unterricht generell mit „Konfliktstoffen des kirchlichen Alltags“ auseinander setzen müsse.

637 S. Süddeutsche Zeitung, 24.6.1978: „Tantiemen gehen zum Teufel“.

Tonbänder ausgehändigt[638], zu diesem Zeitpunkt war jedoch bereits nicht mehr nachvollziehbar, wer von den häufig wechselnden „Zuschauern“ und „Zuhörern“ bei den exorzistischen Sitzungen selbst Aufnahmen angefertigt hatte oder haben könnte[639]. Renz hatte schon im Juli 1976 darum gebeten, man möge ihm die Tonbänder zurückgeben, damit er im Urlaub einen Zusammenschnitt anfertigen könne[640]; die für Bischof Stangl angefertigten „Hörproben“ sind Beweis dafür, dass der Geistliche schon zuvor Sequenzen der Sitzungen auf Kassetten zusammengespielt hatte, die er für unterschiedliche Zwecke, vor allem aber als „Teufelsbeweis“ zu nutzen gedachte. Den Einsatz von solchen Mit- und Zusammenschnitten besonders der Altöttinger[641] und Klingenberger Teufelsaustreibungen auf Wallfahrten kritisierte der Sektenbeauftragte der Würzburger Diözese, Franz Graf von Magnis[642], in einem Brief an Pater Rodewyk:

> „Schon die Generalintention des P. Renz, die Existenz Gottes durch den Glauben an den Teufel beweisen zu wollen, ist absurd! So ist auch das Verbreiten und kommerzielle Ausschlachten von Tonbändern über Exorzismen höchst unchristlich. Fahren Sie doch einmal mit auf Wallfahrten zu verbotenen Erscheinungsstätten! Da werden solche Tonbänder zur Erregung frommen Schauers im Bus abgespielt.“[643]

In einem vorausgegangenen Brief hatte Rodewyk ausgeführt, dass die Veröffentlichung solcher Aufnahmen wie auch deren Verkauf bereits zuvor durchgeführt worden seien, da die Kirche in der Vergangenheit um Besessenheitsfälle nicht grundsätzlich ein Geheimnis gemacht habe; rückblickend hätten sich Exorzismen unter der Leitung der Kirche auch in voller Öffentlichkeit abgespielt. Hatte es in der Gegenwart Einschränkungen dieser Praxis gegeben, so sei dies nach Ansicht Rodwyks aller-

---

638 S. einen entsprechenden Aktenvermerk des Staatsanwaltes vom 29.9.1976 in den Akten des Staatsarchivs Würzburg, Staatsanwaltschaft Aschaffenburg 593 I, Hauptakten, Bd. II. Die Gesamtzahl der ausgehändigten Tonbänder betrug hier 51.

639 Aussagen der Beteiligten zufolge hatten sowohl Pfarrer Alt als auch die Wallfahrtsleiterin aus Ebersbach zeitweise ein Tonbandgerät mitlaufen lassen.

640 S. Akten des Staatsarchivs Würzburg, Staatsanwaltschaft Aschaffenburg 593 I, Hauptakten, Bd. I, Aktenvermerk vom 14.7.1976. Zu diesem Zeitpunkt hatte Renz der Staatsanwaltschaft 43 Tonbänder ausgehändigt.

641 S. Fn. 513.

642 Franz Graf von Magnis (1927–2004), Mitbegründer und Generalsekretär des Deutschen Aussätzigen-Hilfswerks, Sektenbeauftragter der Würzburger Diözese 1947–1997. Mit der ebenfalls von ihm 1967/8 gegründeten Arbeitsgemeinschaft „Das große Zeichen – Die Frau aller Völker“ hatte von Magnis zudem versucht, durch Veröffentlichungen und Vorträge mit verschiedenen katholischen Gruppierungen in Dialog zu treten und diesen die Reformen des Konzils näher zu bringen.

643 DAW, Exorzismus Klingenberg 013–1, Brief an Rodewyk vom 24.11.1976.

dings nicht aus Gründen der Pietät oder zum Schutz der Intimsphäre und des Beichtgeheimnisses geschehen, sondern zur Vermeidung von „Gefühlsansteckung“ und „Besessenheitsepidemien“.[644] Renz wiederum betonte gegenüber Bischof Stangl mehrfach, dass ein öffentliches Abspielen der Tonbänder das Beichtgeheimnis nicht verletzt habe, da Anneliese Michel zu dem Zeitpunkt bereits verstorben und Annelieses Vater damit einverstanden gewesen sei. Hinsichtlich dieser Handhabung argumentierte Renz, dass die „Aussagen der Dämonen“ selbst großenteils für die Veröffentlichung bestimmt gewesen seien. Da der Exorzismus durch die Presse publik gemacht worden war, seien Heimlichkeiten nicht mehr notwendig; der Sühnetod der Anneliese Michel erschien Renz als „einmalige Chance“, nachdem die kirchliche Lehre über den Teufel und die Hölle seit geraumer Zeit nicht mehr im Fokus gestanden habe.[645] Gegen diese Argumentation, die Renz unter anderem auch in einem Fernsehinterview dargelegt hatte, wandte Franz von Magnis in einem persönlichen Brief ein:

> „Man mußte aus jedem Wort von Ihnen den Eindruck gewinnen, als wäre diese junge Frau, die da gestorben ist, eine Art ‚Forschungsobjekt von Ihnen‘ gewesen, um spezielle Dämonensorten in ihr zu finden, wie etwa ein Biologe, der stolz besondere Arten von Viren in einem Versuchskaninchen entdeckt. Menschlich-christliches Empfinden war bei Ihnen nicht zu entdecken!“[646]

Es ist wahrscheinlich, dass eine möglichst weit reichende Verbreitung der „dämonischen Aussagen“ von Beginn an eine Rolle in den Überlegungen der am Exorzismus Beteiligten gespielt hatte, als sie beschlossen, mehrere Tonbandgeräte bei den Sitzungen mitlaufen zu lassen. Die anlässlich von Wallfahrten nach San Damiano abgespielten Aufnahmen stammen mutmaßlich ursprünglich aus dem Besitz von ortsansässigen oder benachbarten „Zuhörern“. Die Verbindung von Pater Renz zu exorzistischen Kreisen in der Schweiz und deren Nähe zur Lehre des exkommunizierten Bischofs Lefebvre erklären möglicherweise den professionell organisierten

---

644 S. DAW, Exorzismus Klingenberg 013–1, Brief Rodewyks vom 14.11.1976. Rodewyk verneinte, dass im „Fall Klingenberg“ gegen das Beichtgeheimnis verstoßen worden sei, da von Beginn an stets mehrere Zeugen anwesend gewesen wären und die Tonbandaufnahmen v.a. angefertigt worden seien, „um den Bischof orientieren zu können“.

645 Vgl. Renz in einem Brief an Stangl vom 16.10.1976, DAW, Exorzismus Klingenberg 004, Handakt DK Fries, Teil 3, „P. Renz“ 1975–1986. Vgl. auch die Aussage von Renz, Staatsarchiv Würzburg, Akten Kriminalpolizeiinspektion Aschaffenburg 1, D, Beschuldigte, Bl. 29–46 (17.8.1976): „Die Dämonen sagten der Gottesmutter, Pfarrer Alt müßte mit den Kassetten zum Bischof nach Würzburg gehen und der müßte sie bekannt geben.“

646 S. DAW, Exorzismus Klingenberg 013–1, Brief von Magnis an Renz vom 10.11.1976.

Vertrieb der Aufnahmen, dies auch auf Schulhöfen, unter Beilegung der erwähnten Zahlkarte für das Priesterseminar in Ecône. Neben diesen Formen der öffentlichen Wiedergabe wurden die „Botschaften“ der Anneliese Michel verschriftlicht und in Druckform einem noch größeren Publikum zugänglich gemacht[647].

4.1.2 Die „Aussagen der Dämonen“ in konservativer und traditionalistischer Lesart

Analysiert man die Inhalte der „Botschaften“, welche die Dämonen Anneliese Michel angeblich im Auftrag der Mutter Gottes in den Mund gelegt hatten, und klammert die vor allem an Pater Renz gerichteten Beschimpfungen aus, wurden erkennbar Themenkomplexe aufgegriffen, die auf innerkirchliche Veränderungen seit dem Zweiten Vatikanum Bezug nahmen. Nach Angabe des exorzierenden Priesters waren sechs Dämonen in Anneliese eingefahren[648], die während der Austreibungsversuche durch die junge Frau sprächen[649].

Besonders angeprangert wurde das gegenwärtige Verhalten der Priester, von denen die meisten ohnehin nicht mehr an den Teufel glaubten[650], sowie deren Tendenz, sich an den Gegebenheiten der modernen Gesellschaft zu orientieren:

> „Die Pfarrer sind alle so saublöd. Sie sind alle von mir angesteckt. Ich bin nämlich der Verräter. [...] Das Ding (Talar), das Sie [Renz] da anhaben, haben die meisten nicht mehr an. Diese Modernisten, das ist mein Werk, und sie gehören mir schon alle.“[651]

---

647 S. hierzu besonders Bullinger, Kaspar: Das Leben und Sterben der Anneliese Michel und die Aussagen der Dämonen, Altötting ²1983. Bullinger versah die „Aussagen“ zusätzlich mit Kommentaren, wobei deutlich wurde, dass er mit traditionalistischen Kreisen offen sympathisierte und von Anneliese Michels Besessenheit überzeugt war. Bullingers verschriftlichte Version wurde inzwischen auch im Internet veröffentlicht, s. z.B. www.christliche-erziehung-und-schule.com.

648 Geistliche und Familienangehörige sagten später aus, dass teils die Mutter Gottes, Barbara Weigand, die stigmatisierte Therese von Konnersreuth, Annelieses verstorbene Großmutter u.a. ebenfalls anwesend waren.

649 In der schriftlichen Fassung, abgedruckt bei Bullinger, wurden die verschiedenen Aussagen jeweils einem der sechs Dämonen zugeordnet, zum Teil auch mit Datumsangabe. Der Großteil der „Botschaften“ ging demnach auf Aussagen der Dämonen Luzifer und Judas zurück.

650 Luzifer am 20.10.1975: „Das sind mir die Liebsten“ (Bullinger: Leben und Sterben, S. 66).

651 Judas am 29.9. und 1.10.1975 (Bullinger, S. 76). Bullinger wies in seinem Kommentar darauf hin, dass sowohl Paul VI. als auch Johannes Paul II. wiederholt Priester-

Für die „Verfälschung der Lehre" wurden die Bischöfe verantwortlich gemacht, die besser „nach Rom gucken" und sich dem Papst bedingungslos unterordnen sollten.[652] Die Reaktion der Geistlichkeit auf die päpstliche Enzyklika „Humanae Vitae"[653] wurde unter anderem als Beispiel für die sinkende päpstliche Autorität angeführt.[654] Prinzipiell missbilligt wurde die Tatsache, dass der Einfluss der Laien in der katholischen Kirche stark zugenommen habe, was zwangsläufig die Autorität der Priester mindere.

> „Die Demokratie in der Kirche ist nicht unbedingt das Beste, weil der Gehorsam untergraben wird. Die Pfarrgemeinderäte sind auch nicht das Allerbeste. Die Pfarrer haben zu befehlen."[655]

Das Zweite Vatikanische Konzil und dessen Reformen hingegen „gefallen den Dämonen sehr gut"[656], wobei Neuerungen wie die Handkommunion, die Abschaffung der Kommunionbänke und die Umstellung des Altars[657] wiederholt thematisiert wurden. Die Handkommunion beispielsweise ermögliche Hostienschändung und -diebstahl[658] und sei teuflischen Ursprungs:

---

und Ordensleute sowie Ordensfrauen dazu aufgefordert hätten, mit ihrer Kleidung „ein Bekenntnis zu Christus und ihrem Beruf abzulegen" (Bullinger, S. 79).

652 Luzifer am 4.10. und 10.10.1975 (Bullinger, S. 86f.). Damit die zukünftigen Priester vor dieser Verfälschung bewahrt würden, müssten sie in eigenen Seminaren, nicht an allgemein zugänglichen Universitäten ausgebildet werden (Judas am 10.10.1975, Bullinger, S. 87).

653 Mit der Enzyklika vom 29.7.1968 legte Paul VI. den katholischen lehramtlichen Standpunkt zur Geburtenregelung bzw. Empfängnisverhütung dar. Zur auch innerkirchlich heftig geführten Diskussion über die Enzyklika, zu der u.a. die Deutsche Bischofskonferenz mit der „Königsteiner Erklärung" (30.8.1968) kritisch Stellung nahm, s. Kap. 4.3.1. Abtreibung verurteilte „Nero" am 10.10.1975 als Mord (Bullinger, S. 101).

654 Vgl. u.a. Judas am 29.9.1975 (Bullinger, S. 76): „Diese Enzyklika ist auch für die Katz'".

655 Luzifer am 13.10.1975 (Bullinger, S. 88).

656 Judas am 15.10.1975 (Bullinger, S. 108). Die Dämonen sind „mit den Änderungen sehr zufrieden".

657 Nero am 10.10.1975: „Der umgedrehte Altar, der von der anderen Partei ist, das haben sie von den Evangelischen nachgemacht wie eine Hure! Im Auftrag von der oben!" (Bullinger, S.78).

658 Vgl. u.a. die Aussage des Dämons „Fleischmann" vom 27.10.1975: „Mehr als eine Hostie ist geklaut worden, vier! [...] Wenn die Bischöfe das (Handkommunion) nicht erlaubt hätten, würde das nicht passieren" (Bullinger, S. 79).

> „Das andere, wo man in die Hand gibt (= Handkommunion) das habe ich fertiggebracht. [...] Die Handkommunion ist die höchste Leistung, die ich fertiggebracht habe."[659]

Da der Rosenkranz von vielen Pfarrern für „unmodern" gehalten werde und diese deswegen den „Rosenkranzmonat"[660] nicht mehr hielten[661], würden Unzählige dem bald kommenden jüngsten Strafgericht zum Opfer fallen[662]. Außerdem blieben viele Katholiken sonntags der Kirche und der Beichte fern[663], Tabernakel, Kruzifix und Weihwasser hätten ihre Bedeutung verloren: „Die Katholiken schmeißen ihre Lehre den Säuen zum Fraß vor."[664] An diesem Zustand des Niedergangs der katholischen Kirche seien, den dämonischen Aussagen nach, die Modernisten schuld:

> „Kirche? Die meisten glauben ja nur noch, es wäre ein Verband. Die Modernisten bringen sie noch um. Wir schaffen so viel daran, daß sie untergeht. [...] Die Kirche passt sich zu sehr an die Welt an."[665]

Nicht genug, dass die Pfarrer nicht mehr vom Teufel und dessen Einfluss im täglichen Leben predigten, weil sie selbst nicht an seine Existenz glauben: nach der Änderung des ursprünglichen lateinischen Passus „descendit ad inferos" im katholischen Glaubensbekenntnis sei dort nicht mehr von der „Hölle", sondern nur vom „Reich der Toten" die Rede.[666] Um das drohende Strafgericht noch rechtzeitig abwenden zu können, bedürfe es

---

659 S. u.a. Luzifer am 27.10.1975 (Bullinger, S. 108). Annelieses Dämonen bekannten, auch für die Abschaffung der Kommunionbänke verantwortlich zu sein (Judas am 29.9.1975, Bullinger, S.108).

660 Papst Leo XIII. hatte 1884 den Oktober als Rosenkranzmonat deklariert. Nachdem diese Verordnung 1958 aufgehoben worden war, benannte Paul VI. in seinem Schreiben „Marialis Cultus" u.a. das Beten des Rosenkranzes als einen der drei wichtigsten Bestandteile der Marienverehrung.

661 Judas am 10.10.1975 (Bullinger, S. 78).

662 Nero am 10.10.1975: „Ihr verreckt alle. Es wird sehr schlimm werden, hier in Europa!" (Bullinger, S. 88).

663 Vgl. z.B. Luzifer am 10.10.1975 (Bullinger, S. 87).

664 Nero am 10.10.1975 (Bullinger, S. 78).

665 Judas am 1.10.1975 und Luzifer am 20.10.1975 (Bullinger, S. 77f.).

666 Diese Übersetzung war ein Ergebnis der Liturgiereform des Zweiten Vatikanischen Konzils, s. Kap. 4.2.1. Die neue, so genannte „ökumenische Übersetzung" des Jahres 1971 wurde von Reformgegnern kritisiert, da die Höllenfahrt Christi aus dem Originaltext getilgt worden war, die Übersetzer sinnverändernd in das „Apostolikum" eingegriffen hätten. Renz konstatierte in einem Brief an Stangl, dass eine solche ökumenische Form notwendigerweise Abstriche voraussetzen müsse, was das Glaubensbekenntnis zu einer Art Formelkompromiss herabsetzen würde, s. DAW, Exorzismus Klingenberg 004, Handakt DK Fries, Teil 3, „P. Renz" 1975–1986, Renz an Stangl, Ergänzung „San Damiano", 20.10.1976.

einer Rückbesinnung auf die wahre katholische Lehre und der Befolgung der Botschaften von Fátima[667] sowie der Veröffentlichung der Botschaften, die durch Anneliese Michel der Menschheit zuteil werden sollten. Die Muttergottes offenbare sich zudem in San Damiano, Montichiari und Heroldsbach[668], wobei deren Nichtanerkennung durch das katholische Lehramt wiederum das Werk des Teufels sei. Die „dämonischen Botschaften" seien zunächst für Bischof Stangl bestimmt gewesen, auf dass dieser für eine Veröffentlichung der Tonbandaufnahmen sorge:

> „Sie müssen mit den Scheiß-Cassetten und zwar mit allen, zu dem Scheißkerl (Bischof) da oben in X gehen. (Und dann?): Dann? Dann muß er den Dreck bekannt geben. [...] Das muß so schnell wie möglich unter die Leute! (das, was hier gesagt wurde). (Die Cassetten, die Tonbänder?): Ja!"[669]

Die „Besessenheit" der Anneliese Michel begründeten die „Dämonen" mit einer „göttlichen Auserwähltheit"[670], die ihr ermögliche, sich für andere zu opfern und deren Seelen zu retten. Die „Dämonen" gestanden ein, die Ursache für Annelieses Erkrankungen gewesen zu sein, an denen sie seit ihrer Kindheit gelitten hatte, und erklärten, dass sie ihre Einweisung in die Nervenklinik verhindert hätten:

> „Die Rotznase [Anneliese Michel] pappelt [sic!] alles aus. Jetzt kriegt sie auch noch Eingebungen von ihr [Gottesmutter]. Von der Sorte der Rotznase gibt es noch mehr. Die haben sie in die Nervenklinik geschafft. [...] In Lohr hocken noch mehr. [...] Wißt ihr, warum die nicht in der Heilanstalt gelandet ist? Weil durch sie alles gesagt werden mußte, damit der Bischof alles erfährt."[671]

---

667 S. z.B. Judas am 1.10.1975: „Die von 17 [1917: Jahr der ersten Erscheinung] hat es gesagt. Aber das haben bloß ein paar befolgt" (Bullinger, S. 77). Die Jungfrau Maria hatte der Erscheinung zufolge den Gläubigen u.a. das tägliche Beten des Rosenkranzes auferlegt.

668 San Damiano und Heroldsbach wurden jeweils als „Scheißloch" bezeichnet, s. Bullinger, S. 103.

669 S. Staatsarchiv Würzburg, Akten Kriminalpolizeiinspektion Aschaffenburg 1, B, „Blütenlese" Renz, Bl. 115–119 (10.10.1975). Vgl. hierzu auch Luzifer am 15.10.1975: „Das Strafgericht kommt. Das Zeug (= Inhalt der Cassetten) muß noch vorher veröffentlicht werden" (Bullinger, S. 95). Das Aufnahmegerät von Pater Renz lief ab der zweiten exorzistischen Sitzung mit, die erste Sitzung fand am 24.9.1975 statt. Die Aussage über die Notwendigkeit der Verbreitung der Tonbänder zu diesem frühen Zeitpunkt erhärtet die Annahme, dass bereits zwei bis drei Wochen nach Beginn der Austreibungen die Instrumentalisierung und womöglich auch Kommerzialisierung der Aufnahmen beabsichtigt waren.

670 Zur Definition von Sühnebesessenheit s. Fn. 155.

671 S. Aussagen von Luzifer vom 10. und 15.10.1975 (Bullinger, S. 165f.). Anneliese wurde von den „Dämonen" stets als „die Rotznase" bezeichnet. Die Psychiatrische

In der Niederschrift der „dämonischen Aussagen“ lässt sich stellenweise auch nachlesen, wie gewisse Antworten der Anneliese Michel durch Art und Weise der Fragestellung provoziert wurden. Hatte der Dämon am 10. Oktober 1975 die Wallfahrtsorte San Damiano und Montichiari namentlich als Marienerscheinungsorte bezeichnet, nannte er das oberfränkische Heroldsbach[672] erst auf die Frage des Exorzisten hin: „Was ist das noch für ein Wallfahrtsort, den du nennen willst, nennen mußt?“[673] Weiterhin steuerte Renz am 23. Januar 1976 abwertende Aussagen über in konservativen Kreisen umstrittene Theologen und Geistliche:

> „Renz: Du bist schuld an den Irrlehren z.B. von Küng[674]!
> Luzifer: Ja, wir haben noch mehr.
> Renz: Der Bischof Lefebvre?
> Luzifer: Ach der, auf den hören sie ja nicht, wie schade!
> Renz: Wer sagt ‚wie schade‘?
> Luzifer: Ich nicht!“[675]

Ähnlich gezielt befragte Renz die „Dämonen“ nach ihrem Einfluss auf die Reformierung des Paragraphen 218, woraufhin diese versicherten, dass „die ganze Hölle in Bonn“ vor Ort gewesen sei: „Das haben wir schön eingefädelt“[676].

Den Verdacht, dass Pater Renz katholisch-konservativen bzw. traditionalistischen Kreisen nahe stehe, hatte eine anonyme Bewohnerin der Ortschaft Rück in einem Brief an das Bischöfliche Ordinariat Würzburg geäußert, indem sie berichtete, dass viele der dort ansässigen Katholiken den Gottesdienst nicht mehr besuchten, dafür San Damiano-Anhänger immer zahlreicher vertreten seien, wofür die Absenderin folgende Gründe angab:

> „Warum werden von der Kirche Konzile abgehalten und Neuerungen eingeführt, wenn sie von dem Priester nicht akzeptiert werden?

Klinik in Lohr am Main liegt Klingenberg am nächsten, weshalb sie im Falle einer Einweisung höchstwahrscheinlich dort behandelt worden wäre.

672 S. Fn. 580.

673 S. Bullinger, S. 107. Auf eine weitere Frage von Pater Renz: „Hat die Kirche Heroldsbach verworfen?“ antworteten die „Dämonen“: „Fast! [...] Aber zum Glück wird es nicht anerkannt, das haben wir nämlich fertig gebracht.“

674 Neben Hans Küng wurde auch Herbert Haag als „blöder Theologe“ bezeichnet, der „die ganze Welt durcheinanderbringt“, s. Bullinger, S. 77 (Judas am 10.10.1975) und S. 108 (Luzifer am 20.10.1975).

675 S. Bullinger, S. 74. In seinem Kommentar zu Bischof Lefebvre bezeichnete Bullinger diesen als einen Würdenträger, der sich die „Gegnerschaft der Modernisten“ zugezogen habe, da er nach dem durch die Liturgiereform erzeugten „Bruch“ weiterhin Priesterkandidaten nach den ursprünglichen Richtlinien ausbildete. Zu Bischof Lefebvre und dem nach ihm benannten Lefebvreismus s. 4.2.2.

676 S. Bullinger, S. 102.

Vor etlichen Jahren lernten die Gläubigen das Apostolische Glaubensbekenntnis nach der neuen Form. Seit Anfang des Jahres führt Pater Arnold Renz wieder die alte Form ein. [...] Ferner schimpft Pater Renz schon seit langem gegen die Handkommunion. Er kritisierte in seiner Predigt Kardinal Jäger und Kardinal Döpfner. Es sei ein Fehler von ihnen gewesen, in Rom die Handkommunion zu erreichen."[677]

In einem Brief an Bischof Stangl, der ihn zu einer Stellungnahme aufgefordert hatte, gab Renz zu, in zwei Fällen – vergeblich – versucht zu haben, die Mundkommunion gegen den Willen von Gottesdienstbesuchern durchzuführen. Er äußerte weiter seine Zufriedenheit darüber, dass selten nach der Handkommunion verlangt würde, und dass vor allem „Auswärtige" seine Gemeinde aufsuchten, „weil sie hier noch kniend, mit Kommunionbank und Patene (wie es liturgisch vorgesehen ist) Mundkommunion empfangen können."[678] Von den Reformen des Zweiten Vatikanischen Konzils verurteilte Renz besonders die Handkommunion, die er als „Fluch der Kirche" bezeichnete, wobei nach seiner Ansicht die konziliaren Neuerungen in ihrer Gesamtheit eine „Entwurzelung der Gläubigen" zur Folge hätten.[679]

Zu Bischof Lefebvre, für den er – wie angeblich fälschlich behauptet – nie die „Werbetrommel gerührt" habe, äußerte sich der Salvatorianer wie folgt:

---

[677] DAW, Exorzismus Klingenberg 004, Handakt DK Fries, Teil 3, „P. Renz" 1975–1986, 12.9.1976. Die Absenderin brachte zudem ihre Befürchtung zum Ausdruck, es könne in ihrem Heimatort zu einer „Glaubensspaltung" kommen. Am Ende des Briefes wurde schließlich die Frage gestellt: „Ist Pater Arnold noch zumutbar?"

[678] S. DAW, Exorzismus Klingenberg 004, Handakt DK Fries, Teil 3, „P. Renz" 1975–1986, Renz an Stangl, 16.10.1976. Renz begründete seine Haltung mit einem Verweis auf den Auftrag der Gottesmutter, der hinter den dämonischen Aussagen stünde. An die ihm zugeschriebenen, abfälligen Äußerungen über die Handkommunion oder die Person Kardinal Döpfners könne er sich nicht mehr erinnern. Über das Argument von Renz, man dürfe die Anweisungen Marias nicht ignorieren, entrüstete sich ein Domkapitular: „Da fragt man sich doch: Was wird doch der Muttergottes alles zugemutet, wenn sich ein Exorzist so verfangen hat". S. DAW, Exorzismus Klingenberg 004, Handakt DK Fries, Teil 3, „P. Renz" 1975–1986, 2.11.1976.

[679] Vgl. DAW, Exorzismus Klingenberg 004, Handakt DK Fries, Teil 3, „P. Renz" 1975–1986, Renz an Stangl, Ergänzung „San Damiano", 20.10.1976. Renz beklagte weiterhin Verhalten und Äußerungen „verweltlichter" Priester der umliegenden Gemeinden, von denen einer gesagt haben solle: „Allen, die vor der heiligen Kommunion vor dem Allerheiligsten eine Kniebeuge machen oder kniend die heilige Kommunion empfangen, sollte man einen Tritt in den Hintern geben." Gemeint seien hier nach Ansicht von Renz San Damiano-Pilger gewesen. S. auch Renz an Stangl, 2.6.1976, Pfarrarchiv der Gemeinde Rück-Schippach. Zur Einführung der Handkommunion im Zuge der Umsetzung konziliarer Reformen s. Kap. 4.2.1.

„Ich bin der Überzeugung: es geht den K[onservativen] um die Bewahrung des Glaubens und zwar unverfälscht. Dazu gehört auch Bischof Lefebvre. [...] Warum schließen sich ihm gerade die an, die echt katholisch sein wollen und von sich nicht Vergnügen und alle Freiheiten verlangen, sondern eine strenge Ordnung und Ausbildung. Ihn nur ablehnen, weil er auf der tridentinischen Messe besteht, ist doch zu billig.“[680]

Eine Verbindung zu den konservativen San Damiano-Anhängern wies Renz ebenfalls von sich, auch wenn er bekannte, die Prophezeiungen „Mamma Rosas“ im Kern für wahr zu halten. Er ging in seiner Stellungnahme so weit, die „sogenannten Konservativen“ in Schutz zu nehmen, seien sie doch „die ganz natürliche Reaktion auf die Progressisten“[681]. Besieht man hingegen die Ausgabe des „St. Pius-Boten“ vom 14.-21. März 1976[682], finden sich neben den üblichen Auflistungen von Hochzeitsterminen, Ministrantendiensten etc. Aussagen des Paters über das Priesterseminar in Ecône, „auf das man oberhirtlich anscheinend nicht gut zu sprechen ist“[683], obwohl man nicht vorschnell negativ urteilen solle:

„An sich liegt es nahe, in einer Zeit akuten Priestermangels und des Niederganges des religiösen Lebens, [...] sich darüber zu freuen, wenn irgendwo in der Kirche ein Seminar entsteht, das großen Zulauf hat und strenge Zucht übt. [...] Es fällt auf, daß bei allen Dokumenten gegen Ecône nicht danach gefragt wird [...], ob es auf dem Boden des wahren Glaubens selbst [steht] und ob es dem Wohl der Kirche dient. [...] Die Kirche (‚die kirchlichen Stellen‘) mißt mit zweierlei Maß, nämlich daß gegenüber jenen, die sich um den Gehorsam keinen Deut kümmern, laufend nachgegeben wird,

---

680 Ebd. Lefebvre wende sich gegen die Gesamtheit der verschiedenen modernen Bestrebungen, die im Gegensatz zur wahren Lehre der Kirche stünden. Befürwortete Renz gänzlich das Treiben der Konservativen, verurteilte er im Gegenzug eine andere Strömung: „Die Liga der Traditionalisten“. Es erfolgte seitens des Paters allerdings keine Definition oder Differenzierung seines Traditionalismusbegriffs.

681 DAW, Exorzismus Klingenberg 004, Handakt DK Fries, Teil 3, „P. Renz“ 1975–1986, Renz an Stangl, Ergänzung „San Damiano“, 20.10.1976. Der Eifer und die Ausdauer der San Damiano-Anhänger beim Beten sei „für manchen Priester ein Vorwurf“. In einem Brief vom 2.6.1976 hatte Renz bereits seiner Bestürzung über ein Gerücht Ausdruck verliehen, laut welchem Stangl ein Schreiben an die Pfarrer der Diözese versandt hätte, in welchem er San Damiano-Pilger verurteilt und eine Exkommunikation der „Bus-Leiter“ angekündigt haben soll. Dieses angeblich existierende Schreiben sollte „von der Kanzel“ verlesen werden. S. den Durchschlag des Briefes im Pfarrarchiv der Gemeinde Rück-Schippach. Bischof Stangl hatte lediglich die letzte Seite des Briefes an die Staatsanwaltschaft weitergeleitet, da nur diese die Person und das Schicksal der Annelies Michel direkt betraf.

682 Gemeindeblatt der Pfarrei St. Pius, Rück-Schippach, Nr. 76/11.

683 S. DAW, Exorzismus Klingenberg 004, Handakt DK Fries, Teil 3, „P. Renz“ 1975–1986, Pius-Bote.

während die andern mit dem Hinweis auf den Gehorsam dauernd um ihre Rechte betrogen werden.“[684]

Aus einer handschriftlichen Notiz des Würzburger Generalvikars geht hervor, dass Presseberichte über das aktive Werben seitens Renz' für die Lefebvreisten auf einer falschen Zusammenfassung bzw. Interpretation einer Presseerklärung zur Tagung des Diözesanrates beruhten. Der Generalvikar stellte weiterhin fest, dass Renz in der zitierten Ausgabe des „Pius-Boten“ eindeutig für das Seminar in Ecône eingetreten sei, ohne dabei jedoch den Namen „Lefebvre“ zu nennen oder die Zugehörigkeit Ecônes zu den Anhängern Lefebvres zu erwähnen: „Das gleiche Versteckspiel wie bei San Damiano.“[685]

Die Besessenheit der Anneliese Michel, ihr „Martyrium“ und die Umstände ihres Todes wurden von Anhängern konservativer und traditionalistischer Gruppierungen benutzt, um als Projektionsfläche für ihre anti-modernistischen, konzilsfeindlichen und rückwärtsgewandten Parolen zu fungieren. Dass es sich hierbei um eine nicht geringe Anzahl von Personen bzw. Personengruppen handelte, die von der Allgemeinheit in der Regel kaum wahrgenommen wurden, beweist der hohe Verbreitungsgrad der Tonbänder und der Abschriften der „dämonischen Aussagen“ sowie die immense Anzahl von Publikationen ähnlichen Inhalts und ähnlicher Machart[686]. Der Übergang von katholischem Konservatismus zu Traditionalismus erschien für Außenstehende dabei wenig gravierend: Beide Strömungen lehnten die Reformen des Zweiten Vatikanischen Konzils ab und befürworteten in Vielem eine Rückkehr zum vorkonziliaren Katholizismus.

---

684 Ebd. Unter „strenger Zucht“ verstand Renz z.B. intensives Studium, täglich eine Viertelstunde Anbetung des Allerheiligsten, Beten des Rosenkranzes und sonstige geistliche Übungen. „Daß in manchen Seminaren und theologischen Fakultäten die Alumnen den Glauben verlieren“ sei eine Tatsache, auch deshalb müsse ein Seminar wie Ecône der Kirche „erhalten bleiben, sich ausweiten und fruchtbare Tätigkeit entfalten“. Renz schloss mit der Formel: „Es grüßt und segnet Euch Euer Seelsorger P. Arnold Renz“.

685 Vgl. DAW, Exorzismus Klingenberg 004, Handakt DK Fries, Teil 3, „P. Renz“ 1975–1986, Aktennotiz Wittig, 29.10.1976. Die dpa-Meldung vom 7.9.1976 habe sich nicht an den Wortlaut der Presseerklärung gehalten, „sondern alles durcheinandergemixt“. Dort wurde berichtet, dass Anneliese Michel selbst mit Lefebvre sympathisiert und einer Gruppe von Traditionalisten angehört habe, die reformfreudige Pfarrer als „Teufelspriester“ bezeichneten. Ein Protest durch die Presseabteilung des Ordinariats war erfolglos geblieben.

686 S. Kap. 5.

4.2 Das Zweite Vatikanische Konzil (1962–1965)

Die Ankündigung Papst Johannes XXIII. vom 25. Januar 1959, ein Konzil einzuberufen, war in der katholischen Öffentlichkeit mehrheitlich begrüßt worden: Ziel des „Vaticanum II“[687], des 21. Ökumenischen Konzils, war es, die Erneuerung der Kirche auf allen Ebenen und in allen Bereichen zu bewirken.[688] In seiner Eröffnungsansprache am 11. Oktober 1962[689] hob der Papst hervor, dass das Konzil einen Übergang in ein neue Epoche ermöglichen solle, und brachte zugleich seinen Wunsch nach einem „Lehramt mit vorwiegend pastoralem Charakter“[690] zum Ausdruck, „das den heutigen Bedürfnissen entgegenkommt und mehr die Gültigkeit der Lehre erweist als zur Verurteilung schreitet“[691]. In der Enzyklika „Ad Petri Cathedram“[692] hatte Johannes XXIII. deklariert, dass es die Hauptaufgabe des Konzils sein müsse, „das Wachstum des katholischen Glaubens und die heilsame Erneuerung der Sitten des christlichen Volkes zu fördern sowie die Kirche den Notwendigkeiten unserer Zeit anzupassen“[693]. Nach seinem Tod am 3. Juni 1963 setzte sein Nachfolger, Paul VI., die Wiederaufnahme des Konzils für den 29. September 1963 an. Die dann beginnende zweite Tagungsperiode befasste sich mit der Darlegung der Theologie der Kirche, ihrer inneren Erneuerung, der Förderung der

---

687 Mit dieser Betitelung sollte klargestellt werden, dass es sich um ein neues, eigenständiges Konzil handelte und nicht um die Wiederaufnahme des 1868 einberufenen und 1870 suspendierten Ersten Vatikanischen Konzils. Zum Vaticanum I s. u.a. Schatz, Klaus: Vatikanum I 1869–1870, 3 Bde., Paderborn 1992–1994.

688 Vgl. Alberigo, Giuseppe et al. (Hg.): Geschichte der Konzilien: Vom Nicaenum bis zum Vaticanum II, Düsseldorf 1992, S. 416f. Die Entscheidung Johannes XXIII., zu dieser Zeit erst drei Monate im Amt, kam zwar überraschend, mit der Aussicht auf ein solches Konzil verband man jedoch die Hoffnung, „eine Wende auf globaler Ebene“ zu vollziehen und ideologische Konflikte zu überbrücken. In diesem Zusammenhang sprach Johannes XXIII. vom „Aggiornamento“, d.h. einer „Vergegenwärtigung“.

689 S. die Konzilseröffnungsrede, u.a. abgedruckt in: Bühlmann, Walbert: Johannes XXIII., der schmerzliche Weg eines Papstes, Mainz 1997. Zur Person Papst Johannes XXIII. s. z.B. Hebblethwaite, Peter: Johannes XXIII. Das Leben des Angelo Roncalli, Zürich u.a. 1986 sowie Feldmann, Christian: Johannes XXIII., der gütige Prophet, Freiburg i.Br. 2006.

690 Der „pastorale Charakter“ bezog sich v.a. auf die „Hirtenaufgabe“ der Bischöfe sowie auf praktische Fragen der Seelsorge im Kontext des Gemeindelebens.

691 S. Alberigo, Geschichte der Konzilien, S. 423.

692 Die Enzyklika war am 29.6.1959 erlassen worden und stellte die offizielle Konzilseinladung dar.

693 Zur „Zeitgemäßheit“ s. Beinert, Wolfgang: „Der Stellenwert des Zweiten Vatikanischen Konzils in der Positionsbestimmung von heute“, in: Ders. (Hg.): Vatikan und Pius-Brüder. Anatomie einer Krise, Freiburg i.Br. ²2009, S. 53. Voraussetzung einer solchen Anpassung sei, „dass die Jünger Christi der Völker Idiome sprechen“.

Einheit der Christen und dem Dialog mit der Welt von heute.[694] Das Konzil endete am 8. Dezember 1965, die Rezeption der dort beschlossenen Reformen durch die verschiedenen kirchlichen Institutionen bzw. ihre Umsetzung unter ausdrücklicher aktiver und kreativer Mithilfe der Gläubigen sollte jedoch eine geraume Zeit in Anspruch nehmen.

4.2.1 Die Liturgiereform und ihre Umsetzung durch die Deutsche Bischofskonferenz

Die am häufigsten von Konservativen und Traditionalisten geäußerten Kritikpunkte in Bezug auf Neuerungen im Gefolge des Zweiten Vatikanums standen im Zusammenhang mit der Liturgiereform: „Sacrosanctum Concilium"[695], die am 22. November 1963 als erstes Konzilsdokument[696] verabschiedet worden war. Ausgehend von den Bestrebungen der „Liturgischen Bewegung" der 1880er Jahre, eine Erneuerung der ursprünglichen Form der lateinischen Liturgie und eine Vertiefung derselben unter den Gläubigen herbeizuführen, verbreitete sich die Bewegung zu Beginn des 20. Jahrhunderts in Westeuropa.[697] Papst Pius XII. bestätigte durch die Enzyklika „Mediator Dei" vom 20. November 1947 die Bedeutung einer liturgischen Erneuerung, die durch gesamtkirchliche Teilreformen erreicht werden sollte.[698]

---

694 Vgl. Alberigo, Geschichte der Konzilien, S. 434. Zum chronologischen Ablauf und inhaltlichen Schwerpunkten der insgesamt vier Tagungsperioden s. Jedin, Hubert/ Repgen, Konrad (Hg.): Die Weltkirche im 20. Jahrhundert (= Handbuch der Kirchengeschichte, Bd. VII.), Freiburg i.Br. 1979, S. 97–151.

695 S. den Abdruck des Originaltextes in dt. Fassung bei Rahner, Karl/Vorgrimler, Herbert (Hg.): Kleines Konzilskompendium. Sämtliche Texte des Zweiten Vatikanums, Freiburg i.Br. u.a. [29]2002, S. 51–90.

696 Über die Reform diskutiert hatte das Konzil vom 22.10. bis zum 13.11.1962. Die Konstitution umfasste sieben Kapitel, von denen die ersten beiden die allgemeinen Grundsätze der Reform und die angestrebte Förderung der Liturgie beinhalteten. S. Alberigo, Geschichte der Konzilien, S. 440.

697 Die Bewegung arbeitete eng zusammen mit katholischen Jugendverbänden wie „Quickborn" und „Bund Neudeutschland". Presseorgane wie die „Liturgische Zeitschrift" und „Liturgisches Leben" verbreiteten die Erneuerungsideen. Zur Liturgischen Bewegung s. u.a. Guardini, Romano: Vom Geist der Liturgie, Ostfildern [21]2007 und Parsch, Pius: Volksliturgie. Ihr Sinn und Umfang (Quellen und Forschungen zur Liturgischen Bewegung, Bd.1), Würzburg [2]2004.

698 Vgl. hierzu Pesch, Otto-Hermann: Das Zweite Vatikanische Konzil. Vorgeschichte – Verlauf – Ergebnisse – Nachgeschichte, Würzburg 2001, S. 112f. Es handelte sich bei „Mediator Dei" um die erste Enzyklika, bei der die Liturgie im Mittelpunkt stand; sie wurde als Antwort des Lehramtes auf die Liturgische Bewegung verstanden.

Die Liturgie umfasst das gesamte gottesdienstliche Handeln, also u.a. das Spenden der Sakramente, kirchliche Symbole und Symbolhandlungen, Gebet, Lesung und Verkündigung. Besonders umwälzend für die Gläubigen war die Zulassung der Muttersprache während des Gottesdienstes, was auch ein neues Selbstverständnis des Priesters mit einschloss, der nun nicht mehr als reiner „Vermittler" zwischen Gott und der Gemeinde, sondern als „Verkünder" des Wortes Gottes fungierte; die Gemeinde selbst nahm in dem Maß an Bedeutung zu, wie sie zunehmend aktiver am Gottesdienst beteiligt wurde.[699] Argumentierten Gegner einer landessprachlichen Liturgie mit dem Verweis auf die universale, übernationale Anwendbarkeit der lateinischen Sprache, legten Befürworter dar, dass, besonders in „priesterarmen" Ländern, nur dann eine vollständige Identifikation mit dem katholischen Glauben erreicht werden könne, wenn die Gläubigen „nicht weiter wie stumme Zuschauer in der Ferne stehen müßten"[700]. Die Durchführung der Liturgiekonstitution lag in der Zuständigkeit der Bischofskonferenzen, wobei sich die Deutsche Bischofskonferenz dazu entschied, die Einführung der Muttersprache in allen Bereichen der Liturgie durchzusetzen, also auch während der Spendung der Sakramente im Verlauf der Eucharistie, so dass das Lateinische bis auf wenige Ausnahmen fast vollständig verschwand.[701]

Das Konzil hatte mit der Liturgiereform beabsichtigt, die ursprünglich römisch-katholische Liturgie wieder freizulegen, d.h. die damalige Form der Liturgie von übertriebenen, „dramatischen Elementen"[702] zu befreien und neu zu strukturieren, was eine neue Sachlichkeit einerseits, einen größeren Freiraum in der Durchführung durch die Eindämmung eines inzwischen übertrieben gewordenen Zeremoniells andererseits zur

699 Vgl. hierzu Alberigo, Geschichte der Konzilien, S. 424f. und Pesch, Zweites Vatikanisches Konzil, S. 106 ff.

700 S. Kleinhenz, Bruno: Liturgie nach dem Konzil, Kevelaer 1987, S. 16. Als „priesterarme" Länder wurden besonders die Länder Südamerikas bezeichnet. Zum schrittweisen Übergang vom Lateinischen auf die jeweilige Landessprache vgl. auch Bugnini, Annibale: Die Liturgiereform 1948–1975. Zeugnis und Testament, Freiburg i.Br. 1988, S. 121ff. In Ländern wie Deutschland, in denen bereits die Liturgische Bewegung gewirkt hatte, erfolgte diese Umsetzung wie auch andere reformbedingte Veränderung verhältnismäßig schnell.

701 Mit seinem Schreiben (Motu Proprio) „Summorum Pontificum" vom 7.7.2007 erlaubte Benedikt XVI. wieder die Abhaltung nach altem, vorkonziliaren Ritus, was in der Öffentlichkeit stark kritisiert wurde (s. Kap. 4.2.2). Seitdem ist es möglich, die Messe nach beiden Riten, also als „legitime Varianten", zu zelebrieren. S. hierzu: Hoping, Helmut: „Das Konzil und die Tradition der Kirche", in: Beinert, Wolfgang (Hg.): Vatikan und Pius-Brüder. Anatomie einer Krise, Freiburg i.Br. ²2009, S. 183ff.

702 Als Beispiel wären die leisen, für die Gemeinde unverständlich vorgetragenen Privatgebete des Priesters auf dem Weg zum Altar zu nennen.

Folge haben sollte.[703] Der Priester leitete die Liturgie fortan mit dem Gesicht zur Gemeinde hin. Der zumeist zusätzlich aufgestellte so genannte „Volksaltar" wurde möglichst nahe an die Gemeinde herangestellt; die Kirchenbänke konnten dann auch kreisförmig um den Altar ausgerichtet werden. Mit der Reform entfiel somit die Liturgie „als Bühne für Selbstdarstellung aus außerliturgischen Absichten".[704] Im Verlauf der erforderlichen Umbauten des Altarraums verschwanden mit der Zeit Altarschranken und Kommunionbänke fast gänzlich aus den Kirchen.

Im Zuge der Umsetzung der Liturgiereform baten Bischöfe verschiedener Länder, vor allem aus Deutschland, Holland, Belgien und Frankreich, den Papst um Erlaubnis, den weit verbreiteten Brauch, den Gläubigen die Hostie in die Hand und nicht in den Mund zu legen, zuzulassen. Paul VI. reagierte im Juni 1968 auf die häufigen Anfragen mit einem Schreiben, in dem er der belgischen und der deutschen Bischofskonferenz zunächst die Durchführung dieses Brauches, „der zwar der Lehre nicht widerspricht, aber praktisch fragwürdig und gefährlich ist"[705], erlaubte, allerdings nur nach Vorlage und Genehmigung durch die päpstliche Kongregation; diese Erlaubnis wurde jedoch bereits am 25. Juli 1968 angehalten, eine endgültige Entscheidung über die künftige Handhabung vertagt.[706] Das „Consilium"[707] stellte daraufhin eine Dokumentation[708] zu dieser Angelegenheit zusammen, die neben Argumenten: pro[709] und con-

703 Pesch umschreibt diesen notwendigen Vorgang der „Entdramatisierung" der Liturgie als einen „Stich ins Herz für alle Freunde des liturgischen ‚Mysterienspiels'" (S. 107). Das Aufbrechen alter Strukturen in der Liturgie ermöglichte u.a. eine größere Formenvielfalt, z.B. durch eine größere Auswahl im Gottesdienst verwendbarer Texte.

704 Ebd., S. 107.

705 S. das Schreiben des päpstlichen Staatssekretariates vom 3.6.1968 (Bugnini, Die Liturgiereform, S. 673f.)

706 Ebd. Die Befürchtung des Papstes, die Handkommunion könne auf Dauer die Mundkommunion verdrängen, wurde von zahlreichen Bischöfen geteilt, deren Widerspruch zur Aussetzung des Themas mit ausschlaggebend war. Bugnini selbst war 1964–1969 Sekretär der überwachenden Kommission, 1969–1975 Sekretär der Kongregation für den Gottesdienst.

707 Es handelt sich hier um die Kommission „Consilium ad exsequendam Constitutionem de sacra Liturgia", die den päpstlichen Auftrag erhalten hatte, die Durchführung der Reform zu überwachen.

708 Das Dokument mit dem Titel „Status quaestionis" ist datiert vom 28.10.1968 und abgedruckt bei Bugnini, Die Liturgiereform, S. 676ff.

709 Die Befürworter der Handkommunion betonten, dass es sich um einen alten Brauch, also keine wirkliche Neuerung handele, welche die Ehrfurcht vor dem Allerheiligsten nicht beeinträchtige und einem gewissen Anspruch an Hygiene geschuldet sei. Auch verringere das „Aushändigen" der Hostie die Gefahr, dass die konsekrierte Hostie zu Boden fällt.

tra[710] Handkommunion, die Aufforderung an die Bischofskonferenzen enthielt, sich über den Inhalt des Schreibens zu beraten, abzustimmen und bis zum 31. Januar 1969 eine Antwort zurückzusenden. Es war zu diesem Zeitpunkt offenkundig, dass eine Unterbindung der Handkommunion in Gemeinden, in denen sie bereits praktiziert wurde, kaum Aussicht auf Erfolg haben würde:

> „In diesen Zeiten heftiger Protestbewegungen ist zu wünschen, daß keine Bresche in die Autorität geschlagen wird, wenn sie an einem Verbot festhält, das schwerlich in der Praxis befolgt wird. Im Gegenteil kann die Autorität nur gewinnen, wenn die Hierarchie genaue Normen erläßt, die den Brauch der neuen Art zu kommunizieren regeln."[711]

Dem entgegen stand die Befürchtung, „daß die Kühnheit dieser Draufgänger sich auf andere Dinge stürzt"[712], ein Nachgeben in dieser Angelegenheit sich als Dammbruch erweisen könne.

Mit der päpstlichen Instruktion „Memoriale Domini" vom 29. Mai 1969[713] konstatierte Paul VI., dass die Mundkommunion der Handkommunion, die bereits vielerorts Eingang in die Liturgie gefunden hatte, vorzuziehen sei. Dies spiegele zudem die mehrheitliche Meinung der Bischöfe, wie es die Auswertung der Befragung ergeben habe. Das Schreiben ermöglichte allerdings in Ausnahmefällen die Wahl zwischen beiden Riten, eine gründliche Diskussion und geheime Abstimmung der betreffenden Bischofskonferenz sowie eine päpstliche Prüfung und Erlaubnis vorausgesetzt. Zur Regelung der Durchführung der Handkommunion war der Instruktion ein weiteres Schreiben beigelegt:

> „Die neue Art zu kommunizieren darf nicht aufgezwungen werden [...] Jeder Gläubige muß die Möglichkeit haben, die heilige Kommunion direkt auf der Zunge zu empfangen [...] Beide Arten zu kommunizieren können ja ohne Schwierigkeit in derselben liturgischen Aktion angewandt werden. [...] Es ist vor allem nötig, daß eine angemessene Katechese voraufgeht [sic!], damit die Gläubigen

---

710 Die Gegenseite argumentierte, die Gläubigen hätten noch nicht die anderen zahlreichen mit der Liturgiereform einhergehenden Veränderungen verarbeitet. Außerdem würde eine Genehmigung der Handkommunion „eine kleine Schar von Priestern und Laien" ermutigen, andere, abweichende Vorstellungen gegen die höchste Autorität durchzusetzen und die notwendige Ehrfurcht bei der Kommunionspendung beschneiden.

711 Abgedruckt bei Bugnini, Liturgiereform, S. 678.

712 Ebd. S. 679.

713 Lateinischer Originaltext abgedruckt in: Kaczynski, Reiner (Hg.): Enchiridion Documentorum Instaurationis Liturgicae. Handbuch der Dokumente zur Liturgiereform, I, Turin 1976, S. 596–600 (Nr. 1892–1899).

den Sinn des Ritus recht verstehen und ihn mit der nötigen Ehrfurcht vor dem Allerheiligsten vollziehen."[714]

Viele Bischofskonferenzen, darunter die deutsche, führten daraufhin – nach Abstimmung und Einholung der päpstlichen Erlaubnis – die Handkommunion ein, womit es den Gläubigen freistand, sich zwischen beiden Formen der Kommunionsspendung zu entscheiden.[715] Die Kongregation für den Gottesdienst verfasste die Instruktion „Sacramentali communione" („Über die Erweiterung der Vollmacht, die heilige Kommunion unter beiden Gestalten zu spenden") vom 29. Juni 1970[716]. Durch die Veröffentlichung der sich darauf beziehenden Richtlinien der Deutschen Bischofskonferenz zur Kommunionsspendung in den Amtsblättern der Diözesen[717] wurden die Neuregelungen bzw. die Ausführungsbestimmung des Kommunionsritus den deutschen Katholiken zur Kenntnis gebracht. Die Handkommunion betreffend wurde darauf hingewiesen, dass „besondere Sorgfalt" vonnöten sei, damit die Hostie nicht zu Boden falle sowie vollständig zum Mund geführt werde; in anderen Ländern hätten sich die Gläubigen den dortigen Bräuchen anzupassen.[718]

Am 2. März 1966 hatte sich die vormalige „Fuldaer Bischofskonferenz" neu als „Deutsche Bischofskonferenz" unter dem Vorsitz Julius Kardinal Döpfners konstitutiert.[719] Waren weite katholische Kreise grundsätzlich bereit, an der Umsetzung der konziliaren Neuerungen und der Öffnung der Kirche aktiv mitzuwirken, hatten die deutschen Bischöfe in

---

714 S. Bugnini, 691f. Originaltext in: Kaczynski, Dokumente zur Liturgiereform, S. 600–601 (Nr. 1900–1907).

715 Vgl. Pesch: Zweites Vatikanisches Konzil, S. 126. Pesch führt an, dass die Umsetzung der Liturgiereform zur Dezentralisierung der Kirche beigetragen habe, auch wenn eine Verpflichtung zur Einholung der päpstlichen Erlaubnis bestand. Die Reform habe weiterhin zu einer Entklerikalisierung geführt, dahingehend die Gemeinden bzw. die Laien in der Folge des Konzils in großem Maße aktiv an der Liturgie beteiligt wurden.

716 S. Rennings, Heinrich/Klöckener Martin (Hg.): Dokumente zur Erneuerung der Liturgie, Bd. 1, Dokumente des Apostolischen Stuhls 1963–1973, Kevelaer 1983, S. 938–941 (2144–2153).

717 Es handelt sich hier um die Jahrgänge 1971.

718 Vgl. den abgedruckten Originaltext in: Die Messfeier – Dokumentensammlung. Auswahl für die Praxis, hg. vom Sekretariat der Deutschen Bischofskonferenz, Bonn [7]2009, S. 176–178. Die Richtlinien widmeten sich gleichen Teils der Durchführung der Kelchkommunion.

719 Über die Neuorganisation der Kurien sowie die Zusammensetzung und Rechte der Bischofskonferenzen war auf dem Konzil im Verlauf des November 1963 debattiert worden, s. das Konzilsdekret „Christus Dominus". Zur Geschichte der deutschen Bischofskonferenzen vgl. Lill, Rudolf: Die ersten deutschen Bischofskonferenzen, Freiburg 1964 sowie Müller, Hubert/Pottmeyer, Herbert (Hg.): Die Bischofskonferenz. Theologischer und juridischer Status, Düsseldorf 1989.

einem Schreiben, verfasst im Anschluss an die Konferenz in Fulda (27. bis 30. September 1966), gleichwohl darauf hingewiesen, dass es sich bei der Durchführung der Reformen um einen „langjährigen organischen Wachstumsprozess“ handeln werde. Die Beteiligung aller, der ganzen Kirche, sei dringend notwendig:

> „Jede echte Reform hat zwei Gegner, die ihr gefährlich werden können: die Verständnislosen, die starr an dem Vergangenen festhalten, und die Ungeduldigen, die nicht anerkennen wollen, dass man den zweiten Schritt nicht zugleich mit dem ersten tun kann. Beide liefern einander die Argumente für ihre Fehlhaltung, beide sind vom Geist des Konzils gleich weit entfernt.“[720]

Durch die Verbreitung der Vorgänge des Konzils in den Massenmedien[721] wurde das Zweite Vatikanum von einem ungleich größeren Publikum verfolgt als es bei irgendeinem Konzil zuvor der Fall gewesen war. Zur modernen Presse – in Form von informierender und meinungsbildender Tages- und Wochenpresse, Unterhaltungs- und Fachpresse – waren im 20. Jahrhundert audiovisuelle Medien wie Film, Hörfunk und Fernsehen hinzugekommen, mit denen sich die katholische Kirche, die sich bis dahin eine katholische Presse lediglich als „Gesinnungspresse“ hatte vorstellen können, auseinandersetzen musste.[722] Moderate, konservative, traditionalistische und reformorientierte Katholiken konnten so den Weg hin zu den notwendigen Veränderungen und gesellschaftlicher Anpassung wie auch die Debatte der darauf folgenden Jahre mitverfolgen.

---

720 S. den Abdruck des Textes in dt. Übersetzung in der „Herder-Korrespondenz“, 20 (1966), S. 516–517, hier: 517. Zu den Bedenken der deutschen Bischöfe hinsichtlich einer „Reformeuphorie“ und ihrer Beteiligung in den Gremien des Konzils vgl. Weiß, Wolfgang: „Die deutsche Bischofskonferenz und das II. Vatikanum“, in: Wittstadt, Klaus/Verschooten Wim (Hg.): Der Beitrag der deutschsprachigen und osteuropäischen Länder zum Zweiten Vatikanischen Konzil, Leuven 1996, S. 27–44.

721 Paul VI. hatte im März 1963 Pressekonferenzen eingerichtet, in denen sich am Konzil aktiv teilnehmende Bischöfe den Fragen der Journalisten stellten.

722 Vgl. hierzu Franz-Xaver Kaufmann: „Die Wirkungsgeschichte des Konzils ist im Bewußtsein der Beteiligten nicht abgeschlossen, die Katholiken leben nach wie vor in der Epoche ‚nach dem Konzil‘. [...] Denn das II. Vatikanum war dank der Massenmedien ein Weltereignis, an dem nicht nur Theologen und Kleriker, sondern auch gebildete katholische Laien und nicht-katholische Christen in aller Welt lebhaft teilnahmen.“ In: Kaufmann, Franz-Xaver/Zingerle, Arnold (Hg.): Vatikanum II und Modernisierung. Historische, theologische und soziologische Perspektiven, Paderborn 1996, S. 9.

4.2.2 Katholischer Traditionalismus und das Konzil: Bischof Lefebvre und die Pius-Bruderschaft

Marcel Lefebvre (1905–1991)[723], vormals Missionar in Afrika und erster Erzbischof von Dakar (1955), dann von Tulle (1962), hatte 1962 als Generaloberer der Spiritaner (CSSp)[724] und Titular-Erzbischof am Zweiten Vatikanischen Konzil teilgenommen, währenddessen er sich mehrfach kritisch über die Liturgiereform äußerte[725]. Nach Gründung der „Priesterbruderschaft Pius X."[726] am 1. November 1970[727] – Lefebvre war zu dieser Zeit an einem Seminar im schweizerischen Fribourg lehrend tätig – benutzte er das Amt des Oberen, um seine ablehnende Haltung hinsichtlich der nachkonziliaren Änderungen in der Liturgie öffentlich zum Ausdruck zu bringen. Die Fraternität zog noch im Gründungsjahr nach Ecône (Kanton Wallis) um, wobei der zuständige Bischof Adam von Sitten Lefebvre den Gebäudekomplex unter der Voraussetzung zur Verfügung gestellt hatte, dass die Gemeinschaft dort ein Internat für zukünftige Seminaristen eröffnete, die wiederum ihr Studium an der Universität Fribourg absolvieren sollten. Gegen diese Abmachung verstieß Lefebvre, als er ein eigenes Haus für die Seminaristen einrichtete, um die Priesteramtskandidaten in vorkonziliarem Sinn, also in der katholischen Tradition auszubilden.[728] Bestandteile der Statuten der Pius-Bruderschaft beinhalte-

---

723 Zu den Lebensdaten und -stationen Lefebvres vgl. u.a. Tissier de Mallerais, Bernard: Marcel Lefebvre. Die Biographie, Stuttgart 2008, erschienen im Sarto-Verlag der Piusbruderschaft. Es ist zu beachten, dass es sich bei dem Verfasser um einen der vier Priester handelt, deren Bischofsweihe im Jahr 1988 zur Exkommunikation Lefebvres durch Johannes Paul II. geführt hat. S. S. 163f.

724 „Congregatio Sancti Spiritus" (dt.: „Missionsgesellschaft vom Heiligen Geist unter dem Schutz des Unbefleckten Herzen Mariens", gegründet 1703). Lefebvre trat 1968 wegen seiner Konflikte mit der Kirchenführung als Oberer der Gesellschaft zurück.

725 Seine Konzilskritik legte Lefebvre in der 1977 erschienenen Publikation „Ich klage das Konzil an!" dar. Lefebvre erläuterte hier bereits im Vorwort (S. 11), „daß dank eines wahren Komplotts der an den Ufern des Rheins residierenden Kardinäle liberale und modernistische Richtungen, die unglücklicherweise von Papst Paul VI. unterstützt wurden, zum Durchbruch gekommen sind und einen entscheidenden Einfluß gewonnen haben".

726 Die „Fraternitas Sacerdotalis Sancti Pii X" berief sich auf Papst Pius X. (1835–1914), einen erklärten Gegner modernistischer Tendenzen, was er u.a. in der Enzyklika „Pascendi Dominici Gregis" (1907) zum Ausdruck gebracht hatte.

727 Das entsprechende Dekret zur Gründung einer diözesanen Vereinigung war von Bischof Charrière (Fribourg) ausgestellt und unterzeichnet worden. Die Genehmigung galt vorerst für einen Zeitraum von sechs Jahren.

728 Vgl. Schifferle, Alois: Das Ärgernis Lefebvre. Informationen und Dokumente zur neuen Kirchenspaltung, Freiburg (Schweiz) 1989, S. 30f. Das Priesterseminar in Ecône erfuhr stetigen Zulauf, bis zum Jahr 1973 wurden die Gebäude um drei

ten neben Kontemplation und der täglichen Feier der Messe nach tridentinischem Ritus[729] die Versicherung der Fortführung dessen, „was die Kirche schon seit jeher getan hat“[730]. Im Wallis sammelten sich zudem politisch-religiöse Kräfte (u.a. die antidemokratische „Action française“), die sich wie Lefebvre der Tradition der royalistischen französischen Rechten verpflichtet sahen.

Im November 1970 veranlasste Paul VI. eine Visitation, um den Berichten und Beschwerden über die Erziehung im Priesterseminar von Ecône nachzugehen, die sich offen gegen das Konzil und dessen Reformen wendete. Lefebvre hatte beispielsweise öffentlich erklärt, dass die neu überarbeitete und vom Papst autorisierte Ausgabe des Messbuches abzulehnen sei. In seiner Grundsatzerklärung vom 21. November 1974, die als direkte Reaktion auf die päpstliche Visitation zu werten war, führte er aus:

> „Wir lehnen es ab, und haben es immer abgelehnt, der neomodernistischen und neo-protestantischen Richtung zu folgen, die sich in Rom ganz klar im Zweiten Vatikanischen Konzil und in den daraus hervorgegangenen Reformen gezeigt hat. [...] Keine Autorität, selbst nicht die höchste in der Hierarchie, kann uns zwingen, von unserem katholischen Glauben, wie er seit neunzehn Jahrhunderten vom Lehramt der Kirche erklärt und gelehrt wurde, abzuweichen oder denselben abzuschwächen. [...] Diese Reform ist als Ergebnis des Liberalismus und des Protestantismus ganz und gar vergiftet. Sie kommt aus der Irrlehre und führt zur Irrlehre, wenn auch nicht alles darin formell häretisch ist. [...] Die einzige Haltung, die der Treue zur Kirche und zum katholischen Bekenntnis entspricht, ist die entschiedene Weigerung, diese Reform anzunehmen.“[731]

Die Erklärung, veröffentlicht im Januar 1975 in der Zeitschrift „Itinéraires“, schloss mit einem Bekenntnis zu all dem, woran die Kirche „vor dem

---

Trakte erweitert. Neben einem Haus in Italien und Prioraten in Frankreich kamen 1976 Priorate in England, den Vereinigten Staaten und Deutschland hinzu. Die erste deutsche Niederlassung wurde in Zaitzkofen (Diözese Regensburg) trotz des Einspruchs des zuständigen Bischofs Graber begründet.

729 Es handelt sich hier um die Form der Messe, wie sie bis zum Zweiten Vatikanum gefeiert wurde, also vor der überarbeiteten Version der Messordnung im Zuge der Liturgiereform. Im Jahr 2007 ließ Papst Benedikt XVI. die tridentinische Messe in Ausnahmefällen wieder zu.

730 S. die Statuten der Pius-Bruderschaft, in: Lefebvre, Marcel: Ecône. Offene Türen, Martigny 1976, S. 15–25.

731 Text abgedruckt u.a. bei Congar, Yves: Der Fall Lefebvre. Schisma in der Kirche? Freiburg i.Br. 1977, S. 99–101. Die Reformen führten nach Ansicht Lefebvres zur „Zerstörung der Kirche“, zum „Ruin des Priestertums“, zur „Vernichtung des heiligen Messopfers und der Sakramente“ und zum „Erlöschen des religiösen Lebens“.

modernistischen Einfluß des Konzils geglaubt [hatte] und praktiziert wurde".

Unter kirchlicher Tradition verstand Lefebvre alle seit dem Konzil von Trient bis einschließlich während der Regierung Pius XII. erlassenen kirchlichen Dokumente und päpstlichen Aussagen, die sich gegen Liberalismus – für Lefebvre die Verständigung mit der Reformation und der Französischen Revolution – und Modernismus wandten[732]. Das Zweite Vatikanum habe der Durchdringung der Kirche mit den Prinzipien der Französischen Revolution Vorschub geleistet. Die „liberté", einen Begriff, den Lefebvre nicht als „religiöse Freiheit", sondern „Freiheit der Religionen" interpretierte[733], sei das Hauptziel des Liberalismus, der die katholische Kirche zu einer Sekte reduzieren oder ganz zum Verschwinden bringen wolle.[734] Die „egalité" bezog er auf die Bischöfe, deren „Kollegialität" die Destruktion der personalen Autorität bedeute, und auf den Demokratiegedanken, der die Autorität Gottes, des Papstes und der Bischöfe aufzuheben versuche[735]. Die „fraternité" wiederum führe mittels des während des Konzils formulierten Ökumenismus zur „Verbrüderung" mit Freimaurern, Protestanten oder Kommunisten[736] und fördere „die religiöse Gleichgültigkeit und den Interkonfessionalismus"[737].

Nachdem Lefebvre unmittelbar nach der Veröffentlichung der „Grundsatzerklärung" Ende Januar 1975 zu einer letztlich zwei Monate andauernden Aussprache nach Rom einberufen worden war, ohne sich danach einsichtig zu zeigen bzw. von seinen Positionen abzurücken, entzog Bischof Pierre Mamie von Lausanne, Chur und Fribourg am 6. Mai 1975 der Pius-Bruderschaft die fünf Jahre zuvor von seinem Vorgänger

---

732 Zum „Übel des Liberalismus" vgl. auch Holzer, Anton: Vatikanum II: Reformkonzil oder Konstituante einer neuen Kirche? (Sammlung glaubenstreuer Katholiken in der Schweiz) Basel 1977, S. 35ff.

733 Gemeint ist hier die auf dem Konzil verfasste „Erklärung über die Religionsfreiheit" („Dignitatis Humanae"), die besagt, dass das Recht auf religiöse Freiheit auf die Würde des Menschen zurückzuführen sei und dass in religiösen Dingen niemand dazu gezwungen werden dürfe, gegen sein Gewissen zu handeln.

734 Vgl. Lefebvre, Ich klage das Konzil an, S. 41.

735 Die Kritik bezog sich auf das Dekret über die Hirtenaufgabe der Bischöfe „Christus Dominus", das u.a. die Neustrukturierung der Bischofskonferenzen und die Einrichtung von Synoden regelte.

736 Auf dem Konzil war „Ökumenismus" als Bewegung definiert worden, die auf eine Begegnung von Kirchen und kirchlichen Gemeinschaften abzielte. Für Lefebvre hingegen bedeutete der Ökumenismus Verrat an der Wahrheit, der wahren Lehre, zugunsten einer Anpassung an den Modernismus: „Das heißt, daß man mit dem Irrtum Kompromisse schließt, und damit sind diese Menschen nicht mehr katholisch." S. hierzu die Ausführungen bei Schifferle, Das Ärgernis, S. 62ff.

737 S. Lefebvre, Ich klage das Konzil an, S. 40.

gewährte Anerkennung[738]. Paul VI. forderte Lefebvre in einem Brief am 29. Juni 1975 dazu auf, durch einen öffentlichen Akt der Unterwerfung seine Verfehlungen wieder gut zu machen; in einem Schreiben vom 8. September 1975 wies er auf die Sanktionen hin, zu deren Verhängung er sich veranlasst sähe, sollte Lefebvre weiterhin den Gehorsam verweigern. Dieser nutzte erneut die Presse, um einerseits die Anerkennung der päpstlichen Autorität zu beteuern, anderseits um „hochgestellte Persönlichkeiten" zu beschuldigen, ihn beim Heiligen Vater verleumdet zu haben.[739]

Als Lefebvre am 29. Juni 1976 in Ecône – nach vorheriger Ankündigung und trotz päpstlichen Verbots – 13 Seminaristen zu Priestern weihte, verstieß er gegen kirchliches Recht: Eine solche Weihe darf nur von einem Diözesanbischof vorgenommen werden oder mit schriftlicher Erlaubnis des zuständigen Bischofs. Über das Abhalten der Messfeier nach neuem Ritus äußerte sich Lefebvre damals:

> „Es ist evident, daß dieser neue und offiziell gebilligte Ritus, wenn ich so sagen darf, eine andere Auffassung der katholischen Religion, eine andere Religion voraussetzt. Nicht mehr der Priester bringt das heilige Opfer der Messe dar, sondern die Gemeinde. Aber das ist ein ganzes Programm. Fortan wird auch die Gemeinde die Autorität in der Kirche vertreten. [...] Diese Messe ist keine hierarchische Messe mehr, sie ist eine demokratische Messe."[740]

Die widerrechtliche Weihe hatte die Suspendierung Lefebvres von seinen kirchlichen Ämtern zur Folge, mit der „Suspensio a divinis" vom 22. Juli 1976 waren ihm fortan neben der Ausübung seiner priesterlichen und bischöflichen Amtshandlungen die Abhaltung der heiligen Messe, die Spendung der Sakramente und das Predigen untersagt.[741] Lefebvre hatte zuvor in einer auf den 25. Juli 1976 datierten Stellungnahme, abgedruckt in der „Deutschen Tagespost", erklärt, dass man in Zukunft eben nicht mehr der katholischen Kirche, sondern der konziliaren Kirche ergeben sein müsse. Diese sei ihrem Wesen nach schismatisch und häretisch, da sie neue Dogmen, ein neues Priestertum, neue Institutionen und einen neuen

---

738 S. S. 159.

739 Diesen Brief ließ Lefebvre am 16.12.1975 in der katholischen Tageszeitung „La Croix" veröffentlichen. Er hatte zuvor am 24.9.1975 auf Anraten des Nuntius ein Schreiben an Paul VI. verfasst, in welchem er zwar „seine vorbehaltlose Verbundenheit" versicherte, dies jedoch ohne seine zuvor getätigten Aussagen zu revidieren. Vgl. hierzu Kozelka, Leo: Lefebvre. Ein Erzbischof im Widerspruch zu Papst und Konzil, Aschaffenburg 1980, S. 55f.

740 S. Congar, Der Fall Lefebvre, S. 42.

741 S. Kozelka, Lefebvre, S. 59. Die Suspendierung wurde verhängt, nachdem Lefebvre eine 10-Tages-Frist hatte verstreichen lassen, ohne eine gedankliche Umkehr auch nur in Erwägung zu ziehen.

Kult besäße[742]. Völlig außer Acht ließ der Ex-Bischof jedoch, dass die katholische Kirche seit ihrem Bestehen und der Abhaltung von Konzilien – also schon immer – eine konziliare Kirche gewesen war. Jedes dem Zweiten Vatikanum vorausgegangene Konzil hatte sich mit den Umständen der jeweiligen Zeit auseinander zu setzen und letztlich Veränderungen bewirkt.[743] Päpstliche Briefe vom 15. August und 11. Oktober 1976[744] und eine Audienz am 11. September 1976 vermochten den Bruch nicht zu kitten. Lefebvre veröffentlichte weitere Schriften gegen das Konzil[745] und nahm ungeachtet seiner Suspendierung Priesterweihen vor.

Im Anschluss an ihre Herbstvollversammlung (20.–23. September 1976) erklärte die Deutsche Bischofskonferenz, das Möglichste dazu beitragen zu wollen, dass es zu einer Versöhnung zwischen „Alt-Erzbischof" Lefebvre und dem Papst komme. Sympathisanten und Befürwortern Lefebvres setzten die Bischöfe allerdings klar entgegen, dass „keinerlei Berechtigung und Anlaß bestehe, wegen der Liturgie-Reform dem Papst den Gehorsam zu verweigern". Weiterhin wurde in der Erklärung versichert, dass die lateinische Messe nicht grundsätzlich abgeschafft sei. Die Rechtmäßigkeit und Autorität des Konzils und die Inkraftsetzung der dort getroffenen Beschlüsse dürften keinesfalls bezweifelt werden. Die von Lefebvre verbreitete Auffassung von „Tradition" sei außerdem falsch, denn: „Tradition heißt nicht Stillstand, sondern Weitergabe der überkommenen Wahrheit."[746]

Dennoch hatten die Veranstaltungen, auf denen Lefebvre sprach, enormen Zulauf. Hatten sich im August 1976 Tausende seiner Anhänger im Sportstadium von Lille zur gemeinsamen Messfeier nach tridentinischem Ritus eingefunden[747], vermeldete ein Berichterstatter der „Welt" am 24. Oktober 1976 im Vorfeld eines Vortrags in Friedrichshafen 10.000 Besucher, die aus der Bodenseeregion, der gesamten Bundesrepublik, der Nordschweiz, Liechtenstein, dem Elsass und Italien angereist

---

742 Ebd. S. 63. Am 29.8.1976 sprach Lefebvre während einer öffentlichen Predigt in Lille vor 7.000 Menschen vom „Bastardritus", den „Bastardsakramenten" und den „Bastardpriestern". S. die Zusammenfassung der Predigt auch bei Tissier de Mallerais, Marcel Lefebvre, S. 519f.

743 Ebd. S. 60f.

744 Das Schreiben vom 11.10.1976 wurde am 10.12.1976 vollständig in der deutschen Ausgabe des „L'Osservatore Romano" abgedruckt.

745 Besonders zu erwähnen ist die Publikation „Ich klage das Konzil an!" aus dem Jahr 1977 (Martigny).

746 Die Erklärung wurde u.a. abgedruckt im Amtsblatt der Diözese Freiburg vom 8.9.1976.

747 S. Fn. 742.

waren.[748] 1977 weihte Lefebvre in Ecône 14 Priester und 16 Subdiakone in Gegenwart von 5.000 Anhängern; es folgten Reisen nach Texas, Kolumbien und nach Rom, wo er auf die Einladung des römischen Adels hin einen Vortrag über die „konziliare Verschwörung" der deutschen Kardinäle hielt, den neuen geistigen „Sacco di Roma", den er als „Werk des Satans durch die Natio Teutonica" verurteilte.[749]

Der spätere Vorsitzende der Deutschen Bischofskonferenz, Karl Lehmann, führte als Freiburger Dogmatik-Professor 1976 die Solidarität und Sympathie weiter Teile der katholischen Bevölkerung mit der traditionalistischen Bewegung um Marcel Lefebvre auf jene Verärgerung und Verunsicherung zurück, welche die nachkonziliaren Veränderungen und Entwicklungen hervorgerufen hätten:

> „Viele Katholiken [...] erblickten in dem ehemaligen Missionsbischof einen mutigen Sprecher gegen eine – wie man glaubte – zu wenig wachsame und schlaffe Führung der Kirche. Die Massenmedien haben in ihrer begreiflichen Suche nach ‚Neuigkeiten' den Aktivitäten [Lefebvres] in fast allen Ländern zu große Bedeutung zugemessen."[750]

Papst Johannes Paul II. versuchte wie sein Vorgänger, Lefebvre und dessen Anhängerschaft zurück in den Schoß der Kirche zu führen. In einem Schreiben vom 8. April 1988 an den damaligen Präfekten der vatikanischen Glaubenskongregation, Joseph Kardinal Ratzinger, äußerte er sich folgendermaßen zum Traditionsbegriff:

> „Die [dem Progressismus] entgegengesetzte Tendenz, die gewöhnlich als ‚Konservatismus' oder auch als ‚Integralismus' bezeichnet wird, bleibt bei der Vergangenheit selbst stehen, ohne das berechtigte Streben nach der Zukunft zu berücksichtigen, das sich gerade im Werk des Zweiten Vatikanischen Konzils gezeigt hat. [...] Sie erblickt das Rechte nur in dem, was ‚alt' ist, wobei sie dieses mit der Tradition gleichsetzt. Weder das ‚Alte' als solches noch das ‚Neue' in sich allein entsprechen jedoch dem richtigen Begriff von

748 S. Kozelka, Lefebvre, S. 79f. Die Bischöfe von Augsburg, Feldkirch, Freiburg, St. Gallen und Rottenburg hatten zuvor in einem gemeinsamen Hirtenbrief die insgesamt 13.000 Eingeladenen „abgemahnt". Der Bischof von Rottenburg wandte sich zudem schriftlich an Lefebvre und forderte diesen dazu auf, von seinen Thesen abzurücken. Am 9.4.1978 sprach Lefebvre noch einmal in Deutschland im Verlauf einer Veranstaltung in Essen vor ca. 5.000 Anhängern.

749 Ebd., S. 83ff.

750 Lehmann in einem einführenden Vorwort zu Congar, Der Fall Lefebvre, S. 9. Lehmann betonte die Härte und Emotionalität der Auseinandersetzungen zwischen Lefebvre auf der einen, dem Papst und den Bischöfen auf der anderen Seite: „Die Auseinandersetzungen als solche waren nicht neu, die eigentliche Gefahr erblickte man wohl darin, daß nun ein *Bischof* an der Spitze stand."

Tradition im Leben der Kirche. Dieser Begriff bedeutet nämlich das treue Verbleiben der Kirche in der von Gott empfangenen Wahrheit während des wechselvollen Verlaufs der Geschichte.“[751]

Nachdem Lefebvre am 30. Juni 1988 dennoch vier Bischofsweihen durchgeführt und somit „alle Anstrengungen der letzten Jahre zunichte gemacht“ hatte, erklärte der Papst am 2. Juli die Exkommunikation Lefebvres und der Geweihten.[752] Unmittelbar nach Bekanntwerdung der Exkommunikation äußerten sich 24 unterzeichnende Vertreter der Pius-Bruderschaft in einem Brief an Johannes Paul II. dahingehend, dass sie „niemals einem System angehören wollten, das sich selbst als konziliare Kirche qualifiziert und das sich durch einen indifferenten Ökumenismus und eine Laisierung der ganzen Gesellschaft definiere“[753]. Den Anhängern, die Lefebvre nicht über das Schisma hinaus folgen wollten, wurde die Möglichkeit eröffnet, sich in die katholische Glaubensgemeinschaft „wiedereingliedern“ zu lassen.[754]

Die Entscheidung Papst Benedikts XVI. im Jahr 2009, die Exkommunikationen zurückzunehmen, löste auch deshalb eine heftig geführte Diskussion aus, da einer der vier 1988 unrechtmäßig geweihten Bischöfe, der englische Priester Richard Williamson, 2008 während eines Interviews durch ein schwedisches Fernsehteam in Zaitzkofen (Bayern) den Holocaust geleugnet hatte.[755] Die Pius-Bruderschaft war seit dem medienwirk-

---

751 S. Multhaupt, Hermann (Hg.): Das Schisma – Ein Widerspruch in der Kirche. Mutter Marie Therese und der „Fall“ Lefebvre, Paderborn 2005, S. 33. Das Schreiben wurde in Auszügen in der Ausgabe der Deutschen Tagespost vom 12.4.1988 abgedruckt. In einem späteren apostolischen Schreiben ergänzte Johannes Paul II. diese Definition um die Aussage, dass der Traditionsbegriff Lefebvres auch deshalb unzutreffend sei, da er sich der Autorität der Bischöfe und des Papstes widersetze.

752 Der vollständige Text des betreffenden päpstlichen Schreibens ist u.a. abgedruckt bei Beinert, Vatikan und Pius-Brüder, S. 215–219.

753 S. Multhaupt, Das Schisma, S. 85f. Die 16 Priester und 14 Seminaristen, die sich nach der Exkommunikation von Lefebvre losgesagt hatten, gründeten in der unmittelbaren Folgezeit die durch Rom anerkannte „Priesterbruderschaft St. Petrus“. Das erste Priesterseminar der Bruderschaft wurde in Wigratzbad bei Wangen (Allgäu) eingerichtet. Im November 1988 nahmen 31 Seminaristen dort ihr Studium auf, von denen 25 zuvor Mitglied der Pius-Bruderschaft gewesen waren. Die „Priesterbruderschaft St. Petrus“ erhielt bemerkenswerter Weise die Erlaubnis, die Messe nach tridentinischem Ritus abzuhalten. Vgl. KNA-Meldung in der Deutschen Tagespost vom 10.11.1988.

754 Zu diesem Zweck wurde eine achtköpfige „Lefebvre-Kommission“ namens „Ecclesia Dei“ unter der Leitung eines deutschen Kurienkardinals einberufen.

755 Als schwedischer Ausstrahlungstermin wurde der 21.1.2009 angesetzt. Im Dezember 2008 informierten die schwedischen Redakteure den SPIEGEL, der jedoch zunächst nicht reagierte, da Williamson eben kein katholischer Bischof war. S. Ring-Eifel, Ludwig: „Der Papst und die Traditionalisten“, in: Beinert, Wolfgang

samen Einzug von 5.000 Anhängern in den Petersdom im Heiligen Jahr 2000 wieder nach und nach in den Fokus der Öffentlichkeit gerückt, obwohl sie tatsächlich durchgehend aktiv und präsent gewesen war – als eine Art Subkultur für „Liebhaber der alten Messe, antimodernistische Kulturpessimisten und Aufklärungsgegner"[756]. Die Befürchtung, dass die katholische Kirche unter Benedikt XVI., dessen Glaubensauffassung bereits während seiner Amtszeit als Präfekt der vatikanischen Glaubenskongregation deutlich geworden war, einen stark konservativen Kurs einschlagen würde, schien sich für reformorientierte Katholiken schon am 7. Juli 2007 mit dem päpstlichen Schreiben „Summorum pontificum"[757] bewahrheitet zu haben, das die Abhaltung der Messe nach altem, vorkonziliaren Ritus zum außerordentlichen Gebrauch erlaubte.[758] Die Wahl Kardinal Ratzingers zum Papst im Jahr 2005 war vom Generaloberen der Pius-Bruderschaft, Bernard Fellay[759], zudem als Hoffnungsschimmer begrüßt worden.[760] Die heftigen kritischen Reaktionen der Medien auf die „Williamson-Affäre" waren aber auch Resultat der unzureichenden und fehlerhaften Informationspolitik des Vatikans, der sehr spät und nur aus Gründen der Schadensbegrenzung die notwendigen Erläuterungen zur Wiederaufnahme Williamsons lieferte.[761] Die Diskussion um die Anerkennung der Pius-Brüder im Zusammenhang mit der Wiedereinführung

---

(Hg.): Vatikan und Pius-Brüder. Anatomie einer Krise, Freiburg i.Br. ^{2}2009, S. 17–29, hier: S. 25ff.

756 Ebd., S. 19.

757 Zum Wortlaut des Schreibens s. den Abdruck des vollständigen Textes bei Gerhards, Albert (Hg.): Ein Ritus – zwei Formen. Die Richtlinie Papst Benedikts XVI. zur Liturgie, Freiburg i.Br. 2008, S. 12–18.

758 S. Fn. 729. Die Wiederzulassung der tridentinischen Messe ist in der Öffentlichkeit heftig kritisiert und als Rückschritt gewertet worden. Die Rücknahme der Exkommunikation von „Bischof" Williamson wurde demnach von liberalen Katholiken wie auch Gläubigen anderer Konfessionen als ein weiterer Schritt auf dem Weg zurück vor das Konzil interpretiert.

759 Der Schweizer Fellay war wie Williamson einer der vier von Lefebvre 1988 geweihten und exkommunizierten Bischöfe gewesen.

760 Vgl. Ring-Eifel, Der Papst und die Traditionalisten, S. 24. Nach einer Privataudienz am 29.8.2005 äußerte sich der Vatikan zum scheinbar gegenseitigen Wunsch, „zu einer vollkommenen Gemeinschaft zu gelangen".

761 Ebd. Die Rücknahme der Exkommunikation als ein „Akt der Gnade", erstmals im Dezember 2008 anvisiert, habe in einem anderen Kontext gestanden als die Äußerungen Williamsons über den Holocaust, von denen der Vatikan zu diesem Zeitpunkt nichts gewusst haben will. Der SPIEGEL berichtete am 19.1.2009 über das schwedische Interview. Am 21.1.2009 erließ die Bischofskongregation das Dekret zur Rücknahme der Exkommunikation, was am 24.1.2009 durch ein Kommunique des Vatikans öffentlich gemacht wurde. Williamson hatte allerdings bereits 1989 während eines Aufenthaltes in Kanada den Holocaust als Erfindung der Juden bezeichnet.

vorkonziliarer Bestimmungen ist jedoch nicht beendet, die Bruderschaft führt zudem bis heute nicht legitimierte Priesterweihen durch.[762]

4.3 Kirche in der Krise? Katholische Kirche und Gesellschaftswandel

Neben den Veränderungen, welche die Beschlüsse des Zweiten Vatikanums mit sich brachten, spalteten gleichzeitige gesellschaftliche Umbrüche die Anhänger der katholischen Kirche in verschiedene Lager. Im Zuge der 68er-Bewegung wurde auch der so genannte „Protestkatholikentag" in Essen 1968 als Plattform für die Artikulation des Wunsches nach Demokratisierung und Mitgestaltung innerhalb der Kirche genutzt. Darüber hinaus sah sich Paul VI. im Hinblick auf die „sexuelle Revolution" zu einer Stellungnahme genötigt, die von der Mehrheit der Gläubigen, Priester und hochrangigen Würdenträger in Deutschland teils heftig kritisiert wurde.

4.3.1 Das Jahr 1968: Die Enzyklika „Humanae Vitae" und der Katholikentag in Essen

Mit der Enzyklika „Humanae Vitae": über die rechte Ordnung der Weitergabe menschlichen Lebens, vom 25. Juli 1968[763] reagierte Paul VI. auf die rasche weltweite Verbreitung der Antibabypille[764] und weitere gesellschaftlich einschneidende Erscheinungen der Moderne. In dem Schreiben nahm der Papst Bezug auf „den staunenswerten Fortschritt des Menschen in der Beherrschung der Naturkräfte", der sich „auf das soziale Leben und selbst auf die Gesetze, die die Weitergabe des Lebens regeln", erstrecken würde. Nach Ansicht des obersten kirchlichen Lehramts seien „liebende Vereinigung und Fortpflanzung" untrennbar miteinander verbunden, die Empfängnisverhütung mittels Kontrazeptiva zum Zwecke der Geburtenregelung, selbst im Hinblick auf die enorme Weltbevölkerungszunahme,

---

[762] Zu Ausrichtung und Wirken der Pius-Bruderschaft in der heutigen Zeit s. die Publikationen von Beinert, Wolfgang (Hg.): „Katholischer" Fundamentalismus. Häretische Gruppen in der Kirche? Regensburg 1991 und „Christentum und Fundamentalismus", Nettal 1992.

[763] S. den Text in deutscher Übersetzung u.a. bei Böckle, Franz/Holenstein, Carl (Hg.): Die Enzyklika in der Diskussion. Eine orientierende Dokumentation zu „Humanae Vitae", Zürich u.a. 1968, S. 9–25. Der dort veröffentlichten Übersetzung wurden die folgenden Zitierungen entnommen.

[764] Die Antibabypille war ein Jahr nach ihrer Zulassung in den USA (1961) erstmals in der Bundesrepublik, ab 1965 auch in der DDR erhältlich.

keine Option. Die „direkte, dauernde oder zeitlich begrenzte Sterilisierung" wurde in der Enzyklika im gleichen Maß verurteilt wie der Schwangerschaftsabbruch. Als Folgen der Methode der künstlichen Geburtenregelung müsse bedacht werden, „daß Männer, die sich an empfängnisverhütende Mittel gewöhnt haben, die Ehrfurcht vor der Frau verlieren" und sie „zum bloßen Werkzeug der Befriedigung erniedrigen". Zu den erwarteten kritischen Reaktionen auf die Enzyklika wurde festgestellt:

> „Es ist vorauszusehen, daß diese Lehre vielleicht nicht von allen mit leichtem Herzen aufgenommen wird. Es gibt zu viele Stimmen – sie werden durch die heutigen Propagandamittel noch vermehrt –, die im Widerstreit zur Stimme der Kirche stehen. [...] Sie [die Kirche] läßt sich aber dadurch in keiner Weise davon abbringen, mit Demut und Festigkeit das ganze Sittengesetz, sowohl das natürliche wie das des Evangeliums zu verkünden. [...] Alles, was bei den modernen sozialen Kommunikationsmitteln zur Überreizung der Sinne und zur Zügellosigkeit der Sitten führt, wie auch jede Form der Pornographie oder sittenloser Darbietungen müssen den offenen und einstimmigen Widerspruch all derer hervorrufen, die sich um den kulturellen Fortschritt und die Verteidigung der höchsten Güter menschlichen Geistes sorgen."[765]

Öffentliche Proteste, Unterschriftenaktionen und Demonstrationen waren die Folge, denn die Enzyklika wurde als Ausdruck einer autoritären Kirche gewertet, deren Oberhaupt – seit diesem Zeitpunkt häufig als „Pillen-Paul" verspottet – das Streben besonders von jungen Gläubigen und Priestern nach Mitgestaltung und Öffnung der Kirche ignorierte, was die nachkonziliare Krise noch verschärfte. Prominente bekennende und engagierte Katholiken wie die Schriftstellerin Luise Rinser wandten sich an die Bischöfe, um ihren Unmut über die „despotische Entscheidung einer verschwindenden Minderheit in der katholischen Kirche" zu äußern. In ihrem offenen Brief vom 1. August 1968 an Kardinal Döpfner, den damaligen Vorsitzenden der deutschen Bischofskonferenz, warf sie Paul VI. vor, den Geist des Konzils verraten zu haben, und bat Döpfner darum, „die Kampagne gegen eine unrealistische, eine lebensferne und lebensfeindliche Entscheidung, durch die das Amt des Papstes und die gesamte Kirche vor den Augen der Welt sinnlos und unbegründet disqualifiziert werden"[766], zu führen. Die Deutsche Bischofskonferenz nahm schließlich

---

[765] Böckle/Holenstein, Die Enzyklika in der Diskussion, S. 19f.

[766] S. den Abdruck des Briefes in Oertel, Ferdinand (Hg.): Erstes Echo auf Humanae Vitae. Dokumentation wichtiger Stellungnahmen zur umstrittenen Enzyklika über die Geburtenkontrolle, Essen 1968, S. 44–47. Der „Verrat" am Geist des Konzils bezog sich hier auf den Grundsatz der Kollegialität des Papstes mit den Bischöfen, die nicht in den Entscheidungsprozess miteinbezogen worden waren. Das habe nach Ansicht Rinsers in besonderem Maße Döpfner treffen müssen, da dessen

Stellung, indem sie am 30. August 1968 die „Königsteiner Erklärung“ veröffentlichte: Dem Anliegen von „Humanae vitae“ wurde nicht offen widersprochen, jedoch gestanden die deutschen Bischöfe jedem einzelnen Gläubigen zu, frei zu entscheiden, ob bzw. inwieweit er die Auflagen der Enzyklika befolgte, immer vorausgesetzt, dass jedwede Entscheidung respektiert werden müsse. Das päpstliche Schreiben wurde somit als „nur relativ verbindlich“ deklariert[767]:

> „Wer glaubt, in seiner privaten Theorie und Praxis von einer nicht unfehlbaren Lehre des kirchlichen Amtes abweichen zu dürfen – ein solcher Fall ist grundsätzlich denkbar –, muß sich nüchtern und selbstkritisch in seinem Gewissen fragen, ob er dies vor Gott verantworten kann.“[768]

Die Bischofskonferenz zeigte Verständnis für das „zwiespältige Echo“, das die Enzyklika hervorgerufen hatte und das stets „im Zusammenhang mit der Glaubenssituation vieler Christen, mit der großen Sensibilität des heutigen Menschen in Fragen der Autorität, mit dem vielfach bestehenden Verdacht auf eine im Vergleich zum Konzil rückläufige Bewegung in der Kirche gesehen“ werden müsse.[769] Am 22. September 1968 nahm die Österreichische Bischofskonferenz in Form der so genannten „Mariatroster Erklärung“[770] ebenfalls Stellung.[771] Das kirchliche Ansehen litt aber

---

progressive Haltung zur Geburtenkontrolle öffentlich bekannt war. Bei Oertel abgedruckt finden sich auch kritische Stellungnahmen von Theologen und Wissenschaftlern (u.a. Küng und Rahner), Publizisten (u.a. Walter Dirks), Institutionen, Verbänden und kirchlicher Presse.

767 Vgl. Schatz, Klaus: Zwischen Säkularisation und Zweitem Vatikanum. Der Weg des deutschen Katholizismus im 19. und 20. Jahrhundert, Frankfurt a.M. 1986, S. 323f. Kardinal Döpfner legte Paul VI. später mündlich dar, dass es sich bei dem vermittelnden Charakter der Erklärung auch um den Versuch gehandelt habe, die päpstliche Autorität zu retten.

768 S. Königsteiner Erklärung. Worte der deutschen Bischöfe zur seelsorgerlichen Lage nach dem Erscheinen der Enzyklika Humanae Vitae vom 30. August 1968, in: Dokumente der Deutschen Bischofskonferenz, Bd. 1 (1965–1968), S. 465–471. Über die Verbindlichkeit der Enzyklika für den Episkopat vgl. auch eine entsprechende Stellungnahme Prof. Dr. Karl Rahners in der Welt vom 26.8.1968 mit dem Titel „Die Papst-Erklärung – kein ‚letztes Wort‘“.

769 Ebd. Die Bischöfe äußerten ihre Befürchtung, dass die Diskussion um „Humanae Vitae“ dazu führen könnte, dass „die im Sinne des II. Vatikanischen Konzils vielerorts wachsende Bereitschaft zur kirchlichen Mitverantwortung und die Bildung eines selbständigen Gewissens Schaden litten“. Zu internen Schreiben an ihre Diözesanpriester s. Schreiben u.a. der Bischöfe von Aachen und Passau bei Sartory, Thomas und Gertrude: Strukturkrise einer Kirche: Vor und nach der Enzyklika „Humanae Vitae“, München 1969, S. 142f.

770 Abgedruckt u.a. im Verordnungsblatt der Diözese Innsbruck, Nr. 9, 1.10.1968, S. 32–34.

trotz dieser Vermittlungsversuche unter der massiven öffentlichen Kritik, was in Verbindung mit den Forderungen der Studentenrevolten die Bildung von Protestorganen und -gruppen wie „Publik-Forum“[772], „Kirche von unten“[773] oder „Wir sind Kirche“[774] beschleunigte.[775]

Im gleichen Jahr fand vom 4. bis 8. September in Essen der 82. Deutsche Katholikentag statt, auf dem Vertreter des „Aktionszentrums Kritischer Katholizismus“[776] zu Beginn einer Podiumsdiskussion zur „Pillenenzyklika“ mittels Spruchbändern und Parolen wie „Sündig statt mündig“, „Gehorsam und neurotisch“ oder „Sich beugen und zeugen“ die Diskussionsleiter zu provozieren versuchten. Dem später veröffentlichten Bericht über das entsprechende Forumsgespräch war zu entnehmen, dass zunächst „die Frage nach dem verpflichtenden Charakter des Rundschreibens, nach der Möglichkeit einer fehlbaren Autorität, nach der zureichenden logischen und sachlichen Begründung der päpstlichen Auffassung und dem Verhältnis des päpstlichen Lehramtes zu dem derjenigen der Bischöfe“[777] im Vordergrund standen. Da weitgehende Einigkeit zwischen Diskussionsleitern und -teilnehmern darüber herrschte, dass Empfängnis-

---

[771] Zu Gemeinsamkeiten und Unterschieden der bischöflichen Erklärungen vgl. Günthör, Anselm: Die Bischöfe für oder gegen „Humanae Vitae“? Die Erklärungen der Bischofskonferenzen zur Enzyklika (= Schriften zur Seelsorge und Lebensordnung der katholischen Kirche, Bd. 8), Freiburg i.Br. 1970.

[772] S. Kap. 3.3.1.

[773] Seit ihrer Gründung 1980 auf dem Kirchentag in Berlin setzt sich die „Initiative Kirche von unten“ für Reformen innerhalb der katholischen Kirche ein. Der ökumenischen Initiative gehören laut http://www.ikvu.de/ vom 16.5.2011 aktuell 38 Gruppen und Arbeitskreise an.

[774] 1995 aus dem österreichischen „Kirchenvolksbegehren“, einer Reformen fordernden Unterschriftenaktion, hervorgegangen, fordert diese „KirchenVolksBewegung“ eine radikale Modernisierung der katholischen Kirche (u.a. Abschaffung des Zölibats, Zulassung von weiblichen Priestern.). Anlässlich des 40. Jahrestages von „Humanae Vitae“ veröffentlichte „Wir sind Kirche“ am 16.7.2008 eine kritische Stellungnahme (http://www.wir-sind-kirche.de/, 11.5.2011).

[775] Vgl. hierzu auch Küng, Hans: Umstrittene Wahrheit. Erinnerungen, München 2007, S. 83ff.

[776] Das „Aktionszentrum“, in Anlehnung an die Außerparlamentarische Opposition auch KAPO genannt, vereinigte Vertreter verschiedener studentischer Gruppierungen und umfasste ca. 200 dauerhaft engagierte Personen. Vgl. hierzu Seeber, David Andreas (Hg.): Katholikentag im Widerspruch. Ein Bericht über den 82. Katholikentag in Essen, Freiburg i.Br. 1968, S. 150f.

[777] S. Mitten in dieser Welt. 82. Deutscher Katholikentag vom 4. September bis 8. September 1968 in Essen, hg. vom Zentralkomitee der Deutschen Katholiken, Paderborn 1968, S. 281. In diesem Zusammenhang wurde auf die konträre Einstellung der Bischöfe im Gegensatz zur päpstlichen Auffassung hingewiesen.

verhütung nicht „sittliche Erlaubtheit, sondern echtes Bemühen auf Liebe und Partnerschaft hin“ voraussetze, hieß es in der gemeinsam verfassten Resolution an Papst und Bischöfe:

> „Die Teilnehmer [...] sind zu der Überzeugung gekommen, daß sie der Forderung nach Gehorsam gegenüber der Entscheidung des Papstes in Fragen der Methoden der Empfängnisregelung nach Einsicht und Gewissen nicht folgen können. Sie halten es für unumgänglich, dass eine grundsätzliche Revision der päpstlichen Lehre in diesem Punkt stattfindet. Wenn das päpstliche Lehramt das tut, braucht es nicht um das Ansehen seiner Autorität zu bangen. Hierdurch kann das Lehramt und die ganze Kirche in unserer Zeit nur glaubwürdiger werden.“[778]

Ein Podiumsteilnehmer, der Freiburger Moraltheologe Professor Dr. Johannes Gründel, fasste abschließend zusammen, dass die Kritik an der Enzyklika „Humanae Vitae“ als „Zeichen der Bewusstseinsbildung“ der Gläubigen zu werten sei, das die katholische Kirche vor neue Herausforderungen stelle. Die Aussagen des höchsten Lehramtes liefen somit den zeitgemäßen Ansichten der in Essen versammelten Mehrheit der Gläubigen über Partnerschaft und geschlechtliche Liebe zuwider.[779] Der Essener Gesprächsleiter fügte hinzu, dass man sich zwar mit dem Papst verbunden fühle hinsichtlich seiner „Sorge um ein rechtes Verständnis der Ehe“, derartige Entscheidungen dürften jedoch nicht ohne Mitwirkung von Ehepaaren getroffen werden.[780] Der Bischofskonferenz wurde ausdrücklich für die „Königsteiner Erklärung“ gedankt und die Hoffnung auf eine künftige, im beidseitigen Dialog geführte Diskussion zum Ausdruck gebracht:

> „Wir wenden uns aber mit Entschiedenheit gegen die gouvernantenhafte Bevormundung eines Osservatore Romano, der fachkundige, gläubige und erwachsene Christen in die Rolle stummer Befehlsempfänger zu drängen versucht.“[781]

---

[778] S. Seeber, Katholikentag im Widerspruch, S. 79f. Die Resolution war mit überwiegender Mehrheit von den 3.000 Teilnehmern des „Ehe-Forums“ bei 90 Gegenstimmen und 58 Enthaltungen angenommen worden.

[779] Vgl. Mitten in dieser Welt, S. 284.

[780] S. Großbölting, Thomas: „Als Laien fragen lernten. Neue Formen institutioneller Öffentlichkeit im Katholizismus und der Arbeiterbewegung der sechziger Jahre“, in: Frese, Matthias et al. (Hg.): Demokratisierung und gesellschaftlicher Aufbruch. Die sechziger Jahre als Wendezeit der Republik, Paderborn 2003, S. 147–179, hier: S. 153.

[781] Mitten in dieser Welt, S. 285.

Es handelte sich nicht allein um eine inhaltliche Ablehnung, in Fragen der Sexualität wurde dem Papst ohnehin fehlende „Sachkompetenz“ vorgeworfen. Kritisiert wurde auch nachdrücklich der alle zeitgemäßen Informationsstrukturen ignorierende, autoritäre „Kommunikations -und Entscheidungsprozeß“[782]. „Humanae Vitae“ hatte vor allem deshalb großes Aufsehen erregt, da die betroffene Generation junger gläubiger Katholiken sich überwiegend mit der Modernität der Reformen des Konzils identifizierte und aufgrund der zeitgleichen Studentenbewegung ermutigt fühlte, ihren Protest auch öffentlich zu diskutieren:

> „Es war aber fast unvermeidlich, daß der vom Konzil eröffnete größere Freiheitsraum, die ökumenische Offenheit, der offizielle oder doch faktische Abbau fester Verhaltensnormen und starrer Glaubensvorstellungen unbewußt im Sinne dieser Denk- und Lebensformen der liberalen Gesellschaft [der Konsumhaltung der Wohlstandsgesellschaft, d. Verf.] aufgenommen wurden.“[783]

Bereits zu Beginn des Katholikentages hatten Anhänger des „Kritischen Katholizismus“ den Essener Bischof mit Zwischenrufen wie „Hengsbach[784] wir kommen, wir sind die linken Frommen“ während seines Grußwortes unterbrochen.[785] Die katholische Jugend und Vertreter des Linkskatholizismus waren in Essen angetreten, um ihr Recht auf Mitwirkung und eine Anpassung an ihre Lebenswelt einzufordern. Dies wurde auch durch das Leitwort des Katholikentages: „Mitten in dieser Welt“, antizipiert. Die Organisatoren des Kirchentages hatten sich zum Ziel gesetzt, „die Sprachfähigkeit und Mündigkeit eines deutschen Katholizismus“ zu erreichen, „der mit dem Konzil Ernst machen wolle.“[786] Tho-

---

[782] S. die Studie von Hoffmann, Johannes: Praktizierende Katholiken zwischen Kirche und Gesellschaft. Ein Beitrag zu Problemen der Moralverkündigung, Düsseldorf 1973, S. 48. Hoffmann hatte deutsche Pressestimmen zu „Humanae Vitae“ analysiert und Erhebungen in zwei Pfarrgemeinden zur Wirkung kirchlicher Moralverkündigungen auf die Gesellschaft durchgeführt.

[783] Vgl. Schatz, Zwischen Säkularisation und Zweitem Vatikanum, S. 320f. Schatz spricht hier von der „radikalen Forderung nach innerkirchlicher ‚Demokratisierung‘“ und der „negativen Besetzung von allem, was mit Autorität, Ordnung, Tradition und Gesetz zu tun hat“. Humanae Vitae erschien als Versuch, auf autoritäre Weise direkt in das Leben bzw. die Lebensplanung des Einzelnen einzugreifen.

[784] Bischof Franz Hengsbach von Essen (1910–1991), 1988 zum Kardinal ernannt.

[785] S. Großbölting, Als Laien fragen lernten, S. 153.

[786] S. Grossmann, Thomas: Zwischen Kirche und Gesellschaft. Das Zentralkomitee der deutschen Katholiken 1945–1970 (= Veröffentlichung der Kommission für Zeitgeschichte, Bd. 56), Mainz 1991, S. 213. Unmittelbar nach dem vorherigen Katholikentag in Bamberg (1966) war dieses Ziel verbalisiert worden. Zur Ausrichtung des Essener Katholikentages vgl. auch Grenner, Karl Heinz: Katholikentage im Ruhrgebiet. Ein Blick zurück und auf die Gegenwart, Essen 1968.

mas Grossmann interpretiert das Motto in seiner Studie über die postkonziliare Phase als Ausdruck eines „neuen katholischen Selbstverständnisses auf der Basis konziliarer Errungenschaften“, das einerseits den „Willen zur Präsenz katholischer Laien in der modernen Gesellschaft signalisierte“, andererseits eine gleichzeitige „Herausforderung an die Gesellschaft bedeutete, den postkonziliaren Katholizismus als relevanten Faktor neu zur Kenntnis zu nehmen“[787]. Der Versuch linkskatholischer Studentengruppen wie der „KAPO“, eine ähnliche Breitenwirkung zu entfalten, wie es der APO gelang, musste zwangsläufig aufgrund der Konzentration auf kirchliche Themen scheitern. Die Anhänger des „Kritischen Katholizismus“ forderten in Essen unter anderem den Abbau autoritärer Strukturen in der Kirche oder mahnten deren gesellschaftskritische Funktion an. Der Großteil der überwiegend jungen Katholikentagsteilnehmer allerdings nutzte die Zusammenkunft, um – sicherlich beeinflusst durch die 68-Bewegung – ihrem Protest öffentlich Ausdruck zu verleihen, ohne dabei ein politisches oder gesellschaftliches Programm zu verfolgen.[788]

„Essen war anders.“[789] Den unter ständiger medialer Beobachtung stehenden Kirchentag von 1968 bewertete der Essener Bischof abschließend als „jung, offen, bewegt hoffnungsvoll und kritisch“.[790] Hatte man zwar, um weiteren Aufruhr zu vermeiden, auf das öffentliche Abspielen einer Tonbandansprache Pauls VI. verzichtet, woraufhin Kardinal Döpfner lediglich eine gekürzte Version vortrug[791], bilanzierte der Präsident des Zentralkomitees der Deutschen Katholiken, Dr. Bernhard Vogel, am 29. September:

> „Essen hat im Jahr der Proteste, der Demonstrationen und der Kritik an den gesellschaftlichen Einrichtungen erwiesen, daß die Kirche in Deutschland mitten in ihrer Gesellschaft steht. Essen hat

---

[787] Grossmann, Zwischen Kirche und Gesellschaft, S. 210. Zum Zusammenhang zwischen den Reformen des Konzils und den Protesten gegen „Humanae Vitae“ s. auch: „Postkonziliare Hintergründe einer Enzyklika“, in: Herder-Korrespondenz 22 (1968), S. 525–536.

[788] Vgl. Seeber, Katholikentag im Widerspruch, S. 155ff.

[789] S. Franz-Maria Elsner in: Mitten in dieser Welt, S. 15.

[790] Grossmann führt 2.538 Pressebeiträge, 63 Rundfunksendungen und 17 Stunden Fernsehberichterstattung an (S. 212). Zum Tenor der medialen Berichterstattung vgl. auch Großbölting, Als Laien fragen lernten, S. 152f.

[791] Vgl. Spotts, Frederic: Kirchen und Politik in Deutschland, Stuttgart 1976, S. 34. Bischof Hengsbach und der päpstliche Nuntius hatten sich zuvor geweigert, die Ansprache zu verlesen. Waren die deutschen Katholiken Spotts zufolge einst „die gehorsamste Herde der Welt gewesen“, hatten sie mit dem Essener Katholikentag die Holländer als „aufsässigste“ Fraktion abgelöst.

deutlich gemacht, daß der Vergesellschaftungsprozeß in die Kirche eingegangen und in der Publikumsmischung sichtbar geworden ist."[792]

Die Studentenproteste des Jahres 1968 wie auch der Essener Katholikentag bestärkten die Anhänger eines progressiven Katholizismus, die Reformen des Konzils im Sinne der Öffnung und Demokratisierung der Kirche weiter voranzutreiben – auch gegen den vermeintlich starren konservativ-autoritären Kurs Pauls VI. Das ultrakonservativ-traditionalistische Lager wiederum bewertete diese Ereignisse als weitere Stationen auf dem Weg hin zu einer Kirchen- und Glaubenskrise, die durch das Zweite Vatikanum eingeleitet worden war.

4.3.2 Die Würzburger Synode (1971–1975)

Die Impulse des Essener Kirchentages aufnehmend beschloss die Deutsche Bischofskonferenz im Februar 1969 die Einberufung der „Gemeinsamen Synode der Bistümer in der Bundesrepublik Deutschland", später allgemein als „Würzburger Synode" bekannt.[793] Während ihrer acht Sitzungsperioden zwischen dem 3. Januar 1971 und dem 23. November 1975 traten 312 Delegierte und 140 Laien zusammen, die versuchten, die Reformen des Konzils umzusetzen und auf den deutschen Katholizismus „anzuwenden"[794]:

> „Wir wollten also für unsere deutschen Verhältnisse übersetzen, wofür das Konzil Bewußtsein geweckt und Voraussetzungen geschaffen hatte, nämlich für die Frage: Wie kann die Kirche in die-

---

792 S. Mitten in dieser Welt, S. 19. In einem FAZ-Artikel zum Ende des Katholikentages wurde konstatiert, dass „die Überwindung selbstauferlegter Grenzen des deutschen Katholizismus in gesellschaftlicher und politischer Hinsicht um ein entscheidendes Stück vorangekommen ist".

793 Dem Wortsinn nach meint „Synode" (gr.) allgemein Versammlung, der Begriff wird oft als Synonym zu „Konzil" (lat.) verwendet. Synoden entsprechen amtlichen Kirchenversammlungen, die auf diözesaner Ebene in der Regel alle zehn Jahre abgehalten werden. Seit dem Zweiten Vatikanum war es auch Laien erlaubt, an solchen „Regionalkonzilen" teilzunehmen. Vgl. die Definition im Anhang von Plate, Manfred: Das deutsche Konzil. Die Würzburger Synode. Bericht und Deutung, Freiburg i.Br. u.a. 1975 sowie den Artikel von Herrmann Josef Sieben LThK, Bd. 6, Freiburg u.a. 1997.

794 Auf dem Bamberger Katholikentag 1966 war bereits von einer notwendigen „Eindeutschung" die Rede gewesen.

ser neuen Weltphase ihren Heilsauftrag an der Menschheit und ihren Heilsdienst am Menschen besser erfüllen?"[795]

Auf einer Tagung der vorbereitenden Arbeitsgemeinschaft vom 6. bis 8. November 1970 in Frankfurt zur Entwicklung von Themenvorschlägen behandelten 118 Delegierte u.a. Fragen der Ökumene, die Stellung von Geschiedenen und Wiederverheirateten, Kinder- und Erwachsenentaufe, den Zölibat, den Religionsunterricht, die Gleichberechtigung von Frauen in der Kirche und kirchlichen Ämtern sowie die Stellung der Laien.[796] Zehn ebenfalls dort anwesende Synodalen nutzten die Zusammenkunft, um sich über die durchaus hart erkämpften Ergebnisse zu informieren und vorbereitende Absprachen im Hinblick auf die kommende Synode zu treffen. Am Ende des Kongresses schließlich wurde eine Kommission bestimmt, die sich mit der Geschäftsordnung und der Koordination der regionalen Arbeitsgruppen befassen sollte.[797]

Um bereits im Vorfeld möglichst viele Gläubige mit einzubeziehen und dem Wunsch nach aktiver Partizipation nachzukommen, wurde in den Jahren 1970/71 eine repräsentative Befragungsaktion hinsichtlich der Situation von Glaube und Kirche durchgeführt, welche sich als die bis dahin größte religionssoziologische Erhebung herausstellen sollte. Der Rücklauf der beantworteten Fragebögen belief sich bei 21 Millionen verteilten Bögen auf ca. 4,4 Millionen.[798] Die Bischofskonferenz hatte sich durch Mitarbeiter des Allensbacher Instituts beraten lassen, welche die Untersuchung in allen Stadien mitbetreuten. Nach außen sollte somit ein

---

795 So Kardinal Döpfner in der Einleitung zu seinem Abschlussbericht: Verlauf, Leitlinien und Impulse der Gemeinsamen Synode der Bistümer in der Bundesrepublik Deutschland 1971–1975, hg. von der Deutschen Bischofskonferenz, Bonn 1975.

796 S. Wolfgang Weiß: „Die Würzburger Synode – Ende statt Anfang?", in: Rottenburger Jahrbuch für Kirchengeschichte, Bd. 26 (2007), S. 93–106, hier: S. 97. Weiß verweist in diesem Zusammenhang auf den noch im gleichen Jahr erschienenen Tagungsband mit dem Titel: In Sachen Synode. Vorschläge und Argumente des Vorbereitungskongresses, hg. von Greinacher, Norbert et al., Düsseldorf 1970. Der so genannten „Arbeitsgemeinschaft Synode" gehörten neben 31 Gruppierungen der katholischen Kirche namhafte Theologen wie z.B. Adolf Exeler, Peter Hünermann, Walter Kasper, Hans Küng und Rudolf Pesch an.

797 Ebd. S. 10f. Auf dem Kongress wurde weiterhin die Einrichtung eines permanenten Koordinations- und Synodenbüros beschlossen.

798 Vgl. Kronenberg, Friedrich: „Die Würzburger Synode. Ein Zeitzeuge berichtet über seine Erinnerungen und reflektiert seine Erfahrungen", in: Würzburger Diözesangeschichtsblätter, Bd. 68 (2006), S. 11–30, hier: S. 24f. S. auch Plate, Das deutsche Konzil, S.18 sowie die Artikel 112–118 zur Synode, in: Altgeld, Wolfgang/Merz, Johannes/Weiß, Wolfgang (Hg.): Josef Stangl 1907–1979. Bischof von Würzburg. Lebensstationen in Dokumenten (= Katalog zur Ausstellung „Hirtenamt und Gesellschaft: Josef Stangl, Bischof von Würzburg 1957–1979"), Würzburg 2007, S. 307–318.

größeres Vertrauen in diese Art der demoskopischen Erhebung zu Fragen der Religion und die letztendlichen Resultate geweckt werden, wie es Benjamin Ziemann erläutert:

> „Gerade bei einem kontroversen und hochgradig mit politischen Partizipationsforderungen aufgeladenen Thema wie der Synode bestand ein wesentlicher Effekt der Tätigkeit von ‚Experten' darin, die Folgen der Politisierung durch die wissenschaftliche Arbeit an der Objektivierung des Gegenstands zu mildern und die in der Öffentlichkeit hohen Erwartungen zu kontrollieren."[799]

Öffentliche Kritik an der Befragung mussten dann auch Würdenträger der Amtskirche wie der Bischof von Münster, Heinrich Tenhumberg[800], über sich ergehen lassen: Mitglieder des Diözesankomitees Münster bezeichneten diese neue Art der Synodenvorbereitung als „klandestin" und „wenig dialogbereit", da die Umfrage es versäumt habe, die tatsächlichen Probleme einer modernen Kirche zu thematisieren und vielmehr dazu beitrage, diese durch eine „Pseudopartizipation" zu verschleiern.[801] Der Glaube an eine tatsächliche Mitwirkung aller an der Würzburger Synode, also der Umsetzung der Reformen des Konzils im westdeutschen Raum, war durch die Art der Präsentation der Fragebogenaktion mehr als gedämpft worden.

„Ohne Synoden stirbt das Konzil".[802] Diese häufig zitierte Aussage des Züricher Jesuiten Ludwig Kaufmann[803] verdeutlicht die Tatsache, dass die Einberufung der Synode nicht allein als Zugeständnis an Forderungen von Gruppierungen wie der des „Kritischen Katholizismus" bzw. „katho-

---

[799] Ziemann, Benjamin: „Öffentlichkeit in der Kirche. Medien und Partizipation in der katholischen Kirche der Bundesrepublik 1965–1972", in: Bösch, Frank/Frei, Norbert (Hg.): Medialisierung und Demokratie im 20. Jahrhundert, Göttingen 2006, S. 179–206, hier: S. 190. Ziemann bezeichnet die Präsentation der Umfrage in der Bistumspresse bzw. durch entsprechende kirchliche Verlautbarungen als „unterkühlt und technokratisch".

[800] Heinrich Tenhumberg (1915–1979), Nachfolger Kardinal Höffners als Bischof von Münster 1969–1979, hatte selbst am Konzil teilgenommen.

[801] S. Ziemann, Öffentlichkeit in der Kirche, S. 190f. Der Bischof von Münster unterband weitere kritische Äußerungen in seiner Diözese durch den Verweis auf das Urteil der beratenden Experten, denen man keine „Verschleierungstaktik" unterstellen könne.

[802] S. u.a. Plate, Das deutsche Konzil, S. 49.

[803] Kaufmann war Chefredakteur der in Zürich durch die Jesuiten herausgegebenen Zeitschrift „Orientierung. Katholische Blätter für weltanschauliche Information", die zwischen 1936 und 2009 zweimal monatlich erschien. Kaufmann hatte nicht nur über die Synode, sondern auch bereits über das Konzil (ab der zweiten Sitzungsperiode) berichtet.

lisch-kirchlicher Achtundsechziger" abgetan werden durfte.[804] Es herrschte im Vorfeld allerdings eine „ambivalente Grundstimmung":

> „Erwarteten die eher Konservativen oder Vorsichtigen die kirchliche Aufbruchstimmung nach dem Konzil durch die Synode in den Griff zu bekommen, sie kanalisieren und eindämmen zu können, so erwarteten die eher Progressiven, es würde nun ein anhaltender Reformprozess beginnen, an dessen Ende eine veränderte Kirche mit neuen Strukturen [...] steht."[805]

Die Kommissionen, die während der acht Sitzungsperioden tagten, behandelten neben der Umsetzung des ökumenischen Gedankens und den praktischen Auswirkungen der Liturgiereform auf den Gottesdienst auch das Problem des Laienapostolats[806]. Eine Auflistung bzw. Inhaltsangabe sämtlicher in Würzburg erarbeiteter Dokumente und der insgesamt 18 Synodenbeschlüsse würde an dieser Stelle den Rahmen sprengen[807], sie prägten jedoch nachhaltig die Religionspädagogik, den Gottesdienst, die Jugendarbeit, den pastoralen Dienst etc. – also alle „religionspraktischen" Bereiche. Der Erfolg der Würzburger Synode war aber vor allem daran abzulesen, dass sie den notwendigen Kommunikationsraum geschaffen hatte, der es den Teilnehmern – trotz oder gerade wegen ihrer unterschiedlichen Erwartungshaltungen – ermöglichte, im direkten Dialog „miteinander um das Gemeinsame zu ringen und es in der verbindlichen Formulierung öffentlich zu bezeugen"[808], auch wenn nicht alle Beschlüsse von Dauer waren oder nachträglich modifiziert wurden.

Am 23. November 1975 fasste Kardinal Döpfner in seiner Schlussansprache die für ihn essentiellen, zukunftsweisenden Erfahrungen der Synode zusammen: „Aufeinander zugehen, miteinander reden und gemein-

---

804 S. Kronenberg, Die Würzburger Synode, S. 22. Mit der Formulierung „katholisch-kirchliche Achtundsechziger" zitierte Kronenberg Heinz-Joachim Fischer in einem Artikel der FAZ vom 19.8.2005.

805 S. Weiß, Die Würzburger Synode, S. 93.

806 Das Dokument „Apostolicam Actuositatem" vom 18.11.1965, im Verlauf des Zweiten Vatikanischen Konzils erlassen, gestand den Laien einen aktiven Anteil an der Sendung der Kirche zu. Der Originaltext wie auch die autorisierte deutsche Übersetzung sind u.a. abgedruckt bei Klostermann, Ferdinand (Hg.): Dekret über das Apostolat der Laien. Lateinisch und Deutsch, Münster 1967.

807 Verwiesen sei an dieser Stelle auf Bertsch, Ludwig et. al. (Hg.): Gemeinsame Synode der Bistümer in der Bundesrepublik Deutschland: Offizielle Gesamtausgabe, 2 Bde., Freiburg i.Br. u.a. 1976–1977.

808 S. Lehmann, Karl: „Der doppelte Aufbruch – und was nun? Standortbestimmung 30 Jahre nach dem Vaticanum II und 20 Jahre nach der Gemeinsamen Synode", in: Käuflein, Albert/Licht, Tobias (Hg.): Wo steht die Kirche? Orientierung am Zweiten Vatikanischen Konzil und an der Gemeinsamen Synode (Karlsruher Beiträge zu Theologie und Gesellschaft, Bd. 1), Karlsruhe 1998, S. 15–28, hier: S. 26.

sam sprechen, den Geist Jesu Christ bezeugen und daraus handeln". Als mindestens ebenso zukunftsweisend erwies sich darüber hinaus das Leitwort der letzten Vollversammlung: „Die Synode endet, die Synode beginnt", der notwendige Prozess kirchlicher Erneuerung dürfe nie zum Stillstand kommen.[809] Die Umsetzung der Synodenbeschlüsse war in der Folgezeit aber schon auch deshalb problematisch, da sie die Gemeinden, die „Basis", nicht erreichten. Ein möglicher Grund mochte das fehlende „Neuheitserlebnis" sein im Vergleich zu den einschneidenden Veränderungen des fünf Jahre zurückliegenden Konzils, wie es Klaus Schatz darlegt. Das Fehlen einer Erneuerungsbewegung „von unten" wiederum war dem Umstand geschuldet, dass die Synodalreformen sämtlich „von oben" beschlossen worden waren.[810]

Gegner der Synode wie auch des Konzils konnten einen spirituellen Fluchtpunkt in konservativ-katholischen und traditionalistischen Kreisen finden. Das nahe und engste soziale Umfeld der Anneliese Michel war durch die genannten Entwicklungen der späten 1960er und frühen 1970er Jahre derart geprägt, dass eine eigenständige Umorientierung der jungen Frau außerhalb ihrer Sozialisationskreise von San Damiano-Anhängern und Lefebvre-Befürwortern nicht mehr realisierbar war. Bei Anneliese führte die sowohl durch das Elternhaus als auch durch das weitere Umfeld (z.B. im Kontext der Wallfahrten) vermittelte Abneigung gegen die konziliaren Reformen dazu, dass sie es während ihres Studiums ablehnte, an den „modernen" Gottesdiensten in der Kapelle ihres Wohnheims teilzunehmen und es vorzog, die benachbarte Kirche Unsere Liebe Frau oder das Neumünster zu besuchen, aus denen die Kommunionbänke nicht entfernt worden waren.[811] Kommilitoninnen gegenüber äußerte sie sich eindeutig negativ über die Handkommunion, die sie als „unwürdig" ansah.[812] Allein das Umfeld bestimmte die Ausrichtung der Ereignisse und den „Öffentlichkeitsraum", in dem „Dämonen" angebliche Wahrheiten über den teuflischen Ursprung einer Anpassung des Katholizismus an die moderne Gesellschaft durch Reformen verkündeten – und das nicht erst

809 S. Kronenberg, Die Würzburger Synode, S. 30.

810 S. Schatz, Zwischen Säkularisation und Zweitem Vatikanum, S. 325. Auf der Würzburger Synode hätten keine Mauern mehr eingerissen werden können, die Reformen des Konzils hätten überdies zu einem Verdruss an langen programmatischen Texten geführt.

811 Vgl. u.a. entsprechende Äußerungen des Wohnheimleiters, DAW Exorzismus Klingenberg 001, Handakt des Generalvikars 1976–1982, Gedächtnisniederschrift 5.10.1976.

812 Vgl. die entsprechende Zeugenaussage im Staatsarchiv Würzburg, Akten Kriminalpolizeiinspektion Aschaffenburg 1, C, Zeugen, Bl. 16–18 (27.7.1976). Anneliese sprach im Zusammenhang mit diesen Entwicklungen auch vom nahenden jüngsten Gericht.

ab dem Zeitpunkt, zu dem Anneliese aufgrund ihres Geisteszustandes dazu selbst nicht mehr in der Lage war. Aufgrund der offenkundigen Verbindung zwischen dem Exorzisten Renz und dem Lefebvreismus kann diesem ein frühzeitiges Interesse unterstellt werden, die „dämonischen Aussagen“ zunächst im exklusiven Rahmen im Hinterzimmer der Familie Michel, dann in weiteren, konservativen Kreisen mittels Verkauf der Tonbandaufnahmen, in Umlauf zu bringen bzw. den Bedarf einer bestimmten Klientel zu decken. Die kommerzielle Vermarktung der „Besessenheit“ der Anneliese Michel, die Publikationen über ihr „Martyrium“ kursierten aber zum größten Teil in nicht-öffentlichen Kreisen oder: anders gesehen, in einer abgeschotteten Suböffentlichkeit, die den vorkonziliaren Katholizismus bewahren und die Moderne dauerhaft aussperren wollte.

5 Darstellungen zum Thema „Exorzismus“: Vorgeschichten und Publikationen zum „Fall Anneliese Michel“

5.1 Theologische Darstellungen

Ein Großteil der Publikationen, die sich mit „Besessenheit“ und Exorzismus im Allgemeinen befassen, nähert sich dem Thema von theologischer Seite. Bezeichnen sich die Verfasser der „Standardwerke“ selbst als gegenwärtig oder vormals praktizierende Exorzisten und legen ihren Ansichten eigene Erfahrungswerte und Fallbeispiele zugrunde, steht in den Veröffentlichungen renommierter konservativer und liberaler Theologen die Frage nach der Realexistenz des Bösen in der modernen Gesellschaft als fachwissenschaftlicher Erklärungsansatz im Mittelpunkt.

5.1.1 Exorzistische „Basisliteratur“

Monsignore Corrado Balducci (1923–2008), praktizierender Exorzist in Rom, publizierte u.a. zu den Themen Teufel, Okkultismus und Besessenheit, aber auch zu vorderhand nichtreligiösen „Sachgebieten“ wie Astrologie und Ufologie[813]. Adolf Rodewyk, „Gutachter“ im „Fall Klingenberg“[814], nahm in seinem Buch „Die dämonische Besessenheit in der Sicht des Rituale Romanum“[815] explizit auf die Bedeutung der Werke Balduccis Bezug[816], von denen in Deutschland besonders das 1976 erschienene „Priester, Magier, Psychopathen. Grenze zwischen Wahn und Teufel“[817] großen Absatz fand. In dessen Vorwort wies Balducci auf die Komplexität

---

813 In der Internet-Ausgabe von „grenzwissenschaft-aktuell“ vom 26.9.2008 wurde Balducci als „enger Vertrauter Papst Johannes Pauls II.“ bezeichnet, der seine Ansicht über den dämonischen Einfluss der Rockmusik und die versteckten satanischen Botschaften im Heavy Metal geteilt habe. Die Erforschung von Begegnungen mit Außerirdischen hingegen unternahm Balducci nach eigener Aussage ohne die Unterstützung des Heiligen Stuhls. S. http://grenzwissenschaft-aktuell.de/, Ausgabe 9/2008 (11.7.11).

814 S. Kap. 1.1.2.

815 Rodewyk, Adolf: Die dämonische Besessenheit in der Sicht des Rituale Romanum, Aschaffenburg 1963. Zu Rodewyks Werk s. S. 181f.

816 Vgl. besonders Balduccis „Standardwerk“: Gli Indemoniati, Rom 1959.

817 Balducci, Corrado: Priester, Magier, Psychopathen. Grenze zwischen Wahn und Teufel, Aschaffenburg 1976 (italienische Erstausgabe 1974).

übersinnlicher und paranormaler Phänomene und die daraus resultierende Schwierigkeit hin, „echte“ Besessenheit von krankhaften psychischen Störungen zu unterscheiden. Ergänzend hierzu mahnte der katholische Religionspsychologe, Professor Dr. Andreas Resch, CSsR.[818], an gleicher Stelle zur Vorsicht:

> „Ein unklug angewandter Exorzismus kann nämlich eine psychisch gestörte Person in eine Rolle hineinzwängen, die den landläufigen Zügen des ‚Teufels‘ oder der ‚Besessenheit‘ gerecht wird. Da eine solche Rollenidentifikation bei derartigen Personen immer wieder festgestellt wird, muß bei der Anwendung des Exorzismus jedwede diesbezügliche Beeinflussung ausgeschaltet werden. Wo das auf Grund bestimmter Erwartungen von seiten der Umstehenden oder betreffenden Personen selbst nicht möglich ist, sollte der Exorzismus unter vollster Geheimhaltung für die betreffende Person und die Umstehenden vorgenommen werden.“[819]

Balducci unterscheidet bei der teuflischen Besessenheit zwischen „psychischen“ und „parapsychologischen Phänomenen“. Gerade im ersteren Fall wiesen Patienten Verhaltensmuster auf, „die an Geistesstörungen wie Persönlichkeitsspaltung erinnern“[820]. Die Besessenheit werde oft fälschlicherweise als „moralisches Übel“ angesehen, tatsächlich sei sie aber von „Gott gewollt“, z.B. „zur größeren Ehre Gottes“ oder „um die Wahrheit der katholischen Religion zu beweisen“, wobei es sich der Erfahrung Balduccis nach bei „Besessenen“ überwiegend um Frauen und Kinder handele, was wiederum in deren verhältnismäßig großer Emotionalität und Sensibilität begründet sei.[821] Nach einer ausführlichen allgemeinen Schilderung von Besessenheitssymptomen ging Balducci noch einmal gesondert auf die Erscheinungsform „Epilepsie und Besessenheit“ ein. Er merkte dabei an, dass „epileptische Äquivalente in ihren Symptomen den psychischen Phänomenen der Besessenheit sehr ähnlich“ und diese des-

---

818 Die Abkürzung steht für Angehörige der Kongregation des Heiligsten Erlösers (lat. Congregatio Sanctissimi Redemptoris), deren Angehörige auch als Redemptoristen bekannt sind.

819 S. das Vorwort von: Balducci, Priester, Magier, Psychopathen, S. 9f. Resch konstatierte weiterhin, dass „dieses Phänomen der sogenannten Rollenanpassung bei Exorzismen sehr häufig zu beobachten ist. Der angeblich Besessene werde durch den Exorzisten geradezu provoziert, gewisse Verhaltensformen an den Tag zu legen, die man in Zusammenhang mit Besessenheit bringt“. SPIEGEL-Artikel „Exorzismus: Wende am 1. Juli“ (32/1976), S. 61.

820 S. bei Balducci die Erläuterungen zu „psychischen Phänomenen (bzw. Phänomenen psychiatrischer Natur) der teuflischen Besessenheit“ (S. 97).

821 Ebd., S. 104ff.

halb schwer von ihnen zu unterscheiden seien[822]. Im Gegensatz zu anderen „einschlägigen" Autoren betonte Balducci wiederholt, wie gefährlich sich die falsche Diagnose eines Exorzisten auf das Befinden eines wirklich psychisch Kranken auswirken könne – denn in diesem Fall werde dazu beigetragen, „gerade den Zustand, den man heilen möchte, womöglich irreversibel zu verschlimmern"[823]. Und aus diesem Grund sei der Ansatz der Kirche, die Vollmacht zur Durchführung eines Exorzismus auf eine begrenzte Auswahl von Personen zu beschränken[824], unbedingt notwendig.

Die Publikationen Don Gabriele Amorths (*1925)[825], seit 1985 Exorzist der Diözese Rom und seit 1994 Ehrenpräsident der von ihm im Jahr zuvor mitbegründeten Internationalen Vereinigung der Exorzisten[826], sind zahlreich: Amorth blickt nach eigenen Aussagen auf über 70.000 selbst durchgeführte Exorzismen in 21 Jahren zurück.[827] In einer „unscheinba-

---

822 Ebd., S. 164ff. Im Vorwort zu „Priester, Magier, Psychopathen" kritisierte Balducci die „offizielle Wissenschaftsmacht" der Medizin, die dazu neige, im Falle von eigenem Versagen mit dem Finger auf Heilpraktiker, Wallfahrtsbewegungen, Exorzisten etc. zu zeigen, die nicht sofort die medizinischen Fehlbehandlungen zu beseitigen im Stande seien. Dennoch sei die Hinzuziehung eines Arztes erlaubt, jedoch erst dann, wenn der Exorzist selbst eine eindeutig Diagnose gestellt habe.

823 Ebd., S. 215.

824 Als Kriterien für die Eignung zum Exorzisten werden ein hoher Anspruch an Fähigkeiten, Lebenswandel und Besonnenheit genannt. Aufgrund eben dieser Kriterien hatte man sich im „Fall Anneliese Michel" auch für Pater Renz entschieden.

825 Seit Amorths Partisanenvergangenheit und Mitgliedschaft in der „Democrazia Cristiana" verbindet ihn eine Freundschaft mit dem ehemaligen italienischen Ministerpräsidenten Giulio Andreotti. S. hierzu u.a. ein Interview des SPIEGEL: „Auf Teufel komm raus" (2/2008), S. 68. Nach Jura-, Theologiestudium und Promotion (Dr. jur.) war der inzwischen zum Priester geweihte Amorth zunächst als Journalist für kirchliche Zeitschriften tätig, bevor er zum Exorzisten berufen wurde.

826 Die erste internationale Exorzistenkonferenz fand mit Billigung Papst Johannes Pauls II. 2004 in Mexiko statt. An einer Versammlung in Tschenstochau 2007 nahmen 330 Exorzisten aus 29 Staaten teil. Über die Homepage der „American Association of Exorcists" (www.americanexorcists.us) ist es möglich, nach Entrichtung einer Jahresgebühr von 5$ Mitglied zu werden und sich für ein „Zertifizierungstraining für Christen (Deliverance Certification Program)" einzuschreiben, um auf diese Weise als Exorzist oder im Befreiungsdienst „Karriere" zu machen. Die notwendigen 19 Kurse (zumeist Audiokassetten zu 20$) schließen mit einem Multiple-Choice-Test und müssen bei Nichtbestehen (weniger als „85%-Score") wiederholt werden. Die deutsche Sektion der Internationalen Exorzistenvereinigung hingegen besitzt keinen Internetauftritt.

827 S. das SPIEGEL-Interview (2/2008), in dem Amorth als „Klempner des Bösen" bezeichnet wird (S. 65). In einem weiteren Interview mit dem 2007 eingestellten schweizerischen Nachrichtenmagazin FACTS ist von 50.000 bis 60.000 Exorzismen die Rede: „Früher habe ich täglich 15 Exorzismen gemacht".

ren", zentral gelegenen römischen Kirche ist Amorth nach der Frühmesse jeden Dienstag- und Freitagmorgen ab 9.00 Uhr – gratis – „bei der Arbeit":

> „Nach dem Schlusssegen erhebt er [Amorth] sich. [...] Der Pater ist ausgelassen und scherzt mit den Umstehenden. [...] Das Hinterzimmer der Sakristei, wo sich die Gruppe befindet, ist spartanisch ausgestattet, eigentlich ist es mehr ein Abstellraum. [...] Pater Amorth tritt heran, spricht einige Gebete und bespritzt die kleine Gruppe mit Weihwasser."[828]

Als höchst problematisch bezeichnete Amorth 2004 die Tatsache, dass der überwiegende Teil der hohen römischen Geistlichkeit Besessenheitsfälle für „blanken Unsinn", den Exorzismus als „Ritus des Mittelalters" ansähe und dass seit der Reform des Rituale Romanum im Jahre 1999[829] die Durchführung von Teufelsaustreibungen „nur in extremen Einzelfällen" erlaubt sei.[830] Daran habe auch das klare Bekenntnis Papst Benedikts XVI. nichts geändert, der am 14. September 2005 während einer Generalaudienz auf dem Petersplatz die italienische Sektion der Internationalen Exorzistenvereinigung ermutigt hatte, „mit ihrem wertvollen Dienst an der Kirche fortzufahren"[831]. Besonders schwierig gestalte sich die Situation in Deutschland, einem „exorzistenlosen" Land, da der „Fall Anneliese Michel" dafür gesorgt habe, dass die deutschen Exorzisten in den

---

828 S. SPIEGEL (2/2008), S. 65. Die Zeit zwischen dem ersten Exorzismus und der endgültigen Austreibung Satans betrage im günstigsten Fall fünf bis sechs Monate, im schlimmsten Fall 12 bis 14 Jahre.

829 S. Kap. 2.1.2, Fn. 261. Amorth bezeichnete die reformierte Version in einem Interview mit der italienischen Zeitschrift „30giorni" (6/2000) als „Farce" und „Auswuchs von Ignoranz und mangelnder Erfahrung", denn schließlich seien in der Expertenkommission keine praktizierenden Exorzisten vertreten gewesen. S. die englische Version des Interviews auf http://www.exorzismus.net/Pater_Amorth 5.htm (21.1.2008). Aufgrund seines „unverzichtbaren pastoralen Werts" sei wenigstens ein Exorzist pro Diözese, außerdem zusätzlich in häufig besuchten Kirchen und Wallfahrtsorten erforderlich. S. Amorth, Gabriele: Ein Exorzist erzählt, Abensberg ^{3}1994, S. 47. Chefredakteur der römischen Monatszeitschrift „30giorni" ist der ehemalige Ministerpräsident und Weggefährte Amorths Giulio Andreotti.

830 S. einen Artikel des BILD-Berichterstatters Andreas Englisch über Gabriele Amorth unter der Rubrik „Aus aller Welt" im Hamburger Abendblatt vom 16.9.2004. Englisch beschrieb Amorth als Priester mit „düsterem Gesicht", der in einem 9m^2 kleinen Zimmer, dessen Wände „durch zentimeterbreite Risse entstellt" seien, als habe es „ein Erdbeben knapp überstanden", Exorzismen vornimmt. „Schwere Fälle" würden ans Bett gefesselt, während die leichteren Fälle in einem Sessel Platz nehmen dürften.

831 S. das SPIEGEL-Interview (2/2008), S. 67.

„Untergrund“ getrieben wurden.[832] Dabei sei das Thema „Besessenheit“ aktuell wie nie: Papst Johannes Paul II., der selbst im Jahr 1982 zwei Exorzismen durchgeführt haben soll, habe dahingehend festgestellt, dass „Satans geschickter Plan, die Menschen zu veranlassen, seine Existenz im Namen der Rationalität zu leugnen“, voll aufgegangen sei. Amorth führte die „verhängnisvolle“ Reform des Rituale Romanum vor allem auf verstärkten Druck der Schweizer Bischofskonferenz zurück – für ihn ein klares Indiz, dass dort „die Verteidigungslinie besonders dünn geworden ist“[833].

Mit seinem 1993 erstmals in deutschsprachiger Übersetzung erschienenen Werk: „Ein Exorzist erzählt“[834], wollte Amorth nicht nur „Interessierte“ am Thema Exorzismus teilhaben lassen, sondern vielmehr Exorzisten und Priestern „einen Dienst erweisen“: „Denn so wie jeder praktische Arzt [...] muß auch jeder Priester die Mindestkenntnisse haben, um beurteilen zu können, ob sich eine Person an einen Exorzisten wenden sollte oder nicht.“[835] Der Exorzismus selbst kann nur von Bischöfen und von diesen direkt beauftragten Priestern durchgeführt werden[836] anhand der Gebete, die im Rituale Romanum festgelegt sind. Bevor allerdings mit dem Beten eines Exorzismus begonnen wird, müsse zunächst eindeutig festgestellt werden, ob der „Besessene“ auch wirklich unter dämonischem Einfluss stehe – was nach Aussagen Amorths aber erst während der Durchführung des Exorzismus feststellbar sei, wenn die spezifischen „Zeichen“[837] aufträten. Dieser „diagnostische“ Aspekt des Exorzismus werde weithin unterschätzt:

> „Für Exorzisten scheint es richtig und wichtig, aufzupassen und sich nicht von psychischen, eingebildeten Kranken täuschen zu lassen, bei denen keine dämonische Präsenz vorhanden ist und wo

832 Ebd. Amorth zufolge gehen wöchentlich Anfragen nach Großen Exorzismen aus Deutschland ein, die er allein schon wegen Unkenntnis der deutschen Sprache und seines fortgeschrittenen Alters ablehnen müsse.

833 S. ein weiteres Interview mit Gabriele Amorth auf http://www.exorzismus.net/Pater_Amorth1.htm (27.11.2007).

834 Amorth, Gabriele: Ein Exorzist erzählt, Abensberg [3]1994 (it.: „Un Esorcista racconta“, zuerst 1990). S. Fn. 825.

835 Ebd., aus dem Vorwort der 3. Auflage, S. 12. Amorth schilderte in seinen Werken die „richtige Durchführung“ von Exorzismen und erläuterte die verschiedenen Arten von „Besessenheit“. Zur Veranschaulichung führte er Fallbeispiele aus seinem eigenen „Erfahrungsschatz“ an.

836 Zu den Voraussetzungen und zur Durchführung einer Exorzismusanordnung nach CIC s. Kap. 1.1.3.

837 Hierzu zählte Amorth die im Rituale Romanum genannten Anzeichen „in fremden Sprachen sprechen“, „übermenschliche Kräfte besitzen“ und „verborgene Dinge wissen“.

daher auch kein Exorzismus nötig ist. Man darf aber auch die entgegengesetzte Gefahr nicht außer Acht lassen, die heute viel häufiger und daher mehr zu fürchten ist, nämlich die Anwesenheit des Bösen nicht erkennen zu können und daher den Exorzismus zu unterlassen.“[838]

Deshalb kommt Amorth zu dem Schluss, dass ein (potentieller) Exorzismus „zuviel“ nicht schaden könne – eine nicht erkannte Besessenheit sei dagegen „sehr wohl Grund zur Reue“.[839] Die Schuld an der stetig wachsenden Zahl Besessener in der Moderne gibt der römische Exorzist der „auf Materialismus und Hedonismus ausgerichteten Konsumgesellschaft“, kommunistischen und sozialistischen Einflüssen und dem daraus resultierenden zunehmenden „Aberglauben“, der in Spiritismus und Okkultismus gipfeln würde – unterstützt durch Yoga, Zen und transzendentale Meditation: „Man braucht nicht nach Indien zu reisen, um in die Schule eines Guru zu gehen, man findet ihn vor der Haustür“[840]. Nicht zu unterschätzen sei zudem der „unheilvolle Einfluß dem Satan geweihter Schallplatten“, die dazu bestimmt seien, „die Psyche Jugendlicher zu demoralisieren und zu zerrütten“[841]. Der Bedarf nach „geschultem Personal“ sei deshalb sehr groß, seit dem Zweiten Vatikanum herrsche aber im Klerus, besonders im Episkopat, die Tendenz vor, dass dämonische Besessenheit in der Gegenwart nicht existiere.[842]

---

838 Amorth, Exorzist erzählt, S. 39.

839 Ebd. Amorth befürwortete an anderer Stelle eine interdisziplinäre Zusammenarbeit mit Vertretern der Psychiatrie, wobei er diesen aufgrund mangelnden Glaubens die Fähigkeit absprach, eine wirkliche Besessenheit zu erkennen. Die Betroffenen würden in der Mehrzahl durch jahrelange Medikamentenbehandlung „geplagt“ und „ruiniert“ (S. 54). Der Exorzist selbst müsse psychiatrische, parapsychologische und paranormale Grundkenntnisse besitzen, um über die Hinzuziehung eines Arztes entscheiden zu können (S. 141f.).

840 Ebd., S. 46f. In Italien habe es die marxistische Doktrin durch „ihre Herrschaft über Kultur, Erziehung und das Theater“ erreicht, dass in Rom heute nur ca. 8% der Einwohner in die Sonntagsmesse gehen würden. Die genannten Meditationstechniken führten oftmals zu „Zuständen von Halluzinationen und Schizophrenie“.

841 Vgl. hierzu das Kapitel „Der unheilvolle Einfluss einer bestimmten Musik“, in: Amorth, Gabriele: Neue Berichte eines Exorzisten, Stein am Rhein 1998, S. 84–86. Die Wirkungsweise von Schallplatten, z.B. der „Rolling Stones“, basierte laut Amorth auf vier Prinzipien: Rhythmus („gemäß den Bewegungen des Sexualverkehrs“), Lautstärke („sieben Dezibel über der Toleranz des Nervensystems“), unterschwellige Signale („Freisetzung von Ultraschallfrequenzen, die Endorphine und rauschhafte Zustände freisetzen“) und der Einsatz bei satanischen Messen. Überdies versteckten sich auf Rock-Platten satanische Botschaften, die bei rückwärtigem Abspielen zum Vorschein kommen würden.

842 Vgl. hierzu das Kapitel „Das Aschenputtel des Rituale“, in: Amorth, Exorzist erzählt, S. 151–160.

Seine Informationen zum „Fall Anneliese Michel“ bezog Amorth aus „Zeitungen und anderen Druckwerken“: Er kam zu dem Schluss, „daß die beiden Priester zu leichtfertig angenommen hatten, einen Fall von teuflischer Besessenheit vor sich zu haben“. Bei Bullinger[843] und anderen sei zudem nachzulesen, dass Anneliese Michel nicht im Zusammenhang mit der Teufelsaustreibung gestorben sei, weshalb die „Entmutigung“ der Priester Alt und Renz besonders bedauerlich wäre.[844] Die mangelnde Unterstützung deutscher Exorzisten sei bezeichnend für die Haltung der Kirche zum Thema Besessenheit außerhalb Italiens: „Die Existenz des Dämons im allgemeinen wird anerkannt, um nicht als Häretiker zu gelten, aber in jedem konkreten Fall wird sie strikt abgelehnt.“[845]

Der Ruf des jesuitischen „Exorzismusexperten“ und „Dämonologen“ Adolf Rodewyk (1894–1989), der 1975 von Annelieses „Entdeckerin“ als Berater herangezogen worden war[846] und dessen Publikation „Dämonische Besessenheit heute“[847] Pater Renz in Auszügen der Aschaffenburger Staatsanwaltschaft übermittelte mit dem Hinweis, dass hier die entscheidenden Begrifflichkeiten hinreichend erläutert seien und deshalb „für die weiteren Ermittlungen als Beurteilungsmaßstab angesehen werden könnten“, beruhte vor allem auf der Teufelsaustreibung, die dieser während des Zweiten Weltkriegs an der Lazarettschwester „Magda“ vorgenommen hatte. Den „Fall Magda“ legte Rodewyk in „Dämonischer Besessenheit heute“ ausführlich und „lehrbuchhaft“ dar, Parallelen zum „Fall Annliese Michel“ glaubten zumindest die Exorzisten und engsten Eingeweihten im Umfeld der Familie Michel auszumachen.

Nach Rodewyks Definition handelt es sich bei einem Besessenen um einen „in religiöser, physischer und psychischer Hinsicht abnormen Menschen“, bei dem

> „die ganze Skala der parapsychologischen Phänomene mehr oder weniger ausgeprägt zur Entfaltung kommt, so daß an die Möglichkeit einer Erklärung gedacht werden muß, die jenseits des Berei-

---

843 Bullinger, Kaspar: Das Leben und Sterben der Anneliese Michel und die Aussagen der Dämonen, Altötting ^{2}1983. S. auch Kap. 4.1.2.

844 Vgl. Amorth, Ein Exorzist erzählt, S. 155f. Durch eine Anmerkung des Übersetzers wird in der hier zitierten 3. Auflage auf die Veröffentlichung von Goodman, Felicitas: Anneliese Michel und ihre Dämonen. Der Fall Klingenberg in wissenschaftlicher Sicht, Stein am Rhein ^{5}2006, und deren Schlussfolgerung verwiesen, dass bei Anneliese Michel eine echte Besessenheit vorlag. Zur Publikation von Goodman s. Kap. 5.3.

845 Amorth, Exorzist erzählt, S. 158.

846 Gemeint ist die Wallfahrtsleiterin aus dem Klingenberger Nachbarort. Zu Rodewyks „Besessenheitsgutachten“ s. Kap. 1.1.3.

847 Rodewyk, Adolf: Dämonische Besessenheit heute. Tatsachen und Deutungen, Aschaffenburg ^{4}1988.

ches einer bloßen Psychologie bzw. Psychiatrie liegt. Dadurch ist er von jedem gesunden und kranken Menschen differenzialdiagnostisch zu unterscheiden."[848]

Schulmediziner und Psychiater seien nicht in der Lage, die entscheidenden Symptome zu erkennen, oftmals würde Besessenheit fälschlicherweise mit Epilepsieerkrankungen verwechselt. Mitschuld an diesen „Fehleinschätzungen" seien besonders medizinische Studien, die schon im Neuen Testament genannte Fälle von „Besessenheit" auf „rein natürliche" Krankheiten zurückführten: „Danach hat also die moderne Psychologie die Lösung für das Geheimnis der Besessenheit gefunden"[849]. Dabei handele es sich hier nicht um ein medizinisches, sondern vielmehr um ein religiöses bzw. theologisches Problem, bei dem das Böse vom Körper des Besessenen Besitz ergreift, im Gegensatz zur seelischen Beeinflussung – der Verführung zur Sünde.[850]

Betrachtet man die Ausführungen über die „richtige" Durchführung eines Exorzismus, beginnend von der bischöflichen Beauftragung über das Beten eines Exorzismus „probativus"[851] bis hin zur Schilderung der Bedeutung des Rituale Romanum, über auftretende „Kennzeichen" sowie andere charakteristische „Nebenerscheinungen", die dem Exorzisten die Diagnose erleichtern sollen, wird offenbar, dass auch Anneliese Michel alle diese Stadien „durchlaufen" musste. Dass die Werke Rodewyks Renz tatsächlich als Leitfaden gedient haben, kann man verschiedentlich überlieferten Aussagen und Niederschriften entnehmen.

In einem Fernsehinterview bestätigte Rodewyk, der sich im Aschaffenburger Prozess nicht vor Gericht verantworten musste, die Richtigkeit seiner Diagnose im „Fall Anneliese Michel", die exorzistischen Sitzungen seien zudem korrekt von statten gegangen, was er aufgrund „einer selbst

848 Ebd., S. 10.

849 S. Rodewyk, Adolf: Die dämonische Besessenheit in der Sicht des Rituale Romanum, Aschaffenburg 1963, S. 18. Rodewyk führt hier explizit das Werk von Prof. Dr. Traugott Konstantin Oesterreich: Die Besessenheit, Langensalza 1921, an. Vgl. auch den von Oesterreich verfassten Artikel „Besessenheit", in: Religion in Geschichte und Gegenwart. II (948), Tübingen ^{2}1927 sowie den Kurzbericht von Rodewyk mit dem Titel: „Dämonische Besessenheit im Lichte der Psychiatrie und Theologie", in: Geist und Leben 24 (1951), S. 56–66.

850 Rodewyk, Die dämonische Besessenheit. Vgl. besonders den Abschnitt über „Das Wesen der Besessenheit", S. 22–26, hier: S. 22. Diese Überlegung ordnete Rodewyk in seinem Aufsatz „Die Beurteilung der Besessenheit. Ein geschichtlicher Überblick", in: Zeitschrift für katholische Theologie 72 (1950), S. 460–480, in einen größeren theologischen Zusammenhang ein, ausgehend von den Texten des Neuen Testaments bis in die Neuzeit.

851 S. Fn. 81.

durchgeführten positiven Überprüfung" beurteilen könne.[852] Bezeichnend für Rodewyks „Insiderwissen" bzw. seine Beteiligung an ähnlichen Fällen im deutschsprachigen Raum war seine bejahende Antwort auf die Frage nach weiteren, aktuell laufenden Exorzismen: „Sie kommen wenig in die Öffentlichkeit, aber es läuft immer was."[853]

5.1.2 „Berühmte" Exorzismusfälle

Bereits lange vor dem „Fall Anneliese Michel" sorgten Fälle von Teufelsaustreibungen für allgemeines öffentliches Aufsehen – und das auch über die unmittelbare „Wirkungsstätte" der jeweiligen Exorzisten hinaus. Die Exorzistentätigkeit in den Grenzen des (nachherigen) Deutschen Reiches im 19. Jahrhundert wurde besonders während der Zeit des Kulturkampfes „erschwert". „Erfolgreiche" Teufelsaustreibungen bzw. „Heilungen" von vermeintlich „Besessenen" erregten großes Interesse in der zumeist ländlichen katholischen Bevölkerung und zogen oftmals Scharen von Pilgerströmen nach sich; die zuständigen Regierungs- und Kirchenbehörden wurden angehalten, derartige Demonstrationen von Volksfrömmigkeit genau zu beobachten und nötigenfalls einzuschreiten, während die liberale Presse als Exorzisten tätige Priester kritisierte und als Scharlatane verurteilte.

Der württembergische evangelische Theologe Johann Christoph Blumhardt (1805–1880)[854], seit 1838 Pfarrer in Möttlingen bei Calw, nahm sich eines angeblich besessenen Gemeindemitglieds – der 28-jährigen Gottliebin Dittus – an, welche Zeit ihres Lebens an einer Vielzahl von „unerklärlichen" Gebrechen und Krampfanfällen gelitten haben soll. Im

---

852 S. das Wortprotokoll zur BR-Dokumentation „‚Der Fall Anneliese M.' – Teufelsaustreibung", ausgestrahlt in der ARD am 2.8.1976 (22.50 Uhr), Staatsarchiv Würzburg, Akten Kriminalpolizeiinspektion Aschaffenburg 1, E, Sonstiges, „Protokolle von Mediensendungen". Rodewyk betonte hier, dass Anneliese Michel definitiv auch unter ärztlicher Aufsicht verhungert wäre. In seiner Zeugenaussage vom 11.8.1976 relativierte er diese Feststellung allerdings: „Ich selbst hätte nicht den Mut gehabt, den Fall solange ohne Zuziehung eines Arztes weiterzuführen". S. Staatsarchiv Würzburg, Akten Kriminalpolizeiinspektion Aschaffenburg 1, C, Zeugen, Bl. 79–90.

853 S. das Wortprotokoll zur Report-Sendung „Teufelsaustreibung", ebenfalls ausgestrahlt in der ARD am 2.8.1976 (20.15 Uhr), Staatsarchiv Würzburg, Akten Kriminalpolizeiinspektion Aschaffenburg 1, E, Sonstiges, „Protokolle von Mediensendungen". Es handelt sich hier um einen kürzeren Zusammenschnitt des Interviews, das im Verlauf der später am selben Abend gesendeten BR-Dokumentation gezeigt wurde.

854 Zur Person und zum Wirken des Pietisten vgl. Ising, Dieter: Johann Christoph Blumhardt: Leben und Werk, Göttingen 2002.

April des Jahres 1842 vertraute sie Blumhardt an, dass sie nachts von „Erscheinungen“ gequält werde, deren lautes „Gepoltere“ auch tagsüber die Nachbarschaft aufschrecke: „Die Sache wurde nicht nur Ortsgespräch, sondern verbreitete sich in der ganzen Umgegend, so daß selbst Reisende die Neugierde hieher [sic!] trieb.“[855] Aus diesem Grund zu schnellem Handeln getrieben, beschloss der Pfarrer, zusammen mit einigen „gottesfürchtigen“ Gemeindemitgliedern, der Sache selbst auf den Grund zu gehen:

> „Schon bei meinem Eintritt in die Stube kamen mir zwei gewaltige Schlagtöne aus der Kammer entgegen. In kurzer Zeit erfolgten ihrer mehrere und Töne, Schläge, Klopfen der verschiedensten Art wurden gehört [...]. Der Tumult schien größer zu werden, besonders, als ich einen geistlichen Liedvers zu singen angab und einige Worte betete.“[856]

Blumhardt sorgte daraufhin für den vorübergehenden Umzug der Gottliebin Dittus in eine neue Unterkunft, seine Hoffnung, dass es mit dem „großen Aufsehen“ damit vorbei sein würde, bewahrheitete sich allerdings nicht: „Es vergingen indes mehrere Wochen, ehe das Geschrei in der Umgegend sich verlor.“[857] Die körperlichen Leiden der Gottliebin Dittus nahmen außerdem an Heftigkeit zu, die „schauerlich anzusehenden“ Krampfanfälle (Zittern am ganzen Körper, verdrehte Arme und Beine, Schaum vor dem Mund) konnten nach Blumhardts Ansicht nur dämonischen Ursprungs sein. Zwischen den Anfällen sprachen angeblich Geister von Verstorbenen, die von Gottliebin Dittus „Besitz genommen“ hatten[858], und man musste die junge Frau gewaltsam davon abhalten, sich

---

[855] Blumhardt erwähnte in seinem „Authentischen Bericht“ vom 11.8.1844 u.a. den Geist einer verstorbenen Frau mit ihrem toten Kind, die Gottliebin Dittus regelmäßig „heimsuchte“. Der Bericht, den Blumhardt vertraulich für die württembergische Oberkirchenbehörde angefertigt hatte und dem die Schilderung des „Falls Gottliebin Dittus“ entnommen ist, findet sich u.a. abgedruckt bei Gutwenger, Lisl (Hg.): Treibt Dämonen aus! Von Blumhardt bis Rodewyk. Vom Wirken katholischer und evangelischer Exorzisten, Stein am Rhein 1992, S. 20–70, hier: S. 23. S. auch in ausführlicher Form Blumhardts Traktat: Sieg über die Hölle. Die Krankheits- und Heilungsgeschichte der Gottliebin Dittus in Möttlingen, Bad Schwartau 2005 (zuerst 1844).

[856] Gutwenger, Treibt Dämonen aus, S. 23ff.

[857] Ebd. Blumhardt berichtete ungehalten von Anfragen Auswärtiger, in besagtem Haus übernachten zu wollen. Dieser Art von „Tourismus“ folgten auch katholische Geistliche aus Baden, die zum Gebet im Haus der Gottliebin Dittus verweilen wollten, ein Ansinnen, das Blumhardt ebenfalls ablehnte.

[858] Ebd. Die Zahl der eingefahrenen Dämonen stieg von ursprünglich 14 auf 175, dann auf 425 an. Die Dämonen, welche neben einem schlechten Deutsch auch Italienisch oder Französisch sprachen, fuhren allerdings auch in Gruppen zu 12, 14 oder 28 wieder aus (S. 31f.).

selbst oder andere zu verletzen. Blumhardt versuchte, mit Gebeten unter Anrufung des Heilands einen lindernden Einfluss auf die Kranke auszuüben, was ihm nur zeitweise gelang[859]. Mit Beginn des Jahres 1843 „begann eine neue Epoche in der Krankheitsgeschichte“: Gottliebin Dittus erbrach nach Aussagen Blumhardts Sand, Glasscherben, Eisenstücke, Nägel, Näh- und Stricknadeln, später „kamen“ diese Dinge aus ihrem Kopf und ihrem Oberkörper „heraus“.[860] An Weihnachten schließlich gelang es dem Geistlichen, die „Besessene“ und ihre beiden zugleich erkrankten Geschwister von ihren Dämonen „zu befreien“, woraufhin sämtliche Leiden der Gottliebin Dittus vollständig verschwanden und auch bis zu ihrem Lebensende nicht mehr wiederkehrten.

Erfuhr Blumhardt für die „Glaubensheilung“ der Gottliebin Dittus von Anhängern des Pietismus schon zeitlebens Anerkennung, wurde er von Vertretern eines aufgeklärten Protestantismus als „Schwärmer“ mit altmodischen Anschauungen kritisiert oder als „Scharlatan“ tituliert.[861] In Möttlingen selbst jedoch führte der „Fall Gottliebin Dittus“ bereits ab dem Jahr 1842 zu einer ansteigenden Anzahl von Gottesdienstbesuchern, auch aus den umliegenden Gemeinden; 1844 schließlich setzte eine Buß- und Erweckungsbewegung[862] ein. Friedrich Zündel, ein Freund Blum-

---

859 Blumhardt folgte als evangelischer Geistlicher im Gebet selbstverständlich nicht den Anweisungen des Rituale Romanum.

860 S. den Bericht Blumhardts, S. 48ff. Später habe Gottliebin Dittus dann auch Heuschrecken, Fledermäuse und Schlangen erbrochen. Der Geistliche gab an, die Metallgegenstände seien in die Kranke „hineingezaubert“ worden, er benannte außerdem Zeugen, um „üblen Gerüchten“ vorzubeugen.

861 S. das einleitende Vorwort von Gerhard Schäfer, des Herausgebers von „Die Krankheitsgeschichte der Gottliebin Dittus“, Göttingen 1978. Dem dort abgedruckten Bericht Blumhardts ist der „Deutungsversuch“ Theodor Bovets, eines Psychologen, Psychotherapeuten und Theologen, vorgeschaltet, der versucht, „eine Brücke zu schlagen zwischen geistlichen und naturwissenschaftlichen Erklärungsversuchen“. Zur psychologischen Situation der Gottliebin Dittus s. Mischo, Johannes: „Psychologische Aspekte der Besessenheit“, in: Zeitschrift für Parapsychologie und Grenzgebiete der Psychologie, 13 (1971), S. 69–94, bes. S. 76–86.

862 Erweckungsbewegungen ereigneten sich in unterschiedlichen Ausprägungen u.a. in England, Nordamerika, Skandinavien, Deutschland und der Schweiz. Als Reaktion auf die Aufklärung zeichneten sich die Bewegungen durch eine antirationalistische Grundhaltung sowie eine Betonung der Rückbesinnung auf biblisch-reformatorische Elemente in der Verkündigung aus. Im süddeutschen Raum des 19. Jahrhunderts wirkten Erweckungsbewegungen je nach Region (z.B. Baden, Württemberg, Dillingen) unterschiedlich intensiv, wobei die Person Blumhardts eine eigene Stellung einnahm. Vgl. hierzu den Artikel von M. Schmidt: „Erweckungsbewegung“, in: Evangelisches Kirchenlexikon, Bd. 1, ^{2}1961. Zu weiteren Fallbeispielen vermeintlich „übersinnlicher“ Phänomene im Protestantismus des ausgehenden 17. Jahrhunderts s. Rieger, Miriam: Der Teufel im Pfarrhaus. Gespenster, Geister-

hardts, schilderte in seiner Biographie über den Möttlinger Pfarrer ausführlich Anzahl und Anliegen der „sündigen" Gemeindemitglieder, die im Nachgang der Heilung der Gottliebin Dittus Blumhardt aufsuchten, um die Beichte abzulegen:

> „Immer mehr wuchs ihm die Arbeit an. ‚Täglich' – schreibt er am 10. Februar [1844] – ‚habe ich bis nachts ½ 12 Uhr noch Leute bei mir, und morgens 6 Uhr steht schon wieder einer da, und den ganzen Tag geht's unaufhörlich fort, daß ich an gar nichts anderes mehr denken kann.'"[863]

Mit der Erweckungsbewegung einher gingen laut Zündel auch „Wunderheilungen" körperlicher Gebrechen wie z.B. Rheuma, Augen- und Hauterkrankungen, Tuberkulose, aber auch psychischer Erkrankungen.[864] Als Berichte über das „heilende" Wirken Blumhardts die Oberste Kirchenbehörde erreichten, reagierte diese umgehend im Januar 1844 mit dem Verbot, „Heilungen in das Gebiet des Seelsorgers hinüberzuziehen, statt auf den Arzt zu weisen". Zündel kritisierte die Forderung des „Konsistoriums, von Ärzten, Geistlichen[865] und Zeitungsschreibern" nach „Teilung der Arbeit", die

> „eine Zeitlang so sehr das Ideal des Konsistoriums [= die kirchliche Oberbehörde] zu sein [schien], daß ihm jeder Einfluß von Religion auf leibliche Genesung [...] missfällig war und als mutwillige Störung jener harmonischen Arbeitsteilung erschien. Deshalb sollte die Religion nur trösten [...]. Wo aber diese Belehrung sich in die Zumutung ausspitzen wollte, Blumhardt solle einfach alle Hilfesuchenden nicht nur von sich, sondern [...] ausdrücklich an die

glaube und Besessenheit im Luthertum der Frühen Neuzeit (= Friedenstein-Forschungen, Bd. 9), Wiesbaden 2011.

863 S. Zündel, Friedrich: Johann Christoph Blumhardt. Zeuge der Siegesmacht Jesu über Krankheit und Dämonie, Gießen [21]1988 (zuerst 1880), S. 141f. Zählte Blumhardt bis zu diesem Tag 156 „Erweckte", waren es vier Tage später bereits 222.

864 Ebd. S. hierzu Fallbeispiele im Kapitel „Wunder", S. 160–188. Die „Heilungen" erzielte Blumhardt angeblich durch Handauflegen und Gebete.

865 Zur kritischen Haltung der katholischen Geistlichkeit hinsichtlich „übersinnlicher" Phänomene und Erscheinungen im 19. Jahrhundert vgl. die Reaktion des saarländischen Klerus auf die Volksfrömmigkeitsbewegung im Zuge der Marienerscheinungen von Marpingen bei Blackbourne, David: Marpingen. Apparitions of the Virgin Mary in Bismarckian Germany, Oxford 1993 (dt.: Marpingen. Das deutsche Lourdes in der Bismarckzeit, Saarbrücken 2007). Die Visionen dreier 8-Jähriger im Jahr 1876 und der daraufhin einsetzende, schon bald kommerzialisierte, aber vor allem unkontrollierbare Pilgerstrom von „Wundergläubigen" führten schließlich zur militärischen Besetzung Marpingens durch das 4. Rheinische Infanterieregiment.

Ärzte weisen, da fühlte er das Maß seiner Gehorsamsfähigkeit erschöpft [...].“[866]

1852 schließlich übersiedelte Blumhardt mit seiner Familie nach Bad Boll, das er zuvor aus württembergisch königlichem Besitz erworben hatte[867]. Das dort entstehende geistige, pietistische Zentrum, dem Blumhardt als Pfarrer und Hausvater vorstand, war sowohl Anlaufstelle für die Anhänger seiner Glaubensvorstellungen als auch für Individuen, die sich von ihm Linderung ihrer physischen und psychischen „Leiden“ erhofften.[868]

Ein weiterer bekannter Exorzismus-Fall des 19. Jahrhunderts, dessen Authentizität in katholischen kirchlichen Kreisen aufgrund der Niederschriften mehrerer „vertrauenswürdiger“ weltlicher und geistlicher Zeugen als unbestritten gilt, ereignete sich bei Mühlhausen im Elsass. Die „Knaben von Illfurt“, Theobald (*1855) und Joseph Burner (*1857), erkrankten im September des Jahres 1864 an einem nicht diagnostizierbaren Leiden. Ein Jahr später stellten sich „abnorme Erscheinungen“ ein, welche in Balduccis „Priester, Magier, Psychopathen“ sämtlich aufgeführt sind[869]: Die Jungen schlugen heftig um sich und auf ihre Umgebung ein, gaben unter anderem an, von Geistern physisch und psychisch bedrängt zu werden sowie von Dämonenfürsten besessen zu sein. Hiermit einher gingen eine zunehmende Abneigung gegen geweihte Gegenstände und den Kirchgang sowie das Verstehen und Sprechen von Fremdsprachen. Die Brüder sollen außerdem bis zu 40cm über dem Boden geschwebt

---

866 Zündel, Blumhardt, S. 173. Blumhardt war dennoch bemüht, eine Einigung mit der Obersten Kirchenbehörde zu erzielen, auch wenn Zündel seine Vorstellung von Gehorsam als „elastisch“ bezeichnete.

867 Blumhardt übernahm die Leitung des örtlichen, für seine Schwefelquellen bekannten Heilbades und begründete die Evangelische „Akademie Bad Boll“ (zum Kursangebot des Kurhauses Bad Boll s. http://www.ev-akademie-boll.de/). Nach dem Tod seines Vaters (1880) übernahm Christoph Blumhardt (1842–1919) die Leitung der Akademie.

868 S. Zündel, Blumhardt, „Der Pfarrer in Bad Boll“, S. 289–340. In den Jahren 1873–1877 gab Blumhardt die „Blätter aus Bad Boll“ heraus, in denen er u.a. seinen Auffassungen „über die Beichte“ oder „die Lehre von den Engeln“ Ausdruck verlieh. Vgl. hierzu die Zusammenfassung der Anschauungen Blumhardts bei Seebaß, Friedrich: Johann Christoph Blumhardt. Sein Leben und Wirken, Hamburg 1949.

869 Vgl. Balducci, Priester, Magier, Psychopathen, S. 66–79. Balducci zitiert hier den Bericht von Pater Paul Sutter, in: Ders.: Satans Macht und Wirken, Gröbenzell [7]1975 (zuerst 1927), S. 15–122. Vgl. auch Rodewyk, Dämonische Besessenheit und Rituale Romanum, S. 7ff. Der kritische Theologe Herbert Haag (S. Kap. 5.1.3) allerdings brachte die Krankheitssymptome der Brüder mit der Diagnose „Veitstanz“ in Zusammenhang, die ein zeitgenössischer Arzt bereits gestellt hatte. Nach heutigen Maßstäben würde man das Verhalten der Burners wohl als Resultat einer kindlichen Verhaltensstörung werten. S. Haag, Herbert: Teufelsglaube, Tübingen 21980, S. 427.

haben und waren angeblich der Telekinese fähig. Sie trafen zudem Aussagen über die Sehnsucht Satans nach dem Paradies, über die Beschaffenheit der Hölle sowie über „Bestechungsversuche des Teufels, Besucher in seinen Dienst zu nehmen“[870]. Da der Bischof von Strassburg den Berichten über die „Illfurter Knaben“ zunächst sehr skeptisch gegenüber stand, ernannte er erst vier Jahre nach der ersten „Besessenheitsdiagnose“, am 13. April 1869, eine Kommission, bestehend aus drei Geistlichen, die nach Durchführung ihrer Untersuchung zu dem Schluss kam, dass bei den Burner Brüdern eine dämonische Besessenheit vorliege. Daraufhin wurden an den Brüdern – getrennt voneinander und unter Ausschluss der Öffentlichkeit – jeweils im Oktober 1869 erfolgreich Exorzismen durchgeführt.[871]

Besonders bekannt und häufig zitiert im Zusammenhang mit dem „Fall Anneliese Michel“ ist aufgrund der aktiven Beteiligung des Jesuiten Adolf Rodewyk der „Fall Magda“[872]. Rodewyk lernte die 30-jährige Krankenschwester „Magda“ 1941 im Zuge seiner Tätigkeit als Standortpfarrer im Lazarett Trier kennen, in welchem zu diesem Zeitpunkt ca. 50 Frauen und Mädchen auf ihre „Frontverwendungsfähigkeit“ geprüft werden sollten. Nachdem der Priester „eine merkwürdige Entdeckung“ gemacht hatte, nämlich dass Magda unter starken Stimmungsschwankungen zu leiden schien, sich dabei oft verächtlich über religiöse Dinge äußerte und später angab, keine Erinnerung daran zu haben, sah er sich dazu veranlasst, einen „Exorzismus probativus“[873] zu beten. Dieser führte scheinbar zu „heftigen und eindeutigen Reaktionen“, woraufhin Rodewyk den zuständigen Diözesanbischof Bornewasser[874] benachrichtigte, der wiederum am 10. Dezember 1941 den Jesuitenpater mit dem Exorzismus beauftragte. Rodewyks Anfrage war zuvor durch einen ebenfalls im Lazarett wohnenden Prälaten überprüft worden, generell sollte allerdings die Hinzuziehung eines oder mehrerer auswärtiger Priester vermieden werden,

---

870 Balducci, Priester, Magier, Psychopathen, S. 77.

871 Der Exorzismus von Theobald Burner erfolgte am 3.10.1869, sein Bruder Joseph wurde am 27.10.1869 exorziert. Zu den Einzelheiten s. das Kapitel: „Die Exorzismen und die Heilung“ bei Balducci, S. 79–88. Er verweist auch auf das zehn Meter hohe Denkmal zur Ehre der Muttergottes mit der Inschrift: „Zur immerwährenden Erinnerung an die Befreiung der zwei Besessenen, Theobald und Joseph Burner, durch Fürbitte der Heiligen Unbefleckten Jungfrau, im Jahre des Herrn 1869.“

872 Den Namen „Magda“ wählte Rodewyk in Anlehnung an Magdalena, die laut Neuem Testament von sieben Teufeln besessen war, wie es bei der „Besessenen“ in Trier ebenfalls der Fall gewesen sein soll.

873 S. Fn. 81.

874 Franz Rudolf Bornewasser (1866–1951), Bischof von Trier 1922 bis 1951. 1944 zum Erzbischof ernannt.

um ein Bekanntwerden in der Öffentlichkeit zu verhindern.[875] Im Verlauf des Exorzismus gaben sich unter anderem „Kain"[876] und „Judas" als Dämonen zu erkennen, wobei ersterer eine Anzeige Rodewyks bei der Gestapo „veranlasst" haben soll; beiden „begegnete" Rodewyk im Zusammenhang mit der Klingenberger Teufelsaustreibung erneut, wie er später in Interviews wiederholt betonte[877]. Magda selbst soll versucht haben, den Exorzisten mittels eines mit Strychnin versetzten Butterbrotes zu vergiften, außerdem habe sie ihn regelmäßig mit Stöcken, Besen, Scheren oder Messern angegriffen. Nach Selbstverstümmelungen und mehreren Suizidversuchen wie auch aufgrund ihrer zunehmenden Abhängigkeit von Schlaf- und Beruhigungsmitteln wurde Magda nach Ende des Krieges 1945 in verschiedene Kliniken eingewiesen, während Rodewyk in sein Ordenshaus zurückkehrte. Die zahlreichen Exorzismen hatten also lediglich für „zeitweises Ausfahren" der Dämonen gesorgt, zum Zeitpunkt ihres Todes im Jahre 1954 galt die 43-jährige Magda immer noch als „besessen".[878]

5.1.3 Eine Frage der Definition: Realexistenz des Bösen oder „Abschied vom Teufel"

Die theologische Debatte über die „Realexistenz des Bösen" in der Moderne erhielt durch die öffentliche Diskussion über den „Fall Anneliese Michel" einen aktuellen Bezug. Bischof Stangl hatte in seiner Erklärung vom 12. August 1976 dargelegt, dass Begrifflichkeiten wie „Teufel", „Dämonen" und in Konsequenz: „dämonische Besessenheit", stets vor

---

875 S. Rodewyks Schilderungen in seinem Werk: Dämonische Besessenheit heute, S. 18ff. Bei den „eindeutigen Reaktionen" handelte es sich u.a. um völlige Empfindungslosigkeit und Amnesie, abwehrende Reaktionen auf Weihwasser, das Verstehen von Latein, Französisch, griechischen und hebräischen Sätzen.

876 „Kain" soll kurz nach Magdas Geburt „eingefahren" sein: Ursache hierfür sei eine Verfluchung durch die Großmutter und ein „nachlässig" vollzogener Taufexorzismus gewesen. Zu Kindheit und Jugend von „Magda" s. den Beitrag von Lisl Gutwenger „P. Adolf Rodewyk S.J. und der Fall Magda", in: Diess. (Hg.): Treibt Dämonen aus! Von Blumhardt bis Rodewyk. Vom Wirken katholischer und evangelischer Exorzisten, Stein am Rhein 1992, S. 145–176.

877 Rodewyk erwähnte hierzu, dass Magda schon vor ihrer Bekanntschaft ein „offizieller Gestapospitzel" gewesen sei. Zu einer Auslieferung des Jesuiten wäre es aber nicht gekommen, weil „die Teufel von Gott das Verbot erhalten [hatten], mich [Rodewyk] und meine Mitarbeiter der Gestapo auszuliefern". S. Dämonische Besessenheit heute, S. 25. Neben Kain gaben sich u.a. die Dämonen Barabbas, Beelzebub, Nero und Herodes zu erkennen.

878 Vgl. hierzu auch die kurze Zusammenfassung des „Falls Magda" in: Haag, Herbert: Teufelsglaube, Tübingen [2]1980, S. 405f.

dem jeweiligen Hintergrund und im jeweiligen zeitlichen Rahmen und Zusammenhang zu verstehen seien[879]. Der Bischof kritisierte zudem so genannte „Dämonologen“ und „Satanologen“, die ihre Anhänger in ihrem durch Angst und Schrecken geprägten Weltbild bestärkten, anstatt ihnen adäquate, wenn nötig auch ärztliche Hilfe angedeihen zu lassen. Die vorherrschenden kirchlichen Vorstellungen von „Besessenheit“ und „Exorzismus“ erschienen ihm unzeitgemäß und „verhängnisvoll“. Für diese Aussagen musste Stangl sich später des Vorwurfs erwehren, er habe mit seiner Erklärung die Existenz des Teufels in Frage gestellt.[880] In den folgenden Ausführungen können lediglich diejenigen Aspekte der theologischen Diskussion beleuchtet werden, die den „Fall Anneliese Michel“ und das Thema „dämonische Besessenheit“ unmittelbar berühren, da es sich im Ganzen um eine äußerst umfangreiche, komplexe fachwissenschaftliche Forschungskontroverse über die „Realexistenz des Bösen“ handelte, die vor allem auf dem Feld der Bibelexegese ausgetragen wurde.

Der damalige Erzbischof von München und Freising, Joseph Ratzinger[881], nahm im Rahmen der Sendereihe „Im Gespräch“[882] am 21. April 1978, dem Tag der Aschaffenburger Urteilsverkündung, Stellung zur kirchlichen Lehre über den Teufel. Die Frage nach der tatsächlichen Existenz des Teufels beantwortete Ratzinger eindeutig positiv, indem er auf Aussagen des Neuen Testaments verwies, in denen „böse Mächte auftreten und den Menschen bedrängen [...] in dem Augenblick, da sie von Jesus Christus gebannt werden“[883]. Und auch wenn hinsichtlich biblischer Darstellungen über das Böse dem spezifischen historischen und soziokulturellen Hintergrund Rechnung getragen werden müsse, ändere das nichts an einem „wesentlichen Kern von Tatbeständen“, also der Tatsache, dass „der Mensch unter bösen Mächten stehe“[884]. Ins Zentrum gerückt werde

---

879 Zur Erklärung Stangls s. Kap. 2.1.1.

880 Zur Kritik kirchlicher Stellen wie auch des Vatikans s. Kap. 2.1.2.

881 Ratzinger (*1927), den Bischof Stangl 1977 zum Erzbischof geweiht hatte, wurde 1981 durch Papst Johannes Paul II. u.a. zum Präfekten der Vatikanischen Glaubenskongregation ernannt. Im Jahr 2005 wählte ihn das Konklave zum Papst, woraufhin er den Namen Benedikt XVI. annahm.

882 „Im Gespräch“: „Gibt es den Teufel?“, BR, 21.4.1978 (20.45 Uhr). Die Diskussion wurde in einer Gesprächsrunde geführt, an der neben Erzbischof Ratzinger auch der Direktor des Instituts für Psychotherapie und Medizinische Psychologie der TU München, Prof. Dr. Albert Görres, wie auch der Vizepräsident des ZDK und Richter am Oberlandesgericht München, Dr. Walter Bayerlein, teilnahmen.

883 S. eine KNA-Meldung vom 24.3.1978, DAW, Pressedokumentation zum Exorzismus von Klingenberg, Nr. 3128, in der die Inhalte der Fernsehdiskussion wiedergegeben wurden.

884 Ebd. Ratzinger wandte sich jedoch ausdrücklich gegen die in traditionalistischen Kreisen verbreitete Tendenz, den Teufel als „Drohmittel“ zu verwenden.

der „Teufelsglaube“, der nie ein „Hauptthema der Verkündigung“ gewesen sei, allerdings „überall dort, wo der Gottesglaube erlischt“, denn nur dort „trete die dämonische Sicht des Bösen hervor“[885]. Der Kardinal äußerte sich im Verlauf des Gesprächs nicht darüber, ob es sich im „Fall Annliese Michel“ um eine echte dämonische Besessenheit gehandelt haben könnte, er trat allerdings für die Reformierung des Rituale Romanum und eine dortige Verankerung der Möglichkeit der Hinzuziehung eines Arztes ein. Die „seelische Not“ der Anneliese Michel wäre jedoch nicht allein durch eine medikamentöse Behandlung ohne eine „religiös-geistige Dimension“ zu lindern gewesen.[886]

Eine vermittelnde Position in der Diskussion über das personalisierte Böse nahm Karl Rahner[887] ein, wenn er feststellte, dass die Klingenberger „Affäre“ zwei Fragen aufgeworfen habe, nämlich die Frage nach dem Problem „der Existenz oder Nichtexistenz personaler Geisteswesen“ sowie die Frage nach „Sinn und Unsinn der überlieferten Praxis des Exorzismus“[888]. Grundlegend für die erste Frage sei vor allem die Entscheidung darüber, ob die biblischen Aussagen sowie ihre Interpretation durch das Lehramt „hypothetisch“ zu verstehen seien, also ob es sich hier um personal existierende Wesen handele, „die jedoch kein ursprünglich gleichberechtigter Gegner Gottes sind“. Eingedenk der Tatsache, „daß neue Zeiten mit veränderten Verstehungshorizonten eben neue Fragen bringen“, warnte Rahner sowohl konservative als auch progressive Theologen davor, „die fertige Antwort aus der Schublade der Tradition zu holen“[889], oder

---

885 S. die Zusammenfassung der Aussagen Ratzingers in einem Artikel („Kardinal Ratzinger: Der Teufel, ein personales Wesen“) des Regensburger Bistumsblatts vom 7.5.1978 (DAW, Pressedokumentation zum Exorzismus von Klingenberg, Nr. 3430). Die entscheidende Botschaft biblischer Aussagen über das Böse hingegen bestehe in der Verknüpfung mit den Handlungen Jesus Christus: „Christus ist stärker, er hat das Böse überwunden.“ Zur Einordnung in den biblischen Kontext vgl. Ratzingers Beitrag mit dem Titel: „‚Der stärkere und der Starke‘. Zum Problem der Mächte des Bösen in der Sicht des christlichen Glaubens“, in: Adler, Manfred (Hg.): Tod und Teufel in Klingenberg. Eine Dokumentation, Aschaffenburg 1977, S. 84–101. Vgl. auch Ratzinger, Joseph: Zur Lage des Glaubens, München 2006, bes. S. 145–149 („Abschied vom Teufel?“).

886 Vgl. auch eine Meldung der Kathpress vom 24.4.1978, DAW, Pressedokumentation zum Exorzismus von Klingenberg, Nr. 3130.

887 Rahner (1904–1984), bedeutender jesuitischer Theologe und Lehrstuhlinhaber an den Universitäten Innsbruck, München und Münster sowie Konzilstheologe des Zweiten Vatikanums (1962).

888 Vgl. Rahner, Karl: „Besessenheit und Exorzismus“, in: Adler, Manfred (Hg.): Tod und Teufel in Klingenberg. Eine Dokumentation, Aschaffenburg 1977, S. 44–46. Es handelt sich hier um einen Nachdruck eines Beitrags, der bereits im November 1976 in der jesuitischen Zeitschrift „Stimmen der Zeit“ abgedruckt worden war.

889 Ebd., S. 45.

von vornherein die kirchliche Lehre über „böse Mächte" pauschal als antimodernistisch abzulehnen. Außer Frage stand für ihn allerdings die Reformierung des Exorzismusritus, wobei tatsächliche, „echte" Besessenheitsfälle nur äußerst selten aufträten:

> „Daß man in Krankheiten gleich welcher Art um Gottes Beistand und um heilshaftes Bestehen der Krankheiten beten kann, ist selbstverständlich. [...] Damit ist aber noch nichts darüber gesagt über die konkrete Gestalt solcher Fürbitte bei seltsamen Krankheiten. Wo solches Gebet eine angsthafte Mentalität eines primitiven Teufelsglaubens nur fördern kann, ist es abzulehnen."[890]

In einem Interview mit dem „Österreichischen Klerusblatt" im Dezember 1978 sprach Rahner dann von „Phasen in der Entwicklung des Glaubensbewusstseins der Kirche, in denen eine bestimmte Antwort nicht einfach und selbstverständlich klar ist"[891]. Die Entscheidung über die Frage der Realexistenz des Teufels sei „noch nicht ausgetragen" und gehöre in eine solche „Phase". Gleichzeitig warnte er aber davor, „das Böse in der Welt zu verharmlosen", nur weil es sich bei der kirchlichen Lehre über den Teufel nicht um ein Dogma handele.[892]

Professor Dr. Herbert Haag (1915–2001), Lehrstuhlinhaber an u.a. den Katholischen Fakultäten der Universitäten Luzern und Tübingen, trat vehement und entschieden für eine zeitgemäße Neudefinition kirchlicher Begrifflichkeiten ein, die bis dahin das „Böse" bzw. den „Satan" umschrieben. Besonders seine Publikationen „Abschied vom Teufel"[893], „Vor dem Bösen ratlos"[894] und „Teufelsglaube"[895] riefen in kirchlich-institutionellen wie auch konservativ-traditionalistischen Kreisen[896] heftige Kritik hervor. Der Vorstellung von der Existenz eines personifizierten „Bösen" in der Gegenwart, wie es die katholische Kirche bis heute lehrt, stellte Haag ent-

---

890 Ebd. Rahner sprach sich an dieser Stelle für Überlegungen aus, das alte Exorzismusritual „schlicht und einfach aus dem Verkehr zu ziehen".

891 S. eine Meldung der Kathpress vom 12.12.1978, DAW, Pressedokumentation zum Exorzismus von Klingenberg, Nr. 3817. Das Interview gab Rahner anlässlich des Erscheinens der Publikation von Herbert Haag mit dem Titel: „Abschied vom Teufel".

892 Ebd. Im Gegensatz zu Haags Position verwehrte sich Rahner gegen theologische Schlussfolgerungen, mittels derer die Realexistenz des Bösen „rational wegerklärt" würden.

893 Haag, Herbert: Abschied vom Teufel (= Theologische Meditationen, Bd. 23, hg. von Hans Küng), Einsiedeln [6]1978 (zuerst 1969).

894 Haag, Herbert: Vor dem Bösen ratlos? München u.a. 1978.

895 Haag, Herbert: Teufelsglaube, Tübingen [2]1980.

896 Vgl. hierzu die entsprechenden Anmerkungen über Haag sowie seinen Freund und Kollegen Hans Küng in den „dämonischen Aussagen der Anneliese Michel", Kapitel 4.1.2.

gegen, dass „es nicht ‚das Böse' gibt, sondern den bösen Menschen, den Menschen, der Böses tut"[897]. Es genüge aber nicht, den Ursprung hierfür in der Bibel zu suchen, wie es in christlichen Gesellschaften bereits im Religionsunterricht vermittelt werde, vielmehr müsse zuerst die Frage beantwortet werden, „ob solche biblischen Aussagen zur verbindlichen Lehre oder nur zum unverbindlichen Weltbild der Bibel gehören"[898]. Für Haag ist „das Böse" ein relativer Begriff:

> „Nun war das Böse zu keiner Zeit eine allgemeingültige und genau definierbare Größe. [...] Das Böse wird auch je nach Raum und Zeit mit verschiedenen Inhalten gefüllt, eben weil es in einer direkten Relation zu dem jeweils vorherrschenden Wertekatalog steht. [...] Das Böse ist auch ein Begriff, der dem Bewußtsein des Menschen weitgehend entschwunden zu sein scheint. [...] Er kommt in Verlegenheit, wenn er Wesen und Ursprung des Bösen beschreiben soll. Denn die herkömmlichen Bilder und Symbole reichen nicht mehr aus, die Erfahrung mit dem Bösen adäquat zum Ausdruck zu bringen. Auch der Christ läuft Gefahr, die Wirklichkeit, in der er heute lebt, zu verfehlen, wenn er sich auf das Vokabular der Bibel beschränkt."[899]

Haag schildert in seinen Lebenserinnerungen[900] die heftigen, polemisierenden Reaktionen von theologischer und amtlicher Seite, welche die Erscheinung seiner Veröffentlichungen „Abschied vom Teufel" und „Teufelsglaube" begleiteten. Seine Thesen von der gottgewollten „konstitutionellen Anfälligkeit des Menschen", Böses zu tun, und der Reduzierung des Teufels auf eine biblische „Randfigur", erhielten im Zusammenhang mit dem „Fall Anneliese Michel" zusätzliche Brisanz.[901]

Zum Problem der Besessenheit als „Manifestation des Bösen" im „Fall Anneliese Michel" äußerte sich Haag in einem Interview, ausgestrahlt in einer Fernsehdokumentation des Bayerischen Rundfunks am 2.

---

897 Haag, Abschied vom Teufel, S. 8.

898 Ebd. S. 10. Haag ging anschließend auf die Rolle des Teufels bei der Versuchung Christi sowie auf weitere Nennungen „des Bösen" in der Bibel ein. Vgl. hierzu auch seine Ausführungen im ersten Großkapitel („Die Antwort der Bibel") seines Werkes „Vor dem Bösen ratlos".

899 Haag, Vor dem Bösen ratlos, S. 204f. Haag sprach hier von einem „ethischen Vakuum", entstanden durch Wertewandel und Traditionsverlust in der Moderne. Diese Entwicklung sei für den gegenwärtigen großen Zulauf, den Pseudowissenschaften, Sekten und andere Subkulturen erfahren, maßgeblich verantwortlich.

900 Herbert, Haag: Mein Weg mit der Kirche, Zürich 1991.

901 S. ebd., S. 194f. Der Teufelsglaube könne nicht als unverbindliches Glaubensgut gelten, „wenn Gott den Menschen so erschaffen hat, daß das Böse sein unvermeidlicher Anteil ist".

August 1976[902], dahingehend, dass letztlich der vom katholischen Lehramt wiederholt gepredigte „Teufelsglaube“ für den Tod der jungen Frau verantwortlich gemacht werden müsse. Für den Tübinger Theologen stammte der Glaube an den Teufel „aus einer vorkritischen Phase der menschlichen Kulturgeschichte“, weshalb er „in unserem theologischen, naturwissenschaftlichen und kulturellen Weltbild keinen Platz mehr“[903] habe. Daraus entstünde die Notwendigkeit, die biblischen Aussagen über Teufel und Dämonen kritisch auszulegen, da diese zu oft wörtlich verstanden würden:

> „Sie [die katholische Kirche] sollte den Exorzismus verbieten, aber sie sollte vor allem die ganze Lehre vom Teufel neu überdenken. Sie sollte ihn aus Lehrbüchern entfernen und vor allem auch aus den kirchlichen Gebets- und Gesangbüchern.“[904]

Die Dunkelziffer der im Jahre 1976 privat praktizierten Exorzismen sei enorm hoch, auch wenn der Episkopat nur selten eine offizielle Erlaubnis erteile. Die Notwendigkeit, die Praxis des Exorzismus und den „Fall Anneliese Michel“ in den größeren Zusammenhang des Teufelsglaubens zu stellen, begründete Haag damit, dass die Mehrheit der „Besessenheitsgläubigen“ häufig den Fehler beginge, sich „als gute Christen“ dazu verpflichtet zu fühlen, an die Realexistenz des Teufels zu glauben.[905] „Beweise“, wie die mittels der Klingenberger Tonbänder überlieferten dämonischen „Botschaften“, seien vielmehr das Ergebnis „nachweislicher Manipulationen“ und „Beeinflussung durch Suggestion“. Über den Gehalt so transportierter theologischer Aussagen im Allgemeinen gab Haag zu bedenken:

---

902 „‚Der Fall Anneliese M.‘ – Teufelsaustreibung“, ARD, 2.8.1976 (22.50–23.35 Uhr).

903 S. Staatsarchiv Würzburg, Akten Kriminalpolizeiinspektion Aschaffenburg 1, E, Wortprotokolle von Mediensendungen, Bl. 3–36, Dokumentation vom 2.8.1976. Haag nahm an dieser Stelle explizit Bezug auf die Aussagen Pauls VI. hinsichtlich der Existenz des Teufels als unverzichtbaren Gegenstand des christlichen Glaubens im Rahmen seiner Weihnachtsansprache des Jahres 1975.

904 S. ein weiteres Interview Haags, ausgestrahlt im Rahmen der Sendung „Report“ ARD, 2.8.1976 (20.15–21.00 Uhr). Vgl. das entsprechende Wortprotokoll im Staatsarchiv Würzburg, Akten Kriminalpolizeiinspektion Aschaffenburg 1, E, Wortprotokolle von Mediensendungen, Bl. 3–36, „Report“-Sendung vom 2.8.1976. Zwar fehlten für ein Exorzismus-Verbot die rechtlichen Voraussetzungen, „man könne diese Dinge aber auch durch Stillschweigen aus der Welt schaffen“ (s. u.a. Main-Post, 3.8.1976: „Theologe fordert Verbot des Exorzismus“). Katholische und kirchennahe Presseorgane wie z.B. die Deutsche Tagespost interpretierten Haags Ausführungen als schwere Verstöße gegen die kirchliche Disziplin und katholische Glaubenswahrheiten und forderten disziplinarrechtliche Konsequenzen (Deutsche Tagespost, 4.8.1976: „Tübinger Alttestamentler Haag leugnet den Teufel“).

905 S. das Wortprotokoll der „Report“-Sendung vom 2.8.1976.

> „Nie hat es dabei die Theologen irritiert, daß die Dämonen oder Teufel ihre bösen Aktionen am Niveau ihres jeweiligen Opfers orientierten, angefangen vom Dialekt, in dem sie sprechen, bis zum Inhalt ihrer Äußerungen, die, da es sich meist um einfache Frauen handelt, oft von erstaunlicher Primitivität sind und der von den Theologen immer wieder hervorgehobenen Intelligenz des Teufels ein schlechtes Zeugnis ausstellt."[906]

Die Beziehung zwischen vermeintlich „Besessener" und Exorzist entspreche einem „psychologischen Regelkreis", insofern der Priester mit seinen Gebeten und Beschwörungen auf entsprechende Erwartungen seines Gegenübers reagierte, was – wie auch im „Fall Anneliese Michel" – dazu führte, dass die physische und psychische Belastung irgendwann „die Toleranzschwelle derart labiler Menschen übersteigt, so daß ihre innere Widerstandskraft schließlich bricht"[907]. Daraus folgerte Haag wiederum, dass „Besessenheit" kein Faktum, sondern ein „Interpretament" sei, also „ein Versuch, Unverständliches auf einer (vermeintlich) christlichen Basis verständlich zu machen"[908], was absurd erscheine, da die „Besessenheitssymptome" in der Regel und nach neuestem Erkenntnisstand medizinisch, psychologisch bzw. parapsychologisch erklärbar seien:

> „Wenn etwas ‚böse' ist an der Besessenheit, dann nicht die Bedrohung durch einen fiktiven Teufel, sondern die unverantwortliche Praxis der Exorzisten [...]. Indem sie sich anmaßen, mit völlig unzureichenden Mitteln aufgrund ihrer eigenen religiösen Überzeugungen einen Menschen zu heilen, überschreiten sie ihre Kompetenzen."[909]

Dem Würzburger Ordinariat warf Haag konkret vor „bewußt den Mantel des Schweigens" über den „Fall Anneliese Michel" geworfen zu haben, worüber auch die Erklärung Bischof Stangls nicht hinwegtäuschen könne, die nur aufgrund des großen öffentlichen Drucks zustande gekommen und deren eigentliches Ziel die „Verharmlosung der bisherigen Exorzismus-Praxis" gewesen sei.[910] Haag wandte sich in diesem Zusammenhang

---

906 Haag, Vor dem Bösen ratlos, S. 168.

907 Ebd., S. 175.

908 Ebd.

909 Ebd. S. 176. Haag räumte Theologen prinzipiell die Möglichkeit einer seelsorgerischen Unterstützung derart psychisch Erkrankter ein, dies allerdings nur in Form einer „therapeutischen Mitwirkung", wie es auch Bischof Stangl in seiner Erklärung postuliert hatte. Vgl. Haag, Teufelsglaube, S. 439: „Die Funktion des Exorzisten hat heute der Psychotherapeut übernommen."

910 S. den Artikel im Fränkischen Volksblatt vom 9.10.1976: „Ordinariat verharmlost Exorzismus". Der Bericht fasste den Inhalt eines Vortrags im Würzburger Rudolf-Alexander-Schröder-Haus zusammen, den Haag auf Einladung des Würzburger Arbeitskreises der Evangelischen Akademikerschaft gehalten hatte.

klar gegen die Aussage, ein Exorzismus entspreche lediglich einem Gebet: „In Wirklichkeit [...] handele es sich um ‚massive Drohung', der Priester ‚kämpft mit Kreuz und Kerze und Weihwasser'"[911].

5.2 Die „Besessenheit" der Anneliese Michel in psychiatrischen und psychologischen Studien

Sigmund Freud diagnostizierte historische Fälle von „dämonischer Besessenheit" als Neurosen, wobei er die Rolle der „Dämonen" als Ausdruck „böser, verworfener Wünsche, Abkömmlinge abgewiesener, verdrängter Triebregungen" interpretierte.[912] Der Fall „Anneliese Michel" fand als Beispiel einer „Teufelsneurose im 20. Jahrhundert"[913] auch Eingang in fachwissenschaftliche psychologische[914] und psychiatrische[915] Betrachtungen. Der medizinische Gutachter der Nervenklinik der Universität Würzburg hatte im Verlauf des Aschaffenburger Prozesses ein von übertriebenen und krankhaften religiösen Einstellungen begleitetes epileptisches An-

---

[911] Fränkisches Volksblatt, 9.10.1976. Die Stellungnahme der Deutschen Bischofskonferenz (s. Kap. 2.1.2) habe zudem eindeutig gezeigt, dass der „Fall Anneliese Michel" und die Würzburger Erklärung zu keiner Veränderung der Einstellung des deutschen Episkopats geführt hätten.

[912] S. Freud, Sigmund: „Eine Teufelsneurose im Siebzehnten Jahrhundert", in: Gesammelte Werke, Bd. 13, Frankfurt ^{8}1976 (zuerst 1924), S. 317–353. Als Beispiel für eine „dämonologische Neurose" führte Freud die Krankengeschichte des Malers Christoph Haitzmann an, der in den 1670er Jahren durch Krampfanfälle und „Visionen" auffällig geworden war und behauptete, einen Pakt mit dem Teufel geschlossen zu haben.

[913] So der Titel eines Aufsatzes von Dipl.-Psych. Thomas Auchter, in: Wege zum Menschen. Monatsschrift für Arzt und Seelsorger, Erzieher, Psychologen und soziale Berufe, Bd. 29 (1977), S. 223–235.

[914] Vgl. u.a. Maderegger, Sepp: Dämonen. Die Besessenheit der Anneliese Michel im Licht der analytischen Psychologie. Ein Beitrag zur Diskussion über die Personalität des Teufels, Wels 1983. Madereggers ausführliche und relativ zeitnahe Studie stützte sich im Wesentlichen auf die Auswertung der Berichterstattung öffentlicher Medien sowie die Stellungnahme und Materialien des Bischöflichen Ordinariats Mainz und des medizinischen Gutachtens des Sachverständigen.

[915] Vgl. u.a. Mischo, Johannes/Niemann, Ulrich: „Die Besessenheit der Anneliese Michel (Klingenberg) in interdisziplinärer Sicht", in: Zeitschrift für Parapsychologie und Grenzgebiete der Psychologie, 25 (1983), S. 129–194; Mester, Horst: „Teufel, Dämonen, Besessenheit – Fragestellungen aus psychiatrischer Sicht", in: Teufel – Dämonen – Besessenheit. Zur Wirklichkeit des Bösen (Holthausener Manuskripte, Nr. 1/1979), S. 40–89. Der „Fall Anneliese Michel" (S. 62–68) fungiert hier als Beispiel für „Aufbau und Ausgestaltung von Besessenheitszuständen".

fallsleiden bei Anneliese Michel festgestellt[916]. Bei der vermeintlichen „Besessenheit“ der jungen Frau habe es sich um die „Realisierung gefühlsstarker Vorstellungen“, um eine Art von Autosuggestion gehandelt, aus der sich schließlich eine schwere Geisteskrankheit entwickelt hätte. Als besonders verhängnisvoll habe sich darüber hinaus die Bestätigung erwiesen, die sie durch ihr soziales Umfeld und die Durchführung des Exorzismus erhalten habe.[917] Der im „Fall Anneliese Michel“ verantwortliche Gerichtsmediziner fasste diese Diagnose ein Jahr später in einem Aufsatz folgendermaßen zusammen:

> „Paranoid-halluzinatorische Psychose bei Epilepsie auf dem Hintergrund besonderer psychosozialer Faktoren, wobei eine psychogene [= geistige] Identifizierung krankhafter Art mit der Rolle der ‚Besessenen‘ gegeben war. [...] Die verhängnisvolle Entwicklung vollzog sich in einem Milieu eines von Geistlichen gepflegten Dämonenglaubens und kritikloser Ablehnung naturwissenschaftlich-medizinischer Behandlungsmöglichkeiten.“[918]

Einig waren sich die Verfasser von Publikationen, welche die physischen und psychischen Bedingungsfaktoren der Klingenberger Teufelsaustreibung aus wissenschaftlicher Sicht zu klären versuchen, darüber, dass neben Annelieses Grunderkrankung – einer auf eine Epilepsie zurückzuführenden Psychose[919] – der negative Einfluss durch ihre Umwelt nicht hoch genug eingeschätzt werden könne. Zu dieser „verhängnisvollen Glaubensgemeinschaft“ gehörten demnach neben Annelieses Verwandten Personen, deren Interesse am Schicksal der jungen Frau oftmals allein der Tatsache des „Eingeweiht-Seins“ und einer daraus vermeintlich resultierenden Ansehenssteigerung geschuldet gewesen sei. Passten einerseits die

---

916 Zu medizinischem Erkenntnisstand und Behandlungsmöglichkeiten bei Epilepsieerkrankungen in den 1970er Jahren s. Bleuler, Manfred: Lehrbuch der Psychiatrie, New York [14]1979, S. 364–466.

917 Eine ausführliche Schilderung der Diagnose des medizinischen Sachverständigen findet sich in Kap. 1.2.2.

918 S. Schulz, Ernst: „Besessenheit und Exorzismus im Jahre 1976“, in: Zeitschrift für Rechtsmedizin 82 (1979), S. 313–321.

919 Als „Besessenheitszustände“ werden in der modernen Psychiatrie und Psychotherapie so genannte „dissoziative Störungen“ bezeichnet. Es handelt sich hier um Wahrnehmungsstörungen, die sich u.a. in Form von Trance-Zuständen, Persönlichkeitsspaltungen oder Halluzinationen bemerkbar machen. Vgl. hierzu z.B. Niemann, Ulrich: „Das Böse und die Psychiatrie. Zur Diskussion über Besessenheit und Exorzismus“, in: Herder-Korrespondenz 60 (2006), Heft 3, S. 119–123, hier: S. 122. Zur Unterscheidung von „Besessenheit“ und der Sympotmatik von Schizophrenie, Hysterie und Epilepsie s. Glantz, Theo: „Besessenheitsphänomene und psychisch-physische Erkrankungen“, in: Müller, Joachim: Dämonen unter uns? Exorzismus heute, Freiburg 1997, S. 42–55.

psychische Konstitution von Anneliese Michel und die seelische Verfassung des exorzierenden Priesters Renz „wie Schlüssel zu Schloß", so hätte die Kranke andererseits auch „ihre Umgebung regelrecht beschlagnahmt", was zu einem Kreislauf der gegenseitigen Bestätigung und Verstärkung führen musste.[920] Entscheidend für die psychische Ausgangssituation sei aus tiefenpsychologischer Sicht ein gestörtes Vater-Tochter-Verhältnis gewesen, die epileptischen Anfälle müssten somit als Ausdruck aufgestauter Aggressionen zu verstehen sein.[921] Diese unterdrückten Impulse verselbständigten sich und wurden „zu bösen Geistern umdefiniert", wodurch sich die Erkrankte selbst entlasten konnte, denn „die Gestalt des Teufels besitzt Alibifunktion"[922]. Die Wahl eines solchen „Entlastungsmanövers" erschiene wie im „Fall Anneliese Michel" in der Regel familiären Einflüssen unterworfen.

> „Voraussetzung zur Annahme eines ‚Dämonen' als Urheber des konkreten Übels wäre, daß in der Umgebung ein so starker Glaube an ihn verbreitet ist, daß dieser Glaube direkt Gestalt annehmen kann. Erst durch die Benutzung eines bekannten Ideen- und Verhaltensmodells werden die inneren Erfahrungen in eine Form umgemünzt, durch die wiederum eine Verständigung nach außen möglich ist."[923]

---

920 S. Maderegger, Dämonen, S. 29f. Als besonders „anfällig" für dieses Phänomen stellten sich neben Anhängern eines antimodernistischen Katholizismus auch Strömungen innerhalb des süddeutschen Protestantismus (vgl. u.a. Blumhardt) und schweizerischer Sekten heraus. S. Wunnenberg, Wulf: „Zum Thema Besessenheit", in: Zacharias, Gerhard (Hg.): Das Böse. Dokument und Interpretation, München 1972, S. 112–114.

921 Vgl. Maderegger, Dämonen, S, 91. Maderegger interpretierte die Epilepsie der Anneliese Michel als „Fluchtweg". Seiner Ansicht nach wurde die epileptische Phase von einer hysterischen Phase abgelöst, in der sie ihre Aggressionen zunächst gegen sich wandte (z.B. Essensverweigerung, autoaggressives Verhalten). In einer weiteren, „religiösen Phase" habe Anneliese ihre Aggressivität „auf die Dämonen abgeschoben". Mester wiederum macht in „Teufel, Dämonen, Besessenheit" deutlich, dass die Symptome, die im Verlauf einer „Besessenheit" aufträten, einzeln und/oder zusammengenommen mit „Mechanismen" vergleichbar seien, die generell bei psychotischen, labilen Patienten mit schwach ausgeprägtem Selbstwertgefühl beobachtbar wären (S. 66f.).

922 S. Mester, Teufel, Dämonen, Besessenheit, S. 55f.

923 Ebd. S. 60. Mester erwähnte in diesem Zusammenhang, dass sich Fälle von „dämonischer Besessenheit" vornehmlich bei jungen Menschen, vor allem jungen Frauen, ereigneten, was u.a. auf die emotionalen Verstrickungen und Triebkonflikte während und im Nachfeld der Pubertät zurückzuführen sei.

Hinzu kam eine „verhängnisvolle Weichenstellung“[924], insofern Anneliese Michel sich vollständig in die Obhut scheinbar kompetenter Geistlicher begab. Der Parapsychologe Johannes Mischo[925] benannte drei Etappen auf „dem Weg von der medizinischen Diagnose ‚Epilepsie‘ bis hin zur theologischen Diagnose ‚Dämonische Besessenheit‘“: Annelieses Reise nach San Damiano und ihr dortiges „Entdeckt-Werden“ durch die Wallfahrtsleiterin, die psychologische „Ansteckung“ des eigenen Aussagen nach „strahlenfühligen“ Pfarrers Alt sowie die Mobilisierung kirchlicher Instanzen bis hin zum „Exorzismus-Experten“ Rodewyk. Die Wallfahrtsleiterin, der in diesem Zusammenhang ein hoher Grad an Organisationstalent und Penetranz bescheinigt wurde, wie auch Pater Rodewyk wirkten hierbei als „Promotoren“, da sie durch ihr Handeln die „Umdeutung“ der Epilepsie zur Besessenheit enorm beschleunigt hätten.[926]

Der jesuitische Neurologe, Psychiater und Psychoanalytiker Ulrich Niemann[927], Mitglied der Gemischten Arbeitsgruppe zur Überprüfung und Revision des Großen Exorzismus[928], setzte sich für eine verstärkte interdisziplinäre praktische Zusammenarbeit zwischen Psychiatern und Psychotherapeuten einerseits und geistlichen Begleitern und Seelsorgern andererseits ein:

> „Wenn Dogmatik und Pastoral, Theorie und Praxis so weit auseinanderklaffen wie es in der Seelsorge bei ‚Besessenen‘ und im Dienst zur Befreiung vom Bösen zu sein scheint und wenn Geschehen und Deutung einen weitgehend geschlossenen Zirkel bilden, kann die Maxime zur Hilfe nur lauten: ‚Wer im Ganzen und auf Dauer heilt, hat recht!‘“[929]

---

924 S. Mischo, Johannes: „Zwanzig Jahre nach Klingenberg“, in: Müller, Joachim: Dämonen unter uns? Exorzismus heute, Freiburg 1997, S. 79–122.

925 Prof. Dr. Johannes Mischo (1930–2001), Ordinarius an der Universität Freiburg im Breisgau, Direktor des dortigen Instituts für Grenzgebiete der Psychologie und Psychohygiene e.V. 1991–2001.

926 Vgl. Mischo, Zwanzig Jahre nach Klingenberg, S. 93ff.

927 P. Dr. med. Ulrich Niemann SJ (1935–2008) war u.a. an der Philosophisch-Theologischen Hochschule Sankt Georgen tätig und Organisator der „Sankt Georgener Ärztegespräche“ sowie Leiter internationaler Tagungen mit dem Titel „Gespräche über Befreiung vom Bösen“. Niemann veröffentlichte zahlreiche Publikationen zum Themenkomplex: Besessenheit und Exorzismus, wobei der „Fall Anneliese Michel“ oftmals zur Veranschaulichung der Aktualität der Problematik diente. Vgl. hierzu seinen Beitrag „Das Böse und die Psychiatrie. Zur Diskussion über Besessenheit und Exorzismus“, in: Herder-Korrespondenz 60 (2006), Heft 3, S. 119–123.

928 Zu Zusammensetzung und Zielvorgaben der Arbeitsgruppe s. Kap. 2.1.2.

929 Niemann, Ulrich: „Exorzismus oder/und Therapie? Psychiatrische Hilfen für von Dämonen ‚besessene‘ Menschen“, in: Stimmen der Zeit 217 (1999), S. 781–784,

Unter Berücksichtigung der Tatsache, dass es sich aus naturwissenschaftlicher Sicht bei einer „Besessenheit" um das Auftreten von Symptomen einer Persönlichkeitsstörung handele, die in einen religiösen Kontext eingebettet seien, die theologische „Rede vom Teufel" jedoch als „Verstehenskategorie und Deutungshilfe" anzusehen sei, versicherte Niemann Vertretern beider Disziplinen, dass sie mit ihren jeweiligen Lösungs- bzw. Heilungsansätzen „nicht in Konkurrenz zueinander treten"[930]. Eine Zusammenarbeit erscheine besonders notwendig angesichts der nach wie vor zahlreichen Hilfsanfragen vermeintlich Besessener, deren Leiden nach ersten medizinisch-therapeutischen Untersuchungen sich großenteils auf psychische Erkrankungen zurückführen ließen.[931] Nach Niemanns Ansicht hatte auch Anneliese Michels einzige „Lebenschance" in einer Kooperation zwischen Geistlichen und Medizinern bestanden:

> „Die Ärzte hatten Wissen und Fähigkeit zur Heilung; ihnen fehlte aber das Vertrauen von Anneliese Michel. Den Seelsorgern vertraute sie; ihnen fehlte aber Wissen und Erfahrung, um diese sehr schwere und vielschichtige psychosomatische Krankheit zu heilen."[932]

Bei der Reformierung des Rituale Romanum 1999 wurde dies zwar berücksichtigt, für Psychologen und Psychiater, die sich wissenschaftlich mit „Besessenheitsphänomenen" befassen, besteht jedoch immer noch Handlungsbedarf.[933]

5.3 Literatur in der „Grauzone"

Im Vergleich zu den genannten Literaturen, die theologische Streitfragen behandeln, die durch den „Fall Anneliese Michel" neu aufgeworfen wurden, oder nach medizinisch-psychologischen Ursachen für die Erkran-

---

hier: S. 783. Ein solcher ganzheitlicher Ansatz schließe neben einer medizinisch-therapeutischen und „menschlich-therapeutischen" Behandlung die individuelle „biographisch gewachsene Glaubens- und Gebetsdimension der Betroffenen" mit ein.

930 S. Niemann, Ulrich: „Befreiung vom Bösen? Für einen zeitgemäßen Umgang mit ‚Besessenheit'", in: Stimmen der Zeit 223 (2005), S. 274–278, hier: S. 277.

931 Nach Auskunft eines Freisinger Paters und Psychotherapeuten handelt es sich um rund 400 Anfragen jährlich. S. Lenzen-Schulte, Martina: „Besessen vom Bösen? Exorzismus im Licht medizinischer Diagnosen", in: Christ in der Gegenwart 10/2006, S. 77–78.

932 S. Niemann, Das Böse und die Psychiatrie, S. 122.

933 Kritisiert wird beispielsweise die Praxis, durch Befragung der/des „Besessenen", Anzahl und Namen der Dämonen zu erfahren, da ein solches Vorgehen u.a. schizophrene Psychosen verschlimmern kann.

kung der junge Frau suchen, erreichte die Gesamtdarstellung der deutschstämmigen amerikanischen Anthropologin Dr. Felicitas Goodman (1914–2005) mit dem Titel: „Anneliese Michel und ihre Dämonen. Der Fall Klingenberg in wissenschaftlicher Sicht“[934], den wohl größten Bekanntheitsgrad und die höchsten Auflagenzahlen. Goodman, die 1980 in New Mexico ein Institut zur Erforschung religiöser Ausnahmezustände[935] eröffnete, stand in direktem Kontakt mit der Verteidigerin Pfarrer Alts, die ihr nach eigenen Angaben bereits im Sommer des Jahres 1978 ca. 800 Seiten an Berichten, Briefen, Zeugenaussagen, psychiatrischen Gutachten und Plädoyers zugänglich machte. Darüber hinaus verkehrte sie brieflich mit Alt und Renz, wobei Letzterer Goodman auch mit einem kompletten Satz von Kopien der Tonbandmitschnitte der exorzistischen Sitzungen versorgte; Angehörige der Familie Michel steuerten persönliche Erinnerungen und Fotografien bei[936]. Anfragen bei Annelieses Ärzten wie bei dem Aschaffenburger Neurologen und ihrer Würzburger Psychiaterin blieben hingegen unbeantwortet. Der Einleitung von „Anneliese Michel und ihre Dämonen“ ist außerdem zu entnehmen, dass Goodman 1979 im Verlauf eines Deutschlandaufenthaltes mit allen Hauptbeteiligten persönlich zusammentraf und auch Annelieses Grab besuchte: „Was dabei herauskam, ist m.E. eine Darstellung, die in vielem vollständiger ist als das, was die Einzelnen, die die Ereignisse der Zeit miterlebten, zu der Zeit überblicken konnten.“[937] Auf Quellenangaben wurde großenteils verzichtet, zur Erläuterung von Mentalität und Religiosität der Beteiligten gab die Verfasserin an, in die Darstellung „ein wenig Farbe eingesetzt zu haben“, da sie während ihrer Studienzeit in Heidelberg „das Frankenland kreuz und quer mit dem Rad und zu Fuß durchwandert“ hatte.[938]

Der Anspruch Goodmans an ihr Werk reicht über eine reine Darstellung der Lebens- und Familienumstände der Anneliese Michel, ihrer Leidensgeschichte bis hin zum Urteil im Aschaffenburger Exorzisten-Prozess hinaus. Basierend auf ihrer Tätigkeit als Anthropologin „mit

[934] Stein am Rhein ^{5}2006.

[935] Im Jahr 2002 wurde das Felicitas-Goodman-Institut gegründet, das im deutschsprachigen Raum Netzwerke und Trainingsprogramme anbietet, die sich auf die Forschungen Goodmans beziehen. S. http://www.cuyamungue-institut.de/.

[936] Neben Porträtfotos der Familienmitglieder und Exorzisten sind in der Publikation bis dahin der Öffentlichkeit nicht zugängliche Bilder von Anneliese Michel abgedruckt, auf denen diese in ersichtlich schlechter physischer und psychischer Verfassung von ihren Eltern festgehalten wird, um sie den Bildunterschriften zu Folge vor Selbstverletzungen zu schützen. Das Totenbild, aufgenommen am Morgen des 1.7.1976, kommentierte Goodman: „Die ‚Marter‘ der Dämonen ist zu Ende. [...] Der letzte Schrei ist verklungen. [...] Anneliese ist erlöst.“ S. Goodman, S. 156.

[937] S. ebd. S. 24.

[938] Ebd.

beträchtlicher Erfahrung auf dem Gebiet der religiösen Trancen" und medizinischen Grundkenntnissen, die sie u.a. mit ihrer langjährigen Tätigkeit als Übersetzerin von medizinischen Texten begründete, kam Goodman zu dem Schluss, dass die missbräuchliche Einnahme des Antiepileptikums Tegretal für Annelieses Tod verantwortlich zu machen sei.[939] Das Medikament, das ihr im November des Jahres 1973 erstmals verschrieben worden war, habe nach Goodmans Ansicht zu chemischen Veränderungen im Gehirn der jungen Frau geführt, die sich im Laufe der Zeit als Vergiftungserscheinungen äußerten und letztendlich in der Folge von Entzugserscheinungen zum Tod führten, da Anneliese das Medikament aufgrund von Schluckbeschwerden nicht mehr einnehmen konnte.[940] Bereits der Aschaffenburger Neurologe, dessen „einzig guter Gedanke" es gewesen sei, Anneliese Michel den Gang zu einem Jesuiten zu empfehlen[941], hätte sich bedauerlicherweise der medizinischen Lehrmeinung verschrieben,

> „dass das religiöse Erlebnis eine schwere Geisteskrankheit sei, [...] dass alles Anfallsgeschehen, gleichgültig welcher Art, ein Krankheitssymptom sei, das medikamentös behandelt werden müsse, wozu die vielen neuen, äußerst wirksamen, aber auch gefährlichen Medikamente die Möglichkeit böten."[942]

Goodman zu Folge verfügte Anneliese Michel über „ein Nervensystem von außergewöhnlicher Empfindlichkeit", was sich z.B. in ihrer Unfähigkeit, sich uneingeschränkt an Wallfahrtsorten wie San Damiano bewegen zu können, oder in einem Übelkeitsgefühl während des Besuches von Gottesdiensten äußerte. Die diagnostizierten epilepsieähnlichen Krampfanfälle und Absencen wurden mit dem tranceähnlichen Schlaf und den Halluzinationen ungarischer Schamanenkinder verglichen.[943] Dass es sich bei Annelieses „Besessenheit" um einen tatsächlichen „religiösen Ausnahmezustand" handelte, versuchte Goodman anhand der Tonbandaufnahmen zu beweisen, die sie von Pater Renz erhalten hatte. Mit Hilfe

---

939 S. Kapitel 10: „Statt einer alten Heilmethode (Exorzismus) – Tod durch Drogen", bes. S. 294f. („Wie Tegretal Anneliese Michel umgebracht hat").

940 Ebd. S. 290. Goodman warf der behandelnden Ärztin der Universitätsklinik vor, Anneliese Michel mögliche Nebenwirkungen des Medikaments verschwiegen und die Behandlung nachlässig weitergeführt zu haben. Sie führte Versäumnisse wie angeblich notwendige, unterbliebene regelmäßige Blutuntersuchungen an, dies allein aufgrund von Aussagen aus Annelieses familiärem Umfeld.

941 S. Kap. 1.1.1.

942 S. Goodman, S. 285.

943 Vgl. ebd., S. 244ff. Im Gegensatz zur westlichen industrialisierten Welt sei es auch im südamerikanischen Kulturraum die Aufgabe von Mystikern und Schamanen, zwischen geisteskranken und spirituell überempfindlichen Menschen zu unterscheiden, wozu Schulmediziner meist nicht in der Lage seien.

eines phonetischen Registriergerätes habe sie herausgefunden, dass Anneliese – wenn die „Dämonen“ aus ihr sprachen – „spontan ein recht komplexes Vokalisationssystem schuf“[944], das heißt, sie benutzte während dieses „Ausnahmezustandes“ beim Sprechen nicht wie gewohnt ihre Stimmbänder, sondern wandte eine Technik an, wie sie beispielsweise unter den Mönchen in Tibet bekannt sei[945]. Das, was die psychiatrischen Gutachter als eintönige, ständig wiederkehrende „primitive Knurrerei“ bezeichnet hätten, sei darauf zurückzuführen,

> „dass der Betreffende, wenn sich der Ausnahmezustand einmal eingestellt hat, die Herrschaft über seine Sprechfähigkeit verliert. Er wird gewissermaßen zum Instrument, das einer pulsierenden Gehirntätigkeit Ausdruck verleiht. Es ist übrigens unmöglich, diese charakteristische, von der Trance her gesteuerte Sprechweise beim gewöhnlichen Bewusstseinszustand nachzuahmen.“[946]

Eine Heilung könne es aufgrund der völligen Leugnung solcher religiöser „Zustände“ durch die Schulmedizin nur durch die Anwendung ritueller Bräuche wie dem Exorzismus geben, da dieser durch „die Umstellung der Hirnfunktionen die Herrschaft über die Trance“ erzwinge.[947] Deshalb sei es mehr als bedauerlich, dass Strömungen innerhalb der katholischen Kirche und der Öffentlichkeit sich für eine Abschaffung des Exorzismus einsetzten und dieser Ritus einem „Kulturkonflikt“ geopfert würde.

Neben einführenden und abschließenden Erläuterungen zweier Theologen, welche die Leistung Goodmans würdigen, dem „Fall Anneliese Michel“ in jeder Beziehung gerecht geworden zu sein, finden sich in der 5. Auflage von „Anneliese Michel und ihre Dämonen“ zudem zwei Stellungnahmen Pfarrer Alts aus den Jahren 1986 und 2006. Alt begrüßte die Darstellung Goodmans als „Glücksfall“ und „Fügung Gottes“, als „wissenschaftliche, korrekte Beschreibung und Deutung dieses Falles“[948] und beharrte auch 30 Jahre nach dem Tod der Anneliese Michel auf dem Standpunkt, zu Unrecht verurteilt und von den Medien „durch den Dreck gezogen“ worden zu sein. Goodmans Publikation sei aber viel mehr als

---

944 S. Goodman, S. 256. Es wurde hier zwischen „regelmäßiger Tranceintonation“ und Aussprüchen, „die während des gewöhnlichen Bewusstseinszustandes betont werden“, unterschieden.

945 In diesem Zusammenhang handelte es sich um „falsche“ Stimmbänder, eine Vibration ventrikularer Falten oberhalb der eigentlichen Stimmbänder.

946 Goodman, S. 258. Die abgedruckten Grafiken, welche diesen Umstand verdeutlichen sowie Annelieses Vokalisation und Intonation „in vereinfachter Form“ schematisch wiedergeben sollen, tragen nicht zum Verständnis von Goodmans Ausnahmezustandstheorie und folglich „Besessenheitsbeweis“ bei.

947 Ebd. S. 272f.

948 S. Goodman, S. 346.

eine Darlegung der tatsächlichen spirituellen Vorgänge, sie sei auch „Darstellung und Dokument theologischen Unvermögens, mit Satan und Besessenheit, mit Himmel und Hölle umzugehen".[949] Den Abschluss der Publikation bildet die Schilderung einer „dramatischen Begebenheit" – einer Teufelsaustreibung, die Papst Johannes Paul II. am 27. März 1982 während einer Privataudienz durchgeführt haben soll[950] – gefolgt von einer Kritik des Herausgebers an einer Sendung der ARD-Reihe „PSI, unerklärliche Phänomene" vom 24. November 2003, in welcher Teufelsaustreibungen thematisiert worden waren. Die als „stümperhaft" und „tendenziös" titulierte Sendung sei „in einer Atmosphäre aufgeklärter Voreingenommenheit moderiert" worden[951], die Einblendung von Filmszenen aus dem „Exorzisten" (1974) in Verbindung mit Tonsequenzen von Anneliese Michels Stimme und Bildern von Teufelsfratzen könne man nicht mit einer objektiven Berichterstattung vereinbaren. Ein expliziter Vorwurf richtete sich gegen Kardinal Karl Lehmann und dessen Aussage, dass „das eigentlich Dämonische die Dämonisierung reformerischer Bewegungen und ihrer Missbräuche durch die Beteiligten sei"[952].

Jean-Marie Faerbers bebilderter Beitrag „Zeitzeichen ‚Fall Klingenberg'" in der von Professor Dr. Dr. Georg Siegmund[953] herausgegebenen Publikation „Von Wemding nach Klingenberg"[954] orientierte sich stark an Goodmans Veröffentlichung und befürwortete die Hypothese von der Vergiftung Anneliese Michels durch das Medikament Tegretal bzw. dessen Nebenwirkungen. Die Priester wurden als Opfer einer „gierigen, besserwissenden Öffentlichkeit"[955] und einer gottlosen Presse[956] dargestellt,

---

949 Ebd. S. 350. Eine weitere Stellungnahme Alts zu den „Aussagen der Dämonen im Falle Klingenberg" findet sich bei Gutwenger, Lisl (Hg.): Treibt Dämonen aus! Von Blumhardt bis Rodewyk. Vom Wirken katholischer und evangelischer Exorzisten, Stein am Rhein 1992, S. 235–245.

950 Es habe sich angeblich um eine junge Frau gehandelt, die trotz ärztlicher Bemühungen unter Krampfanfällen und aggressivem Verhalten litt. Goodman, S. 359.

951 Ebd., S. 360. Auszüge dieser kritischen Bewertung der Fernsehberichterstattung finden sich ebenso auf der Rückseite des Einbandes.

952 Ebd.

953 Siegmund (1903–1989), renommierter konservativer katholischer Theologe sowie Philosophieprofessor an der Universität Fulda, wurde 1982 zum Mitglied der Päpstlichen Katholischen Universität in Rom ernannt. Neben Publikationen wie „Naturordnung als Quelle der Gotteserkenntnis" (Stein am Rhein [4]1985) oder „Mensch zwischen Gott und Teufel" (Stein am Rhein 1978) wirkte Siegmund auch als Herausgeber des „Exorzismus der katholischen Kirche" (Stein am Rhein [3]2005).

954 Der vollständige Titel lautet: Von Wemding nach Klingenberg. Vier weltberühmte Fälle von Teufelsaustreibung, Stein am Rhein 1985, S. 93–161.

955 S. Faerber, Klingenberg S. 94. Im weiteren Verlauf des Textes ist u.a. von einer „Öffentlichkeitskampagne" die Rede, welche Anneliese Michel fälschlicherweise als

letztendlich „desavouiert“ von den Amtsträgern der katholischen Kirche, wobei besonders Kritik an der Erklärung Bischof Stangls geübt wurde, diesem „schmählichen Dokument, das bis heute nicht widerrufen wurde“ und „durch Unterrichtsentwürfe geistert“[957]. Die Tatsache, dass die Erkenntnisse Goodmans im Bereich der Erforschung von religiösen Ausnahmezuständen dagegen weder vom zuständigen Aschaffenburger Gericht, noch von der katholischen Kirchenführung berücksichtigt wurden, sei ein Beispiel für die „theologische Immunschwäche“ der modernen Gesellschaft. Eine bedeutende Rolle spielten hierbei

> „die glaubenslosen Theologen, die Lehramt und Heilige Schrift als rein innerweltliches [...] nur von Menschen gemachtes Ereignis sehen. Für sie ist Gott tot. Sie nehmen ‚Abschied vom Teufel‘. Das Religiöse wird in allen Aspekten verpsychologisiert [sic!] oder versymbolisiert. Sie geben auf Glaubensfragen keine Antworten aus dem Glauben, sondern protzen mit ‚mutigem Hinterfragen‘.“[958]

Die Verkennung der Echtheit der Besessenheit[959] der Anneliese Michel könne als Beweis für die „Blindheit“ offizieller Vertreter der katholischen Kirche gegenüber der „äußerst geschickten Dämonisierung der Welt“[960] angeführt werden. Das einzige Mittel gegen diese akute Bedrohung durch Be- oder Umsessenheit sei deshalb – der Argumentation Goodmans folgend – der Exorzismus, „die einzige Macht, die [...] die Atmosphäre des Religiösen vor jeder versteckten oder offenen Verführung oder Beeinflussung reinigt“.[961]

Wie Felicitas Goodman wurde auch dem evangelischen Theologen und Engelsforscher Dr. Uwe Wolff eine große Materialsammlung durch Angehörige der Familie Michel und die Exorzisten zur Verfügung

Geisteskranke darstellte, die keine weit reichenden eigenen Willensentscheidungen hätte treffen dürfen (S. 137).

956 Vgl. u.a. ebd., S. 118: „Der Begriff des Reiches Gottes hat für sie keine Bedeutung“.

957 Ebd. S. 104f. Weiterhin monierte Faerber Stangls Herausgabe des Schriftverkehrs mit den beiden Exorzisten, wodurch er die „Unantastbarkeit seelsorgerischer Geheimnisse“ beschädigt habe: „Menschlich war's beschämend und hundsgemein“ (S. 109).

958 Ebd. S. 119.

959 Faerber definierte Besessenheit als „fehlgeleiteten religiösen Ausnahmezustand, der von Menschen verschuldet oder von Satan direkt durch die besondere Zulassung Gottes bewirkt werden kann“ (S. 158).

960 Ebd. S. 155. Der „Fall Klingenberg“ habe ein „Licht auf den eiskalten Abgrund“ geworfen, dem die Welt „entgegentaumelt“. Außerdem ginge „eine riesige Welle des Satanischen über die christliche Welt nieder“ (S. 160).

961 S. ebd. S. 159f.

gestellt[962], welche die Grundlage für seine Publikation „Der Teufel ist in mir. Der Fall Anneliese Michel und die letzte Teufelsaustreibung in Deutschland"[963] bildete. In seinem Nachwort[964] gab Wolff an, neben den „tendenziös apologetischen" Veröffentlichungen Kaspar Bullingers[965] auch Goodmans „Apologie" als Quelle verwendet zu haben: Seien die Werke Bullingers auf ausdrücklichen Wunsch der Michels und Pater Renz' angefertigt, sei Goodmans Darstellung durch Pfarrer Alt angeregt worden[966].

Nach einer kurzen Schilderung der Ereignisse von Annelieses Tod bis zum Ende des Prozesses kam Wolff zu dem Schluss, dass alle beteiligten Priester die junge Frau „für ihre eigenen Zwecke missbraucht hatten": Pater Rodewyk habe den „Fall Magda" aufs Neue erlebt, dem „unbelehrbaren" Lefebvreisten Renz habe Annelieses Leiden lediglich als Beweis für die Existenz von Dämonen und Besessenheit gedient und Pfarrer Alt habe versucht, „seine eigenen Ängste zu therapieren" und Kriegstraumata zu überwinden.[967] Eine entscheidende Rolle habe auch Annelieses Elternhaus und die religiöse Erziehung gespielt, die laut Wolff so typisch für die Nachkriegszeit gewesen sei. Besonders Annelieses Vater soll um die Tugend seiner drei Töchter gefürchtet haben, denn

---

962 Im Vergleich zu Goodman hatte Wolff nach Angaben im Nachwort seines Buches zufolge Zugang zum Nachlass Pater Rodewyks erhalten, die Tonbandmitschnitte überließ ihm die Wallfahrtsleiterin, die Anneliese „entdeckt" haben will. Annelieses Mutter, Anna Michel, gewährte ihm Einlass in ihr Haus und in die ihrer Tochter gewidmete Kapelle. Die Befragung Alts erfolgte telefonisch, da dieser auf Wolffs Auskunft hin, er sei evangelisch, ein persönliches Treffen abgelehnt habe: „Der Exorzist muss sich rein halten".

963 München 2006, erstmals erschienen unter dem Titel: Das bricht dem Bischof das Kreuz. Die letzte Teufelsaustreibung in Deutschland, Reinbek 1999.

964 Ebd. S. 302–305.

965 Vgl. Bullinger, Kaspar: Unschuldig verurteilt. Ein Laie sagt seine Meinung im Aschaffenburger „Exorzistenprozeß", Bamberg 1979 sowie ders.: Das Leben und Sterben der Anneliese Michel und die Aussagen der Dämonen, Altötting ^{2}1983. Letztgenannte Publikation enthält die kommentierte Verschriftlichung sämtlicher Tonbandmitschnitte. S. v.a. Kap. 4.1.2.

966 Goodman sei vor allem daran gelegen gewesen, Alt zu entlasten, um so an dessen Prozessmaterial zu gelangen, weshalb die Familie Michel später auf Distanz zu ihrer Publikation gegangen sei. Vgl. Wolff, Der Teufel ist in mir, S. 37f.

967 Ebd. S. 39f. Rodewyk wurde hier zitiert mit der Aussage: „Hier hat der Herrgott mal richtig auf den Putz gehauen, dass es die ganze Welt hört", die er Anna Michel gegenüber geäußert haben soll. Den Zusammenhang zwischen den angeblich „traumatischen" Kindheitserfahrungen Alts und der Besessenheit Anneliese Michels stellte Wolff lediglich über das Erscheinen des „Dämons Hitler" her. Ebenso blieb er einen Quellenbeleg für die hier angeführten Ängste Alts vor Tieffliegern und Bombennächten sowie biographische Anmerkungen über die Anwesenheit von Alts Vater vor Stalingrad schuldig.

> „wo im Weinrausch die Augen der Frauen funkeln, wo Hexen und Teufel ihr Unwesen treiben, Röcke gehoben und Hosen geöffnet werden und die Sünde manche Seele schwärzt, hält man es für besonders wichtig, auch die kirchlichen Gegenkräfte zum weltlichen Treiben aufzubieten. Sie heißen Beichte, Buße und täglich Teilnahme an der Eucharistie."[968]

Um Weltbild und religiöse Orientierung Josef und Anna Michels nachzuvollziehen, ging Wolff ausführlich auf deren Biographien und den zeitgeschichtlichen Rahmen ein.[969] Annelieses Vater wurde hier dargestellt als strenggläubiger Katholik und Wallfahrer, geprägt durch seine Kriegserlebnisse in Russland, woraus ein „dualistisches und apokalyptisches Weltbild" resultierte, das er uneingeschränkt auf seine Töchter übertragen habe; zudem sei er davon überzeugt gewesen, dass sein Leben mit bedeutenden historischen Ereignissen verknüpft wäre.[970] Anna Michels Skepsis gegenüber der Schulmedizin dagegen liege begründet in den wohl negativen Erfahrungen im Verlauf von Krankheit und Tod ihrer ersten, unehelichen Tochter, denn auch Annelieses Mutter stammte aus einem strengreligiösen Elternhaus. So kam Wolff zu dem Schluss, die exorzistischen Sitzungen hätten insofern eine therapeutische Funktion für Anneliese Michel selbst erfüllt:

> „Anneliese will frei werden von den ungelösten Problemen ihrer Kindheit, der religiösen Schreckenswelt von Fátima; frei werden von ihrer verkrampften Beziehung zu ihrem Vater [...], frei werden von dem Gefühl, Sühneopfer für den Fehltritt der Mutter zu sein."[971]

Die Schwierigkeiten Annelieses, den Anforderungen ihrer Eltern im Alltagsleben – besonders während der Pubertät – gerecht zu werden, sollen in der „Teufel ist in mir" wohl durch Anekdoten veranschaulicht werden, welche wahrscheinlich auf Gespräche oder Aufzeichnungen von Angehörigen oder Schulfreundinnen zurückgehen, worüber Wolff allerdings keine genauen Angaben macht. Hier ist die Rede von Telefonaten über

---

968 Wolff, Der Teufel ist in mir, S. 45. Es handelt sich hier um eine Interpretation Wolffs ohne Quellenangabe.

969 S. Kapitel 2: „In den Himmel will ich kommen" – Das Elternhaus, S. 42–71.

970 Als Beispiel hierfür wird Josef Michels Geburtsjahr 1917 angeführt, das Jahr der russischen Revolutionen aber auch der Erscheinungen von Fátima (S. Fn. 26). Wolff gab an, Josef Michel habe gerne mittels einer Landkarte im Familienkreis demonstriert, dass sich Klingenberg geographisch auf einer gezogenen Diagonale zwischen Sankt Petersburg und Fátima befinde und deshalb „als Schauplatz für den endzeitlichen Kampf der guten und bösen Mächte prädestiniert sei". Wolff, S. 48.

971 Ebd. S. 57. Die Priester hingegen hätten sie lediglich als „Demonstrationsobjekt für die Existenz einer überholten Vorstellung der Hölle missbraucht".

nilgrüne Abschlussballkleider im Neckermann- oder Otto-Katalog[972], von Bastelarbeiten zum Muttertag während des Kuraufenthaltes im Allgäu[973] und von Dialogen zwischen den Schwestern Michel über die Leistungen der deutschen Fußballnationalmannschaft während der WM 1970[974]. Nach Aussage Wolffs schien Anneliese während ihrer Trennung von Familie und gewohntem Umfeld selbständiger geworden zu sein, mit ihrer Rückkehr nach Klingenberg und dem Wiedereintritt in die Schule seien aber Erwartungsdruck sowie Versagens- und Prüfungsängste zurückgekehrt, die sich bis ins Studium fortsetzten[975]. „Überspannte Sinne“, das Hören von Klopfgeräuschen und die Wahrnehmung seltsamer Gerüche seien daher als psychosomatische Reaktionen Annelieses auf den schulischen Leistungsdruck zu deuten. Der Besuch beim Aschaffenburger Nervenarzt geriet bei Wolff zum „Schlüsselerlebnis“,

> „[...] erfährt sie doch, dass ein Gespräch über ihre religiöse Selbstdeutung der psychischen und somatischen Symptome mit einem Arzt nicht in der Weise möglich ist [...]. Im Weltbild der Ärzte kommen ihre inneren Erfahrungen nur als Symptome einer krankhaften Religiosität vor. [...] Nur ein Psychologe, der offen ist für eine religiöse Sicht der Menschen, hätte Anneliese vielleicht helfen [...] können.“[976]

Annelieses „Besessenheit“ sei somit die automatische Folge dieser „Selbstdeutung“ ihrer Krankengeschichte, verstärkt durch ihre Erlebnisse auf einer Pilgerfahrt nach San Damiano und durch das Zusammentreffen mit der bereits mehrfach erwähnten Wallfahrtsleiterin. Erst deren Einschätzung und das Votum des von ihr eingeschalteten „Experten“ Rodewyk hätten zur „Doppelstrategie“ der „irritierten“ Eltern geführt, ihre Tochter neben der ärztlichen Behandlung auch einem Exorzismus zu unterziehen.[977] Anneliese selbst soll die wachsende Aufmerksamkeit seit der Besessenheitsdiagnose durch ihren „Betreuungsapparat“ genossen haben, besonders auch die Konstellation, zwischen zwei Männern – ihrem

---

972 S. 82, mit Seiten- und Preisangabe.

973 S. 87, ein Mobile mit Schwänen, eine Schreibmappe, zwei Armbänder etc.

974 S. 91f. Die nachvollzogenen Gespräche sind zwar als Zitat gekennzeichnet, es finden sich aber weder Fuß- noch Endnoten, welche die Quellen bestimmen.

975 S. z.B. S. 182. Die Schilderung zweier Kommilitoninnen über einen Anfall Annelieses setzte Wolff direkt in Bezug zu einer Unterrichtsvorbereitung im Rahmen ihres Studiums.

976 S. Wolff, Der Teufel ist in mir, S. 112.

977 Ebd. S. 131ff. Wolff sprach von einer Kette von Ereignissen und Begebenheiten, an deren Ende Annelieses Tod gestanden habe, angefangen von San Damiano, über Rodewyks Gutachten, das zur Genehmigung durch Bischof Stangl geführt hatte, bis hin zu Annelieses Angst vor einer Einweisung in die Psychiatrie. Vgl. hierzu die drei Etappen bei Mischo, Kap. 5.2, S. 195f.

Freund und Pfarrer Alt – „zu stehen"[978]. Außerdem, so Wolff, konnte sie „die Rolle der Besessenen" dazu nutzen, sich gegen alle elterlichen Verbote aufzulehnen und „die Grenzen der katholischen Moral zu überschreiten".[979] Was die Rolle des Würzburger Bischofs anlangt, vermochte Wolff diese aufgrund der ihm nicht zugänglichen Aktenlage nicht eindeutig zu bestimmen, weshalb er – reichlich spekulativ – mehrere Möglichkeiten anbot, um Stangls vermeintliches Desinteresse an den Resultaten des Exorzismus zu erklären, wie z.B. mangelnde Kompetenz und Durchsetzungskraft, die ihn zum Spielball antimodernistischer Kräfte gemacht haben könnten: „Kuschte ‚Josef, der Gute', der Sohn eines Juristen oder Offiziers, vor der Autorität des alten Offiziers Rodewyk?"[980] Die durchgeführten Exorzismen hätten sich dann auf Annelieses „labyrinthischen", „zerrissenen" und „von Schuldgefühlen zerriebenen" seelischen Zustand „verheerend" ausgewirkt. Dabei seien die Namen von Annelieses Dämonen nicht zufällig gewählt worden, denn Wolff zufolge bezeichneten diese ihre Beziehungskonstellationen zu den einzelnen Mitgliedern ihrer „Betreuungsgruppe".[981] Die junge Frau selbst habe letztlich keine Aussicht auf Heilung gesehen – weder von ärztlicher oder seelsorgerischer Seite – und sich dem Tod „entgegengehungert", eine andere Form des Selbstmordes würde ihr ein „ewiges Schicksal in der Hölle" beschert haben.[982]

Die Darstellungen der Anthropologin Goodman und des Theologen Wolff basieren zwar beide auf sehr ähnlichen Materialsammlungen, die ihnen jeweils von Beteiligten an den Klingenberger Ereignissen zugänglich gemacht wurden, sie verfolgen jedoch unterschiedliche Ansätze. Während Goodman mit ihren Schlussfolgerungen und Schaubildern aufzuzeigen versucht, dass es sich bei Anneliese Michel um eine echte Besessenheit – paraphrasiert als „religiöser Ausnahmezustand" – gehandelt habe, ihr Tod hingegen dem Unvermögen der behandelnden Ärzte anzulasten sei, vertritt Wolff den Ansatz, Anneliese habe sich vor ungelösten familiären Konflikte in die „Rolle der Besessenen" geflüchtet, ihre „Besessenheit" sei dann von den Priestern für deren Zwecke – u.a. als Teufels- bzw. Gottes-

978 Ebd. S. 168. Wolff versah Alt bei der Erstnennung in seinem Buch mit den Attributen „attraktiv, mit schwarzem Bart, kaum 14 Jahre älter als Anneliese" (S. 10).

979 Ebd. u.a. S. 196, z.B. das Zerreißen von Rosenkränzen, das Beleidigen der Priester etc.

980 Ebd. S. 161. Diesen Spekulationen geht ein biographischer Abriss Stangls voraus, in dem auch dessen bekannte liberale Einstellung zu den Reformen des Zweiten Vatikanums thematisiert wird.

981 Ebd. S. 235f. So stehe Judas u.a. für Annelieses „unerfüllte Liebe zu ihrem Vater" oder Luzifer für Pfarrer Alts „Stolz und das Überlegenheitsgefühl" gegenüber der Frömmigkeit der Familie Michel.

982 Ebd. S. 263.

beweis – missbraucht worden. Beiden Darstellungen gemein sind jedoch mangelnde Überprüfbarkeit, sichtbar am spärlichen Anmerkungsapparat bei Wolff bzw. der geringen Anzahl von Belegen bei Goodman, so dass die Darstellungen stellenweise sehr narrativ geraten und u.a. die Wiedergaben von Begebenheiten und Gesprächen[983] einen sehr spekulativen Charakter erhalten[984], was Goodman in ihrer Einleitung auch zugibt.[985] Dennoch stellten beide Publikationen bisher die einzige Möglichkeit dar, Einzelheiten über am „Fall Anneliese Michel" beteiligte Personen, deren Beziehungskonstellationen und vermeintliche Verantwortlichkeiten zu erfahren – Konstellationen, welche bis dahin gar nicht oder falsch über allgemein zugängliche Presseorgane kommuniziert worden waren.

Neben den genannten Literaturen unterschiedlicher Couleur über den „Fall Anneliese Michel" und den „Klassikern" der Exorzismusliteratur findet sich eine große Anzahl weiterer Titel, die den Teufel bzw. die dämonischen Einflüsse thematisieren, denen die Menschheit auch heute noch ausgesetzt zu sein scheint. Zu nennen ist in diesem Zusammenhang beispielsweise der schweizerische Christiana-Verlag[986], welcher unter der Rubrik „Dämonologie" Werke Don Gabriele Amorths, Adolf Rodewyks, Georg Siegmunds oder Goodmans „Anneliese Michel und ihre Dämonen" herausgibt sowie in seinem Verlagsprogramm weitere Publikationen unter Schlagwörtern wie „Finsternis"[987] oder „Satan"[988] bewirbt. Handelt es sich bei den Verfassern dort vertriebener Titel mehrheitlich um Theologen oder Psychologen, so kursieren neben diesen Abhandlungen populärwis-

[983] Dialogisch, mit Anführungszeichen und ohne Quellenbelege versehen.

[984] Vgl. Goodmans Schilderung des Untersuchungsgesprächs beim angeblich protestantischen Aschaffenburger Neurologen, der aufgrund seiner von Goodman angenommenen Unkenntnis des fränkischen Dialekts und seines „mangelnden Verständnisses katholischer Religiosität" auf die Beschreibung von Annelieses Symptomen wie folgt reagiert habe: „Das Misstrauen bedarf keiner Worte. Ein leichtes Achselzucken, ein flüchtiges, herablassendes Lächeln, und die Kluft hat sich aufgetan" (S. 51). Vergleichbare Beispiele bei Wolff s. Fn. 967 und Fn. 968.

[985] Goodman, Anneliese Michel und ihre Dämonen, S. 24.: „Ich habe ein wenig Farbe eingesetzt", um die Mentalität der Katholiken am Untermain besser verständlich zu machen.

[986] Nach dem Tod des Verlagsgründers und -leiters Arnold Guillet im Jahr 2007 wurde der Christiana-Verlag nach einer kurzen Übergangsphase am 1.1.2011 vom deutschen Fe-Medienverlag übernommen. Laut Medienmitteilung desselben verspricht sich dieser mittels Übernahme des kompletten Sortiments und der Herausgabe auch neuer Titel unter dem Namen „Christiana" „noch stärker an der Neuevangelisierung im deutschsprachigen Raum mitwirken zu können". S. info@fe-medien.de bzw. http://www.christiana.ch/ (27.10.2011).

[987] S. z.B. Ortner, Reinhold: Die Finsternis trägt den Namen Luzifers. Die geleugnete Realität: das zerstörerische Wirken Satans, Stein am Rhein 1999.

[988] Vgl. u.a. Huber, Georges: Weiche Satan, Stein am Rhein 1997.

senschaftliche Veröffentlichungen, wie die Werke des pensionierten Bahnbeamten Kaspar Bullinger, dessen Publikationen[989] – ebenfalls im Einverständnis mit der Familie Michel verfasst – vom Altöttinger Ruhland-Verlag herausgegeben werden. Beim Ruhland-Verlag, über den „eine Vielzahl an religiösen Büchern, Heften und Gebeten aus eigener Produktion"[990] bezogen werden kann, ist es auch möglich, eine „Novene[991] zu Anneliese Michel" zu bestellen, für einen Gegenwert von 1,30€[992]. Zu derartigen Verlagen, die Publikationen konservativ-katholischer Ausrichtung zu unterschiedlichen religiösen Themen vertreiben, kommen Broschüren und Handzettel anonymer Herkunft, die in konservativ-traditionalistischen Kreisen besonders während Wall- und Pilgerfahrten zur Erbauung oder „Information" herumgereicht werden, außerhalb dieser exklusiven und untereinander vernetzten Gemeinschaften bzw. dieser Art von Öffentlichkeit jedoch kaum wahrgenommen werden. Eine solche anonyme und undatierte „Broschüre"[993], versehen mit der Überschrift „Teufelsbeschwörung"[994], informiert z.B. den Leser über „neue Erscheinungsorte ‚der hohen Magd', die aufgrund teuflischen Einflusses nicht von der Kirche anerkannt werden"[995] und führt nach einem Bericht über eine angebliche Teufelsaustreibung in Deutschland die „Teufelswerke" auf, welche die Dämonen dem exorzierenden Kapuzinerpater „gestanden" hätten[996] und welche die Abneigung des Verfassers gegenüber den Reformen

---

989 Ders.: Unschuldig verurteilt, Bamberg 1979 und ders.: Das Leben und Sterben der Anneliese Michel, Altötting ^{2}1983. S. hierzu auch Kap. 4.1.2.

990 S. die Startseite des Internetauftritts des Verlages (http://www.druckerei-ruhland.de).

991 Bei einer Novene handelt es sich um ein an neun aufeinander folgenden Tagen durchgeführtes Gebet.

992 S. das Programm von „Druckerei und Verlag B. Ruhland", Altötting (http://www.druckerei-ruhland.de/html/bucher.html, 26.10.2011). Im Programm sind u.a. auch eine „Novene Pater Rupert Mayer S.J.", „Das Lexikon der Marienerscheinungen", „Das Unheil der sogenannten Handkommunion", „Heroldsbach", „Die Hölle existiert" sowie „So wahr es Gott gibt, gibt es auch die Hölle" aufgeführt.

993 Als einziges Indiz für die Herkunft des Heftchens dient die dort angeführte Bestelladresse in Belgien. In einer weiteren im DAW aufbewahrten 31seitigen Broschüre mit dem Titel: „Der Himmel schweigt nicht mehr" wurde der Sühnetod der Anneliese Michel zur Rettung des deutschen Vaterlandes, so „wie es einst Edith Stein für das jüdische Volk getan hatte", hervorgehoben. S. DAW Dokumentation zum Exorzismus von Klingenberg, K9.

994 S. Staatsarchiv Würzburg, Akten Kriminalpolizeiinspektion Aschaffenburg 1, B.

995 U.a. Heroldsbach, San Damiano, La Salette, Tre Fontane.

996 Bei diesem „Teufelswerk" handele es sich z.B. um die Handkommunion, Initiativen zur Abschaffung des Zölibats, „moderne Kirchen" (u.a. „neue" Altäre), den Einsatz von Laien bei der Kommunion, Abtreibungen und die Einführung der Pille.

des Zweiten Vatikanums eindeutig erkennen lassen. Es handelt sich somit bei Verfassern und Rezipienten dieser „Traktate“ um Anhänger der gleichen Klientel, die die Inhalte der „Botschaften“ befürworten und weiter im Umlauf halten, welche die Dämonen auf Geheiß der Mutter Gottes Anneliese Michel in den Mund gelegt haben sollen. Eine verlässliche Aussage darüber, wie weit die Vernetzungen zwischen diesen Gruppen von traditionalistischen Katholiken und Reformgegnern reichen, kann derzeit von einem Außenstehenden kaum getroffen werden. Dass eine funktionsfähige Kommunikation und Information „Gleichgesinnter“ über diese Vielzahl von „erbaulichen“ Schriften, Heftchen etc. auf Wallfahrten und religiösen Treffen besonders an nicht kirchlich anerkannten Wallfahrtsorten stattfindet, steht jedoch außer Frage. Der „Fall Anneliese Michel“ ist aufgrund seiner einerseits öffentlichen Diskussion und andererseits Vermarktung auf Schulhöfen oder Busreisen durch Protagonisten des katholischen Traditionalismus und Lefebvreismus Teil dieser Subkultur, der ein Weltbild zu eigen ist, in dem „Dämonen“ bzw. „dämonische Besessenheit“ nicht als Synonyme für das „Böse“ gelten, sondern eine alltägliche, reale Bedrohung darstellen.

Schlussbemerkungen

„Bekenntnis zur Teufelsaustreibung: Mahnwache für Exorzismus-Opfer" – mit dieser Überschrift machte am 3. März 2010 das Main-Echo auf einen Internetaufruf zu einer „Mahnwache zur Situation des kirchlichen Befreiungsdienstes" am Kloster Engelberg[997] aufmerksam[998]. Neben den beiden Initiatoren erschien jedoch lediglich eine „Unterstützerin", die zu diesem Zweck aus Bremen angereist war, das ursprünglich geplante dreitägige Beten und Fasten vor der Klosterpforte entfiel daher. „Zum Abschluss werde man noch zum Grab der Anneliese Michel laufen"[999], so die Auskunft von „Heike H.", die sich selbst als „besessen" bezeichnet und – unter dem Namen „Sarah H." – die Hauptrolle in der im WDR am Gründonnerstag, den 21. April 2011, ausgestrahlten Dokumentation „Teufels Werk und Gottes Beitrag" spielt[1000]. Nach einem Interview mit dem römischen Exorzisten Don Gabriele Amorth[1001], der vor laufender Kamera trotz nicht vorhandener Deutschkenntnisse versichert, von der Echtheit der Besessenheit Anneliese Michels überzeugt zu sein, wurde im Verlauf der Sendung die Geschichte der angeblich seit 2006 besessenen, aus Niederbayern stammenden Protagonistin erzählt, die nach eigenen Angaben bereits mehrfach u.a. durch den Weihbischof der schweizerischen Diözese Solothurn exorziert worden sein soll. „Sarah H."[1002], die

---

997 Das im Spessart gelegene Kloster ist von der Ortschaft Großheubach (Lkrs. Miltenberg) u.a. über 612 Stufen zu erreichen. Die Entfernung zwischen Großheubach und Klingenberg beträgt ca. 8 km.

998 S. den Internetauftritt des Main-Echo, www.main-netz.de/nachrichten/region/miltenberg/art3999/03.03.2010 (10.03.2010).

999 Ebd.

1000 Erstausstrahlung WDR, 21.4.2011, 23.15-0.45 Uhr.

1001 Zu Werken und Wirken Amorths s. Kap. 5.1.1.

1002 Der BR hatte am 22.7.2010 in der „Frankenschau Aktuell" (17.30 Uhr) über den „Exorzistentourismus" in Klingenberg berichtet und bei dieser Gelegenheit auch „Sarah H." interviewt. In einem Gespräch mit dem damaligen Sektenbeauftragten der Diözese Würzburg, Pfr. Alfred Singer, über die Frage, wie ernst man „Besessene" wie „Sarah H." nehmen müsse, argumentierte dieser sehr vorsichtig, eine seelsorgerische und zugleich ärztliche Betreuung sei unabdingbar. Zur päpstlichen Anregung, für jede Diözese einen eigenen Exorzisten zu bestellen, äußerte Singer, dass man in Deutschland wegen des Exorzismus von Klingenberg generell sehr zurückhaltend sei. Er selbst habe keine Kenntnis über die Anzahl solcher Diözesanexorzisten, sei sich aber sicher, dass die Mehrheit der deutschen Diözesen keine besäßen. Angesprochen auf in der letzten Zeit durch Journalisten aufgedeckte Teufelsaustreibungen gab der Sektenbeauftragte zu bedenken, dass durch einen Exorzismus nicht immer die endgültige Befreiung der/s „Besessenen" erlangt werden

sich als Nachfolgerin der Anneliese Michel versteht und – wie ebenfalls in der Dokumentation zu sehen – in San Damiano Visionen der Muttergottes erfuhr, sowie ihre Entourage, bestehend aus einem Geistlichen und dessen Haushälterin, begründeten die Notwendigkeit, in die Schweiz ausweichen zu müssen, mit der Haltung des deutschen Episkopats: nämlich seit dem „Fall Anneliese Michel" das Praktizieren eines Exorzismus bei Bekanntwerden sofort zu unterbinden.[1003] Darüber hinaus nehmen im Verlauf der Sendung Theologen aus dem Umfeld Herbert Haags Stellung, die an Publikationen wie „Abschied vom Teufel" mitgearbeitet hatten und ihre Enttäuschung über den ihrer Meinung nach konservativen Kurs Papst Benedikts XVI. zum Ausdruck brachten. Das Rituale Romanum sei bis heute nicht wesentlich reformiert worden, zudem gebe es außer theologischer Fachliteratur keine Publikationen, die das Thema einer breiteren Öffentlichkeit zugänglich machten.

Neben derartigen Dokumentationen sorgen Kinofilme wie die Hollywoodproduktion „Der Exorzismus der Emily Rose"[1004] (2005) und der zu Recht mehrfach preisgekrönte deutsche Film „Requiem"[1005] (2006), die

---

könne wie es z.B. der „Fall Anneliese Michel" gezeigt habe. In Fällen von nicht vollständiger Heilung sei das Ertragen der Leiden offenbar notwendig. Zur journalistischen Aufdeckung aktueller exorzistischer Umtriebe s. u.a. die Publikation von Wegner, Marcus: Der Teufel spricht deutsch, Gütersloh 2009.

[1003] Die Sendung enthält zahlreiche Filmsequenzen und Bildmaterial zum Exorzismus von Klingenberg, die den Dokumentationen „Tod durch Teufelsaustreibung?" vom 2.8.1976 (ARD-Sonderreportage, 22.50–23.35 Uhr) und „Satan lebt – Die Rückkehr des Exorzismus" vom 27.3.2006 (WDR, „die story", 22.30–23.15 Uhr) entnommen wurden.

[1004] Zu Beginn des Films wird der Zuschauer durch eine Einblendung darauf hingewiesen, dass der Film auf wahren Begebenheiten beruhe, wobei die Filmemacher sich hauptsächlich auf die Publikation und Interpretation Goodmans stützten. Es handelt sich beim „Exorzismus der Emily Rose" im eigentlichen Sinn um ein Gerichtsdrama, in dem in Rückblenden die Geschichte einer jungen Studentin rekonstruiert wird, die im Verlauf eines Exorzismus verstorben ist, wobei nicht an klassischen Horrorfilmelementen gespart wurde. Weitere Hollywoodfilme wie „Der letzte Exorzismus" (2010), „The Rite" (2011) oder „The Devil Inside" (2012), welche die Themen Exorzismus und Besessenheit in unterschiedlicher Manier aufgreifen, sind ebenfalls in das Genre des Horrorfilms einzuordnen.

[1005] Der Film „Requiem" ist sehr eng an den „Fall Anneliese Michel" angelehnt, was schon am Namen der Hauptfigur „Michaela Klingler" erkennbar ist. Die epilepsiekranke „Michaela" verlässt ihr streng religiöses Elternhaus in einem kleinen schwäbischen Ort, um in Tübingen ein Pädagogikstudium zu beginnen. Anfangs kann sie das Studentenleben genießen, dann aber erleidet sie vermehrt Anfälle, die auch während einer Pilgerfahrt mit der Familie auftreten. Bei einem jungen Geistlichen findet die junge Frau Gehör, sie vertraut ihm die Fratzen und Stimmen an, die ihr erscheinen. Der Film endet, als sich „Michaela" nach einer Phase größter physi-

sich beide erklärtermaßen, wie wohl sehr verschieden, am „Fall Anneliese Michel“ orientierten, dafür, dass die mehr als drei Jahrzehnte zurückliegenden Ereignisse um die Klingenberger Teufelsaustreibung in Erinnerung bleiben.

Die Tatsache, dass über neun Monate hinweg mit bischöflicher Genehmigung an einer jungen Frau unter Inkaufnahme schwerer physischer und psychischer Schäden – gänzlich isoliert und abgeschottet durch eine Handvoll Eingeweihter – ein Exorzismus durchgeführt werden konnte, an dessen Ende nach massivem Gewichtsverlust eine Infektion zum Tode der „Besessenen“ führte, schockierte 1976 die Öffentlichkeit im In- und Ausland. Anneliese Michel und ihre Eltern waren im Herbst 1973 aufgrund Annelieses schlechten Gesundheits- und Geisteszustands und ihrer Ansicht nach vergeblichen Bemühungen der konsultierten Mediziner zu dem Schluss gekommen, Zuflucht in einer religiösen Deutungsweise der Symptome zu suchen. Der Glaube daran, dass die Ursache für Annelieses Leiden trotz der Epilepsiediagnose verschiedener Ärzte ausschließlich im spirituellen Bereich zu finden sei, lag aufgrund der religiösen Prägung der Familie nahe. Zeigten sich die zunächst um Hilfe gebetenen Aschaffenburger Geistlichen anfangs noch zurückhaltend und vermieden eine vorschnelle Bestätigung des Besessenheitsverdachts des später gutachtenden „Exorzismusexperten“ Adolf Rodewyk, trat doch niemand diesen Vermutungen entschieden entgegen. Auch Annelieses Freund und späterer Verlobter trug trotz aufrichtiger, unterstützender Bemühungen mit seinem Verhalten wie der Teilnahme an den exorzistischen Sitzungen dazu bei, die junge Frau von ihrem nicht-familiären Umfeld weiter abzuschirmen bzw. zu isolieren. Da ihre sozialen Kontakte während des Studiums ohnehin auf wenige Personen beschränkt blieben, die darüber hinaus Annelieses konservative religiöse Einstellung teilten, war es für sie in Würzburg möglich, nach außen den Schein zu wahren, was einer weiteren Isolation innerhalb der studentischen Gemeinschaft Vorschub leistete. Die „Einweihung“ einer Kommilitonin und des Wohnheimleiters, eines katholischen Theologen, führte lediglich zu deren Annahme, einem bischöflichen Geheimhaltungsgebot in jeder Konsequenz unbedingt Folge leisten zu müssen und Meldungen verschiedener Mitbewohnerinnen über Annelieses schlechte Verfassung guten Gewissens ignorieren zu können. Mit der endgültigen Rückkehr in ihr Elternhaus im Frühjahr 1976 war die letzte Chance vertan, dass Außenstehende auf die folgenden Ereignisse, die schließlich zu Annelieses Tod führten, Einfluss hätten nehmen können. Durch die Übersiedelung nach Klingenberg war zudem gewährleistet, dass Annelieses weitere Lebens- und

scher Beeinträchtigungen und psychischer Belastungen dazu entschließt, sich in ihrem Heimatort einem Exorzismus zu unterziehen.

Berufsplanung nicht durch die Hinzuziehung eines Arztes, wenn nicht sogar eine befürchtete Einweisung in eine Nervenklinik, gefährdet wurde.

Das vermeintlich zwingende bischöfliche „Verschwiegenheitsgebot" war ursprünglich dazu gedacht gewesen, den Kreis der Eingeweihten vor und vor allem nach der offiziellen Beauftragung des Salvatorianerpaters Renz mit der Durchführung des Exorzismus an Frau „Anna Lieser" möglichst klein zu halten und kein unnötiges, dem Gebet abträgliches öffentliches Aufsehen zu erregen. Der tödliche Ausgang der Ereignisse war im Vorhinein nicht abzusehen, da es sich bei einem Exorzismus im eigentlichen Sinne um das Sprechen von Gebeten innerhalb einer über einen längeren Zeitraum geführten seelsorgerischen Betreuungssituation handelt. Die Möglichkeit der Hinzuziehung eines Arztes hingegen war durch den Würzburger Bischof zu keiner Zeit verbalisiert worden, da er auf die Einschätzungen der Geistlichen Alt und Renz vertraute. Die viel diskutierte Frage, ob Bischof Stangl sich nicht intensiver und initiativer um Verlauf, Erfolg oder Misserfolg des Exorzismus hätte kümmern müssen, ist auch heute nicht eindeutig zu beantworten, die Echtheit der persönlichen Betroffenheit Stangls steht jedoch zweifelsfrei fest. Über die Anfertigung der Tonbandmitschnitte war der Bischof zwar von Anfang an informiert gewesen, er ging aber davon aus, dass neben den direkt Beteiligten kein Außenstehender Kenntnis von den Aufnahmen erlangen würde. Erst wegen des Missbrauchs der Mitschnitte, deren Verbreitung und wegen der Möglichkeit des käuflichen Erwerbs im Verlauf und Nachgang des Prozesses hielt es Stangl für angezeigt, die Aufnahmen in seiner Stellungnahme im August 1976 öffentlich zu verurteilen.

Der von der Staatsanwaltschaft Aschaffenburg bestellte psychiatrische Gutachter machte in seiner Aussage im Verlauf des „Exorzistenprozesses" deutlich, dass sich Annelieses Psychose, basierend auf einer epileptischen Grunderkrankung, durch die „Besessenheits-Bestätigung" ihres sozialen Umfeldes und die Durchführung des Exorzismus zu einer schweren Geisteskrankheit entwickeln konnte. Ihr Tod hätte ihm zu Folge allerdings durch die rechtzeitige Hinzuziehung eines Arztes, eine medikamentöse und psychotherapeutische Behandlung, letztens dann noch durch die Einleitung einer Zwangsernährung verhindert werden können. Die Verurteilung der Eltern Annelieses und der beiden Geistlichen am 21. April 1978 zu einer Freiheitsstrafe von je sechs Monaten, die zur Bewährung auf drei Jahre ausgesetzt wurde, ging über die Forderung der Staatsanwaltschaft nach Geldstrafen für Alt und Renz weit hinaus. So wie diese beiden jegliche Verantwortung für das körperliche Wohl der Verstorbenen von sich wiesen, gab das Ehepaar Michel an, mit der Entscheidung für den Exorzismus die Verantwortung gänzlich in die Hände der Priester gelegt zu haben. Die Verurteilung von Annelieses Eltern, die von der Staatsanwaltschaft nicht gefordert worden war, begründete das Gericht mit der von Josef Michel während der Verhandlung gemachten Äußerung, in einer vergleichbaren Situation wieder genauso handeln zu wollen.[1006]

Das Bischöfliche Ordinariat in Würzburg wurde unvorbereitet mit der öffentlichen Aufregung nach Bekanntwerden von Anneliese Michels Tod und dessen Umständen konfrontiert. Die Tatsache, dass sich Bischof Stangl soweit feststellbar vor Erlass der Exorzismusanordnung nicht mit anderen Geistlichen oder der Diözesanleitung beraten hatte, lag in seiner Vorstellung von seelsorgerlichem Verhältnis bzw. pastoraler Beziehung und darin eingeschlossener Schweigeverpflichtung begründet. Die bischöfliche Presseabteilung sah sich Anfragen deutscher und ausländischer Presseorgane, Fernseh- und Rundfunkanstalten gegenübergestellt, ohne für einen solchen Fall Anweisungen erhalten zu haben. Zusätzliche Verwirrung stifteten Falschmeldungen über ein angebliches Dementi des Generalvikars. Die Erklärung des Würzburger Bischofs vom 12. August 1976[1007] war ohne vorherige Absprache mit der Deutschen Bischofskonferenz oder dem Vatikan verfasst und veröffentlicht worden, um zu Anfragen und Vorwürfen vor allem von Katholiken der Würzburger Diözese Stellung zu nehmen – jedoch nicht um Stangls Handlungsweise zu rechtfertigen, sondern diese eingehend zu erläutern und einem öffentlichen Vertuschungsvorwurf gegen die Kirche entgegenzuwirken. Der in der Erklärung vertretene Ansatz, bei der Verwendung von Begriffen wie „Teufel“ und „Dämonen“ stets den jeweiligen Hintergrund, den jeweiligen zeitlichen Rahmen und Zusammenhang zu beachten, also zu berücksichtigen, dass im Weltbild der Bibel bzw. des biblischen Kulturraums „das Böse den Menschen oft wie eine unentrinnbare Macht anfällt“[1008], stieß jedoch nicht auf ungeteilte Zustimmung. Stangl hatte zu keiner Zeit beabsichtigt, in Widerspruch zu den päpstlichen, amtskirchlichen Vorstellungen über „das Böse“ zu treten, seine Äußerungen hinsichtlich einer notwendigen Anpassung biblischer Begrifflichkeiten führten jedoch zu der Unterstellung, er habe mit seiner Erklärung die Existenz des Teufels generell in Frage gestellt. Eine Relativierung seiner missverständlichen Formulierung erfolgte zwar nicht öffentlich, der Bischof versuchte allerdings, den Vorwurf der „Teufelsleugnung“ in Briefen an das Kirchenvolk und an die Vatikanische Glaubenskongregation zu zerstreuen. Stangl kritisierte zudem selbsternannte „Dämonologen“ und „Satanologen“, die eine gewisse Deutungshoheit für sich beanspruchten und ihre Anhänger

---

[1006] Zur Begründung von Urteil und Strafmaß s. Staatsarchiv Würzburg, Akten Staatsanwaltschaft Aschaffenburg 593 I, Hauptakten, Urteilsband 21.4.1978.

[1007] Sonderbeilage zum Würzburger Diözesanblatt Nr. 16 vom 12.8.1976.

[1008] Ebd., Abschnitt 1, S. 2. Ebenso wenig hielt Stangl eine Verfluchung eines Menschen schon im Mutterleib – wie es sich bei Anneliese Michel zugetragen haben soll – für möglich.

in ihrem durch Angst und Schrecken geprägten Weltbild bestärkten, anstatt ihnen nötigenfalls ärztliche Hilfe angedeihen zu lassen. Mit der Bemerkung, dass eine solche Unterlassung als in großem Maße „unchristlich" und unverantwortlich anzusehen sei, da es sich aus moderner zeitgenössischer Sicht in Fällen von „Besessenheit" meist um schwere psychische Erkrankungen handele, versuchte der Bischof auch den Behauptungen der Angeklagten, das Verschwiegenheitsgebot habe die Hinzuziehung eines Arztes ausgeschlossen, die Grundlage zu entziehen. Stangls Verurteilung und Entsetzen über die Verletzung der priesterlichen Schweigepflicht durch die öffentliche Wiedergabe der Tonbänder brachte er in seiner Erklärung wie auch in einem Brief[1009] an Renz zum Ausdruck, der sein Auftreten in einer Fernsehdokumentation, trotz vorheriger schriftlicher Versicherung einer alleinigen bischöflichen Entscheidungsgewalt über sämtliche Tonbänder, damit rechtfertigte, falsche Interpretationen vermeiden zu wollen.

Bestätigte die Deutsche Bischofskonferenz in ihrer Erklärung[1010] die Notwendigkeit einer Reformierung des Rituale Romanum und befürwortete – wie Stangl – die Festschreibung der Gleichzeitigkeit von seelsorgerischem und ärztlichem Handeln im „Besessenheitsfall", machte ihr Vorsitzender Kardinal Höffner auch unmissverständlich klar, dass der Teufel und andere „böse Geister" Realitäten auch des 20. Jahrhunderts seien. Im Gegensatz zur Erklärung des Würzburger Bischofs ermöglichte die Bischofskonferenz keinen Interpretationsspielraum hinsichtlich einer anderen Lesart unter Berücksichtigung von Zeit und Kulturraum. Diese Haltung wurde von Rom begrüßt, wie man dort auch gegen Ende der Ermittlungen im „Fall Anneliese Michel" und nach der Urteilsverkündung im Frühjahr 1978 darauf bedacht war, das für die katholische Kirche äußerst nachteilige Medieninteresse einzudämmen und schon gar nicht neu zu entfachen. Dieses Interesse der Kirchenführung, die öffentliche Diskussion versanden zu lassen, stand jedoch nicht in Einklang mit dem Bestreben des Bischöflichen Ordinariats und der betroffenen Geistlichen, die noch auf Rehabilitierung hofften. Schon während des Prozesses war offenkundig geworden, dass vor allem die Katholiken der Würzburger Diözese eine abschließende Erklärung erwarteten. Das Sekretariat der Deutschen Bischofskonferenz aber hatte nach Ende des Prozesses deutlich gemacht, dass alles zu unterlassen sei, was erneutes öffentliches Inte-

---

1009 S. DAW, Exorzismus Klingenberg, 004, Handakt DK Fries, Teil 3, „P. Renz", 1975–1986, Brief Stangl an Renz, 11.10.1976, Version 1.

1010 Höffner, Joseph: „Erklärung vom 28. April 1978 gegen Hden übereilten Exorzismus." Mitteilung des Pressedienstes des Sekretariates der Deutschen Bischofkonferenz vom 28. April 1978 („Die Kirche und der Teufel").

resse provozieren könne.[1011] Vor diesem Hintergrund war es Bischof und Ordinariat nicht möglich, hinreichend und abschließend zum „Fall Anneliese Michel“ Stellung zu nehmen; die Gläubigen reagierten überwiegend mit Unsicherheit und Unverständnis darauf, von ihren Kirchenoberen allein gelassen worden zu sein. Die öffentliche theologische Diskussion um die Realexistenz des Bösen bot darüber hinaus für den Einzelnen – vor allem für junge Katholiken[1012] – wenig glaubenspraktische Ansatzpunkte.

Die beiden untersuchten Bestände von Zuschriften zum „Fall Anneliese Michel“, die im Diözesanarchiv und im Staatsarchiv Würzburg aufbewahrt werden, vermitteln ein zeitgenössisches Stimmungsbild, insofern die Angehörigen unterschiedlich motivierter Parteien dieselben oder zumindest vergleichbare Argumentationsmuster in ihren Stellungnahmen dazu nutzten, um Zustimmung oder Ablehnung auszudrücken. Waren sich z.B. konservative, traditionalistische und reformkritische Katholiken einig in ihrer Kritik an Bischof Stangl und seiner Handlungsweise, befürchteten sie gemeinsam mit aufgeklärt-liberalen, reformorientierten Katholiken eine fortschreitende Entfremdung des Kirchenvolkes durch den Ansehensverlust und den „Schauprozess“. Die Kritik am „Fehlurteil“ des Aschaffenburger Gerichts teilten konservativ-traditionalistische und antikirchlich-liberale Einsender: für die einen war das Urteil per se unrechtmäßig, für die andern nicht hart genug ausgefallen. Die bischöfliche Erklärung wurde mehrheitlich abgelehnt, die Person Stangls von sowohl Exorzismusgegnern als auch -befürwortern heftig kritisiert, entweder wegen der bischöflichen Passivität und Unentschiedenheit oder aufgrund des „Verrats“ an den Geistlichen Alt und Renz. Wie in der Berichterstattung der analysierten Presseorgane unterschiedlicher Provenienz und Ausrichtung wurden aktuelle Verbindungen zwischen der „Teufelsdebatte“ und der Diskussion um den Paragraph 218, dem Hungerstreiktod des RAF-Angehörigen Holker Meins, dem Vietnamkrieg oder dem vermeintlich übermächtigen Vormarsch des Kommunismus hergestellt.

Zeigte sich die regionale Presse im Würzburger und Aschaffenburger Raum in ihren Schlagzeilen eher zurückhaltend, das gerade auch in der Bewertung der direkt beteiligten Geistlichen und der Person des Würzburger Bischofs, wurde in Kommentaren und Leserbriefen wiederholt Kritik an der unzureichenden Informierung durch das kirchliche Lehramt geübt. Im „Fall Annliese Michel“ direkt involvierte, aber auch zweitrangig

[1011] S. DAW, Exorzismus Klingenberg, 001, Handakt des Generalvikars 1976–1982, DK Fries, 23.8.1976.

[1012] Vgl. hierzu die Stellungnahme der Katholischen Hochschulgemeinde Würzburg zum Verhalten der Kirche nach Klingenberg vom 31.5.1978, in: „image“ 34, Juni 1978, S. 15.

betroffene Personen und Vereinigungen benutzten besonders das „Main-Echo", um sich zu positionieren und Stellung zu nehmen. Die ins Licht der Öffentlichkeit gerückte katholische Exorzismuspraxis, getragen von Anhängern eines konservativ-traditionalistischen Katholizismus, hatte eine innere Überprüfung aller deutschen Diözesen im Hinblick auf Häufigkeiten und Umgang mit Exorzismusanfragen zur Folge. Eine vermeintlich erhöhte „Anfälligkeit" der süddeutschen Diözesen wurde von der überregionalen Presse ebenso thematisiert und kritisiert wie die scheinbar mangelhafte Priesterausbildung und Personalpolitik der katholischen Kirche, die Seelsorger wie die Geistlichen Alt und Renz hervorgebracht hätte. In diesem Zusammenhange müsse sich die Kirche im Hinblick auf die sich ständig verändernde moderne pluralistische Gesellschaft neu verorten und versuchen, das durch die Reformen des Zweiten Vatikanischen Konzils erzeugte Spannungsfeld zwischen Ultrakonservativen und Modernisten aufzulösen. Katholische Sonntagsblätter wiederum beschränkten sich erwartungsgemäß auf die Verurteilung von Aber- und Wunderglauben, womit sie sich dem Tenor entsprechender amtskirchlicher Verlautbarungen anschlossen. Die Kritik an einer antikirchlichen Pressekampagne wurde von katholischen wie evangelischen Sonntagsblättern aufgegriffen, wobei letztere den „Fall Anneliese Michel" dazu nutzten, trotz des negativen norwegischen Beispiels des Jahres 1978[1013] das Thema „Exorzismus" im Protestantismus als längst „erledigt" zu bezeichnen.

Die zu den Zuschriften an Bischof Stangl und das Aschaffenburger Landgericht zeitlich analoge Presseberichterstattung der Jahre 1976–1978 mag bei den jeweiligen Lesern Meinungen und Wertungen bestätigt und verfestigt haben, die Argumentationsmuster bzw. die Kritik von Vertretern verschiedener Lager – traditionalistisch, konservativer und liberaler Prägung – wiederholten sich deshalb, besonders in Kommentaren und Leserbriefen. Die dort vielfach bemängelte tendenziös negativ beeinflussende, angeblich vorverurteilende und überzogen kirchenkritische Berichterstattung zum „Fall Anneliese Michel" und über den Aschaffenburger Prozess ist jedoch nicht zu erkennen. Pauschale Feststellungen der Art, ein Großteil der deutschen Öffentlichkeit müsse damals zu dem Schluss gekommen sein, die Institution katholische Kirche sei in allen Ausprägungen mittelalterlich und habe sich in der modernen Gesellschaft selbst überlebt, lassen sich zudem nicht nachweisen. Ein ohnehin kirchenkritischer, reformorientierter Katholik konnte sich durch das Festhalten des kirchlichen Lehramtes am „Teufelsglauben" in seiner Haltung und Enttäuschung ebenso bestätigt fühlen wie ein konservativer Gegner des Zweiten Vatikanums die Erklärung Stangls und die Stellungnahmen

---

[1013] S. Fn. 563.

liberaler Theologen zum „Abschied vom Teufel“ als Beweis für die Infiltrierung der wahren, vorkonziliaren Kirche durch aufklärerische, moderne, „teuflische“ Einflüsse werten mochte. Die Ansehensbeschädigung der katholischen Kirche durch den Klingenberger Exorzismus führte jedoch nicht zu vermehrten Kirchenaus- oder Übertritten, da der Großteil der gläubigen Katholiken die extremen Ansichten der am „Fall Anneliese Michel“ Beteiligten nicht vertrat, diese also nicht als repräsentativ für die katholische Einstellung zu „Besessenheit“ und Exorzismus angesehen werden konnten. Mancher Kirchengegner sah seine ohnehin bestehenden Vorurteile über die „mittelalterliche“, „inquisitorische“, „frauenfeindliche“, „fortschrittsfeindliche“, seit 2.000 Jahren in ihren Ansichten und Traditionen vermeintlich erstarrte katholische Kirche bestätigt und sparte nicht mit unsachlichen Bemerkungen und Beleidigungen. Sowohl Quantität als auch Qualität der intensiven medialen Berichterstattung über einen Zeitraum von zwei bis drei Jahren sorgten allerdings dafür, wie eingangs gesagt, dass der „Fall Anneliese Michel“ gerade im Gebiet der Würzburger Diözese bis heute in der Bevölkerung noch sehr präsent und schier unauflöslich mit der Person Stangls verbunden geblieben ist.

Für weitere Schlagzeilen sorgte 1978 das Abspielen von Tonbandmitschnitten der exorzistischen Sitzungen während des Unterrichts an Schulen im Allgäu, wobei eine Untersuchung ergab, dass bereits ein Jahr zuvor in mehreren Fällen derartige Tonbänder Religionslehrern von Unbekannten auf dem Schulhof für fünf Mark zum Verkauf angeboten worden waren. Als Ziel und Zweck des Einsatzes der Tonbänder im Unterricht gaben die Verantwortlichen an, aus Gründen der Notwendigkeit der Behandlung und Aufarbeitung von Themen des aktuellen Tagesgeschehens gehandelt zu haben. Den Aufnahmen beigelegt waren jeweils ein Schriftsatz und eine Zahlkarte für das vom später exkommunizierten Bischof Lefebvre gegründete, im schweizerischen Ecône gelegene traditionalistische Priesterseminar der Pius-Bruderschaft, die offensichtlich sowohl an der durch konservativ-katholische Kreise organisierten und durchgeführten Vermarktung als auch am Vertrieb der Aufnahmen beteiligt gewesen war. Pater Renz hatte 1977 außerdem an Exorzismen in der Schweiz teilgenommen[1014], dies ebenfalls im Zusammenhang mit dem Priesterseminar in Ecône, für das Renz in seiner Gemeinde intensiv warb. Auch auf Wallfahrten nach unter anderem San Damiano kamen die Tonbänder zum Einsatz, die Frage, aus welcher Quelle diese stammten, war allerdings zu diesem Zeitpunkt schon nicht mehr zu beantworten, da neben Renz verschiedene Teilnehmer an den exorzistischen Sitzungen eigene Aufnahmegeräte hatten mitlaufen lassen. Die „Besessenheit“ der

[1014] S. hierzu den Artikel im Züricher „Tages Anzeiger“ vom 7.4.1978: „Exorzist wirkte auch in der Schweiz“.

Anneliese Michel, ihr „Martyrium" und die Umstände ihres Todes wurden von Anhängern konservativer und traditionalistischer Gruppierungen durch den Vertrieb und die Vervielfältigung der Tonbänder benutzt, um als Projektionsfläche für ihre rückwärtsgewandten Parolen zu fungieren. Die zu kommerziellen und Propagandazwecken angefertigten Zusammenschnitte enthielten v.a. ausgewählte Passagen, in denen Anneliese Michel Modernisierungstendenzen innerhalb der katholischen Kirche kritisierte und die Rückgängigmachung der während des Zweiten Vatikanischen Konzils beschlossenen Reformen forderte. In den „Botschaften", welche Anneliese Michel von sechs Dämonen im Auftrag der Mutter Gottes in den Mund gelegt worden sein sollen, wurde zudem auf das angeblich nahende Ende der Welt hingewiesen, weshalb eine Befolgung der Offenbarungen weiterer, aufgrund teuflischen Einflusses kirchlich nicht anerkannter Wallfahrtsorte wie Montichiari oder Heroldsbach sowie der Botschaften von Fátima noch wichtiger geworden sei.

Das von Papst Johannes XXIII. am 25. Januar 1959 angekündigte Zweite Vatikanische Konzil hatte das Ziel, eine Erneuerung der Kirche zu bewirken sowie sie den Notwendigkeiten der Zeit anzupassen, und war von der katholischen Welt überwiegend positiv aufgenommen worden. Im Zuge des ersten verabschiedeten Konzilsdokuments – der Liturgiereform „Sacrosanctum Concilium"[1015] – kam es zu einschneidenden Veränderungen in Form und Ablauf liturgischer Handlungen, die besonders in konservativen Kreisen abgelehnt wurden, wie z.B. die Zulassung der Muttersprache und die aktive Beteiligung von Laien während des Gottesdienstes, die Hinwendung des Priesters zur Gemeinde bei der Messe, die Abschaffung von Altarschranken oder die Einführung der Handkommunion. Da Letztere ohnehin in vielen Ländern bereits der Mundkommunion vorgezogen wurde, entschied sich die für die Umsetzung der Konzilsreformen zuständige Deutsche Bischofskonferenz, die notwendige päpstliche Erlaubnis einzuholen, die am 29. Juni 1970[1016] gewährt wurde und es dem Einzelnen überließ, welche Art der Kommunionspendung er bevorzugte; die Deutsche Bischofskonferenz hatte außerdem die Einführung der Muttersprache in allen Bereichen der Liturgie durchgesetzt, so dass das Lateinische bis auf wenige Ausnahmen fast vollständig verschwand.

[1015] Die Konstitution wurde am 22.11.1963 verabschiedet. Originaltexte in dt. Fassung bei Rahner, Karl/Vorgrimler, Herbert (Hg.): Kleines Konzilskompendium. Sämtliche Texte des Zweiten Vatikanums, Freiburg i.Br. u.a. [29]2002, S. 51–90.

[1016] Es handelt sich um die päpstliche Instruktion „Sacramentali communione", abgedruckt bei Rennings, Heinrich/Klöckener Martin (Hg.): Dokumente zur Erneuerung der Liturgie, Bd. 1, Dokumente des Apostolischen Stuhls 1963–1973, Kevelaer 1983, S. 938–941 (2144–2153).

Die Wiederzulassung der vorkonziliaren, so genannten tridentinischen Messe[1017] als legitime Variante durch das Schreiben (Motu Proprio) „Summorum Pontificum“[1018] Papst Benedikts XVI. vom 7. Juli 2007 wurde in der Öffentlichkeit vielfach kritisiert und von liberalen Katholiken und Theologen als Rückschritt gewertet. Der Sekretär der Kongregation für den Gottesdienst, Erzbischof Ranjith, stellte in einem Interview auf die Frage nach der tieferen Bedeutung der Wiederzulassung fest, dass der Papst „die mancherorts sichtbaren Versuchungen korrigieren möchte, die das Konzil als Bruch mit der Vergangenheit und als völligen Neuanfang betrachten“; weiterhin sei Benedikt XVI. von der Sorge getragen, „den Anhängern von Erzbischof Lefebvre den Weg zur Rückkehr in die volle Gemeinschaft der Kirche zu ebnen“[1019]. Marcel Lefebvre, der selbst am Konzil teilgenommen hatte, nutzte sein Amt als Oberhaupt der von ihm am 1. November 1970 gegründeten „Priesterbruderschaft Pius X.“ und die Errichtung eines eigenen Priesterseminars in der Schweiz (Ecône), um seine ablehnende Haltung hinsichtlich der Änderungen in der Liturgie öffentlich zum Ausdruck zu bringen und seine Seminaristen in vorkonziliarem, „traditionellem“ Sinn auszubilden. Die Liturgiereform, nach Ansicht Lefebvres durch „Liberalismus und Protestantismus ganz und gar vergiftet“, müsse als Ergebnis der „neo-modernistischen und neo-protestantischen Richtung“ des Zweiten Vatikanums angesehen werden: Der einzig wahre Treuebeweis zu „Kirche und katholischem Bekenntnis“ sei „die entschiedene Weigerung, diese Reform anzunehmen“[1020]. Nachdem Lefebvre unerlaubt Bischofsweihen durchgeführt und mehreren päpstlichen Aufforderungen zur Rücknahme seiner öffentlichen Kritik, geäußert in zahlreichen Schriften, nicht Folge geleistet hatte, erklärte

[1017] Es handelt sich hier um die vorkonziliare Form, wie sie vor der Überarbeitung der Messordnung im Zuge der Liturgiereform zelebriert wurde.

[1018] Abdruck des vollständigen Textes u.a. bei Gerhards, Albert (Hg.): Ein Ritus – zwei Formen. Die Richtlinie Papst Benedikts XVI. zur Liturgie, Freiburg i.Br. 2008, S. 12–18.

[1019] S. das Interview vom 23.11.2007: „Dies verdunkelt den Glauben an die wirkliche Gegenwart Christi“, http://www.kath.net.de/ (23.3.2011), S. 1. Der Erzbischof erwähnte zudem „Änderungen [im Zuge konziliarer Reformen], die missbräuchlich eingeführt worden sind und trotz ihrer schädlichen Auswirkungen auf den Glauben und auf das liturgische Leben der Kirche weiter behalten werden“, wie zum Beispiel die Handkommunion, die Verwischung der Rollen von Klerikern und Laien oder die Abschaffung von Kommunion- und Kniebänken (S. 5). Bei der von Papst Benedikt XVI. gehaltenen Abschlussmesse des Weltjugendtages 2008 konnte man die Hostie ausschließlich in kniender Haltung als Mundkommunion empfangen, die päpstliche Instruktion, welche die Handkommunion erlaubte, wurde 2009 für St. Peter in Rom aufgehoben.

[1020] S. Congar, Yves: Der Fall Lefebvre. Schisma in der Kirche? Freiburg i.Br. 1977, S. 99–101.

Papst Johannes Paul II. am 2. Juli 1988 die Exkommunikation Lefebvres und der durch ihn Geweihten. Die Entscheidung Papst Benedikts XVI. im Jahr 2009, die Exkommunikationen zurückzunehmen, löste auch deshalb eine in der Öffentlichkeit heftig geführte Diskussion aus, da der englische Bischof Richard Williamson – 1988 durch Lefebvre zum Bischof geweiht – 2008 während eines Interviews durch ein schwedisches Fernsehteam den Holocaust geleugnet hatte[1021]. Die Rücknahme der Exkommunikation Williamsons wurde von liberalen Katholiken wie auch Angehörigen anderer Konfessionen als weiterer Schritt auf dem Weg zurück vor das Konzil interpretiert.

Der mangelnden Akzeptanz bezüglich der Reformen des Zweiten Vatikanischen Konzils versuchte die Deutsche Bischofskonferenz mit Einberufung der „Gemeinsamen Synode der Bistümer in der Bundesrepublik Deutschland", später bekannt als „Würzburger Synode" (3.1.1971–23.11.1975), entgegenzutreten. Die Bischofskonferenz versuchte in diesem Zusammenhang auch, Lehren aus der Diskussion um die päpstliche Enzyklika „Humanae Vitae" (25. Juli 1968) zu ziehen und Impulse des Essener „Protestkatholikentages" (1968) aufzunehmen. Gläubige und Priester der damaligen jüngeren Generation hatten sich durch die päpstliche Verlautbarung bevormundet sowie in ihrem Streben nach Mitgestaltung und Öffnung der Kirche übergangen gefühlt und fanden bei der Deutschen und Österreichischen Bischofskonferenz Verständnis[1022]; diese bestätigten, dass in der ohnehin sensiblen nachkonziliaren Phase ein Schreiben wie „Humanae Vitae" als Ausdruck einer autoritären Umkehr gewertet werden und deshalb nur relativ verbindlich sein könne. „Humanae Vitae" hatte vor allem deshalb großes Aufsehen erregt, weil sich die von der Enzyklika besonders betroffenen jungen Katholiken mit der Modernität der Reformen des Konzils identifizierten und aufgrund der zeitgleichen Studentenbewegung ermutigt fühlten, ihren Protest – z.B. auf dem Essener Katholikentag – öffentlich zu demonstrieren. Man wollte „mit dem Konzil Ernst machen"[1023] und ein neues katholische Selbstverständnis sowie „die Anerkennung des postkonziliaren Katholizismus als relevanten Faktor" erreichen[1024] – auch wenn linkskatholische Studentengruppen wie die „KAPO" aufgrund ihrer Beschränkung auf kirchliche

---

[1021] Williamson wurde im Juli 2011 vom Landgericht Regensburg in zweiter Instanz wegen Volksverhetzung zu einer Geldstrafe von 6.500 Euro verurteilt. Sein Rechtsbeistand kündigte an, Rechtsmittel gegen das Urteil einzulegen. S. u.a. einen Bericht der Süddeutschen Zeitung vom 11.7.2011 („Geldstrafe für Holocaust-Leugner Williamson").

[1022] Vgl. Königsteiner und Mariatroster Erklärung vom 30.8. bzw. 22.9.1968.

[1023] S. Grossmann, Zwischen Kirche und Gesellschaft, S. 213.

[1024] Ebd. S. 210.

Themen keine vergleichbare Breitenwirkung entfalten konnten wie ihr Vorbild, die APO. Die Würzburger Synode darf allerdings nicht allein als Reaktion auf derartige Protestbewegungen gewertet werden, ihre wesentliche Leistung bestand darin, basierend auf den Erfahrungen des „Protestkatholikentags“ den notwendigen Kommunikationsraum geschaffen zu haben, der einen direkten Dialog zwischen Teilnehmern mit unterschiedlicher Erwartungshaltung ermöglichte.

Es ist eine Tatsache, dass die Umsetzung der auf dem Konzil beschlossenen Reformen einen langwierigen Prozess darstellte, der auch heute nicht als vollständig abgeschlossen angesehen werden kann. Die Anhänger eines konservativen Katholizismus, welche mit den Aussagen und Schriften Lefebvres zumindest sympathisieren und sinnvollen wie notwendigen Veränderungen bzw. Anpassungen der Kirche an eine moderne Lebenswelt ihr Verständnis von „Tradition“ entgegensetzen, halten an der Vorstellung eines personalisierten „Bösen“ fest, das den Einzelnen „anfallen“ und bedrängen kann, wie es im „Fall Anneliese Michel“ geschehen sein soll. Dieser Glaube an eine „Besessenheit“, von der Betroffene nur durch die Anwendung eines Exorzismus Heilung erwarten können, stützt sich dabei einerseits auf eine Reihe von Publikationen namhafter römischer Exorzisten wie z.B. Don Gabriele Amorths[1025], des Mitbegründers der Internationalen Exorzistenvereinigung, sowie auf die Schilderung zurückliegender, überlieferter „Fälle“, welche eine katholische aber auch protestantische „Exorzismustradition“ im 19. und 20. Jahrhundert belegen sollen. Die in konservativ-traditionalistischen Kreisen einschlägigen Veröffentlichungen des bei der Klingenberger Teufelsaustreibung gutachtenden Jesuiten Adolf Rodewyk nehmen hierbei eine besondere Stellung ein, da sie nicht nur von den Geistlichen Alt und Renz als absolut grundlegend eingestuft wurden und Letztgenanntem als „Leitfaden“ dienten. Darüber hinaus war Rodewyks eigene Exorzistentätigkeit im „Fall Magda“ bis zum „Fall Anneliese Michel“ das wohl in Deutschland bekannteste und am besten dokumentierte Beispiel für Teufelsaustreibungen im 20. Jahrhundert. Ausgelöst durch Anneliese Michels Tod und die Erklärung Bischof Stangls wurde die theologische Debatte über die mögliche Anpassung oder Uminterpretierbarkeit biblisch überlieferter Begrifflichkeiten neu entfacht, bekennende Stellungnahmen von u.a. (Erzbischof) Joseph Kardinal Ratzinger, der die Existenz des Teufels als unleugbare Tatsache deklarierte, oder die

[1025] In der deutschen Presse kursierten 2005 Schlagzeilen darüber, dass an der päpstlichen Universität 120 Priester in einem dreimonatigen Seminar zu Exorzisten ausgebildet wurden. S. u.a. den Artikel bei 3sat.online vom 7.3.2005: „Schule der Exorzisten. In Rom wird die Teufelsaustreibung gelehrt“ (http://www.3sat.de/, 28.5.2005).

Publikationen des Theologen Herbert Haags, der sich dafür aussprach, den Exorzismus wegen seines manipulativen Charakters zu verbieten, die katholische Lehre über den „Teufel“ neu zu überdenken und aus Lehrbüchern, kirchlichen Gebets- und Gesangbüchern vollständig zu tilgen, wurden von einem großen Publikum aufmerksam verfolgt. Psychiatrische und psychologische Studien näherten sich dem „Fall Anneliese Michel“ von wissenschaftlicher Seite, wobei alle diese Veröffentlichungen von einer epileptischen Grunderkrankung der jungen Frau ausgehen: Diese müsse als auslösend für eine Psychose angesehen werden, die sich aufgrund der stark religiös ausgerichteten familiären Prägung in einem religiösen Wahn geäußert habe. Der Umstand, dass sich Anneliese Michel für „besessen“ hielt, erfuhr eine stetige Verstärkung, indem ihr Umfeld unter Ausschluss medizinischer Hilfe mit der Durchführung des Exorzismus „adäquat“ reagierte. Ziel müsse es deshalb sein, eine Kooperation durch die Überwindung der bei Ärzten und Seelsorgern vorhandenen gegenseitigen Ressentiments zu erreichen, um den vielen Anfragen und Bitten um exorzistische Hilfe zu begegnen. Die beiden bis heute am häufigsten rezipierten Publikationen der Anthropologin Felicitas D. Goodman und des Theologen Uwe Wolff bieten dem Leser die Möglichkeit, über die mediale Berichterstattung hinaus zusätzliche Informationen und Fakten zum „Fall Anneliese Michel“ zu erhalten, da beide Autoren über Materialien direkt Beteiligter verfügten. Während Goodman mit ihren Schlussfolgerungen und Schaubildern aufzuzeigen versucht, dass es sich bei Anneliese Michel um eine echte „Besessenheit“ gehandelt und die falsche Behandlung mit Antiepileptika zu ihrem Tod geführt habe, behauptet Wolff, die junge Frau habe sich selbst in die „Rolle der Besessenen“ geflüchtet, um familiären Konflikten zu entgehen, was v.a. durch die beteiligten Priester für ihre „Teufelspropaganda“ ausgenutzt wurde. Daten, Namen und Zeitrahmen werden in beiden Darstellungen zwar korrekt abgebildet, wissenschaftlichen Ansprüchen hingegen können sie nicht genügen, aufgrund der in beiden Fällen mangelnden Überprüfbarkeit von Anekdoten und skizzierten Dialogen sowie der spärlichen Verwendung von entsprechenden Fußnoten bzw. Anmerkungsapparaten und mangelhaften empirischen Grundlegungen weitläufiger Deutungen.

Die neben diesen Publikationen kursierenden grauen Literaturen, die in Form von Faltblättern, Traktaten oder im Eigenverlag herausgegeben werden, dienen in der Regel dem Zweck, Anhängern einer von Außenstehenden kaum wahrnehmbaren Subkultur, in deren Weltbild „Teufel“ und „Dämonen“ ihren festen Platz haben, als Kommunikationsmittel zu dienen. Der allgemeinen Öffentlichkeit wurde das Thema „Besessenheit“ und „Exorzismus“ im Jahr 2008 durch die Bestätigungen der Bischöflichen bzw. Erzbischöflichen Ordinariate Augsburg und Paderborn[1026], in den zurückliegenden Jahren Exorzismusaufträge an Geistliche erteilt zu haben, erneut vor Augen geführt. Ein pensionierter Priester aus Eichstätt gelangte 2007 ebenfalls in die Presse, weil er – trotz einer zwei Jahre zuvor erfolgten Rücknahme der bischöflichen Erlaubnis zur Durchführung eines Exorzismus – eine Teufelsaustreibung vorgenommen haben soll[1027]. Die daraufhin prompten Nachfragen beim Bischöflichen Ordinariat Würzburg zu dessen „Exorzismuspraxis" 30 Jahre nach dem „Fall Anneliese Michel" wurden jedoch eindeutig abschlägig beschieden.

[1026] Während das Ordinariat in Augsburg eine grundsätzliche Bestätigung abgab, äußerte man sich in Paderborn dahingehend, in den letzten acht Jahren drei Exorzismen angeordnet zu haben. Vgl. hierzu u.a. Artikel in der „Welt" vom 19.5. und 21.5.2008 („Neue Debatte um Teufelsaustreibung" bzw. „Was der Teufel in Deutschland so treibt").

[1027] S. u.a. die Online-Ausgabe der Zeit vom 4.6.2008: „Bistum Eichstätt: Priester darf keinen Exorzismus mehr sprechen" (http://www. zeit.de/news/artikel/2008/06/04/de, 5.6.2008).

Quellen- und Literaturverzeichnis

Archivalien

Diözesanarchiv Würzburg: Aktenbestand „Exorzismus Klingenberg“

001	Handakt GV Wittig zum Exorzismus Klingenberg (1976–1982).
002-006	Handakt Domkapitular Dr. Bruno Fries zum Exorzismus Klingenberg: Teil 1: Familie Michel und deren Umfeld (1973–1978). Teil 2: Korrespondenzen und Aktenvermerke betr. Pfarrer Ernst Alt (1974–1978). Teil 3: Korrespondenzen und Aktenvermerke betr. P. Arnold Renz SDS (1975–1986). Teil 4: betr. Tätigkeit der Verteidigung (u.a. Exhumierung) (1977–1978). Teil 5: betr. Ermittlungen der Staatsanwaltschaft Aschaffenburg (1976–1978).
010	Handakten Rechtsabteilung des Bischöflichen Ordinariats zum Fall Klingenberg (1976–1978).
011	Prozessunterlagen: Anklageschrift, Plädoyers, Ausfertigung des Urteils vom 21.4.1978 (1977–1978).
012	Zuschriften an Bischof Josef Stangl (1976–1978).
013	Korrespondenz Bischof Josef Stangl (1976–1981).
015 u. 017	Rechtsabteilung: Aktennotizen der Pressestelle des Bischöflichen Ordinariats (1976–1979).
020	Sachdokumentation DAW, allgemein (1976).
021	Sachdokumentation DAW: Unterlagen zu Interviewäußerungen und Pressekonferenz des BO bzw. der Staatsanwaltschaft Aschaffenburg (1976).
022	Kopien Korrespondenz Bischof Josef Stangl (1974–1979).

Pressedokumentation „Exorzismus Klingenberg“.

Pfarrarchive

St. Agatha, Aschaffenburg.
St. Pankratius, Klingenberg.
St. Pius, Rück-Schippach.
St. Michael, Ettleben.

Bayerisches Staatsarchiv Würzburg:
Akten der Kriminalpolizeiinspektion Aschaffenburg 1 (Bestände A-E)

Ermittlungsakten zum objektiven Tatbestand 1976–1976 (A).
Ärztliche Gutachten 1975–1977 (B).
Zeugenaussagen 1976–1977(C).
Aussagen und Stellungnahmen der Angeklagten sowie Bischof Stangls und des Bischöflichen Ordinariats 1976–1977 (D).
Wortprotokolle von Mediensendungen, Bildbericht zu Exhumierung 1976–1978 (E).

Akten Staatsanwaltschaft Aschaffenburg 593 I–III

Bestand I: Hauptakten, Band I–IV (1976–1977), Protokoll- (Niederschriften 30. März -21. April 1978) und Urteilsband.
Bestand II: u.a. Briefe und Zusendungen an die Staatsanwaltschaft des Landgreichtes Aschaffenburg, Anfragen und Bewilligungen von Drehgenehmigungen, Bitten um Akteneinsicht seitens Vertretern von Filmindustrie, Autoren (z.B. Uwe Wolff) und Verlagen (u.a. Christiana-Verlag).

Ausgewertete Zeitschriften

(Untersuchungszeitraum 1976–1978)

Augsburger Allgemeine
Deutsche Tagespost
Die Welt
Die Zeit
Deutsches Allgemeines Sonntagsblatt
Fränkisches Volksblatt
Frankfurter Allgemeine Zeitung
L'Osservatore Romano (dt. Ausgabe)
Main-Echo
Main-Post
Münchner Merkur
Publik-Forum
Rheinischer Merkur
Sonntagsblatt (Evangelische Wochenzeitung für Bayern)
Süddeutsche Zeitung
Würzburger Katholisches Sonntagsblatt

Gedruckte Quellen und Literatur

Adler, Manfred (Hg.): Tod und Teufel in Klingenberg. Eine Dokumentation, Aschaffenburg 1977.

Adlmaier, Conrad: Blick in die Zukunft, Traunstein ³1961.

Alberigo Giuseppe et al. (Hg.): Kirche im Wandel. Eine kritische Zwischenbilanz nahe dem Zweiten Vatikanum, Düsseldorf 1982.

Ders. (Hg.): Geschichte der Konzilien: Vom Nicaenum bis zum Vaticanum II, Düsseldorf 1993.

Allen, Asa Alonso: Dämonische Besessenheit in der Gegenwart und wie man davon befreit wird, Leonberg 1954.

Allen, Thomas B.: Besessen. Die wahre Geschichte eines Exorzismus, München 1995.

Altermatt, Urs: „Volksreligion – neuer Mythos oder neues Konzept? Anmerkungen zu einer Sozialgeschichte des modernen Katholizismus", in: Baumgartner, Jakob (Hg.): Wiederentdeckung der Volksreligiosität, Regensburg 1979, S. 105–124.

Ders.: „Plädoyer für eine Kulturgeschichte des Katholizismus", in: Hummel, Karl-Joseph (Hg.): Zeitgeschichtliche Katholizismusforschung. Tatsachen, Deutungen, Fragen. Eine Zwischenbilanz (= Veröffentlichung der Kommission für Zeitgeschichte, Bd. 100), Paderborn 2004, S. 169–187.

Altgeld, Wolfgang: Katholizismus, Protestantismus, Judentum. Über religiös begründete Gegensätze und nationalreligiöse Ideen in der Geschichte des deutschen Nationalismus (= Veröffentlichungen der Kommission für Zeitgeschichte, Bd. 59), Mainz 1992.

Ders.: „Religion, Denomination and Nationalism in Nineteenth-Century Germany", in: Walser Smith, Helmut (Hg.): Protestants, Catholics and Jews in Germany, 1800–1914, Oxford 2001, S. 49–65.

Ders./Merz, Johannes/Weiß, Wolfgang (Hg.): Josef Stangl 1907–1979. Bischof von Würzburg. Lebensstationen in Dokumenten (= Katalog zur Ausstellung „Hirtenamt und Gesellschaft: Josef Stangl, Bischof von Würzburg 1957–1979"), Würzburg 2007.

Amorth, Gabriele: Ein Exorzist erzählt, Abensberg ²1994.

Ders.: Neue Berichte eines Exorzisten, Stein am Rhein 1998.

Ders.: Exorzisten und Psychiater, Stein am Rhein 2002.

Ders.: Dämonische Mächte unserer Zeit. Exorzisten im Gespräch mit Psychiatern, Fremdingen 2003.

Ders.: Pater Pio. Lebensgeschichte eines Heiligen, Stein am Rhein 2003.

Anderson, Lavinia: „Liberalismus, Demokratie und die Entstehung des Kulturkampfes", in: Lill, Rudolf/Traniello Francesco (Hg.): Der Kulturkampf in Italien und den deutschsprachigen Ländern (Schriften des Italienischen-Deutschen Historischen Instituts, Bd. 5), Berlin 1993, S. 109–125.

Angenendt, Arnold: „Wie im Anfang so in Ewigkeit? Die tridentinische Liturgie. Die Liturgiereform: Beharren oder verändern?“ in: Gerhards, Albert (Hg.): Ein Ritus – zwei Formen. Die Richtlinie Papst Benedikts XVI. zur Liturgie, Freiburg i.Br. 2008, S. 122–143.

Anzévui, Jean: Das Drama von Ecône, Sitten 1976.

Aretin, Erwein von: Therese Neumann. Die stigmatisierte Sühneseele von Konnersreuth, Gröbenzell 1952.

Arning, Holger: Die Macht des Unheils und das Unheil der Macht. Diskurse von Katholizismus und Nationalsozialismus im Jahr 1934 – eine exemplarische Zeitschriftenanalyse, Paderborn 2008.

Arnold, Gerhard: Dokumentation zum „Exorzismus-Prozeß“ in Aschaffenburg, 2 Bde. (unveröffentlichte Zusammenstellung von Zeitungsartikeln).

Auchter, Thomas: „Eine Teufelsneurose im 20. Jahrhundert. Der Fall Anneliese M.“, in: Wege zum Menschen. Monatsschrift für Arzt und Seelsorger, Erzieher, Psychologen und soziale Berufe, Bd. 29 (1977), S. 223–235.

Baeyer-Katte, Wanda von: „Das Theorem von der Besessenheit als Symbol für gesellschaftliche Aktionsmuster“, in: Zutt, Jürg (Hg.): Ergriffenheit und Besessenheit. Ein interdisziplinäres Gespräch über transkulturell-anthropologische und -psychiatrische Fragen, Bern 1972, S. 47–58.

Balducci, Corrado: Priester, Magier, Psychopathen. Grenze zwischen Wahn und Teufel, Aschaffenburg 1976.

Barth, Hans-Martin et al.: Der emanzipierte Teufel. Literarisches, Psychologisches, Theologisches zur Deutung des Bösen, München 1974.

Barth, Heinz-Lothar: „Latein – universale Kultsprache der katholischen Kirche“, in: Esser, Norbert (Hg.): Dem Schönen und Heiligen dienen, dem Bösen wehren in Liturgie, Lebensschutz und Volksfrömmigkeit, Sinzig 1997, S. 152–164.

Bastian, Wolfgang E. et al. (Hg.): Barbara Weigand im Urteil von Bischöfen und Priestern, Friedrichsdorf 2003.

Ders. (Hg.): Leibgarde Jesu-Christi, Tabernakel-Ehrenwache, Friedrichsdorf 2005.

Ders. (Hg.): Tabernakel, heiligster Ort der Kirche, Friedrichsdorf 2005.

Ders. (Hg.): Gebetsarmee Gottes. Eucharistischer Liebesbund des göttlichen Herzen Jesu, Friedrichsdorf 2005.

Ders. (Hg.): In der Nachfolge des Kreuzes, Friedrichsdorf 2006.

Bäumer, Anne: Die Professorin und der Weihbischof: Glaube, Liebe, Exorzismus. Die seltsamen Heilmethoden der katholischen Kirche, Frankfurt a.M. 2003.

Baumeister, Martin: Parität und katholische Inferiorität. Untersuchung zur Stellung des Katholizismus im Deutschen Kaiserreich (= Politik- und Kommunikationswissenschaftliche Veröffentlichung der Görres-Gesellschaft, Bd. 3), Paderborn 1987.

Baumer, Iso: „Das Frömmigkeitsbild der Traditionalisten“, in: Baumgartner, Jakob (Hg.): Wiederentdeckung der Volksreligiosität, Regensburg 1979, S. 53–81.

Baumgartner, Jakob (Hg.): Wiederentdeckung der Volksreligiosität, Regensburg 1979.

Becker, Elisabeth (Hg.): Der Exorzismus der Kirche unter Beschuß? Stein am Rhein 1995.

Becker, Erika: Durch Resl bekehrt. Neue Zeugnisse aus Konnersreuth: Berichte, Aussagen, Tagebuchaufzeichnungen dreier Konvertiten aus dem nahen/allernächsten Umfeld der Therese von Konnersreuth, Würzburg 1985.

Beinert, Wolfgang: „Müssen Christen an den Teufel glauben?“, in: Stimmen der Zeit 195 (1977), S. 541–554.

Ders. (Hg.): „Katholischer“ Fundamentalismus. Häretische Gruppen in der Kirche? Regensburg 1991.

Ders.: Christentum und Fundamentalismus, Nettal 1992.

Ders.: „Der Stellenwert des Zweiten Vatikanischen Konzils in der Positionsbestimmung von heute“, in: Beinert, Wolfgang (Hg.): Vatikan und Pius-Brüder. Anatomie einer Krise, Freiburg i.Br. [2]2009, S. 45–76.

Ders. (Hg.): Vatikan und Pius-Brüder. Anatomie einer Krise, Freiburg i.Br. [2]2009.

Bekh, Wolfgang Johannes: Bayerische Hellseher. Vom Mühlhiasl bis zum Irlmaier. Gespräche, Zitate, Ergebnisse um die große Schau in die Zukunft, Pfaffenhofen [2]1977.

Ders.: Therese von Konnersreuth oder die Herausforderung Satans. Ein exemplarisches Lebensbild von der mystischen Macht und der heutigen Kraft des Christentums, Ruppichteroth 2002.

Ders.: Alois Irlmaier. Der Brunnenbauer von Freilassing. Sein Leben und seine Voraussagen, München 2005.

Bender, Hans: „Okkulte Welt und Parapsychologie als Wissenschaft ...“, in: Schatz, Oskar (Hg.): Parapsychologie, Graz 1976, S. 19–37.

Benz, Ernst: „Ergriffenheit und Besessenheit als Grundformen religiöser Erfahrung“, in: Zutt, Jürg (Hg.): Ergriffenheit und Besessenheit. Ein interdisziplinäres Gespräch über transkulturell-anthropologische und -psychiatrische Fragen, Bern 1972, S. 125–148.

Benz, Wolfgang (Hg.): Die Geschichte der Bundesrepublik, Bd. 3 (Gesellschaft), Frankfurt a.M. 1989.

Berndt, Stephan: Alois Irlmaier, ein Mann sagt, was er sieht, Weilersbach 2009.
Bertsch, Ludwig et. al. (Hg.): Gemeinsame Synode der Bistümer in der Bundesrepublik Deutschland: offizielle Gesamtausgabe, 2 Bde., Freiburg i.Br. u.a. 1976–1977.
Bischof, Franz-Xaver/Leimgruber Stephan (Hg.): Vierzig Jahre II. Vatikanum. Zur Wirkungsgeschichte der Konzilstexte, Würzburg 2004.
Bisig, Jean: Die Krise in der Kirche und das Seminar von Ecône, Wien 1977.
Blackbourne, David: Marpingen. Apparitions of the Virgin Mary in Bismarckian Germany, Oxford 1993.
Ders.: „‚Die von der Gottheit überaus bevorzugten Mägdlein' – Marienerscheinungen im Bismarckreich", in: Götz von Olenhusen, Irmtraud (Hg.): Wunderbare Erscheinungen. Frauen und katholische Frömmigkeit im 19. und 20. Jahrhundert, Paderborn 1995, S. 171–201.
Ders.: Marpingen. Das deutsche Lourdes in der Bismarckzeit (= Historische Beiträge des Landesarchivs Saarbrücken, Bd. 6), Saarbrücken 2007 (zuerst erschienen 1997: „Wenn ihr sie wieder seht, fragt, wer sie sei. Marienerscheinungen in Marpingen – Aufstieg und Niedergang des deutschen Lourdes").
Blaschke, Olaf (Hg.): Konfessionen im Konflikt. Deutschland zwischen 1800 und 1970: ein zweites konfessionelles Zeitalter, Göttingen 2002.
Blatty, William: Der Exorzist, Wien 1971.
Blessing, Werner K.: Staat und Kirche in der Gesellschaft. Institutionelle Autorität und mentaler Wandel in Bayern während des 19. Jahrhunderts, Göttingen 1982.
Ders.: „Reform, Restauration, Rezession. Kirchenreligion und Volksreligiosität zwischen Aufklärung und Industrialisierung", in: Schieder, Wolfgang (Hg.): Volksreligiosität, Göttingen 1986, S. 97–122.
Bleuler, Manfred: Lehrbuch der Psychiatrie, New York [14]1979.
Blüml, Elke: „Die Seherin von Rück-Schippach: vor 50 Jahren starb Barbara Weigand", in: Würzburger Katholisches Sonntagsblatt 140 (1993), 13, S.17.
Blumhardt, Johann Christoph: Der Sieg des Glaubens, hg. von Eugen Jäckh, Berlin 1938.
Ders.: Die Krankheitsgeschichte der Gottliebin Dittus, hg. von Gerhard Schäfer, Göttingen 1978.
Ders.: Sieg über die Hölle. Die Krankheits- und Heilungsgeschichte der Gottliebin Dittus in Möttlingen, Bad Schwartau 2005 (zuerst 1844).
Bock, Rudolf: „Der Teufel – ein verdrängter Komplex? Dämonologische Aspekte der Tiefenpsychologie", in: Schatz, Oskar: Parapsychologie. Ein Handbuch, Graz u.a. 1976, S. 157–185.

Böckl, Manfred: Prophezeiungen für das neue Jahrtausend. Alois Irlmaier. Blick in die Zukunft, Waldkirchen 1998.
Ders.: Prophet der Finsternis. Leben und Visionen des Alois Irlmaier, München 1999.
Böckle, Franz/Holenstein, Carl (Hg.): Die Enzyklika in der Diskussion. Eine orientierende Dokumentation zu „Humanae Vitae", Zürich u.a. 1968.
Böhm, Anton: Epoche des Teufels. Ein Versuch, Stuttgart 1955.
Böning, Jobst: „Der Weg von der Epilepsie zur ‚Besessenheit' der A.M. aus Klingenberg", in: Wahl, Gunter/Schmitt, Wolfram (Hg.): Besessenheit und Hysterie, Weinsberger Gespräche zur Geschichte der Seelenheilkunde, Reichenbach 2001, S. 120–136.
Bösch, Frank/Frei, Norbert (Hg.): Medialisierung und Demokratie im 20. Jahrhundert, Göttingen 2006.
Boniface, Ennemond: Therese Neumann. Die Stigmatisierte von Konnersreuth. Ein Bekenntnis, Wiesbaden 1958.
Borelli, Machado/Antonio, Augusto (Hg.): Die Erscheinungen und die Botschaft von Fátima. Prophezeiungen der Tragödie oder der Hoffnung? Frankfurt a.M. 1995.
Bossle, Lothar: „Der Glaube untersteht keinem Mehrheitsentscheid – Papst Johannes Paul II.", in: Esser, Norbert: Dem Schönen und Heiligen dienen, dem Bösen wehren in Liturgie, Lebensschutz und Volksfrömmigkeit, Sinzig 1997, S. 5–8.
Briefs, Goetz Anton: „Zur Analyse des Säkularismus", in: Rauscher, Anton (Hg.): Entwicklungslinien des deutschen Katholizismus, Paderborn 1973, S. 55–70.
Brik, Hans Theodor: Gibt es noch Engel und Teufel? Erkenntnis, Geisterwelt und Exegeten, Aschaffenburg 1975.
Brückner, Wolfgang et al. (Hg.): Volksfrömmigkeitsforschung (= Ethnologia Bavarica, Heft 13), Würzburg u.a. 1986.
Buber, Martin: Bilder von Gut und Böse, Köln u.a. ^{5}2003.
Buchheim, Karl: Ultramontanismus und Demokratie. Der Weg der deutschen Katholiken im 19. Jahrhundert, München 1963.
Bühlmann, Walbert: Johannes XXIII., der schmerzliche Weg eines Papstes, Mainz 1997.
Büttner, Wilhelm: Denkschrift über Barbara Weigand, Schweinfurt 1947.
Ders.: Barbara Weigand von Schippach. Ein Leben für Gott und sein Reich, Schweinfurt 1950.
Ders.: Im Dienst des eucharistischen Königs. Nach authentischen Quellen gezeichnetes Lebensbild der Jungfrau Barbara Weigand, Waldaschaff 1962.
Ders.: War Barbara Weigand eine Lügenprophetin? Waldaschaff 1964.

Ders: Die Deutsche Stimme des Himmels: Offenbarungen Christi und Mariens an Barbara Weigand von Schippach. 1975 zur Erfüllung angemahnt durch Anneliese Michel in Klingenberg, Lippstadt 1986.
Bugnini, Annibale: Die Liturgiereform 1948–1975. Zeugnis und Testament, Freiburg i.Br. 1988.
Bullinger, Kaspar: Unschuldig verurteilt. Ein Laie sagt seine Meinung im Aschaffenburger „Exorzistenprozeß“, Bamberg 1979.
Ders.: Das Leben und Sterben der Anneliese Michel und die Aussagen der Dämonen, Altötting ^{2}1983.
Canette, François Dunois: Exorzismus: Wie Priester heute gegen das Böse kämpfen, Bergisch Gladbach 1995.
Castella, André: Maria erscheint in San Damiano (Piacenza-Italien), Hauteville 1985.
Ders.: San Damiano. Botschaft Unserer Lieben Frau von den Rosen, Hauteville 1992.
Christlicher Glaube und Dämonenlehre, hg. von der Kongregation für die Glaubenslehre zur Erklärung der vatikanischen Glaubenskongregation vom 25. Juni 1975, Stein am Rhein 1999.
Claret, Bernd J.: Geheimnis des Bösen. Zur Diskussion um den Teufel (= Innsbrucker theologische Studien, Bd. 49), Innsbruck 1997.
Congar, Yves: Der Fall Lefebvre. Schisma in der Kirche? Freiburg i.Br. 1977.
Corté, Nicolas: Unser Widersacher, der Teufel, Aschaffenburg ^{2}1962.
Cruz, Nicky: Der Teufel ist los! Ein Christ erlebt die Macht des Bösen und zeigt uns Wege, den dämonischen Aberglauben und schwarzer Magie standhaft zu begegnen (= Konstanzer Taschenbuch, Nr. 87), Konstanz ^{2}1989.
Cutomo, Carola: Medialität, Besessenheit, Wahnsinn, Flensburg 1989.
Damberg, Wilhelm: „Milieu und Konzil. Zum Paradigmenwechsel konfessionellen Bewusstseins im Katholizismus der frühen Bundesrepublik Deutschland“, in: Blaschke, Olaf (Hg.): Konfessionen im Konflikt. Deutschland zwischen 1800 und 1970: ein zweites konfessionelles Zeitalter, Göttingen 2002, S. 335–350.
Ders.: „Katholizismus und pluralistische Gesellschaft in der Bundesrepublik Deutschland“, in: Hummel, Karl-Joseph (Hg.): Zeitgeschichtliche Katholizismusforschung. Tatsachen, Deutungen, Fragen. Eine Zwischenbilanz (= Veröffentlichungen der Kommission für Zeitgeschichte, Bd. 100), Paderborn 2004, S. 115–129.
„Das unsichtbare Böse abwehren, das wir den Teufel nennen“. Ansprache Papst Paul VI. am 15. November 1972, u.a. abgedruckt in: Günther, Bonifacius: Unser größter Feind der Teufel, Linz 1973, S. 9–19.
Defoe, Daniel: The Political History of the Devil (1726), hg. von Rothman, N. Irving/Bowerman, R. Michael, New York 2003.

Deiring, Hugo (Hg.): „50 Jahre Süddeutsche Zeitung. 50 Jahre Zeitgeschichte“, Katalog zur Ausstellung, München 1995.
Diggelmann, Walter Matthias: Hexenprozeß. Die Teufelsaustreiber von Ringiwil, Bern 1962.
Döpfner, Julius: Verlauf, Leitlinien und Impulse der Gemeinsamen Synode der Bistümer in der Bundesrepublik Deutschland 1971–1975, hg. von der Deutschen Bischofskonferenz, Bonn 1975.
Doering-Manteuffel, Anselm/Nowak, Kurt (Hg.): Kirchliche Zeitgeschichte. Urteilsbildung und Methoden (= Konfession und Gesellschaft, Bd. 8), Stuttgart u.a. 1996.
Dondelinger, Patrick: Die Praxis des Exorzismus in der Kirche, in: Concilium (1998), S. 525–534.
Drewermann, Eugen: Religiös bedingte neurotische Erkrankungen, Lengerich 2003.
Dvorak, Josef: Satanismus: schwarze Rituale, Teufelswahn und Exorzismus in Vergangenheit und Gegenwart, München [5]2000.
Ebertz, Michael N.: „Transformation und Pluralisierung des Katholizismus. Anmerkungen und Thesen aus soziologischer Perspektive“, in: Hummel, Karl-Joseph (Hg.): Zeitgeschichtliche Katholizismusforschung. Tatsachen, Deutungen, Fragen. Eine Zwischenbilanz (= Veröffentlichungen der Kommission für Zeitgeschichte, Bd. 100), Paderborn 2004, S. 151–165.
Engelmeier, Max-Paul: „Der Exorzismus“, in: Condrau, Gion (Hg.): Psychologie des 20. Jahrhunderts, Bd. 15, Zürich 1979, S. 717–725.
Ders./Scheffczyk, Leo (Hg.): Exorzismus heute? Der Arzt und das abgründige Böse (= Schriften des Ärzterates im Bistum Essen, Bd. 3), St. Augustin 1980.
Ders.: „Exorzismus als therapeutische Methode – Einige psychiatrische Anmerkungen“, in: Engelmeier, Max-Paul/Scheffczyk, Leo (Hg.): Exorzismus heute? Der Arzt und das abgründige Böse (Schriften des Ärzterates im Bistum Essen, Bd. 3), St. Augustin 1980, S. 9–32.
Englisch, Andreas: Gottes Spuren. Die Wunder der katholischen Kirche, München 2008.
Ernst, Cécile: Teufelsaustreibungen, Bern 1972.
Dies.: „Der Exorzismus“, in: Condrau, Gion (Hg.): Transzendenz, Imagination und Kreativität (= Die Psychologie des 20. Jahrhunderts, Bd. XV), Zürich 1979, S. 717–725.
Esser, Norbert: Dem Schönen und Heiligen dienen, dem Bösen wehren in Liturgie, Lebensschutz und Volksfrömmigkeit, Sinzig 1997.
Faulstich, Werner (Hg.): Die Kultur der 50er Jahre, München 2002.
Ders.: „‚Der Teufel und der liebe Gott‘. Zur Bedeutung von Philosophie, Religion und Kirche im zeitgenössischen Wertesystem“, in: Faul-

stich, Werner (Hg.): Die Kultur der 50er Jahre, München 2002, S. 23–34.
Feldmann, Christian: Johannes XXIII., der gütige Prophet, Freiburg i.Br. 2006.
Ferber, Sarah/Howe, Adrian: „The Man who Mistakes his Wife for a Devil. Exorcism, Expertise and Secularisation in a Late-Twentieth-Century Australian Criminal Court", in: Waardt, Hans de et al. (Hg.): Dämonische Besessenheit. Zur Interpretation eines kulturhistorischen Phänomens (= Hexenforschung, Bd. 9), Bielefeld 2005, S. 281–292.
Figge, Horst H.: „Besessenheit als ‚Therapie'", in: Zeitschrift für Parapsychologie und Grenzgebiete der Psychologie, Bd. 12 (1970), S. 207–225.
Fiore, Edith: Besessenheit und Heilung. Die Befreiung der Seele, Güllesheim ³2002.
Fischer, Klaus P./Schiedermair, Hartmut: Die Sache mit dem Teufel. Teufelsglaube und Besessenheit zwischen Wahn und Wirklichkeit, Frankfurt a.M. 1980.
Fleischer, Dirk (Hg.): Semler, Johann Salomo: Sammlungen von Briefen und Aufsätzen über die Gaßnerischen und Schröpferischen Geisterbeschwörungen mit eigenen vielen Anmerkungen, 2 Bde., Waltrop 2004.
Franz, Georg: Kulturkampf. Staat und katholische Kirche in Mitteleuropa von der Säkularisation bis zum Abschluß des preußischen Kulturkampfes, München 1954.
Frese, Matthias et al. (Hg.): Demokratisierung und gesellschaftlicher Aufbruch. Die sechziger Jahre als Wendezeit der Republik, Paderborn 2003.
Freud, Sigmund: Gesammelte Werke, Bd. 13, Frankfurt ⁸1976.
Friedrich, Martin: „Das 19. Jahrhundert als ‚Zweites Konfessionelles Zeitalter'? Anmerkungen aus evangelisch-theologischer Sicht", in: Blaschke, Olaf (Hg.): Konfessionen im Konflikt. Deutschland zwischen 1800 und 1970: ein zweites konfessionelles Zeitalter, Göttingen 2002, S. 95–112.
Frotz, Augustinus: Wo steht die Liturgiereform heute? Eine Bilanz nach zehn Jahren Liturgiekonstitution des Zweiten Vatikanischen Konzils, Köln 1973.
Fuchs, Gotthard/Lienkamp, Andreas (Hg.): Visionen des Konzils. 30 Jahre Pastoralkonstitution „Die Kirche in der Welt von heute", Münster 1997.
Gabriel, Jean: San Damiano: Ruf an die Welt, Bulle 1969
Gabriel, Karl/Kaufmann, Franz-Xaver (Hg.): Zur Soziologie des Katholizismus, Mainz 1980.

Ders.: Christentum zwischen Tradition und Postmoderne (= Quaestiones Disputatae 141), Freiburg i.Br. u.a. [4]1994.
Ders.: „Katholizismus und katholisches Milieu in den fünfziger Jahren der Bundesrepublik: Restauration, Modernisierung und beginnende Auflösung“, in: Kaufmann, Franz-Xaver/Zingerle, Arnold (Hg.): Vatikanum II und Modernisierung. Historische, theologische und soziologische Perspektiven, Paderborn 1996, S. 67–83.
Ders.: „Zwischen Tradition und Modernisierung. Katholizismus und katholisches Milieu in den Fünfziger Jahren der Bundesrepublik“, in: Doering-Manteuffel, Anselm/Nowak, Kurt (Hg.): Kirchliche Zeitgeschichte. Urteilsbildung und Methoden (= Konfession und Gesellschaft, Bd. 8), Stuttgart u.a. 1996, S. 248–262.
Ders.: „Das II. Vatikanische Konzil als Moment einer Modernisierung des Katholizismus“, in: Wittstadt, Klaus/Verschooten Wim (Hg.): Der Beitrag der deutschsprachigen und osteuropäischen Länder zum Zweiten Vatikanischen Konzil, Leuven 1996, S. 3–24.
Galrev, Til (Hg.): Der Papst im Kreuzfeuer. Zurück zu Pius oder das Konzil fortschreiben? Münster 2009.
Garhammer, Erich (Hg.): Ecclesia semper reformanda. Kirchenreform als bleibende Aufgabe, Würzburg 2006.
Gatz, Erwin (Hg.): Kirche und Katholizismus seit 1945, Bd.1 (Mittel-, West- und Nordeuropa), Paderborn 1998.
Gerhards, Albert (Hg.): Ein Ritus – zwei Formen. Die Richtlinie Papst Benedikts XVI. zur Liturgie, Freiburg i.Br. 2008.
Gißibl, Bernhard: Frömmigkeit, Hysterie und Schwärmerei. Wunderbare Erscheinungen im bayerischen Vormärz (= Münchener Studien zur neueren und neuesten Geschichte, Bd. 23), Frankfurt a.M. 2004.
Glantz, Theo: „Besessenheitsphänomene und psychisch-physische Erkrankungen“, in: Müller, Joachim: Dämonen unter uns? Exorzismus heute, Freiburg 1997, S. 42–55.
Görres, Josef: Christliche Mystik, Bd. IV, Besessenheit, Graz 1960.
Götz, Roland: „Die Rolle der deutschen Bischöfe auf dem Konzil“, in: Wolf, Hubert/Arnold, Claus (Hg.): Die deutschsprachigen Länder und das II. Vatikanum (= Programm und Wirkungsgeschichte des II. Vatikanums, Bd. 4), Paderborn 2000, S. 17–52.
Götz von Olenhusen, Albrecht (Hg.): Wege und Abwege. Beiträge zur europäischen Geistesgeschichte der Neuzeit. Festschrift für Ellic Howe zum 20. September 1990, Freiburg i.Br. 1990.
Götz von Olenhusen, Irmtraud: „Stimmen aus dem Jenseits. Katholische Priester der Erzdiözese Freiburg als Exorzisten, Wunderheiler und Propheten zwischen 1838 und 1854“, in: Götz von Olenhusen, Albrecht (Hg.): Wege und Abwege. Beiträge zur europäischen Geis-

tesgeschichte der Neuzeit. Festschrift für Ellic Howe zum 20. September 1990, Freiburg i.Br. 1990, S. 91–113.
Dies. (Hg.): Wunderbare Erscheinungen. Frauen und katholische Frömmigkeit im 19. und 20. Jahrhundert, Paderborn 1995.
Goodman, Felicitas D.: How about Demons? Possessions and Exorcism in the Modern World, Indianapolis 1988.
Dies.: Ekstase, Besessenheit, Dämonen. Die geheimnisvolle Seite der Religion, Gütersloh 1991.
Dies.: Trance – der uralte Weg zum religiösen Erleben. Rituelle Körperhaltung und ekstatische Erlebnisse, Gütersloh [5]2003.
Dies.: Anneliese Michel und ihre Dämonen. Der Fall Klingenberg in wissenschaftlicher Sicht, Stein am Rhein [5]2006 (zuerst 1987).
Graber, Rudolf: Marienerscheinungen. Maria als Zeichen der sicheren Hoffnung, Würzburg [2]1986.
Graeff, Max Christian: „Anneliese Michel – Exorzismus in Deutschland", in: Ex! Was die Nation erregte, München 1998, S. 71.
Greinacher, Norbert et al. (Hg.): In Sachen Synode. Vorschläge und Argumente des Vorbereitungskongresses, Düsseldorf 1970.
Grenner, Karl Heinz: Katholikentage im Ruhrgebiet. Ein Blick zurück und auf die Gegenwart, Essen 1968.
Greschat, Martin: „Die Bedeutung der Sozialgeschichte für die Kirchengeschichte. Theoretische und praktische Erwägungen", in: Doering-Manteuffel, Anselm/Nowak, Kurt (Hg.): Kirchliche Zeitgeschichte. Urteilsbildung und Methoden (= Konfession und Gesellschaft, Bd. 8), Stuttgart u.a. 1996, S. 101–124.
Grochtmann, Harald: „Urteil des Landgerichtes Aschaffenburg im sogenannten Klingenberg-Fall: Unrichtig in der Begründung und insoweit unhaltbar im Ergebnis", in: Becker, Elisabeth (Hg.): Der Exorzismus der Kirche unter Beschuß? Stein am Rhein 1995, S. 98–122.
Grom, Bernhard: Religionspsychologie, München 1992.
Grosche, Robert et al. (Hg.): Der Weg aus dem Ghetto. Vier Beiträge, Köln [2]1954.
Ders.: „Der geschichtliche Weg des deutschen Katholizismus aus dem Ghetto", in: Grosche, Robert et al. (Hg.): Der Weg aus dem Ghetto. Vier Beiträge, Köln [2]1954, S. 11–34.
Großbölting, Thomas: „Als Laien fragen lernten. Neue Formen institutioneller Öffentlichkeit im Katholizismus und der Arbeiterbewegung der sechziger Jahre", in: Frese, Matthias et al. (Hg.): Demokratisierung und gesellschaftlicher Aufbruch. Die sechziger Jahre als Wendezeit der Republik, Paderborn 2003, S. 147–179.
Großhans, Sven: Das Schauspiel der Besessenheit – Exorzismus im Film, Berlin 2010.

Grossmann, Thomas: Zwischen Kirche und Gesellschaft. Das Zentralkomitee der deutschen Katholiken 1945–1970 (= Veröffentlichung der Kommission für Zeitgeschichte, Bd. 56), Mainz 1991.

Guardini, Romano: Vom Geist der Liturgie, Ostfildern [21]2007.

Günther, Bonifatius: Satan, der Widersacher Gottes, Aschaffenburg 1972.

Ders.: Maria, die Gegenspielerin Satans, Aschaffenburg 1972.

Ders.: Unser größter Feind – der Teufel. Erklärungen Papst Paul VI. über die Existenz des Satans, Linz u.a. 1973.

Günthör, Anselm: Die Bischöfe für oder gegen „Humanae Vitae"? Die Erklärungen der Bischofskonferenzen zur Enzyklika (= Schriften zur Seelsorge und Lebensordnung der katholischen Kirche, Bd. 8), Freiburg i.Br. 1970.

Gutwenger, Lisl (Hg.): Treibt Dämonen aus! Von Blumhardt bis Rodewyk. Vom Wirken katholischer und evangelischer Exorzisten, Stein am Rhein 1992.

Haag, Herbert: Abschied vom Teufel (= Theologische Meditationen, Bd. 23, hg. von Hans Küng), Einsiedeln [6]1978 (zuerst 1969).

Ders.: Vor dem Bösen ratlos? München u.a. 1978.

Ders./Greinacher, Norbert (Hg.): Der Fall Küng. Eine Dokumentation, München 1980.

Ders.: Teufelsglaube, Tübingen [2]1980.

Ders.: Mein Weg mit der Kirche, Zürich 1991.

Habsburg, Otto von: „Was hat Bischof Stangl wirklich gesagt? Was sagt die Kritik dazu?", in: Vox Fidei – Stimme des Glaubens, Heft 23 (Jhrg. 3), 19.11.1976, S. 15–23.

Hanauer Joseph: Der Exorzist Johann Joseph Gassner (1727–1779) (Diss.), Würzburg 1950.

Hanauer, Josef: Konnersreuth als Testfall. Kritischer Bericht über das Leben der Therese Neumann, München 1972.

Ders.: Fátima „Erscheinungen" und „Botschaften", Bad Honnef 1979.

Ders.: Der Schwindel von Konnersreuth. Ein Skandal ohne Ende? Regensburg 1989.

Ders.: Wunder oder Wundersucht? Erscheinungen, Visionen, Prophezeiungen, Besessenheit, Aachen [3]1997.

Hanssler, Bernhard: Die Kirche in der Gesellschaft. Der deutsche Katholizismus und seine Organisationen im 19. und 20. Jahrhundert, Paderborn 1961.

Hasler, August Bernhard: Wie der Papst unfehlbar wurde. Macht und Ohnmacht eines Dogmas, Frankfurt a.M. u.a. 1981.

Hebblethwaite, Peter: Johannes XXIII. Das Leben des Angelo Roncalli, Zürich u.a. 1986.

Hehl, Ulrich von/Repgen, Konrad (Hg.): Der deutsche Katholizismus in der zeitgeschichtlichen Forschung, Mainz 1988.

Ders.: „Der deutsche Katholizismus nach 1945 in der zeitgeschichtlichen Forschung“, in: Kaiser, Jochen-Christoph/Doering-Manteuffel, Anselm (Hg.): Christentum und politische Verantwortung. Kirchen im Nachkriegsdeutschland (= Konfession und Gesellschaft, Bd. 2), Stuttgart u.a. 1990, S. 146–175.

Ders./Kronenberg, Friedrich (Hg.): Zeitzeichen. 150 Jahre Deutscher Katholikentag 1848–1998, Paderborn u.a. 1999.

Ders.: „Zeitgeschichtliche Katholizismusforschung. Versuch einer Standortbestimmung“, in: Hummel, Karl-Joseph (Hg.): Zeitgeschichtliche Katholizismusforschung. Tatsachen, Deutungen, Fragen. Eine Zwischenbilanz (= Veröffentlichungen der Kommission für Zeitgeschichte, Bd. 100), Paderborn 2004, S. 15–28.

Heim, Walter: „Wandel der Volksfrömmigkeit seit dem II. Vatikanum“, in: Baumgartner, Jakob (Hg.): Wiederentdeckung der Volksreligiosität, Regensburg 1979, S. 37–52.

Heinrich, Rolf: „Der Exorzismus von Klingenberg – eine Geschichte von gestern?“ in: Materialien und Informationen zur Zeit, 24 (1995), Heft 3, S. 25–28.

Heinz, Hanspeter: „Mutiger Start – neue Anläufe. Phasen der Rezeption des Konzils in Deutschland“, in: Herder-Korrespondenz: Das unerledigte Konzil. 40 Jahre Zweites Vatikanum (Sonderheft), Oktober 2005, S. 45–50.

Hengsbach, Franz (Hg.): Das Konzilsdekret über das Apostolat der Laien, Text und Kommentar (= Konfessionskundliche und kontroverstheologische Studien, Bd. 23), Paderborn 1967.

Hodenberg, Christina von: „Konkurrierende Konzepte von ‚Öffentlichkeit‘ in der Orientierungskrise der 60er Jahre“, in: Frese, Matthias et al. (Hg.): Demokratisierung und gesellschaftlicher Aufbruch. Die sechziger Jahre als Wendezeit der Republik, Paderborn 2003, S. 205–226.

Höffner, Joseph: „Erklärung vom 28. April 1978 gegen den übereilten Exorzismus“, Mitteilung des Pressedienstes des Sekretariates der Deutschen Bischofkonferenz vom 28. April 1978 („Die Kirche und der Teufel“).

Ders.: Teufel – Besessenheit – Exorzismus. Elf Fragen. Elf Antworten (= Themen und Thesen, Bd. 8), hg. vom Presseamt des Erzbistums Köln, Neuss ^{6}1985.

Höllhuber, Dietrich/Kaul, Wolfgang: Wallfahrt und Volksfrömmigkeit in Bayern, Nürnberg 1987.

Hölscher, Lucian: „The Religious Divide: Piety in Nineteenth-Century Germany“, in: Walser Smith, Helmut (Hg.): Protestants, Catholics and Jews in Germany, 1800–1914, Oxford 2001, S. 33–47.

Hoffmann, Johannes: Praktizierende Katholiken zwischen Kirche und Gesellschaft. Ein Beitrag zu Problemen der Moralverkündigung, Düsseldorf 1973.

Hollenstein, Günter: „Die Katholische Kirche“, in: Benz, Wolfgang (Hg.): Die Geschichte der Bundesrepublik, Bd. 3 (Gesellschaft), Frankfurt a.M. 1989, S. 124–161.

Holzem, Andreas: „Gesslerhüte der Theorie? Zu Stand und Relevanz der Katholizismusforschung“, in: Doering-Manteuffel, Anselm/Nowak, Kurt (Hg.): Kirchliche Zeitgeschichte. Urteilsbildung und Methoden (= Konfession und Gesellschaft, Bd. 8), Stuttgart u.a. 1996, S. 180–202.

Holzer, Anton: Vatikanum II: Reformkonzil oder Konstituante einer neuen Kirche? (= Sammlung glaubenstreuer Katholiken in der Schweiz), Basel 1977.

Holzer, Horst: „Besessenheit und Exorzismus. Theologische Perspektiven“, in: Kick, Hermes Andreas et al. (Hg.): Besessenheit, Trance, Exorzismus. Affekte und Emotionen als Grundlage ethischer Wertebildung und Gefährdung in Wissenschaften und Künsten (= Veröffentlichungen des Instituts für medizinische Ethik, Grundlagen und Methoden der Psychotherapie und Gesundheitskultur Mannheim, Bd. 2), Münster 2004, S. 97–113.

Hoping, Helmut: „‚Die sichtbarste Frucht des Konzils‘. Anspruch und Wirklichkeit der erneuerten Liturgie“, in: Wassilowsky, Günther (Hg.): Zweites Vatikanum – vergessene Anstöße, gegenwärtige Fortschreibungen, Freiburg i.Br. 2007, S. 90–115.

Ders.: „Das Konzil und die Tradition der Kirche“, in: Beinert, Wolfgang (Hg.): Vatikan und Pius-Brüder. Anatomie einer Krise, Freiburg i.Br. [2]2009, S. 175–187.

Hopp, Maximilian/Mallmann, Jakob: „Alois Irlmaier. Wünschelrutengänger, Brunnenbauer und Prophet aus Freilassing“, in: Moser, Dietz-Rüdiger/Raffelsbauer, Carolin: Geachtet und Geächtet. Bayerische Volkshelden in kulturhistorischen Skizzen, Regensburg 2007.

Horstmann, Johannes/Liedhegener, Antonius: Konfession, Milieu, Moderne. Konzeptionelle Positionen und Kontroversen zur Geschichte von Katholizismus und Kirche im 19. und 20. Jahrhundert, Schwerte 2001.

Huber, Georges: Weiche Satan! Der Teufel heute, Stein am Rhein 1997.

Hummel, Karl-Joseph (Hg.): Zeitgeschichtliche Katholizismusforschung. Tatsachen, Deutungen, Fragen. Eine Zwischenbilanz (= Veröffentlichung der Kommission für Zeitgeschichte, Bd. 100), Paderborn 2004.

Hünermann, Peter (Hg.): Das II. Vatikanum. Christlicher Glaube im Horizont globaler Modernisierung. Einleitungsfragen, Paderborn u.a.1998.

Hürten, Heinz: Kurze Geschichte des Katholizismus 1800–1960, Mainz 1986.
Ders.: Spiegel der Kirche – Spiegel der Gesellschaft? Katholikentage im Wandel der Welt, Paderborn 1999.
Hurst, Matthias: „Der Exorzist: Ästhetik und sozialhistorische Implikationen eines Kino-Erfolgs", in: Kick, Hermes Andreas et al. (Hg.): Besessenheit, Trance, Exorzismus. Affekte und Emotionen als Grundlage ethischer Wertebildung und Gefährdung in Wissenschaften und Künsten (= Veröffentlichungen des Instituts für medizinische Ethik, Grundlagen und Methoden der Psychotherapie und Gesundheitskultur Mannheim, Bd. 2), Münster 2004, S. 7–24.
Hutten, Kurt: Seher, Grübler, Enthusiasten, Stuttgart 1984.
Ising, Dieter: Johann Christoph Blumhardt: Leben und Werk, Göttingen 2002.
Janßen, Karl-Heinz et. al. (Hg.): Die Zeit in der Zeit. Geschichte einer Wochenzeitung 1946 bis heute, München [2]2006.
Jedin, Hubert: „Freiheit und Aufstieg des deutschen Katholizismus zwischen 1848 und 1870", in: Hanssler, Bernhard: Die Kirche in der Gesellschaft. Der deutsche Katholizismus und seine Organisationen im 19. und 20. Jahrhundert, Paderborn 1961, S. 9–29.
Ders./Repgen, Konrad (Hg.): Die Weltkirche im 20. Jahrhundert (= Handbuch der Kirchengeschichte, Bd. VII), Freiburg i.Br. 1979.
Ders.: Kleine Konziliengeschichte, Freiburg i.Br. u.a. 1990.
Jungnitz, Ingobert: „Materialien zur Exorzismusfrage (Fall Klingenberg)", hg. vom Bischöflichen Ordinariat Mainz, Mainz 1978.
Kaczynski, Reiner (Hg.): Enchiridion Documentorum Instaurationis Liturgicae. Handbuch der Dokumente zur Liturgiereform, I, Turin 1976.
Ders.: „Kritische Einwände gegen die Liturgiereform – Berechtigt oder nicht?", in: Stockmeier, Peter et al. (Hg.): Konflikt in der Kirche. Droht eine Kirchenspaltung? (Schriften der Katholischen Akademie in Bayern, Bd. 78), Düsseldorf 1977, S. 47–76.
Käuflein, Albert/Licht, Tobias (Hg.): Wo steht die Kirche? Orientierung am Zweiten Vatikanischen Konzil und an der Gemeinsamen Synode (= Karlsruher Beiträge zu Theologie und Gesellschaft, Bd. 1), Karlsruhe 1998.
Kaiser, Jochen-Christoph/Doering-Manteuffel, Anselm (Hg.): Christentum und politische Verantwortung. Kirchen im Nachkriegsdeutschland (= Konfession und Gesellschaft, Bd. 2), Stuttgart u.a. 1990
Kasper, Walter/Lehmann, Karl (Hg.): Teufel, Dämonen, Besessenheit: zur Wirklichkeit des Bösen, Mainz 1978.
Ders.: „Die Lehre der Kirchen vom Bösen", in: Schnackenburg, Rudolf (Hg.): Die Macht des Bösen und der Glaube der Kirche (= Schriften

der Katholischen Akademie in Bayern, Bd. 89), Düsseldorf 1979, S. 68–84.

Kaufmann, Franz-Xaver/Schäfers, Bernhard (Hg.): Religion, Kirchen und Gesellschaft in Deutschland, Opladen 1988.

Ders./Zingerle, Arnold (Hg.): Vatikanum II und Modernisierung. Historische, theologische und soziologische Perspektiven, Paderborn 1996.

Ders.: „Zur Einführung: Probleme und Wege einer historischen Einschätzung des II. Vatikanischen Konzils", in: Kaufmann, Franz-Xaver/ Zingerle, Arnold (Hg.): Vatikanum II und Modernisierung. Historische, theologische und soziologische Perspektiven, Paderborn 1996, S. 9–34.

Kertelge, Karl (Hg.): Christlicher Glaube und Dämonologie. Eine von einem Experten im Auftrag der Kongregation für die Glaubenslehre erstellte Studie vom 26. Juni 1975 (= Nachkonziliare Dokumentation, Bd. 55), Trier 1977.

Kick, Hermes Andreas et al. (Hg.): Besessenheit, Trance, Exorzismus. Affekte und Emotionen als Grundlage ethischer Wertebildung und Gefährdung in Wissenschaften und Künsten (= Veröffentlichungen des Instituts für medizinische Ethik, Grundlagen und Methoden der Psychotherapie und Gesundheitskultur Mannheim, Bd. 2), Münster 2004.

Kleinheyer, Bruno: Liturgie nach dem Konzil, Kevelaer 1987.

Klinger, Elmar: „Wir sind die Kirche. Das Konzil als kirchliche und gesellschaftliche Herausforderung", in: Stimmen der Zeit, 208 (1990), S. 345–352.

Klöcker, Michael: „Das katholische Milieu. Grundüberlegungen – in besonderer Hinsicht auf das Deutsche Kaiserreich von 1871", in: Zeitschrift für Religions- und Geistesgeschichte, Bd. 44 (1992), S. 241–262.

Klosa, Josef: Die Wunder von Konnersreuth in naturwissenschaftlicher Sicht, Aschaffenburg 1974.

Klostermann, Ferdinand (Hg.): Dekret über das Apostolat der Laien. Lateinisch und Deutsch, Münster 1967.

Knothe, Franz Alois: „Der geistliche Kampf gegen die Mächte der Finsternis", in: Esser, Norbert: Dem Schönen und Heiligen dienen, dem Bösen wehren in Liturgie, Lebensschutz und Volksfrömmigkeit, Sinzig 1997, S. 183ff.

Koch, Kurt Emil: Besessenheit und Exorzismus, Basel 1981.

Koch, Kurt: „Die Pius-Brüder und das Konzil", in: Beinert, Wolfgang (Hg.): Vatikan und Pius-Brüder. Anatomie einer Krise, Freiburg i.Br. ^{2}2009, S. 97–128.

Köhle-Hezinger, Christel: Evangelisch – Katholisch. Untersuchungen zu konfessionellem Vorurteil und Konflikt im 19. und 20. Jahrhundert

vornehmlich am Beispiel Baden-Württemberg (= Untersuchungen des Ludwig-Uhland-Instituts der Universität Tübingen, Bd. 40), Tübingen 1976.
Dies.: „Konfessionelle Vorurteile und Stereotypen. Ausprägungen – Ursprünge – Funktionen", in: Wehling, Hans-Georg (Hg.): Konfession – eine Nebensache? (= Der Bürger im Staat, hg. von der Landeszentrale für Politische Bildung in Baden-Württemberg, Heft 2, 1984), Stuttgart 1984, S. 148–162.
Königsteiner Erklärung. Worte der deutschen Bischöfe zur seelsorgerlichen Lage nach dem Erscheinen der Enzyklika Humanae Vitae vom 30. August 1968, in: Dokumente der Deutschen Bischofskonferenz, Bd. 1 (1965–1968), S. 465–471.
Kösters, Christoph/Liedhegener, Antonius: „Historische Milieus als Forschungsaufgabe. Zwischenbilanz und Perspektiven", in: Horstmann, Johannes/Liedhegener, Antonius: Konfession, Milieu, Moderne. Konzeptionelle Positionen und Kontroversen zur Geschichte von Katholizismus und Kirche im 19. und 20. Jahrhundert, Schwerte 2001, S. 15–25.
Korff, Gottfried: „Volkskundliche Frömmigkeits- und Symbolforschung nach 1945", in: Brückner, Wolfgang et al. (Hg.): Volksfrömmigkeitsforschung (= Ethnologia Bavarica, Heft 13), Würzburg u.a. 1986, S. 38–66.
Korvin-Krasinski, Cyrill von: „Anthropologische und kulturgeschichtliche Betrachtungen zum Problem gemeinschaftlich auftretender Besessenheit", in: Zutt, Jürg: Ergriffenheit und Besessenheit. Ein interdisziplinäres Gespräch über transkulturell-anthropologische und -psychiatrische Fragen, Bern 1972, S. 41–46.
Koslowski, Peter (Hg.): Die religiöse Dimension der Gesellschaft. Religion und ihre Theorien, Tübingen 1985.
Kozelka, Leo: Lefebvre. Ein Erzbischof im Widerspruch zu Papst und Konzil, Aschaffenburg 1980.
Kramer, Ferdinand: „Wirkungen des Zweiten Vatikanischen Konzils auf die Gesellschaft – Aspekte eines neuen Forschungsfeldes", in: Pfister, Peter (Hg.): Julius Kardinal Döpfner und das Zweite Vatikanische Konzil, Regensburg 2002, S. 88–98.
Kranemann, Benedikt: „Liturgie im Widerspruch. Anfragen und Beobachtungen zum Motu proprio ‚Summorum Pontificum'", in: Gerhards, Albert (Hg.): Ein Ritus – zwei Formen. Die Richtlinie Papst Benedikts XVI. zur Liturgie, Freiburg i.Br. 2008, S. 50–66.
Kreuzer, Heinrich: Glorie oder Verderben, Altötting 1985.
Kronenberg, Friedrich: „Die Würzburger Synode. Ein Zeitzeuge berichtet über seine Erinnerungen und reflektiert seine Erfahrungen", in: Würzburger Diözesangeschichtsblätter, Bd. 68 (2006), S. 11–30.

Kruke, Anja: „‚Responsivität‘ und Medialisierung. Meinungsforschung für Parteien in den sechziger Jahren“, in: Bösch, Frank/Frei, Norbert (Hg.): Medialisierung und Demokratie im 20. Jahrhundert, Göttingen 2006, S. 145–178.

Küng, Hans: Die Hoffnung bewahren. Schriften zur Reform der Kirche, München 1994 (Zürich 1990).

Ders.: Umstrittene Wahrheit. Erinnerungen, München 2007.

Lama, Friedrich von: Therese Neumann von Konnersreuth, eine Stigmatisierte unserer Zeit, Bonn 1928.

Lechler, Alfred: Seelische Erkrankungen und ihre Heilung, Gießen [7]1975.

Lefebvre, Marcel: Ecône. Offene Türen, Martigny 1976.

Ders.: Ein Bischof spricht. Schriften und Ansprachen, 1963–1974, Wien 1976.

Ders.: Ich klage das Konzil an! Stuttgart 2009 (zuerst Martigny 1977).

Ders.: Damit die Kirche fortbestehe. S.E. Erzbischof Marcel Lefebvre, der Verteidiger des Glaubens, der Kirche und des Papsttums; Dokumente, Predigten und Richtlinien; eine historiographische Dokumentation, Stuttgart 1992.

Lehmann, Karl: „Der doppelte Aufbruch – und was nun? Standortbestimmung 30 Jahre nach dem Vaticanum II und 20 Jahre nach der Gemeinsamen Synode“, in: Käuflein, Albert/Licht, Tobias (Hg.): Wo steht die Kirche? Orientierung am Zweiten Vatikanischen Konzil und an der Gemeinsamen Synode (= Karlsruher Beiträge zu Theologie und Gesellschaft, Bd. 1), Karlsruhe 1998, S. 15–28.

Ders.: „Die Gemeinsame Synode: Kairos und Rezeptionsprozess. Anmerkungen aus der heutigen Situation“ (Vortrag vom 6.7.2007), Tagungsband zur Konferenz: Die „Würzburger Synode“ 1971–1975. Zeitzeugen und Historiker im Gespräch, Bochum 2008, S. 13–23.

Leimgruber, Ute: Kein Abschied vom Teufel. Eine Untersuchung zur gegenwärtigen Rede vom Teufel im Volk Gottes (= Werkstatt Theologie, Praxisorientierte Studien und Diskurse, Bd. 2), Münster 2004.

Dies.: Der Teufel. Die Macht des Bösen, Kevelaer 2010.

Lemhöfer, Lutz: „Befreiungsdienst im Kontext evangelikaler und charismatischer Frömmigkeit“, in: Zeitschrift für Religions- und Weltanschauungsfragen, Heft 7 (2006), S. 267–269.

Lengeling, Emil Joseph (Hg.): Kritische Bilanz. Liturgische Bildung des Klerus und der Laien in den Aussagen des Zweiten Vatikanischen Konzils, in den römischen Ausführungsbestimmungen und in den reformierten liturgischen Büchern, Regensburg 1976.

Lenz, Josef: „Die Kennzeichen der dämonischen Besessenheit und des Rituale Romanum“, in: Trierer Theologische Zeitschrift 62 (1953), S. 129–143.

Lenzen-Schulte, Martina: „Besessen vom Bösen? Exorzismus im Licht medizinischer Diagnosen“, in: Christ in der Gegenwart 10/2006, S. 77–78.
Liedhegener, Antonius: „Der deutsche Katholizismus um die Jahrhundertwende (1890–1914). Ein Literaturbericht“, in: Jahrbuch für Christliche Sozialwissenschaften 32 (1991), S. 361–392.
Lill, Rudolf: Die ersten deutschen Bischofskonferenzen, Freiburg 1964.
Ders.: „Der deutsche Katholizismus in der neueren historischen Forschung“, in: Hehl, Ulrich von/Repgen, Konrad (Hg.): Der deutsche Katholizismus in der zeitgeschichtlichen Forschung, Mainz 1988, S. 41–64.
Ders./Traniello Francesco (Hg.): Der Kulturkampf in Italien und den deutschsprachigen Ländern (= Schriften des Italienischen-Deutschen Historischen Instituts, Bd. 5), Berlin 1993.
Ders.: Die Macht der Päpste, Kevelaer 2011.
Link, Luther: Der Teufel. Eine Maske ohne Gesicht, München 1997.
Lönne, Karl-Egon: „Katholizismusforschung“, in: Geschichte und Gesellschaft 26 (2000), S. 128–170.
Loth, Wilfried (Hg.): Deutscher Katholizismus im Umbruch zur Moderne (= Konfession und Gesellschaft, Bd. 3), Stuttgart u.a. 1991.
Ders.: „Milieus oder Milieu? Konzeptionelle Überlegungen zur Katholizismusforschung“, in: Horstmann, Johannes/Liedhegener, Antonius: Konfession, Milieu, Moderne. Konzeptionelle Positionen und Kontroversen zur Geschichte von Katholizismus und Kirche im 19. und 20. Jahrhundert, Schwerte 2001, S. 79–95.
Luckmann, Thomas: Das Problem der Religion in der modernen Gesellschaft, Freiburg 1963.
Luhman, Niklas: Funktion der Religion, Frankfurt 1982.
Lutz, Stefan: Therese Neumann, die Stigmatisierte von Konnersreuth: eine Bibliographie selbständiger und unselbständiger deutsch-, englisch- und französischsprachiger Literatur von 1962 bis zur Gegenwart, München 1985.
Maderegger, Sepp: Dämonen. Die Besessenheit der Anneliese Michel im Licht der analytischen Psychologie. Ein Beitrag zur Diskussion über die Personalität des Teufels, Wels 1983.
Maier, Hans: Kirche und Gesellschaft, München 1972.
Ders.: „Zur historischen Situation des deutschen Katholizismus heute“, in: Hehl, Ulrich von/Repgen, Konrad (Hg.): Der deutsche Katholizismus in der zeitgeschichtlichen Forschung, Mainz 1988, S. 25–39.
Ders.: „Katholisch-protestantische Ungleichgewichte seit dem 18. Jahrhundert. Ein Vorspiel zum Kulturkampf“, in: Lill, Rudolf/Traniello Francesco (Hg.): Der Kulturkampf in Italien und den deutschspra-

chigen Ländern (= Schriften des Italienischen-Deutschen Historischen Instituts, Bd. 5), Berlin 1993, S. 19–25.
Maisonneuve, Roland: Rosa di Gesù-Maria. Erlebnisse und Erinnerungen, Hauteville 1994.
di Maria, S.: Die Muttergottes in San Damiano? Hauteville/Bulle [8]1972.
Mariatroster Erklärung. Stellungnahme der Österreichischen Bischofskonferenz vom 22/3. September 1968, in: Verordnungsblatt für die Diözese Innsbruck, 43. Jahrgang, Nr.9, 1. Oktober 1968, S. 32–34.
Maslowski, Peter: Das Theologische Untier. Der sogenannte Teufel und seine Geschichte im Christentum, Berlin 1978.
Matthes, Joachim: Religion und Gesellschaft. Einführung in die Religionssoziologie, 2 Bde., Reinbek 1967.
Mell, Peter: Die Kirche ist keine Himmelsmacht, sagt Resl: Bilder und Geschichten vom Leben und von der Zärtlichkeit der heiligen Therese von Konnersreuth, München 1980.
Messadié, Gerald: Teufel, Satan, Luzifer. Universalgeschichte des Bösen, München 1999.
Die Messfeier – Dokumentensammlung. Auswahl für die Praxis, hg. vom Sekretariat der Deutschen Bischofskonferenz, Bonn [7]2009.
Mester, Horst: „Teufel, Dämonen, Besessenheit – Fragestellungen aus psychiatrischer Sicht“, in: Teufel – Dämonen – Besessenheit. Zur Wirklichkeit des Bösen (= Holthausener Manuskripte, Nr. 1/1979), S. 40–89.
Meyer, Bonaventur: Mahnung aus dem Jenseits über die Kirche in unserer Zeit. Textliche Dokumentation der Aussagen von Dämonen beim Exorzismus, Trimbach [3]1977.
Ders.: Verdi Garandieu, ein verworfener Priester warnt vor der Hölle, Olten [2]1985.
Mischo, Johannes: „Psychologische Aspekte der Besessenheit“, in: Zeitschrift für Parapsychologie und Grenzgebiete der Psychologie, 13 (1971), S. 69–94.
Ders.: „Interdisziplinäre Aspekte bei Fällen von ‚dämonischer Besessenheit‘“, in: Saarländisches Ärzteblatt 28 (1975), S. 378–383.
Ders.: „Interdisziplinäre, diagnostische und psychohygienische Perspektiven bei Fällen von ‚dämonischer Besessenheit‘“, in: Concilium 11 (1975), S. 188–198.
Ders./Niemann, Ulrich: „Die Besessenheit der Anneliese Michel (Klingenberg) in interdisziplinärer Sicht“, in: Zeitschrift für Parapsychologie und Grenzgebiete der Psychologie, 25 (1983), S. 129–194.
Ders.: „Zwanzig Jahre nach Klingenberg“, in: Müller, Joachim: Dämonen unter uns? Exorzismus heute, Freiburg 1997, S. 79–122.
Mitchell, Dennis: Exorzist – Besessen. In den Klauen des Bösen. Von der erschreckenden Realität zum filmischen Alptraum, Hille 2002.

Mitten in dieser Welt. 82. Deutscher Katholikentag vom 4. September bis 8. September 1968 in Essen, hg. vom Zentralkomitee der Deutschen Katholiken, Paderborn 1968.
Moser, Dietz-Rüdiger/Raffelsbauer, Carolin: Geachtet und Geächtet. Bayerische Volkshelden in kulturhistorischen Skizzen, Regensburg 2007.
Müller, Hubert/Pottmeyer, Hermann J. (Hg.): Die Bischofskonferenz. Theologischer und juridischer Status, Düsseldorf 1989.
Müller, Joachim: Dämonen unter uns? Exorzismus heute, Freiburg 1997.
Ders.: Verwünscht, verhext, verrückt oder was? Gibt es dämonisch bedingte Störungen? Was sagen Psychologie und Theologie dazu? Wer kann helfen? Stuttgart 1998.
Ders.: „Abwehr der Dämonen?", in: Schweizerische Kirchenzeitung 2002, S. 312–318.
Müller-Sternberg, Robert: Die Dämonen. Wesen und Wirken eines Urphänomens, Bremen 1964.
Mulacz, Wilhelm Peter: „Der sogenannte wissenschaftliche Spiritismus als parapsychologisches Problem", in: Schatz, Oskar: Parapsychologie. Ein Handbuch, Graz u.a. 1976, S. 187–283.
Multhaupt, Hermann (Hg.): Das Schisma – Ein Widerspruch in der Kirche. Mutter Marie Therese und der „Fall" Lefebvre, Paderborn 2005.
Naegeli-Osjord, Hans: Besessenheit und Exorzismus, Remagen 1983.
Natonek, Hans: Heilige, Kranke oder Schwindlerin, Leipzig o.J.
Nellessen-Schumacher, Traute: Sozialprofil der deutschen Katholiken. Eine konfessionsstatistische Analyse, Mainz 1978.
Ney, Petra: „Der Fall Anneliese Michel", in: Altgeld, Wolfgang/Merz, Johannes/Weiß, Wolfgang (Hg.): Josef Stangl 1907–1979. Bischof von Würzburg. Lebensstationen in Dokumenten (= Katalog zur Ausstellung „Hirtenamt und Gesellschaft: Josef Stangl, Bischof von Würzburg 1957–1979"), Würzburg 2007, S. 327–337 (Art. 122–126).
Niemann, Ulrich: „Besessenheit – Teufelswerk und/oder Psychose?", in: Orientierung, 46. Jahrgang (1982), Nr. 18, S. 195–199.
Ders.: „Exorzismus oder/und Therapie? Psychiatrische Hilfen für von Dämonen ‚besessene' Menschen", in: Stimmen der Zeit 217 (1999), S. 781–784.
Ders.: „Befreiung vom Bösen? Für einen zeitgemäßen Umgang mit ‚Besessenheit'", in: Stimmen der Zeit 223 (2005), S. 274–278.
Ders.: „Verrückt oder besessen? Menschliche, seelsorgerliche und therapeutische Möglichkeiten im Umgang mit ‚Besessenen'", in: Niemann, Ulrich/Wagner, Marion (Hg.): Exorzismus oder Therapie? Ansätze zur Befreiung vom Bösen, Regensburg 2005, S. 111–136.

Ders.: „Das Böse und die Psychiatrie. Zur Diskussion über Besessenheit und Exorzismus“, in: Herder-Korrespondenz 60 (2006), Heft 3, S. 119–123.

di Nola, Alfonso: Der Teufel. Wesen, Wirkung, Geschichte, München 1990.

Nowak, Kurt: „Allgemeine Zeitgeschichte und kirchliche Zeitgeschichte. Überlegungen zur Integration historiographischer Teilmilieus“, in: Doering-Manteuffel, Anselm/Nowak, Kurt (Hg.): Kirchliche Zeitgeschichte. Urteilsbildung und Methoden (= Konfession und Gesellschaft, Bd. 8), Stuttgart u.a. 1996, S. 60–78.

Odenthal, Andreas: „Rückwärts in die ‚heile Welt'? Benedikt XVI. reformiert die Liturgie“, in: Gerhards, Albert (Hg.): Ein Ritus – zwei Formen. Die Richtlinie Papst Benedikts XVI. zur Liturgie, Freiburg i.Br. 2008, S. 144–162.

Oepen, Irmgard: „Wo steckt der Teufel? Kompetenzgrenzen medizinischer und theologischer Heilbehandler“, in: internistische praxis, 23. Jahrgang (1983), Heft 4, S. 777–786.

Oertel, Ferdinand (Hg.): Erstes Echo auf Humanae Vitae. Dokumentation wichtiger Stellungnahmen zur umstrittenen Enzyklika über die Geburtenkontrolle, Essen 1968.

Oesterreich, Traugott Konstantin: Die Besessenheit, Langensalza 1921.

Parsch, Pius: Volksliturgie. Ihr Sinn und Umfang (= Quellen und Forschungen zur Liturgischen Bewegung, Bd.1), Würzburg ²2004.

Pesch, Otto Hermann: Das Zweite Vatikanische Konzil. Vorgeschichte – Verlauf – Ereignisse – Nachgeschichte, Würzburg 2001.

Petersdorff, Egon von: Dämonologie, 2 Bde., Stein am Rhein 1982.

Pfeifer, Samuel: „Psychopathologie und Kausalattribution. Besessenheit als Metapher für psychisches Leiden“, in: Waardt, Hans de et al. (Hg.): Dämonische Besessenheit. Zur Interpretation eines kulturhistorischen Phänomens (= Hexenforschung, Bd. 9), Bielefeld 2005, S. 293–305.

Pfeiffer, W.M.: „Besessenheit, normalpsychologisch und pathologisch“, in: Zutt, Jürg (Hg.): Ergriffenheit und Besessenheit. Ein interdisziplinäres Gespräch über transkulturell-anthropologische und -psychiatrische Fragen, Bern 1972, S. 25–39.

Pfister, Peter (Hg.): Julius Kardinal Döpfner und das Zweite Vatikanischen Konzil. Vorträge des wissenschaftlichen Kolloquiums anläßlich der Öffnung des Kardinal-Döpfner-Konzilsarchivs am 16. November 2001 (= Schriften des Archives des Erzbistums München und Freising, Bd. 4), Regensburg 2002.

Pitsch, Andreas: Die ekklesiologischen Irrlehren von Marcel Lefebvre. Entstehungsgeschichte – Rechtfertigung und Auswirkungen, Müstair 2005.

Plate, Manfred: Das deutsche Konzil. Die Würzburger Synode. Berichte und Deutung, Freiburg i.Br. u.a. 1975.

Pliya, Jean: Von der Finsternis zum Licht. Handbuch für den Befreiungsdienst in der katholischen Kirche, Fremdingen 2002.

Probst, Manfred/Richter, Klemens: Exorzismus oder Liturgie zur Befreiung vom Bösen: Informationen und Beiträge zu einer notwendigen Diskussion in der katholischen Kirche, Münster 2002.

Prokop, Otto: „Beitrag zur Psychopathologie von ‚Besessenheit und Exorzismus'", in: Ders./Stelzer Ehrenfried (Hg.): Kriminalistik und forensische Wissenschaften. Beiträge zur Theologie und Praxis der sozialistischen Kriminalistik und der forensischen Wissenschaften, Heft 16/1974, S. 187–207.

Rahner, Karl: Visionen und Prophezeiungen, Freiburg i.Br. [3]1958.

Ders.: Über die bleibende Bedeutung des Zweiten Vatikanischen Konzils, München 1979.

Ders./Vorgrimler, Herbert (Hg.): Kleines Konzilskompendium. Sämtliche Texte des Zweiten Vatikanums, Freiburg i.Br. u.a. [29]2002.

Rathgeber, Alphons Maria: Natürliches und Übernatürliches – Über Hexen-Geister-Seher, Kempten 1965.

Ratzinger, Joseph: Dogma und Verkündigung, München 1973.

Ders.: „Der Stärkere und der Starke", in: Adler, Manfred: Tod und Teufel in Klingenberg. Eine Dokumentation, Aschaffenburg 1977, S. 84–101.

Ders.: Gott ist uns nah. Eucharistie: Mitte des Lebens, hg. von Horn, Otto Stephan/Pfnür, Vinzenz, Augsburg 2001.

Ders.: Zur Lage des Glaubens, München 2006 (ital. Erstausgabe: 1985).

Rauscher, Anton (Hg.): Entwicklungslinien des deutschen Katholizismus, Paderborn 1973.

Ders.: Entwicklungslinien des deutschen Katholizismus, München 1983.

Ders.: Probleme des Konfessionalismus in Deutschland seit 1800, Paderborn 1984.

Recktenwald, Engelbert: „Die alte Liturgie bewahren?", in: Esser, Norbert: Dem Schönen und Heiligen dienen, dem Bösen wehren in Liturgie, Lebensschutz und Volksfrömmigkeit, Sinzig 1997, S. 90–105.

Renner, Frumentius: „Der Christ – Segensträger und Segensspender", in: Esser, Norbert: Dem Schönen und Heiligen dienen, dem Bösen wehren in Liturgie, Lebensschutz und Volksfrömmigkeit, Sinzig 1997, S. 45–56.

Rennings, Heinrich/Klöckener Martin (Hg.): Dokumente zur Erneuerung der Liturgie, Bd. 1, Dokumente des Apostolischen Stuhls 1963–1973, Kevelaer 1983.

Renz, Arnold: „Was ist Besessenheit?“, in: Meyer, Bonaventur: Mahnung aus dem Jenseits über die Kirche in unserer Zeit. Textliche Dokumentation der Aussagen von Dämonen beim Exorzismus, Trimbach ³1977, S. 29–33.

Repgen, Konrad: „Entwicklungslinien von Kirche und Katholizismus in historischer Sicht“, in: Rauscher, Anton (Hg.): Entwicklungslinien des deutschen Katholizismus, Paderborn 1973, S. 11–30.

Rheinschmitt, Monika: „Eine Bresche für die Tradition oder Aktionen zur Erhaltung der sog. ‚tridentinischen‘ Messe“, in: Esser, Norbert: Dem Schönen und Heiligen dienen, dem Bösen wehren in Liturgie, Lebensschutz und Volksfrömmigkeit, Sinzig 1997, S. 107–116.

Richter, Klemens: „Die Konstitution über die heilige Liturgie“, in: Bischof, Franz-Xaver/Leimgruber Stephan (Hg.): Vierzig Jahre II. Vatikanum. Zur Wirkungsgeschichte der Konzilstexte, Würzburg 2004, S. 29–49.

Ders.: „‚Liturgie zur Befreiung vom Bösen‘ statt ‚Exorzismus‘“, in: Niemann, Ulrich/Wagner, Marion (Hg.): Exorzismus oder Therapie? Ansätze zur Befreiung vom Bösen, Regensburg 2005, S. 94–110.

Ders.: „Vom Sinn der Liturgiereform“, in: Gerhards, Albert (Hg.): Ein Ritus – zwei Formen. Die Richtlinie Papst Benedikts XVI. zur Liturgie, Freiburg i.Br. 2008, S. 67–74.

Ried, Sybille/Schüler, Gisela: Epilepsie. Vom Anfall bis zur Zusammenarbeit, Berlin u.a. ²1997.

Rieger, Miriam: Der Teufel im Pfarrhaus. Gespenster, Geisterglaube und Besessenheit im Luthertum der Frühen Neuzeit (= Friedenstein-Forschungen, Bd. 9), Wiesbaden 2011.

Ries, Markus: „Kirchenreform in der kleinteiligen Gesellschaft: Das II. Vatikanum und die Schweiz“, in: Wolf, Hubert/Arnold, Claus (Hg.): Die deutschsprachigen Länder und das II. Vatikanum (= Programm und Wirkungsgeschichte des II. Vatikanums, Bd. 4), Paderborn 2000, S. 133–147.

Ring-Eifel, Ludwig: „Der Papst und die Traditionalisten“, in: Beinert, Wolfgang (Hg.): Vatikan und Pius-Brüder. Anatomie einer Krise, Freiburg i.Br. ²2009, S. 17–29.

Ringger, Peter: Das Problem der Besessenheit, Zürich 1953.

Rinser, Luise: Die Wahrheit über Konnersreuth, Frankfurt a.M. 1954.

Risso, Michele et al.: „Magische Welt, Besessenheit und Konsumgesellschaft in Süditalien“, in: Zutt Jürg (Hg.): Ergriffenheit und Besessenheit. Ein interdisziplinäres Gespräch über transkulturell-anthropologische und -psychiatrische Fragen, Bern 1972, S. 159–171.

Rodewyk, Adolf: „Die Beurteilung der Besessenheit. Ein geschichtlicher Überblick“, in: Zeitschrift für katholische Theologie 72 (1950), S. 460–480.

Ders.: „Dämonische Besessenheit im Lichte der Psychiatrie und Theologie“, in: Geist und Leben 24 (1951), S. 56–66.
Ders.: „Die Betreuung Besessener durch Ordensleute“, in: Theologisch-praktische Quartalsschrift 101 (1953), S. 224–230.
Ders.: Die dämonische Besessenheit in der Sicht des Rituale Romanum, Aschaffenburg 1963.
Ders.: Dämonische Besessenheit heute. Tatsachen und Deutungen, Aschaffenburg [4]1988.
Ders.: Der Teufel ernst genommen, Stein am Rhein 2002 (erste überarbeitete Auflage).
Rößler, Max: Therese Neumann von Konnersreuth, Würzburg 1989 (zuerst 1963).
Rosin, Ulrich/Hammers, Alwin J.: „Parapsychologie, Okkultismus, Teufelsglaube, Besessenheit, Exorzismus und Wunder. Eine repräsentative Befragung evangelischer und katholischer Theologen in der Bundesrepublik“, in: Condrau, Gion (Hg.): Transzendenz, Imagination und Kreativität (= Die Psychologie des 20. Jahrhunderts, Bd. XV), Zürich 1979, S. 610–617.
Ross, Ronald J.: „Enforcing the Kulturkampf in the Bismarckian State and the Limits of Coercion in Imperial Germany“, in: The Journal of Modern History 56 (1984), S. 456–482.
Rudolph, Ebermut: „Psychologie und Pathologie der Volksfrömmigkeit. Beobachtungen und Erwägungen eines Außenseiters“, in: Baumgartner, Jakob (Hg.): Wiederentdeckung der Volksreligiosität, Regensburg 1979, S. 123–152.
Salzmann, Albin Martin: Therese Neumann, die Stigmatisierte von Konnersreuth: Heimat, Jugend, Krankheiten, Heilungen, Visionen, Urteile, persönliche Berichte von Augenzeugen, Dessau 1927.
Sartory, Thomas und Gertrude: Strukturkrise einer Kirche: Vor und nach der Enzyklika „Humanae Vitae“, München 1969.
Schasching, Johannes: „Soziologische Aspekte der Katholizismusforschung“, in: Rauscher, Anton (Hg.): Entwicklungslinien des deutschen Katholizismus, Paderborn 1973, S. 50–54.
Schatz, Klaus: Zwischen Säkularisation und Zweitem Vatikanum. Der Weg des deutschen Katholizismus im 19. und 20. Jahrhundert, Frankfurt a.M. 1986.
Ders.: Vatikanum I 1869–1870, 3 Bde., Paderborn 1992–1994.
Schatz, Oskar: Parapsychologie. Ein Handbuch, Graz u.a. 1976.
Schaub, Franz: Die Bärbel aus dem Spessart. Die „Seherin von Schippach“ – Barbara Weigand, ihr Leben und Werk, Nürnberg 1988.
Scheele, Paul-Werner: Glaube – Mystik – Musik, Würzburg 2009.
Scheffczyck, Leo: „Christlicher Glaube und Dämonenlehre“, in: Münchener Theologische Zeitschrift 26 (1975), S. 387–396.

Ders.: „Die nachkonziliare Kritik an den Krisenerscheinungen der Kirche – Ein Grund zur Spaltung?“, in: Stockmeier, Peter et al. (Hg.): Konflikt in der Kirche. Droht eine Kirchenspaltung? (= Schriften der Katholischen Akademie in Bayern, Bd. 78), Düsseldorf 1977, S. 105–126.

Schiebeler, Werner: Besessenheit und Exorzismus. Wahn oder Wirklichkeit? Aus parapsychologischer Sicht, Ravensburg ²1999.

Schieder, Wolfgang: „Kirche und Revolution. Sozialgeschichtliche Aspekte der Trierer Wallfahrt von 1844“, in: ASG (Archiv für Sozialgeschichte) XIV (1974), S. 419–454.

Ders.: Volksreligiosität in der modernen Sozialgeschichte, Göttingen 1986.

Schifferle, Alois: Das Ärgernis Lefebvre. Informationen und Dokumente zur neuen Kirchenspaltung, Freiburg (Schweiz) 1989.

Schildt, Axel: „Das Jahrhundert der Massenmedien. Ansichten zu einer künftigen Geschichte der Öffentlichkeit“, in: Geschichte und Gesellschaft 27 (2001), S. 177–206.

Schindelholz, Georges: Exorzismus – Ein Priester berichtet, Altstätten 1984.

Schmid, Georg: „Dämonen unter uns? – Erwägungen zum zeitgenössischen Exorzismus“, in: Müller, Joachim: Dämonen unter uns? Exorzismus heute, Freiburg 1997, S. 56–64.

Schmidtchen, Gerhard: Was den Deutschen heilig ist. Religiöse und politische Strömungen in der Bundesrepublik Deutschland, München 1979.

Schnackenburg, Rudolf (Hg.): Die Macht des Bösen und der Glaube der Kirche (= Schriften der Katholischen Akademie in Bayern, Bd. 89), Düsseldorf 1979.

Ders.: „Das Problem des Bösen in der Bibel“, in: Schnackenburg, Rudolf (Hg.): Die Macht des Bösen und der Glaube der Kirche (= Schriften der Katholischen Akademie in Bayern, Bd. 89), Düsseldorf 1979, S. 11–31.

Schrappe, Otto: „Der Weg von Epilepsie zur ‚Besessenheit‘“. Über Anneliese Michel und ihre Anfallskrankheit, in: Nervenheilkunde. Zeitschrift für interdisziplinäre Fortbildung 1, Heft 1 (1982), S. 33–65.

Schütz, Walter J.: Zeitungen in Deutschland. Verlage und ihr publizistisches Angebot 1949–2004, Berlin 2005.

Schulte, Walter: „Was kann der Arzt und Psychiater zu Johann Christoph Blumhardt, zu Krankheit und Besessenheit sagen?“, in: Evangelische Theologie 9 (1949/50), S. 151–169.

Schulz, Andreas: „Der Aufstieg der ‚vierten Gewalt‘. Medien, Politik und Öffentlichkeit im Zeitalter der Massenkommunikation“, in: Historische Zeitschrift 270 (2000), S. 65–96.

Schulz, Ernst: „Besessenheit und Exorzismus im Jahre 1976“, in: Zeitschrift für Rechtsmedizin 82 (1979), S. 313–321.
Schwarz, P.M.: Teufel, Dämonen, Besessene. Das Reich der Finsternis, Wien 1976.
Seebaß, Friedrich: Johann Christoph Blumhardt. Sein Leben und Wirken, Hamburg 1949.
Seeber, David Andreas (Hg.): Katholikentag im Widerspruch. Ein Bericht über den 82. Katholikentag in Essen, Freiburg i.Br. 1968.
Sekretariat der Deutschen Bischofskonferenz: Die Botschaft von Fàtima. 13. Mai 2000, Bonn 2000.
Semmelroth, Otto: „Abschied vom Teufel? Mächte und Gewalten im Glauben der Kirche“, in: Theologische Akademie 8 (1971), S. 48–69.
Siebel, Wigand: Katholisch oder konziliar. Die Krise der Kirche heute, München u.a. 1978.
Siegmund, Georg: „Wunderheilungen und Parapsychologie“, in: Schatz, Oskar: Parapsychologie. Ein Handbuch, Graz u.a. 1976, S. 133–156.
Ders.: Der Mensch zwischen Gott und Teufel, Stein am Rhein 1978.
Ders. (Hg.): Von Wemding nach Klingenberg. Vier weltberühmte Fälle von Teufelsaustreibung, Stein am Rhein 1985.
Ders.: Naturordnung als Quelle der Gotteserkenntnis. Neubegründung des teleologischen Gottesbeweises, Stein am Rhein [4]1985.
Singer, Alfred: „Teufel – Dämonen – Besessenheit – Exorzismus. Aktuelles zu einem umstrittenen Thema – 30 Jahre nach ‚Tod und Teufel in Klingenberg‘“, in: Zeitschrift für Religions- und Weltanschauungsfragen, Heft 7 (2006), S. 253–266.
Sodi, Manlio (Hg.): Rituale Romanum. Editio princeps 1614, Vatikan 2004.
Sperber, Jonathan: Popular Catholicism in Nineteenth-Century Germany, Princeton 1984.
Spiegl, Anni: Leben und Sterben der Therese Neumann von Konnersreuth, Eichstätt 1973.
Spotts, Frederic: Kirchen und Politik in Deutschland, Stuttgart 1976.
Starobinski, Jean: Besessenheit und Exorzismus: 3 Figuren der Umnachtung, Frankfurt 1978.
Steiner, Johannes: Visionen der Therese Neumann: nach Protokollen, akustischen Aufzeichnungen und Augenzeugenberichten, München 1974.
Stenzig, Philipp: Die Schule des Teufels. Der Exorzismus in den Glaubenskämpfen der Reformationszeit, Frankfurt a.M. 2006.
Stockmeier, Peter et al. (Hg.): Konflikt in der Kirche. Droht eine Kirchenspaltung? (= Schriften der Katholischen Akademie in Bayern, Bd. 78), Düsseldorf 1977.

Ders.: „Teufels- und Dämonenglaube in der Geschichte der Kirche“, in: Schnackenburg, Rudolf (Hg.): Die Macht des Bösen und der Glaube der Kirche (= Schriften der Katholischen Akademie in Bayern, Bd. 89), Düsseldorf 1979, S. 33–67.

Striet, Magnus: „Streit um die Pius-Bruderschaft? Oder um das Zweite Vatikanische Konzil?“ in: Beinert, Wolfgang (Hg.): Vatikan und Pius-Brüder. Anatomie einer Krise, Freiburg i.Br. ²2009, S. 129–144.

Suenens, Léon-Joseph: Erneuerung und die Mächte der Finsternis, Salzburg 1983.

Sutter, Paul: Satans Macht und Wirken, Gröbenzell ⁷1975 (zuerst 1927).

Teuffenbach, Alexandra von: Der Exorzismus. Befreiung vom Bösen, Augsburg 2007.

Tissier de Mallerais, Bernard: Marcel Lefebvre. Die Biographie, Stuttgart 2008.

Tyrell, Hartmann: „Religionssoziologie“, in: Geschichte und Gesellschaft 22 (1996), S. 428–457.

Van Dam, Willem Cornelis: Dämonen und Besessene. Die Dämonen in Geschichte und Gegenwart und ihre Austreibung, Aschaffenburg ²1975.

Vandereycken, Walter et al.: Hungerkünstler, Fastenwunder, Magersucht. Eine Kulturgeschichte der Eßstörung, München 1992, S. 67–70.

Veh, Ulrich: Die Resl: Therese von Konnersreuth, Eichstätt ⁶1996.

Vikari, Bernhard: „Dämonen – Weltbild oder Wirklichkeit. Erklärung von Bischof Stangl im Wesentlichen falsch“, in: Vox Fidei – Stimme des Glaubens, Heft 21 (Jhrg. 3), 6.11.1976, S. 3–5.

Waardt, Hans de et al. (Hg.): Dämonische Besessenheit. Zur Interpretation eines kulturhistorischen Phänomens (= Hexenforschung, Bd. 9), Bielefeld 2005.

Wagner, Harald: „Theologische Aspekte der Wirklichkeit des Bösen in der Welt“, in: Teufel – Dämonen – Besessenheit. Zur Wirklichkeit des Bösen (= Holthausener Manuskripte, Nr. 1/1979), S. 7–37.

Wagner, Karl: Erscheinungen der Mutter in San Damiano, Wien 1969.

Wahl, Gunter/Schmitt, Wolfram (Hg.): Besessenheit und Hysterie, Weinsberger Gespräche zur Geschichte der Seelenheilkunde, Reichenbach 2001.

Walser Smith, Helmut: German Nationalism and Religious Conflict. Culture, Ideology, Politics, 1870–1914, Princeton 1995.

Ders. (Hg.): Protestants, Catholics and Jews in Germany, 1800–1914, Oxford 2001.

Wassilowsky, Günther (Hg.): Zweites Vatikanum – vergessene Anstöße, gegenwärtige Fortschreibungen, Freiburg i.Br. 2007.

Weber, Christoph: „Ultramontanismus als katholischer Fundamentalismus“, in: Loth, Wilfried (Hg.): Deutscher Katholizismus im

Umbruch zur Moderne (= Konfession und Gesellschaft, Bd. 3), Stuttgart u.a. 1991, S. 20–45.
Weber, Hartwig: Die besessenen Kinder: Teufelsglaube und Exorzismus in der Geschichte der Kindheit, Sigmaringen 1999.
Ders.: „Dämonen, Besessenheit und Exorzismus im Neuen Testament und ihre Wirkungsgeschichte“, in: Zeitschrift für Pädagogik und Theologie, Bd. 51 (1999), S. 19–31.
Wegner, Marcus: Der Teufel spricht deutsch, Gütersloh 2009.
Wehling, Hans-Georg (Hg.): Konfession – eine Nebensache? Politische, soziale und kulturelle Ausprägungen religiöser Unterschiede in Deutschland, Mainz 1984.
Wehrle, Paul: „Kirche im Gespräch mit der Welt. Zur Umsetzung des II. Vatikanischen Konzils“, in: Käuflein, Albert/Licht, Tobias (Hg.): Wo steht die Kirche? Orientierung am Zweiten Vatikanischen Konzil und an der Gemeinsamen Synode (= Karlsruher Beiträge zu Theologie und Gesellschaft, Bd. 1), Karlsruhe 1998, S. 29–47.
Weigand, Barbara: Privatoffenbarungen der Barbara Weigand, Bd. 1: Gesichte und Ansprachen der Schippacher Jungfrau und Seherin Barbara Weigand, Elsenfeld-Schippach ^{2}2003.
Weigand, Barbara: Offenbarungen an Barbara Weigand, 7 Bde., Elsenfeld-Schippach 2003–2007.
Weigl, Alfons Maria: Geschichte einer Liebe – Leiden und Leben der stigmatisierten Anna Schäffer in Mindelstetten, Altötting 1990.
Weinbeer, Gregor: „Barbara Weigand von Rück-Schippach: ein Leben aus der Mitte der Kirche“, in: Würzburger Diözesangeschichtsblätter 50 (1988), S. 405–415.
Weiß, Otto: „Seherinnen und Stigmatisierte“, in: Götz von Olenhusen, Irmtraud (Hg.): Wunderbare Erscheinungen. Frauen und katholische Frömmigkeit im 19. und 20. Jahrhundert, Paderborn 1995, S. 51–82.
Ders.: „‚Sicut mortui. Et ecce vivimus‘. Überlegungen zur heutigen Modernismusforschung“, in: Wolf, Hubert (Hg.): Antimodernismus und Modernismus in der katholischen Kirche. Beiträge zum theologiegeschichtlichen Vorfeld des II. Vatikanums (= Programm und Wirkungsgeschichte des II. Vatikanums, Bd. 2), Paderborn u.a. 1998, S. 42–63.
Ders.: „Der Katholische Modernismus. Begriff – Selbstverständnis – Ausprägungen – Weiterwirken“, in: Wolf, Hubert (Hg.): Antimodernismus und Modernismus in der katholischen Kirche. Beiträge zum theologiegeschichtlichen Vorfeld des II. Vatikanums (= Programm und Wirkungsgeschichte des II. Vatikanums, Bd. 2), Paderborn u.a. 1998, S. 107–139.
Weiß, Wolfgang: „Die deutsche Bischofskonferenz und das II. Vatikanum“, in: Wittstadt, Klaus/Verschooten Wim (Hg.): Der Beitrag der

deutschsprachigen und osteuropäischen Länder zum Zweiten Vatikanischen Konzil, Leuven 1996, S. 27–44.
Ders.: „Die Würzburger Synode – Markstein oder Episode?“, in: Garhammer, Erich (Hg.): Ecclesia semper reformanda. Kirchenreform als bleibende Aufgabe, Würzburg 2006, S. 65–84.
Ders.: „Die Würzburger Synode – Ende statt Anfang?“, in: Rottenburger Jahrbuch für Kirchengeschichte, Bd. 26 (2007), S. 93–106.
Weiss, Otto: „Der Ultramontanismus. Grundlagen – Vorgeschichte – Struktur“, in: Zeitschrift für Bayerische Landesgeschichte 41 (1978), S. 821–877.
Wenzel, Knut: Kleine Geschichte des Zweiten Vatikanischen Konzils, Freiburg i.Br. 2005.
Winklhofer, Alois: Traktat über den Teufel, Frankfurt a.M. [2]1962.
Ders.: Verbrechen der katholischen Kirche (Bücher, die Geschichte machen, Bd. 4), Weißenhorn 2000.
Wippermann, Wolfgang: Agenten des Bösen. Verschwörungstheorien von Luther bis heute, Berlin 2007.
Wittstadt, Klaus/Verschooten Wim (Hg.): Der Beitrag der deutschsprachigen und osteuropäischen Länder zum Zweiten Vatikanischen Konzil, Leuven 1996.
Wolf, Hans-Jürgen: Hexenwahn und Exorzismus. Ein Beitrag zur Kulturgeschichte, Kriftel/Ts., 1980.
Ders.: „Anneliese Michel“, in: Wolf, Hans-Jürgen: Neuer Pfaffenspiegel: Sünden der Kirche. Das Geschäft mit dem Glauben, Herrsching 1990, S. 450–461.
Wolf, Hubert (Hg.): Antimodernismus und Modernismus in der katholischen Kirche. Beiträge zum theologiegeschichtlichen Vorfeld des II. Vatikanums (= Programm und Wirkungsgeschichte des II. Vatikanums, Bd. 2), Paderborn u.a. 1998.
Ders./Arnold, Claus (Hg.): Die deutschsprachigen Länder und das II. Vatikanum (= Programm und Wirkungsgeschichte des II. Vatikanums, Bd. 4), Paderborn 2000.
Wolff, Dorothea: Ein bemerkenswerter Fall von Teufelsbesessenheit (Diss.), Homburg/Saar 1956.
Wolff, Uwe: Das bricht dem Bischof das Kreuz. Die letzte Teufelsaustreibung in Deutschland, Reinbek 1999 (= Ders.: Der Teufel ist in mir. Der Fall Anneliese Michel, die letzte Teufelsaustreibung in Deutschland, München [3]2006).
Wunnenberg, Wulf: „Zum Thema Besessenheit“, in: Zacharias, Gerhard (Hg.): Das Böse. Dokument und Interpretation, München 1972, S. 112–114.
Zacharias, Gerhard (Hg.): Das Böse. Dokument und Interpretation, München 1972.

Ziegelbauer, Max: Die „alte“ Kirche ist mir lieber. Ein Plädoyer für die Wiederentdeckung des Katholischen, Memmingen ²2002.

Ziemann, Benjamin: „Öffentlichkeit in der Kirche. Medien und Partizipation in der katholischen Kirche der Bundesrepublik 1965–1972“, in: Bösch, Frank/Frei, Norbert (Hg.): Medialisierung und Demokratie im 20. Jahrhundert, Göttingen 2006, S. 179–206.

Ders.: „Meinungsumfragen und die Dynamik der Öffentlichkeit. Die katholische Kirche in der Bundesrepublik nach 1968“, in: Historisches Jahrbuch, 126. Jhrg. (2006), S. 493–520.

Ders.: Katholische Kirche und Sozialwissenschaften 1945–1975 (= Kritische Studien zur Geschichtswissenschaft, Bd. 175), Göttingen 2007.

Zündel, Friedrich: Johann Christoph Blumhardt. Zeuge der Siegesmacht Jesu über Krankheit und Dämonie, Gießen ²¹1988 (zuerst 1880).

Zumholz, Anna Maria: „Die Resistenz des katholischen Milieus: Seherinnen und Stigmatisierte in der ersten Hälfte des 20. Jahrhunderts“, in: Götz von Olenhusen, Irmtraud (Hg.): Wunderbare Erscheinungen. Frauen und katholische Frömmigkeit im 19. und 20. Jahrhundert, Paderborn 1995, S. 221–251.

Zutt, Jürg (Hg.): Ergriffenheit und Besessenheit. Ein interdisziplinäres Gespräch über transkulturell-anthropologische und -psychiatrische Fragen, Bern 1972.

Ders.: „Ergriffenheit, Erfülltheit und Besessenheit im psychiatrischen Erfahrungsbereich“, in: Zutt, Jürg (Hg.): Ergriffenheit und Besessenheit. Ein interdisziplinäres Gespräch über transkulturell-anthropologische und -psychiatrische Fragen, Bern 1972, S. 11–24.

Register

Da der Name Anneliese Michel Kerngegenstand des vorliegenden Textes ist und an diversen Stellen der Arbeit auftaucht, wird er hier nicht gesondert aufgeführt.